族自治县地图

白沙黎族自治县
昌江黎族自治县
乐东黎族自治县
五指山市
保亭黎族苗族自治县
三亚市
抱由镇
万冲镇
大安镇
志仲镇
千家镇
番阳镇
毛阳镇
毛道乡
通什镇
畅好乡
毛感乡
山荣农场
乐光农场
保国农场
五指山林场
海三高速
山海高速公路
海榆中线
九所
崖城站
扎盆旧址
大隆水库
图例
县级政府驻地
乡、镇级政府驻地
国营农、林场
社区、居委会
村委会
自然村
山峰
旅游景点
港口
水库、河流
高速公路及互通
高铁及车站
铁路及车站
国道
省道
县道
乡道、小路
其它道路
地级市界
市、县级界
乡、镇级界
比例尺 1：259 000
编　制：自然资源部海南测绘资料信息中心
审图号：琼S（2022）070号

乐东年鉴

2023

中共乐东黎族自治县委史志研究室　编

方志出版社
Publishing House of Local Records

图书在版编目（CIP）数据

乐东年鉴. 2023 / 中共乐东黎族自治县委史志研究室编. —北京 : 方志出版社, 2023.11
ISBN 978-7-5144-5977-7

Ⅰ. ①乐… Ⅱ. ①中… Ⅲ. ①乐东黎族自治县—2023—年鉴 Ⅳ. ①Z526.64

中国国家版本馆CIP数据核字（2023）第243243号

责任编辑：王娜
责任校对：张玉霞
责任印制：梅中英
出 版 者：方志出版社
地　　址：北京市朝阳区潘家园东里9号（国家方志馆4层）
邮　　编：100021
网　　址：http://www.zgfzcb.cn
发　　行：方志出版社图书营销中心（010-67110500）
印　　刷：云南美嘉美印刷包装有限公司
开　　本：889毫米×1194毫米　1/16
印　　张：23.75
字　　数：814千字
版　　次：2023年11月第1版
印　　次：2023年11月第1次印刷
定　　价：230.00元

乐东黎族自治县地方志编纂委员会

乐东黎族自治县地方志编辑部

编辑说明

一、《乐东年鉴》是由中共乐东黎族自治县委、乐东黎族自治县人民政府主办，中共乐东黎族自治县委史志研究室编纂的地方性综合年鉴。于2009年公开出版，之后每年出版一卷。《乐东年鉴》载录乐东黎族自治县上一年度经济、社会等方面发展情况，为社会各界人士了解、认识和研究乐东提供全面、系统、准确、翔实的信息资料。

二、《乐东年鉴（2023）》以马克思列宁主义、毛泽东思想、邓小平理论、“三个代表”重要思想、科学发展观、习近平新时代中国特色社会主义思想为指导，坚持辩证唯物主义和历史唯物主义的立场、观点和方法，全面、系统地记述乐东黎族自治县2022年经济、社会等方面发展情况。全书采用类目、分目、条目的编辑体例，少部分分目下设次分目，条目为主要记事单元。

三、《乐东年鉴（2023）》记述起讫时间原则上为2022年1月1日至2022年12月31日。为保证内容资料的完整性，部分资料适当上溯或下延。

四、《乐东年鉴（2023）》设图片专题、特载、大事记、乐东概览、中国共产党乐东县委员会、乐东县人民代表大会、乐东县人民政府、政协乐东县委员会、中国共产党乐东县纪律检查委员会·乐东县监察委员会、群众团体、法治、军事、经济管理、乡村振兴、农业、工业、商贸服务业·旅游业、金融·保险、城乡建设、交通运输、邮政·通信、社会民生、教育、科技、文化·体育、医疗卫生、社会事务服务、生态建设、应急管理、气象、农垦、林/盐场·滨海开发区、镇、重要文献、人物　荣誉、乐东要闻、附录、索引等内容。

五、《乐东年鉴（2023）》所载录的内容和数据，分别由乐东地区各有关部门负责提供，并经各级主管部门审核。如列入个别数据有出入，应以县统计局提供的统计资料数字为准。

六、为免累赘，凡《乐东年鉴（2023）》中未写年份的，即为2022年；产量、产值等增长或减少多少，未注明与某一年份比较，即为与上年（2021年）比较。为方便记述，全书将“乐东黎族自治县”简称“乐东县”或“乐东”。

七、《乐东年鉴（2023）》采用规范现代汉语记述。数字用法、标点符号用法分别采用国家标准《出版物上数字用法》（GB/T 15835-2011）、《标点符号用法》（GB/T 15834-2011），计量单位采用国家技术监督局1993年12月发布的《量和单位》系列国家标准，农田、土地面积仍保留“亩”为单位。

数字乐东

2022

全县完成地区生产总值 **195.07** 亿元

全县人均地区生产总值 **41522** 元

全县地方一般公共预算收入 **5.7** 亿元

全县地方一般公共预算支出 **42.97** 亿元

全县固定资产投资完成投资额 **65.19** 亿元

常住居民人均可支配收入 **23984** 元

开工建设城镇保障性安居房 **2139** 套

全县农林牧渔业实现总产值 **173.15** 亿元

年末农业机械总动力 **77** 万千瓦

全县完成工业总产值 **27.87** 亿元

全县建筑业完成增加值 **15.36** 亿元

全县批发和零售业完成增加值 **9.69** 亿元

旅游总收入 **21.65** 亿元

年末全县房地产业实现增加值 **10.89** 亿元

年末全县金融业完成增加值 **5.62** 亿元

年末全县原保险保费收入 **1.97** 亿元

年末公安部门统计户籍人口户数 **15.88** 万户，户籍人口 **55.03** 万人

山水·乐东

“醉”美乐东

微信扫一扫看视频

（县委宣传部　供图）

莺歌海渔港

（县委宣传部　供图）

毛公山　　（县委宣传部　供图）

尖峰岭群山

佳西岭自然保护区　　（县委宣传部　供图）

（县委宣传部　供图）

龙栖湾

龙腾湾　　（县委宣传部　供图）

村民休闲广场

美丽乡村——友谊村

友谊村坐落于美丽的昌化江畔，距万冲镇墟约 1.5 千米，辖区面积 3358 公顷，下辖志好村、南闹村、南盆村 3 个自然村，为黎族、苗族聚居地。

友谊村依山傍水，兼有山景、水秀、丘陵之美；素有“一户一渔船，小米渔乡”之称。村庄周围群山环抱，森林茂密，环境优美，土地肥沃，水资源丰富；以种植橡胶、香蕉、水稻、冬季瓜菜等为主。

村与镇区隔江相望，坐船成为村民与外界接触的主要出行方式。友谊渡口是接送村民过江的驿站，也是诗韵的悟地。长长的汽笛声从对岸传来又消失在对岸，夕阳时分，水波在阳光的照耀下闪闪发光，犹如金沙在流淌，阳光、水波、小船，友谊渡口别样的风情尽揽于此。

2013 年，友谊村被列为万冲镇文明生态示范村。村“两委”班子在镇委、镇政府的坚强领导下，扎实开展创建工作，致力发展集种养、餐饮、休闲、旅游于一体的多元化经济，提高农民收入，加快推进风情村庄的建设。这里，民风淳朴，热情好客，传承着黎苗同胞独特的民族魅力；这里，有醇香的黎族米酒，有着让人沉醉的黎苗山歌；这里，处处散发着浓郁乡土气息，原汁原味的风土人情，形成一道独特的风景。

（本版图片由县委宣传部提供）

微信扫一扫看视频

友谊渡口

友谊村大门

横跨田间的黎苗友谊桥

渔归

田间栈道

发展现代海洋渔业　拓展蓝色经济腾飞之路

乐东龙栖湾智慧海洋牧场项目以海洋生态经济建设为主题，以海带陆，以陆促海，海陆结合，按现代化国家级海洋牧场示范标准建设运营，集育种繁殖、数字化养殖、休闲渔业、精深加工、冷链物流于一体。海洋牧场开展业态主要为深水桁架网箱、休闲旅游平台、种质资源、育种繁育、渔种驯化、增殖放流、深海养殖、休闲渔业、旅游观光、渔业碳汇等。

（本版图片由海南普盛海洋科技发展有限公司提供）

海上辅助作业船——普荟3号

建设中的产业基地、渔业加工车间、冷链物流、研发中心、人才公寓等

“普盛海洋牧场1号”为海南首座半潜式抗风浪绿色智能养殖休闲旅游平台，总长80米，型宽30米，型深10米。2022年4月10日投放首批鱼苗（军曹鱼苗）3.2万尾，经过205天的深海生态方法养殖，11月4日起陆续起捕销售，该批渔获大约37.5万千克。图①为普盛海洋牧场1号；图②③④为普盛海洋牧场1号起网首批渔获

“普盛海洋牧场3号”为半潜式抗风浪绿色智能养殖休闲旅游平台（总长86米，型宽30米，型深21米）。平台作为海洋牧场的支撑基地，装备设施进一步优化改进，满足人员居住、渔场监控、物资供给，更能满足休闲渔业、旅游观光等，设有豪华房间12间，设计可容纳登乘游客75人。图①为普盛海洋牧场3号；图②③④为普盛海洋牧场3号智能养殖休闲旅游平台内景

（本版图片由海南普盛海洋科技发展有限公司提供）

“普网1号”总长91.3米，总宽27.6米，型深12米，养殖水体容积2万立方米。图①为普网1号；图②③为10月26日，普网1号投放4万尾鱼苗养殖　　（本版图片由海南普盛海洋科技发展有限公司提供）

树“三品一标”品牌 铺就红火“致富路”

乐东县是农业大县，县域光照充足、雨量充沛、土质肥沃，农作物一年三熟。依托优质的自然资源和条件，乐东大力发展火龙果、金菠萝、哈密瓜、芒果、毛豆、百香果、龙眼等热带特色高效农业产业。火龙果种植业是乐东县新兴产业，全县火龙果种植面积3.43万亩，乐东火龙果色泽鲜艳、肉质细腻、饱满多汁、风味独特，是乐东热带水果中拿得出、叫得响的优质农产品。2022年，乐东黎族自治县九所镇火龙果基地入选第一批全国种植业“三品一标”基地。

乐东九所镇火龙果种植基地

（县委宣传部　供图）

乐东火龙果（县委宣传部　供图）

乐东火龙果种植基地

乐东火龙果种植基地夜景（左图县委宣传部提供　右图陈贤涛摄）

（县委宣传部　供图）

乐东火龙果产业丰收　　（王国权　摄）

“问稻”，护国家粮食安全——继“禾下乘凉”之志

乐东地处北纬 18° 以南，具有得天独厚的光温气候条件，是我国重要的农作物种子南繁基地之一。国家在三亚、陵水、乐东三市县划定南繁科研育种保护区 26.8 万亩，其中乐东有 8.8 万亩，占比 32.8%；划定南繁科研育种核心区面积 5.3 万亩，其中乐东有 2.3 万亩，占比 43.4%。

（本版图片除署名外其余均由县委宣传部提供）

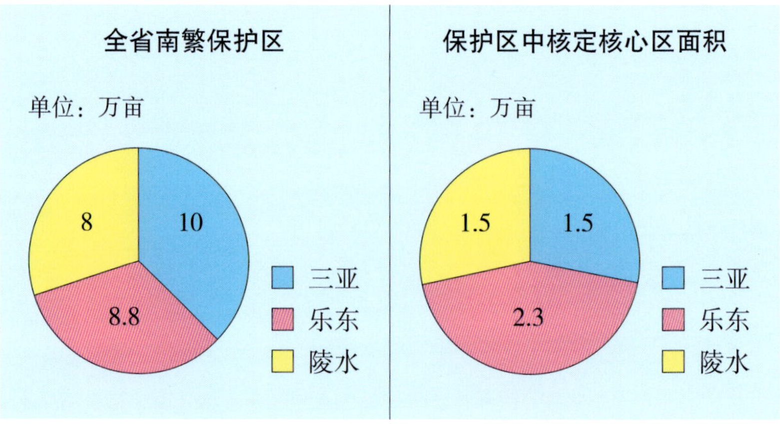

广西农业良种海南南繁育种基地

海南省农业科学院南繁育种研究中心

海南南繁科研育种基地（抱孔洋）建设　　（县融媒体中心　供图）

新丰田洋

南繁制种

10月23日，2022年“海南好米”优质水稻品种展示示范试验现场观摩会在乐东县黄流镇举行

（县融媒体中心　供图）

水稻种植

与万物共生——寻绿色和谐之梦

尖峰岭国家森林公园位于海南省乐东县境内，建于 1976 年，1992 年成立国家森林公园，是中国现存面积最大、保存最完整的原始热带雨林区。公园以神秘的热带雨林、神奇的自然景观、独特的气候条件、山海相连的地理优势，成为海南六大旅游中心系统之一。公园拥有中国现存整片面积最大，保护最完好的原始热带雨林。这里森林植被多样，动物种类丰富，从滨海至 1412 米的主峰分布着 7 个植被类型，形成垂直的植被带谱。有植物种类 2800 多种，占全国的 8%，占海南岛的 85%。仅这里的维管束植物就有近 2000 余种，其中热带珍贵树种有 80 多种，有动物 4300 多种（含昆虫），被誉为“热带北缘生物物种基因库”。

（本版图片除署名外其余均由尖峰岭国家森林公园提供）

尖峰岭鹿树

剑叶龙血树

尖峰岭主峰

黑桫椤

望天树

（县委宣传部　供图）

保护完好的尖峰岭热带雨林（县委宣传部　供图）

红隼标本

猕猴标本

白鹭标本

大麻鳽标本

豹猫标本

大蝉娥标本

鼬獾标本

黄猄标本

（本版图片除署名外其余均由尖峰岭国家森林公园提供）

传承“盐文化” 打造白色童话王国

海南省莺歌海盐场位于乐东县境内，是中国南方最大的海盐场。莺歌海盐场建于 1958 年，总面积 3793 公顷，年生产能力 25 万吨。主要产品有粗盐、日晒细盐、日晒优质盐、粉洗精盐等。其中日晒优质盐于 1988 年被轻工业部授予优质产品称号，粗盐于 1992 年荣获省盐业系统一等奖。

莺歌海盐场

（县委宣传部　供图）

晒盐（莺歌海盐场　供图）

莺歌海海盐（莺歌海盐场　供图）

莺歌海盐场建在海山之间，尖峰岭的连绵群山挡住了来自北方的台风云雨，使这里长年烈日当空，有充分的光热进行盐业生产。加之这里的海水含盐度高，这样便造就了得天独厚的生产条件。涨潮时，海水从纳潮口闸流入储水湖，通过扬水站，再流过初、中、高级蒸发池，海水浓度便逐级升高。成为卤水，卤水进入结晶区饱和结晶。

盐山　　（陈昌毅　摄）

运盐　　（陈昌毅　摄）

海盐文化馆　　（县旅文局　供图）

景区网红打卡点　　（县旅文局　供图）

老盐国潮饮品店——小盐好闲

（莺歌海盐场　供图）

莺歌海老盐商务礼盒　　（莺歌海盐场　供图）

老盐饮品　　（莺歌海盐场　供图）

老盐福袋伴手礼　　（莺歌海盐场　供图）

风雅·乐东

品味非遗——黎族传统纺染织绣技艺

黎锦是少数民族地区居民利用海岛棉或木棉为原料进行纺制的工艺品，多用于黎族妇女常穿的筒裙、摇兜等生活用品。黎族人民在织锦时所使用纺、染、织、绣方法，是中国乃至世界上最为古老的棉纺织染绣技艺，堪称中国纺织业的“活化石”。为保护和传承，乐东县委、县人民政府建立志仲镇和千家镇黎锦技艺传习所，发掘培养代表性传承人。2009 年 10 月，“黎族传统纺染织绣技艺”被列入联合国教科文组织“急需保护的非物质文化遗产名录”。同年，乐东黎族妇女容亚美被列为联合国教科文组织“急需保护的非物质文化遗产”黎锦技艺代表性传承人。

微信扫一扫看视频

志仲镇红内黎锦培训基地　　（县委宣传部　供图）

① 乐东县千家镇哈方言妇女筒裙 （县文化馆 供图）
② 黎锦技艺展示 （县委宣传部 供图）
③ 黎族织锦技艺传承 （县委宣传部 供图）
④ 罗活妇女服饰 （县文化馆 供图）

品味非遗——崖州民歌

崖州民歌是海南省地方民歌的古老歌种之一，以崖州客人（汉人）方言咏唱，格律异常严谨且自成一体。崖州民歌蔚起于古崖州“西六里”乡间，是乐东、三亚、东方等市县重要的民间艺术形式，于乐东最为盛行。崖州民歌题材广泛，内容丰富，从人文历史、风光景色到生产劳动、社会生活各个领域无不涉及，以口头传唱和手抄文本流传至今。作为古崖州文化的一个重要组成部分，崖州民歌对研究古崖州历史、文化、民俗、艺术等方面具有重要意义。2006 年，崖州民歌经国务院批准被列入第一批国家级非物质文化遗产名录。

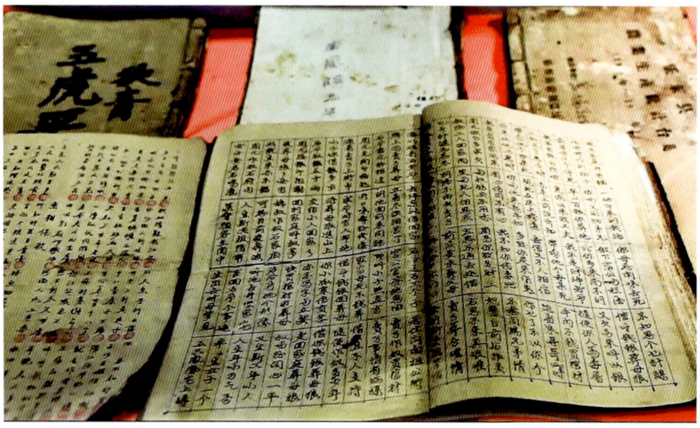

崖州民歌手抄本　　（县委宣传部　供图）

崖州民歌读本　　（县委史志研究室　供图）

① 崖州民歌表演　　（县委宣传部　供图）
② 崖州民歌集　　（县委宣传部　供图）
③ 崖州民歌在民间广为传唱　　（县委宣传部　供图）

品味非遗——黎族传统剪纸艺术

大安黎族剪纸因产于乐东县大安镇而得名，是一项富有黎族文化特色的传统手工技艺。大安黎族剪纸在1996年和2013年两次被文化部命名为“中国文化艺术之乡”（民间剪纸），2011年被海南省文体厅命名为“海南省民间艺术之乡”，2007年6月，乐东县人民政府将“黎族民间剪纸工艺”列入乐东县第一批非物质文化遗产代表作名录，2017年3月，乐东“黎族传统剪纸艺术”被列入海南省第五批非物质文化遗产代表性名录。

① 大安黎族剪纸多反映黎族群众的现实生活以及与当地百姓劳动、生活休戚与共的山山水水、风土人情（县委宣传部　供图）

② 大安黎族剪纸技艺省级传承人林文生向人们展示巨幅剪纸作品（县委宣传部　供图）

③ 与传统剪纸不同，大安黎族剪纸以“刻”为主，功夫在刀下，除了极少数对称的图案用剪刀外，多使用刻刀，这也是大安剪纸的最大特点（县委宣传部　供图）

④ 大安黎族剪纸培训基地（县委史志研究室　供图）

⑤ 专业老师在大安黎族剪纸培训基地指导学生创作（县委宣传部　供图）

⑥ 大安黎族剪纸文创（大安镇政府　供图）

品味非遗——黎族山栏酒酿造技艺

黎族山栏酒酿造技艺主要流传于海南中南、西南部山区的黎族聚居地，是黎族古老的酿酒技艺。乐东酿酒技艺属哈方言地区的山栏酒酿造技艺。黎族山栏酒是一种甜糟酒，它的浓度低，风味独特，是按照黎族人民独特的传统方法酿成，主要原材料是种在山上的山栏糯米，因此被称为山栏酒或者酒酿。黎族山栏酒技艺包括制作酒饼和酿酒两大部分，酒饼原料为植物树叶、山栏稻米、老酵母。2022 年，黎族哈方言地区山栏酒酿造技艺被列入乐东县第五批县级非物质文化遗产名录。

① 蒸米　　　　（县文化馆　供图）
② 凉米饭　　　（县文化馆　供图）
③ 撒酒饼　　　（县文化馆　供图）
④ 入坛发酵　　（县文化馆　供图）
⑤ 山栏酒　　（县委宣传部　供图）

乡土人文

① “三月三”黎歌对唱（县委宣传部 供图）
② “三月三”跳竹竿舞（县委宣传部 供图）
③ 元宵游花灯（县委史志研究室 供图）
④ 建屋升梁仪式（县委宣传部 供图）
⑤ 端午赛龙舟（陈昌毅 摄）
⑥ 苗族女儿“回娘家”活动（县委宣传部 供图）
⑦ 夜半接亲（县委宣传部 供图）

5

6

7

寻味·乐东

名优名特

①

③

②

④

⑤

⑥

⑦

6月14日，由县委书记孙世文（前排右二），县委副书记、县长黄文聪（前排左二）带领的乐东代表团就抵达广州开展为期4天的招商推介活动　　（县融媒体中心　供图）

7月26日，在第二届中国国际消费博览会上，乐东与德勤咨询（海南）有限公司签订《战略合作协议书》。县委书记孙世文（左三），县委副书记、县长黄文聪（左二）出席签约仪式并鉴签

（县融媒体中心　供图）

8月29日上午，驰援乐东的福建、四川、江苏医疗队在完成任务后踏上回家的路，乐东公安以“最高礼遇、最深敬意、最佳形象”护航白衣战士安全有序返程
（县公安局　供图）

9月17日，乐东县委副书记、政法委书记张韵（右二）与乐东法院党组书记、院长何昌恩（左二）共同为利国镇法治服务中心揭牌
（纪莉莉　摄）

9月28日，乐东黎族自治县2022年度第三批建设项目集中开工仪式在黄流镇三曲沟水厂扩容工程项目现场举行 （县融媒体中心　供图）

10月16日，乐东县委、县人民政府组织乐东黎族自治县干部职工集中收听收看中国共产党第二十次全国代表大会开幕会 （县融媒体中心　供图）

10月25日，海南省首本农村土地经营权不动产权证书颁发仪式在乐东县抱由镇抱邱村举行（尹建军 摄）

2022年，乐东县人民法院被最高人民法院授予“全国优秀法院”“人民法院政治工作先进集体”“为群众办实事示范法院”荣誉称号

（县人民法院 供图）

2022年冬交会上，乐东展馆以“产业”为主题，通过“产业赶超”“数字赋能”“服务南繁”“乡村振兴”4个区域串联展示乐东在产业上的奋进与成就（县融媒体中心　供图）

2022（第六届）中国客户服务节于11月2—3日在沈阳举行，海南“12345”热线乐东县分平台荣获“最佳明星班组”奖

（县行政审批局　供图）

2022年，在九所镇两年三季的无花果标准化种植技术实验成功（县融媒体中心　供图）

喜迎二十大：

十年砥砺奋进路
沧桑巨变看乐东

- 党建引领　人民至上
- 深化改革　多措并举
- 山水齐美　宜居乐东

党建引领　人民至上

党的十八大以来，乐东深刻把握“两个确立”，坚决做到“两个维护”，高举习近平新时代中国特色社会主义思想伟大旗帜，全面贯彻落实习近平总书记“4·13”重要讲话精神和关于海南工作的系列重要指示批示精神。全面贯彻新发展理念，构建新发展格局，创新驱动高质量发展，推动“十三五”圆满收官，“十四五”顺利开局，海南自由贸易港建设、经济社会各项事业不断取得新进步，书写了乐东全面建成小康社会的合格答卷。

十年来，乐东争当党建引领发展的优等生，先后组织开展党的群众路线教育实践活动、“三严三实”专题教育、“两学一做”学习教育、“不忘初心、牢记使命”主题教育、党史学习教育5次党内集中学习教育，不断强化政治忠诚。整合设立机关党委16个，整顿软弱涣散党组织141个，打造党建示范点29个，开展作风整顿建设年活动，解决了一大批群众和企业“急难愁盼”的问题，党的基层组织建设得到全面加强。高质量党建引领高质量发展，县委、县政府将超八成的公共财政支出用于民生建设，让居民学有所教、病有所医、劳有所得、住有所居，民生福祉日益增进，城乡更安宁，群众更安乐，社会更安全。

2015年7月9日，全省践行“三严三实”真抓实干促发展现场会在乐东召开
（县委宣传部　供图）

4月25日至4月29日，中国共产党海南省第八次代表大会在海口召开。图为乐东县出席海南省第八次党代会代表合影
（县融媒体中心　供图）

2021年3月6日，乐东县组织开展党史学习教育活动　　（县融媒体中心　供图）

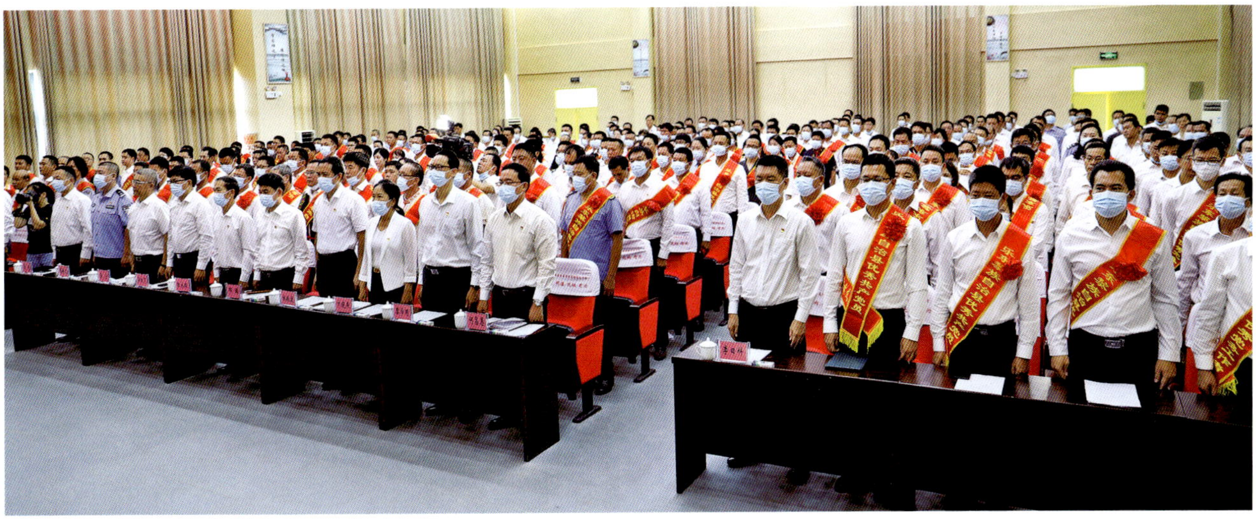

2021年6月29日，为庆祝中国共产党成立100周年，乐东县召开优秀共产党员、优秀党务工作者和先进基层党组织表彰大会　　（县融媒体中心　供图）

2022年2月22日，乐东黎族自治县召开作风整顿建设年活动总结暨能力提升建设年活动动员部署会　　（县融媒体中心　供图）

乐东开展党员到社区报到志愿服务活动，图为党员志愿者服务活动授旗仪式　　（县融媒体中心　供图）

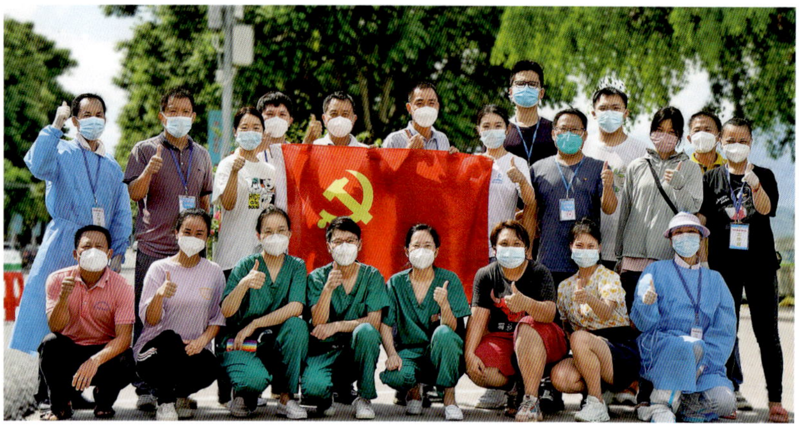

2022年，全县7000余名党员化身抗疫志愿者，保卫人民群众生命健康安全，用实际行动默默书写“担当”二字　　（何书瑶　摄）

2016年，华二黄中落成开学　　（县委宣传部　供图）

2022年，乐东县快速推进乐东县中医院九所院区配套工程（二期）项目建设　（县委宣传部　供图）

2022年9月9日，乐东黎族自治县首都师范大学附属乐东第一小学举行揭牌仪式暨开学典礼

（县融媒体中心　供图）

深化改革　多措并举

十年来,乐东争当产业转型升级赶超者,经济形式稳定向好。全县地区生产总值年均增长 4.5%,城乡居民人均可支配收入年均增长 8.6%，固定资产投资连续两年保持高速增长。农业发展焕发活力，热作产业年产值超 110 亿元，瓜菜出岛量占全省的 25%，佛罗镇入选全国农业产业强镇，九所镇火龙果基地成为第一批全国种植业“三品一标”基地。旅游业取得长足进步，“乡村自驾之旅”线路入选全国乡村旅游精品线路，建成 A 级旅游景区 2 家，椰级乡村旅游点 14 家，2022 年接待游客人数比 2017 年增长 2.5 倍。顺利完成新一轮政府机构改革，持续深化“放管服”改革，工程建设项目审批时限提速 51%，政务服务综合受理提升 56.3%，实现“零跑动”，群众满意度从原来的 86% 提高至 99%。自贸港项目相继落地，中兴生态智慧总部基地、龙栖湾智慧海洋牧场等重点项目落地建设，三亚港口岸莺歌海港区对外开放获批，产业基础不断夯实。

十年来，乐东争当区域协调发展示范生，脱贫攻坚圆满收官，乐东黎族自治县扶贫工作办公室荣获“全国脱贫攻坚先进集体”称号，以优异的成绩通过国考验收，迈入乡村振兴阶段。农村改革成效令人瞩目,乡村治理“积分制”管理模式在全省推广,“平台 + 积分”构建全社会协同治理模式,得到中央农办认可。

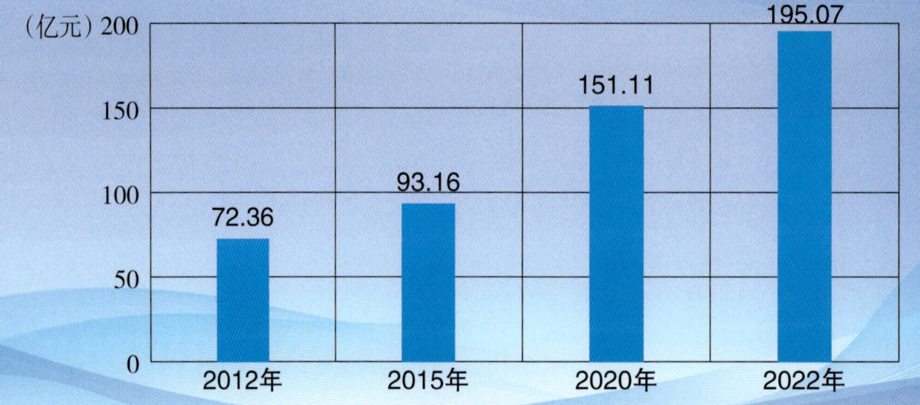

2012—2022年乐东县地区生产总值择年走势图

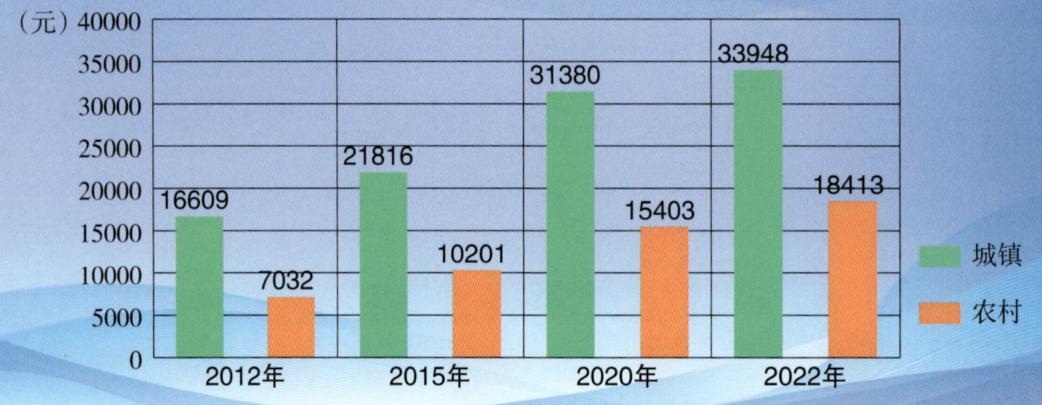

2012—2022年城镇、农村居民人均可支配收入择年走势图

2021年，乐东黎族自治县扶贫工作办公室荣获“全国脱贫攻坚先进集体”称号　（县乡村振兴局　供图）

2020年，乐东累计出岛瓜果蔬菜71.28万吨，销售额约30亿元。图为乐东豇豆种植基地（县委宣传部　供图）

2021年7月，尖峰岭国家森林公园被评定为国家AAA级旅游景区　（县旅文局　供图）

乐东中兴生态智慧产业园企业研发办公总部基地

乐东县依托资源优势，积极引进和培育新奇特稀有果蔬品种，推动规模化、产业化发展，加快热带特色高效农业提质升级，打造乡村振兴新产业。图为乐东万冲镇成功引进荔枝新品种——“桂花香”（县融媒体中心　供图）

乐东乡村治理实行“积分制”管理模式，居民可以通过完成技能入户登记、参加就业培训、参与公益劳动等赚取积分，并定期用积分换取生活用品。图为居民积分兑换现场（县融媒体中心　供图）

（乐东中兴生态智慧总部基地　供图）

帮扶干部与贫困户共庆扶贫产业丰收（县乡村振兴局　供图）

2019年，大安镇西黎村乡村旅游点被省旅文厅评定为三椰级乡村旅游点（大安镇政府　供图）

山水齐美　宜居乐东

十年来，乐东争当生态文明建设的排头兵，城乡风貌焕发新颜，173 个行政村开通客运班车，全县自然村实现通硬化路，成功创建国家卫生县城、省级园林县城。全面整改中央环保督察问题，严守生态底线，持续开展生态环境六大专项整治，实现建制镇污水处理厂建设全覆盖。森林覆盖率常年保持在 65%以上，乐东县成为海南省首批健康示范县城，人居环境明显改善。

风正潮平，自当扬帆破浪。任重道远，更需快马加鞭。乐东将蝶变的足迹镌刻在这份发展的“成绩单”上，在海南自由贸易港建设发展的关键期，全县上下勇担使命，追赶跨越，高质量融入三亚经济圈，全力推进热带特色高效农业试验区、山海互动文旅融合聚集区、高水平生态文明示范区“三区”建设，在建设中拼搏争先创一流，全力书写新时代社会主义现代化建设新荣光，以实际行动迎接党的二十大胜利召开。

2017年，乐东县被全国爱国卫生运动委员会命名为“国家卫生县城”，2020年，乐东巩卫第一次复审获得成功，被继续评定为“国家卫生县城”

（县爱卫办　供图）

2021年10月，黄流镇污水处理厂建成运行

（县融媒体中心　供图）

乐东牢固树立绿色理念，强力推进生态文明建设，大力实施各类生态修复工程，优良的生态环境使当地成为火烈鸟、白鹭等众多鸟类的栖息地

（县融媒体中心　供图）

乐东县持续加大荒漠治理力度，扎实推进荒漠绿化行动，在荒山、荒坡、海滩等荒漠地区植树造林。近5年来，全县完成治理荒漠化并植树造林面积4.7万多亩，森林覆盖率常年保持在65%以上　（县委宣传部　供图）

黄流镇夜景　（县委宣传部　供图）

干净整洁的乡村人居环境 （县委宣传部　供图）

全县各族人民在县委、县人民政府的坚强领导下紧密团结，不断推进经济社会发展迈上新台阶。图为身着民族服饰的乐东文艺工作者在县政府广场欢聚 （罗　伟　供图）

目 录

中国共产党乐东县委员会

政协乐东县委员会

中国共产党乐东县纪律检查委员会·乐东县监察委员会

群众团体

军　事

经济管理

农 业

工 业

商贸服务业·旅游业

金融·保险

城乡建设

社会民生

教 育

科 技

文化·体育

医疗卫生

社会事务服务

生态建设

应急管理

气 象

农 垦

林/盐场 · 滨海开发区

镇

重要文献

人物　荣誉

乐东要闻

附　录

索　引

特　载

全国种植业"三品一标"基地公布
乐东九所镇火龙果基地入选

农业农村部近日公布第一批全国种植业"三品一标"基地名单，乐东黎族自治县九所镇火龙果基地入选。

入选全国种植业"三品一标"基地，有四个特点：一是生产管理水平高。基地优良品种覆盖率95%以上，推广节水、节肥、节药绿色先进生产技术模式，产品质量稳定。二是规模化程度高。大部分粮食、油料、棉花基地面积超过1万亩，糖料、蔬菜、茶叶、水果基地超过5000亩，中药材、蚕桑基地超过1000亩，生产基地呈规模化发展。三是产品品牌响亮。基地产品获得农产品地理标志或农产品产地合格证认证，区域公用品牌或企业品牌有一定市场影响力。四是示范带动能力强。大部分基地由龙头企业、专业合作社、种植大户、家庭农场等新型经营主体牵头，示范带动标准化生产、规范经营。

（资料来源：2022年1月28日《海南日报》原标题：《全国种植业"三品一标"基地公布乐东九所镇火龙果基地入选》）

乐东火龙果种植基地　　（县融媒体中心　供图）

海南省首座深远海智能养殖旅游平台起网首批渔获

11 月 4 日，在乐东县龙栖湾国家级现代智慧海洋牧场内，海南省首座深远海智能养殖旅游平台“普盛海洋牧场 1 号”起网第一批渔获。经过 7 个月的深海养殖，此次共收获约 75 万斤军曹鱼。

当天，该平台两侧近 20 名渔工涨红了脸，卖力地扎紧渔网。随着渔网逐渐收紧，浪花飞溅，一条条鱼聚拢在一起，随后被拉上平台，倒入准备好的容器中。

看着满满的渔获，海南普盛海洋科技发展有限公司董事长纪枨文的脸上露出了笑容。对于这批渔获的销售，他一点都不发愁。

“这里的养殖环境好，养出的鱼肥美，公司已经以 30 元每斤的价格将全部渔获进行收购。”浙江温州东海百鲜公司总经理张茂寿坦言，他们将在未来几天将鱼打包，分批次运往温州销售。

“此次养殖，我们系统地总结收集了水温、水质、潮汐等数据，为接下来的规模化养殖打下基础。”纪枨文介绍，此前他们已投放一批人工鱼礁，同时通过组织增殖放流贝、螺等底栖生物，消耗剩余饵料，充分利用水体上中下层的空间，最大限度减少污染，形成良性循环。

记者注意到，该平台还配备了海水淡化、污水处理、仓储空间、休闲餐厅等设施，采用光伏等清洁能源供电实现能源自给自足，通过四角锚泊增强抗强风浪能力，不仅安全可靠，还可实现生态循环可持续运营。

纪枨文表示，下一步该公司计划再投入 3 座深远海智能养殖旅游平台、50 个深海养殖网箱，同时依托丰富的海洋渔业资源，打造休闲渔业综合示范基地、海洋牧场科普基地、热带海洋海钓基地等。“第二座深远海智能养殖旅游平台预计月底交付使用，该平台容纳空间更大，进一步开发拓展休闲渔业、旅游观光等产业功能业态。”

乐东县相关负责人表示，龙栖湾海洋牧场的建设将加快乐东渔业结构调整升级，改善和恢复海洋生态功能，提高渔业产量，推动渔业“往岸上走、往深海走、往休闲渔业走”，打造乐东“海域＋陆域”全域型智慧海洋牧场新产业，助力“海上粮仓”建设。

（资料来源：2022 年 11 月 4 日《海南日报》原标题：《我省首座深远海智能养殖旅游平台起网首批渔获》）

延伸阅读：

乐东龙栖湾国家级现代智慧海洋牧场项目，2019 年启动，由海南普盛海洋科技发展有限公司建设，总投资 50 亿元。项目由海域项目与陆域项目组成，是集绿色智能装备、生态养殖渔场、观光旅游为一体的现代海洋产业融合基地。项目全部建成后，将投放不少于 50 个高科技养殖网箱，每个网箱长 101 米宽 33 米，能够抵抗 16 级台风，一个养殖周期（8 个月）能产出 80 万斤海产品，海洋牧场一年总产出海产品预计超过 4000 万斤。乐东龙栖湾国家级现代智慧海洋牧场项目建设的“普盛海洋牧场 1 号”长 80 米、宽 30 米、型深 10 米，是海南首座深远海智能养殖旅游平台，由中国科学院广州能源研究所研发设计、广船国际建造，搭载智能渔业养殖系统，具备自动投饵、鱼群监控、水质监测等现代化渔业生产功能，并配备海水淡化、污水处理、仓储空间、休闲餐厅等生活设施，采用光伏等清洁能源供电实现能源自给自足，通过四角锚泊提供出色的抗强风浪能力，不仅安全可靠，还可实现生态循环可持续运营，是一座集绿色智能装备、养殖渔场、观光旅游为一体的现代海洋产业融合基地。“普盛海洋牧场 1 号”于 4 月投放鱼苗 3.5 万尾。

乐东南繁“政产学研”成果落地

1月17日，乐东黎族自治县人民政府与河南农业大学签订《政校合作框架协议》

八分甜两分酸的小番茄、口感脆甜的水果椒、脆辣鲜嫩的香辣椒……近日，河南农业大学在乐东黎族自治县南繁基地推出新培育的系列蔬菜新品种，丰富乐东农民菜园子，将成为海南冬季瓜菜新品种。

“河南农业大学是最早到海南开展南繁育种单位之一，在乐东建成200多亩国家南繁核心基地，通过南繁加代，科研人员相继选育出豫玉22、豫单898等20多个优良玉米新品种和方欣、豫粳系列水稻品种，为保证国家粮食安全提供重要支撑。”河南农业大学副校长汤继华说，为支持地方经济发展，河南农业大学与乐东县开展合作，把新培育的蔬菜良种在乐东试种推广，为乐东乡村振兴提供种业科技支撑。

乐东地处北纬18度以南，具有得天独厚的光温气候条件，是我国重要的农作物种子南繁基地之一。国家在三亚、陵水、乐东三市县划定南繁科研育种保护区26.8万亩，其中乐东有8.8万余亩，占比32.8%；划定南繁科研育种核心区面积5.3万亩，其中乐东有2.3万亩，占比达到43.4%。

作为国家南繁核心区，乐东加快推进抱孔洋南繁配套服务区、南繁高标准农田、南繁水利设施、国家杂交水稻良种繁育基地等多个项目建设。

乐东县委有关负责人表示，乐东将加快南繁科研育种配套服务区等项目建设，促成“政产学研”合作，推动南繁成果更多在乐东转化，培育一批具有乐东特色的优质产品。积极支持乐东南繁科研机构和种业公司，从卖终端农产品向卖种子发展，把他们的南繁成果以种质种业的形式在乐东发展起来，助力乐东农业产业振兴，加快热带特色高效农业试验区建设。

据了解，乐东将与河南农业大学合作，共建绍骍南繁研究院，聚焦动植物精准育种、围绕农业农村人才培养、科技创新、成果转化、国际交流等领域，引导更多科技人才向乐东投射集聚，优先把条件适合的科技项目放在乐东实施，优先把最新成果放在乐东转化，优先为乐东培养更多卓越农林人才，让研究院真正成为南繁科技创新的策源地、地方乡村振兴的科技平台。

（资料来源：2022年4月25日《海南日报》原标题：《乐东加快南繁“政产学研”成果落地》）

延伸阅读：

2022 年 1 月，乐东县人民政府与河南农业大学签订“政校合作框架协议”。根据协议内容，双方加强政校合作，充分利用乐东独有的地理区域及资源优势和河南农业大学的人才、技术、项目、平台，围绕共建绍骙南繁研究院、整合资源成立南繁育种科技创新产业联盟、共同推动乐东特色优势产业、共同培育人才培养探索“1+1+N”（即：1+1 指的是县政府和学校，N 指的是企业）多方联动产学研用融合发展新模式，有效打通人才链、产业链、资本链和科技链，形成科技、资本、管理的创新“闭环”，加快推动项目落地产业化，支撑乐东产业振兴和河南农业大学高水平建设，实现互惠互利、合作共赢。

大事记

1月

1日 乐东实施电动自行车过渡期管理办法。过渡期自2022年1月1日开始，至2025年12月31日截止。电动两轮车过渡期内上道路行驶的，应当悬挂过渡期临时号牌，遵守非机动车通行管理的有关规定。过渡期满后，不得上道路行驶。

6日 中国共产党乐东黎族自治县第十四次代表大会在乐东县城开幕。

10—14日 政协第十一届乐东黎族自治县委员会第一次会议在乐东县城开幕，会议选举邢益琼（女，黎族）为县政协主席，陈求妹（女）、吴宁、王平林（黎族）、傅德波为县政协副主席。

11—14日 乐东黎族自治县第十六届人民代表大会第一次会议在乐东县城开幕。

12日 乐东县第6期“大集市”志愿者服务活动暨2022年乐东县“春风行动”招聘会在县城商业步行街举办。

17日 乐东黎族自治县人民政府与河南农业大学《政校合作框架协议》签订仪式在县委常委会会议室举行。

18日 乐东县党史学习教育总结大会在县委第一会议室召开，县委书记、县委党史学习教育领导小组组长孙世文出席会议并讲话。

19日 乐东平安法治建设集中宣传月活动启动仪式在黄流镇龙腾金街举行，县委副书记、政法委书记张韵，县委常委、宣传部部长陈广军出席，县政府副县长、公安局党委书记、局长蔡新文主持。

26日 乐东黎族自治县召开“清廉村居”创建试点工作动员部署大会，正式启动“清廉村居”试点创建工作。

同月 乐东瓜果菜出岛16.09万吨。

同月 农业农村部公布第一批全国种植业“三品一标”基地名单，九所镇火龙果基地入选。

2月

14日 中国共产党乐东黎族自治县第十四届纪律检查委员会第二次全体会议在乐东县城召开。

同日 乐东黎族自治县2022年春风行动招聘会在万冲镇排慎村举行。

16日 乐东黎族自治县举行“春风行动”暨“点对点”劳务输出欢送仪式，输送38名农村劳动力赴粤务工。

17 日 乐东黎族自治县 2022 年乐东“春风行动”招聘会在县城商业步行街举行。

23 日 乐东黎族自治县委农村工作会议在县委第一会议室召开。

24 日 由海南省农业农村厅联合海南省委宣传部开展的“热带特色高效农业看海南”主题采风活动走进乐东。参加此次活动的有来自中央、省级媒体的近 30 名媒体代表。

25 日 乐东黎族自治县召开 2022 年全县组织工作会议 ，县委常委、组织部部长、党校校长郭兴武出席并讲话。县委组织部常务副部长、县委人才发展局局长韦忠民主持。

3月

1 日 海南国际经济发展局与乐东黎族自治县人民政府“招商引资合作备忘录”签约仪式在县委常委会会议室举行,共同建立起联合招商工作机制，拓宽招商引资渠道，提高精准招商效率，助力乐东拓展招商引资平台。

2 日 乐东黎族自治县委政法工作会议在县委第一会议室召开。县委副书记、政法委书记张韵出席会议并讲话。县政府副县长、公安局局长蔡新文主持会议，县人民法院院长何昌恩、县人民检察院检察长陈辉出席会议。

4 日 乐东黎族自治县召开全县宣传思想文化工作会议，县委常委、宣传部部长陈广军出席并讲话，县政府副县长钟树婷出席，会议由县委宣传部常务副部长梁小明主持。

5 日 乐东黎族自治县在县城商业步行街举办 2022 年海南省青少年公益集市暨学雷锋志愿服务月活动。

16 日 乐东黎族自治县适龄女性 HPV（人乳头瘤病毒）疫苗接种项目启动仪式在永明卫生院举行，标志着适龄女性 HPV 疫苗接种工作在乐东正式全面展开。

18 日 乐东 2022 年度第二批重大项目集中开工活动在乐东举行。

22 日 乐东县举行银税企数字人民币缴税集中签约仪式。

同日 乐东县在乐东商业步行街广场启动“世界水日”“中国水周”暨乐东县“六水共治”宣传活动。活动主题为“推进地下水超采综合治理 复苏河湖生态环境”。

24 日 海南首座深远海智能养殖旅游平台“普盛海洋牧场 1 号”在乐东县龙栖湾国家级现代智慧海洋牧场投用。

30 日 中国共产党乐东黎族自治县代表会议在乐东思源高中召开。会议选举产生乐东县出席中国共产党海南省第八次代表大会代表 14 名。

4月

10 日 海南首座深远海智能养殖旅游平台——“普盛海洋牧场 1 号”投放 3.5 万尾鱼苗。

13 日 海南省国兴中学与乐东县民族中学结为合作学校签约仪式在乐东县民族中学会议室举行。

21 日 乐东黎族自治县公共资源交易服务中心举行揭牌仪式，标志着乐东县公共资源交易管理进入集中统一、规范高效的新阶段，在市场化运作上迈出实质性步伐。县委常委、常务副县长卞晓燕出席仪式并为乐东黎族自治县公共资源交易服务中心揭牌。

22 日 乐东县在县政府广场举行第 34 个爱国卫生月启动仪式暨纪念爱国卫生运动 70 周年主题活动。

26 日 中国共产主义青年团乐东黎族自治县第十八次代表大会在乐东思源高中开幕。

同日 海南省博士协会乐东县利国镇热带作物博士科技农庄在乐东通海热带高效农业开发有限公司揭牌，并举行“双百”结对战略合作签约，促进产学研发展。

5月

9—11日 省政协主席毛万春率调研组到乐东黎族自治县开展综合调研。

11日 国内首套国产化深水水下采油树在海南莺歌海海域完成海底安装。

12日 中国石化海南石油分公司与卡法村党建结对共建暨卡法村田头鸡林下生态养殖示范基地签约仪式在万冲镇卡法村举行。

14日 乐东军民共建签约授牌暨优待证首发仪式在乐东商业步行街举行。

19日 由县科工信局、县委宣传部、县科协联合举办的乐东黎族自治县2022年科技活动月启动仪式在县政府广场举行。

同日 乐东县“揭榜挂帅”目标责任书集中签订仪式在县委第一会议室举行，6家领衔揭榜单位签订目标责任书。

24日 县人民政府与中国林业科学研究院热带林业研究所《战略合作框架协议》签约仪式在首都师范大学附属乐东第一小学举行。

25日 全国公安系统英雄模范立功集体表彰大会在北京首都人民大会堂举行。县公安局网警大队大队长、党政办（局政工室、局办公室、局机关党委）主任陈斌被授予“全国优秀人民警察”荣誉称号，并作为海南省公安系统唯一的个人代表参加表彰大会。县公安局指挥中心荣获全国公安优秀基层单位称号。

26日 海南“就业驿站”（乐东黄流站）在黄流镇启动，这是海南第一家正式挂牌运作的“就业驿站”。

30日 在乐东县纪委监委和佛罗镇党委的领导和支持下，省内首个由村“两委”建设的村级警示教育展厅，乐东县佛罗镇丹村警示教育展厅正式揭牌启用。

6月

1日 平安法治建设集中宣传月暨领导干部“送法下乡”活动启动仪式在黄流镇举行。

2日 由县乡村振兴局和县供销合作社主办的乐东县“迎端午 消费助农”大集市在县城举行。

同日 县财政局召开“清廉财政”创建动员部署暨党风廉政建设和反腐败工作会议，正式启动该县“清廉机关”创建工作。

8日 县委书记孙世文，县委副书记、县长黄文聪会见受全国表彰的县公安系统英雄模范立功集体代表和个人。

13日 2022年乐东黎族自治县公共机构节能宣传周“绿色低碳，节能先行”主题宣传活动启动仪式在县政府广场举行。

14日 中国海洋石油集团有限公司对外宣布，随着该公司近日在海南莺歌海顺利完成海底气井放喷测试作业，国内首套国产化深水水下采油树正式投入使用。

同日 由乐东党政主要领导带队的代表团前往广东，开启为期4天的招商推介活动。

21日 2022年海南自贸港创业大赛初赛暨乐东黎族自治县创业大赛启动仪式在县城举行。

22日 县禁毒委在县民族中学举行“健康人生·绿色无毒”“防范毒品滥用禁毒宣传进万家”主题活动。

7月

2日 第3号台风“暹芭”登陆广东电白，受台风“暹芭”影响，乐东普降暴雨。

2—3日 2022年海南省业余乒乓球公开赛在乐东中学体育馆举行。

5日 2022年海南自贸港创业大赛暨乐东黎族自治县创业大赛决赛暨颁奖典礼在乐东县城举行。

8日 海南省万名大学生乡村科普行乐东站启动仪式在利国镇政府会议室举行。

21日 乐东首个“央行支农再贷款示范基地”——“海南高氏益农实业股份有限公司”正式授牌。

27日 海南交控乐东莺歌海100兆瓦光伏发电项目并网启动仪式在佛罗镇莺歌海光伏项目现场举行，首批组件当天起投入运营，实现并网发电。

28—29日 乐东黎族自治县工会第十次代表大会在县委党校一楼会议厅召开。

同月 乐东县荣获海南省2022年党员自贸港政策知识竞赛二等奖。

8月

8日 湖南援琼医疗队250人抵达乐东，助力乐东疫情防控。

19—20日 中共中央政治局委员、国务院副总理孙春兰在三亚市、乐东县调研指导疫情防控工作，主持工作组专题会议，强调要深入贯彻习近平总书记关于疫情防控工作的重要指示精神，认真落实党中央、国务院决策部署，乘势而上，速战速决，巩固扩大疫情防控成果，尽快实现社会面清零。

20日 省政协主席毛万春在乐东主持召开疫情防控动员部署会，传达学习国务院副总理孙春兰在海南调研指导疫情防控工作时的讲话精神，部署贯彻落实措施，强调各级党组织和广大党员干部要勇于担当、冲锋在前。

28日 省委书记、省委应对疫情工作领导小组组长沈晓明主持召开乐东黎族自治县疫情防控调度会，研究部署下一步防控重点工作。

同日 国务院联防联控机制海南工作组组长、国家卫健委副主任、国家疾控局局长王贺胜一行深入乐东疫情防控一线调研指导，并在黄流镇召开座谈会，认真分析研判乐东疫情防控工作。

9月

18日 继12日尖峰、九所、黄流、佛罗开渔后，莺歌海镇迎来了开渔，在亲水广场举行开渔仪式。

27日 三亚市委副书记尚林带队到乐东县开展“感恩之行”活动，代表三亚市委市政府对乐东在疫情防控期间给予三亚的大力支持和帮助表示感谢，向支援三亚抗击疫情的志愿者以及在后方默默支持的家属表示诚挚的问候；并就双方进一步加强经济发展合作，助力海南自由贸易港建设等方面进行座谈交流。

28日 乐东黎族自治县2022年度第三批建设项目集中开工仪式在黄流镇三曲沟水厂扩容工程项目现场举行，乐东此次集中开工的项目7个，涵盖基础设施、民生保障、清洁能源等多个领域，总投资5.56亿元。

同日 海南首个农林产业大数据平台“中国金钱树大数据平台”上线试运行。该平台致力于采集全产业链数据，实现数据互联互通，从根源解决金钱树产业中存在的质量管控难、品牌营销难等问题。

同日 海南省农垦中学托管乐东黎族自治县黄流中学签约暨揭牌仪式在黄流中学举行。

同日 2022年海南省高素质农民农机使用维修和机收减损技能培育培训班在乐东开班。

30日 乐东县四套班子领导和公安干警及各界干部群众到莺歌海革命烈士纪念碑举行烈士公祭活动。

10月

11日 乐东县适龄女生HPV疫苗捐赠仪式在永明卫生院启动。

22日 乐东县举行退役军人志愿服务疫情防控荣誉表彰暨2022年度退役士兵光荣返乡欢迎仪式活动。

同日 乐东黎族自治县"'就'在金秋'职'面未来"退役军人及随军家属专场招聘会在县政府广场举行。

23日 2022年"海南好米"优质水稻品种展示示范试验现场观摩会在黄流镇举行。

25日 海南省首本土地经营权不动产权证书颁发仪式在抱由镇抱邱村举行，标志着海南省农村土地"三权"分置重大改革迈出了重要一步。

28日 三亚市崖州区赴乐东县开展向援崖医护人员致谢工作活动，对疫情期间乐东支援崖州区抗疫的无私帮助表达感谢。乐东县人民政府副县长单既亮，三亚市崖州区委常委、区政府常务副区长林鹏出席活动。

29日 中国体育彩票2022海南（乐东）水上运动体验活动在万冲镇友谊村启动。

同月 "莺歌海老盐晒制技艺"近日入选乐东县第五批非物质文化遗产名录项目。

同月 乐东县"12345"热线话务团队在"2022年第六届中国客户服务节"中荣获"最佳明星班组"奖。

11月

4日 省内首座深远海智能养殖旅游平台"普盛海洋牧场1号"起网第一批渔获。经过7个月的深海养殖，收获约37.5万斤军曹鱼。

7日 乐东黎族哈方言山栏酒酿造技艺正式揭牌，标志着入选乐东县第五批县级非物质文化遗产名录。

8日 第六届省运会冲浪比赛项目在万宁日月湾顺利完赛。乐东冲浪运动员在各项目中获得7枚金牌、7枚银牌、4枚铜牌及金牌榜第三名，其中张文彦为乐东代表队贡献3枚金牌。

13日 "美好新海南·环岛欢乐行"2022年（第四届）美丽海南乡村主题游乐东站活动在大安镇西黎村举办。活动吸引300余名市民游客前来参加。

14日 海南交控乐东黎族自治县莺歌海100兆瓦光伏发电项目正式全容量并网发电。

15日 2022年，海南省中小学生体育教师教学技能基本功大赛暨观摩活动比赛在乐东中学体育馆开幕。

25—27日 2022年全国桨板巡回赛总决赛（海南站）在海南乐东龙沐湾举行。

同月 县人民法院被最高人民法院授予"全国优秀法院"荣誉称号。

12月

8日 海南环岛旅游公路首个重点驿站——莺歌唱晚驿站项目在乐东县黄流镇开工建设。该项目以"人工自然复合景观（盐田+坑塘）"为主要资源，总投资近8亿元。

9日 "严守纪法底线，牢筑清廉根基——2022年全省党员干部警示教育巡回展"在乐东中学体育馆举办。

乐东概览

地理环境

【位置疆域】 乐东县是海南省直辖自治县，位于海南岛西南部，地处北纬 18°56′ ~ 18°58′、东经 108°39′ ~ 109°24′。东连保亭县和五指山市，南邻南海与三亚市交界，西邻北部湾，北与白沙县、昌江县、东方市接壤。陆地面积 2765.50 平方千米，实有耕地面积 4.73 万公顷，海岸线长 84.30 千米，海域面积 1723 平方千米。乐东西南部为滨海平原，中部、北部、东南部为山区，海拔千米以上的山峰有 23 座。全县辖 11 个镇、193 个村（居）委会。县政府驻抱由镇。

【地质地貌】 乐东地质构造由母岩和母质中生第二期花岗岩组成。以花岗岩闪长岩、石英闪长岩为主，其次是白垩纪粉砂岩、砾岩、砂岩、页岩以及第四期纪海相近沉积物、近代河海冲积物、浅海沉积物。这些不同的成土母岩和母质对土壤的形成具有热带性的特征。

乐东版图开阔，地势北高南低，背山面海。北、东及东南面山脉环绕，西北和东北部高，海拔 1000 米以上的山峰聚集连绵，于东北向西南境界上 500 ~ 800 米的低山横亘起伏，中部和东北部及昌化江沿江两岸为宽广的丘陵盆地，西南部为海拔 50 米以下的滨海平原和台地，低平开阔，构成了东、北、西北三面环山，西南部向南海敞开，犹如马蹄形，呈阶梯状下降。

乐东是一个有多种地貌类型的区域，地貌组合为山地、丘陵、丘陵盆地、滨海平原四大部分。山地与丘陵地占全县总面积的 70%，丘陵盆地占 18%，滨海平原占 12%。土壤成分：海拔 500 米以上的山地丘陵区多属花岗岩和砂岩发育的红赤壤；低山盆地地区多属棕红壤；海拔 50 米以下的滨海平原是黄沙土和燥红土。

全县的山地多在海拔 1000 米左右，主要分布在北部、西北部和东部，呈东北—西南走向排列。山岳连绵，峰峦重叠，山高谷深，起伏大，坡陡，气温较低而湿度较大。这就形成了一道天然屏障，既挡住冬季从北南下的冷空气，又削弱夏秋之间从东而来的台风侵袭，形成了一个得天独厚的优越气候环境。地貌分区：1. 北部尖峰岭—猕猴岭地区。东北从马或岭（1546.20 米）开始，经猕猴岭（1654.80 米）至尖峰岭（1412.50 米），呈东北—西南向排列，长 71 千米，宽 4 ~ 24 千米，面积 984.70 平方千米，占全县辖区面积的 34%。属于山高坡陡、山谷狭窄的中山地形。猕猴岭、毫肉岭、单峰岭一带一般山坡都达 40° ~ 50° 以上。山地中残留有多级夷平面和山间谷地的堆积面，如尖峰岭热带雨林保护区即为典型的山间堆积面，海拔860～880米。2. 中部盆地—台地平原区。由东北—西南向伸展。长达63千米，宽18～23千米，面积698.50平方千米，呈长形盆地。盆地内有大片台地，面积426.90平方千米。低台地分布在盆地北半部，从抱漫至县城一带；中台地分布在盆地南半部；高台地分布盆地边缘，与丘陵相连。昌化江从东北方流入万冲，经抱由至山荣。昌化江两岸有狭窄的河谷平原和两级阶地断续出现。3. 东南部卡法岭—河强岭山地丘陵区。呈一带状，分布于县的东南，以阜隆岭—哥分岭—马咀岭—任政岭与保亭县交界，南部以河强岭、牛拉岭与三亚市交界。整个山体呈东北—西南走向，以中段马咀岭（1317.10米）最高，往北递降为低山，往西南递降为低山和丘陵。全区面积549.80平方千米。4. 西南部滨海平原区。位于县的西南部，海岸线长84.30千米。北接山地，东接丘陵，东西长约30千米，南北宽12～20千米，面积651.40平方千米，占全县总面积的22.59%。滨海平原地势低平，从海面向陆地地势逐渐升高，依形态大致分成4级。海积平原1～2级海积阶地，地面平坦，地下水丰富；3～4级阶地，地下水深埋，引水困难，地面干旱。位于滨海平原的莺歌海盐场是一典型的大潟湖，潟湖外面是沙堤，其下为胶结坚硬的海滩岩。

【气候特征】 乐东县属热带季风气候，光照充足，除山区外，寒潮很少出现，且维持时间短，影响程度轻，大部分地区年雨量充沛。在一年中干季、雨季分明，不同程度的冬春旱几乎年年都有。沿海平原雨量相对偏少，干旱问题尤其突出。受台风影响较轻，但沿海风大，台风侵袭时受影响也较大。2022年，乐东县年平均气温24.80℃，比历年平均值低0.1℃。年极端最高气温36.40℃，出现在6月29日；年极端最低气温10.80℃，出现在12月25日。年降水量1499.30毫米，比历年平均值少9%。雨季于6月上旬开始，属偏晚年份；10月上旬结束，属偏早年份。全年降水分布不均匀，1月和12月降水量明显偏少，8月、9月和11月降水量偏少，7月降水量偏多，3月降水量异常偏多，其余月份正常。年日照时数2032.50小时，比历年平均值多3%。

【河流水系】 全县有六大河流水系：

望楼河　发源于乐东县尖峰岭南麓，途经南寨、长茅、响水、石门，于望楼港入海，是全县独流入海的最大河流。全长99.10千米，流域面积827平方千米，河床平均比降3.78‰［即河流的总落差（从源头到入海口的高度差）与这条河流总长度的比值］，河流总落差950米。一级支流千家河，发源于乐东县牛腊岭，全长19千米，流域面积125平方千米，河床平均比降7.62‰，河流总落差355米。

昌化江　昌化江是乐东的过境河流，境内全长61千米，集雨面积1333平方千米。流域全长230千米，流域面积5070平方千米，河流平均比降1.4‰，河流总落差1272米。一级支流集雨面积大于100平方千米的有乐中河、大安河、南巴河、红水河，小于100平方千米的有南溢河、南蛋溪、南苗河、南盆河、道屈溪、南胜溪、南考沟、南万河等。乐中河，发源于乐东县保笔岭，在乐东县的龙眼村汇入昌化江，全长49.36千米，流域面积378平方千米，河床平均比降4‰，河流总落差642米。大安河，发源于乐东县牛岭，在抱由镇番豆村汇入昌化江，全长35千米，流域面积146平方千米，河床平均比降4.4‰，河流总落差328米。南巴河，发源于尖峰岭以南，在抱由镇羊力村汇入昌化江，全长39.10千米，流域面积271平方千米，河床平均比降6.7‰，河流总落差703米。支流为天池河、卫东河、南中河。红水河，发源于乐东县猕猴岭以南，在抱由镇红水河村汇入昌化江，全长20千米，流域面积103平方千米，河床平均比降12.7‰，河流总落差1515米。支流为南毫河。

宁远河　发源于乐东县红水岭，在三亚市港门村入海，全长84千米（境内长18千米），流域面积1600平方千米，河床平均比降4.6‰，河流总落差1100.60米。一级支流南文河、顺河。

佛罗河　发源于乐东县铁色岭，在佛罗镇丹村港入海。全长

昌化江 （县委宣传部 供图）

25千米，流域面积118平方千米，河床平均比降1.7‰，河流总落差259米。

白沙河 发源于乐东县尖峰岭西南，在佛罗镇白沙村入海。全长26千米，流域面积170平方千米，河床平均比降9.95‰，河流总落差101.40米。

抱套河 发源于三亚市什味岭，在九所镇海坡村入海。全长21千米（过境全长16千米），流域面积174千米，河床平均比降5.6‰，河流总落差152米。

全县有山塘水库109座，长茅、大安、陈考、石门、三曲沟等大中小型水库可供养殖水面4000公顷。

海洋水文

【海洋资源】 乐东县地处热带滨海地区，西南临海，气候温暖，渔业海域辽阔，底质各异，海洋环境优越。海岸线长84.30千米，管辖海域面积1723平方千米，水质优良，绝大部分海域水质达到国家Ⅰ类海水水质标准；海洋渔业、海洋生物、石油天然气、滨海旅游等资源丰富，开发潜力大。

【水文条件】 乐东海域水文条件复杂多样，海流受季风影响，交替有律，水温较高，盐度大，透明度深，水文条件良好。

潮汐 沿岸潮汐属不正规全日混合潮型，一般一日有2次高潮和2次低潮；少数日期里，呈一日1次高潮和1次低潮现象。

潮流 以莺歌嘴为界，往东南为正规全日潮流，往西北为不正规全日潮流。

波浪 海域波浪特征以莺歌海观测资料统计分析，其特征为：波浪主要为风浪，特征与沿海风场一致，各向波浪频率分布以东南和西南向为主，出现频率61%，

白沙河 （陈昌毅 摄）

其中南向和东南向波浪最多，相应频率分别为 18.2% 和 15%。

海水温度　以莺歌海的统计海水湿度为代表分析乐东海域的海水温度及其变化。莺歌海海域水温是海南岛周边海域水温较高的海域，年平均 27.2℃，各月平均温度都在 23℃以上。

海水盐度与 pH　以莺歌海的统计海水盐度为代表分析乐东海域的海水盐度及其变化。莺歌海海域海水盐度是海南省周边海域盐度较高的海域，接近大洋水性。海水 pH 达到构成一类海水的标准，但表层与底层稍有区别，表层 pH 在 8.07 ~ 8.24，平均为 8.17；底层 pH 在 8.09 ~ 8.25，平均为 8.21。

海岸线在莺歌海一带有一个近似直角的转弯，各海区海岸地形地貌以及海洋水文要素都有一定的差异。

【海洋环境】 乐东县滨海地理位置和海陆风气候条件有利于大气污染物质的扩散，加上气候适宜植物生长，区内又环山带水，因此保持了良好的自然环境。其浅海和深海水域广阔，季风性海流使水体交换条件好，具有大洋水环境的特征，海洋环境容量大，近岸水环境总体良好。

物产资源

【土地资源】 乐东县土地资源丰富，全县可利用土地面积 20.99 万公顷。其中，宜农地 6.36 万公顷、宜林地 11.96 万公顷、宜热作地 1.12 万公顷、其他地 1.55 万公顷。各种土地分布集中连片，宜种植橡胶地集中于东部的丘陵平原，农耕地集中在西部平原地区，森林草原地集中于东北部的丘陵山地。

【矿产资源】 乐东县矿产资源丰富，有抱伦的金矿、尖峰的“玫瑰红”花岗岩和其他一些矿种，共分为黑色金属矿产、有色金属矿产、贵金属矿产、稀有元素、冶金辅助原料非金属矿产、燃料矿产、建筑材料及其他非金属矿产八大类，是海南省矿产资源相对较丰富的市县之一。已发现的矿种有 29 种，矿产地 117 处。经地质部门勘查，发现的矿产有金、银、钼、钨、铜、铀、铅、锌、云母、石墨、高岭土、泥炭土、红色泥土、褐色泥土、方解石、钛、石灰岩、石英砂、饰面花岗岩、建筑用花岗岩、镜铁矿、硫铁、水晶、萤石、建筑用砂、砖瓦黏土、矿泉水、天然气。

县内天然气资源丰富，主要有莺歌海的天然气田。气田位于莺歌海水道口至北部湾的 120 海里处。

【森林资源】 全县林地面积 18.16 万公顷，森林覆盖率 63.45 %，林木绿化率 63.42%。

按地类别分　有林地面积 17.41 万公顷，占林地面积的 95.87%；灌木林地面积 494.47 公顷，占 0.27%；未成林造林地面积 3929.27 公顷，占 2.14%；苗圃地面积 75.27 公顷，占 0.04%；无立木林地面积 608.47 公顷，占 0.34%；宜林地面积 2440.93 公顷，占 1.34%。

按森林类别分　生态公益林地 10.06 万公顷，占林地面积的 55.40%；商品林地 8.10 万公顷，占 44.60%。

按林种类别分　防护林地 7.34 万公顷，占有林地面积的 42.16%；特用林地 2.50 万公顷，占 14.36%；用材林地 1.05 万公顷，占 6.03%；经济林地 6.52 万公顷，占 37.45%。

在省属尖峰岭林业公司的尖峰岭林区及县属的抱告岭、耸鹿岭、抱朗岭、西郎岭、马咀岭、南班岭、佳西、卡法岭等林区，有着丰富的热带原始森林。珍贵的林木有子京、坡垒、青梅、红稠、母生、苦梓、绿楠、油丹、花梨、胭脂、黑格、陆均松、鸡毛松、竹叶松、红壳松、荔枝等 80 多种。森林资源也十分丰富，主要有红白藤、麻竹、山竹等。在尖峰岭林区已建立国家级热带自然保护区。

【动物资源】 饲养动物　兽类：主要有水牛、黄牛、猪、羊、狗、猫、家兔等。禽类：主要有鸡、鹅、鸭（含番鸭）、鸽等。虫类：主要有蜜蜂等。

野生动物　兽类：主要有海南坡鹿、黑冠长臂猿、猕猴（恒河猴）、海南水鹿、海南云豺、黑熊、狐狸、山猪、黄猄、野兔、田鼠、刺猬等。禽类：主要有海南孔雀雉、山鸡、鹧鸪、野鸭、乌鸦、鹌鹑、斑鸠、鹰、猫头鹰、画眉、麻雀、燕子、喜鹊、百灵鸟、啄木鸟、莺歌鸟、黄雀等。蛇类：主要有蟒蛇、眼镜蛇、四脚蛇、五步蛇、金环蛇、银环蛇、灰鼠蛇、青蛇、水蛇、蚣蛇等。虫类：主要有蜈蚣、蝎子、蜘蛛、山蜂、螟虫、青虫、象甲、天牛、金龟子、瓢虫、蝗虫、蝼蛄、蟋蟀、椿象、蝉、叶蝉、蓟马、蚜虫、地老虎、蜻蜓、螳螂、蛾、蝶等。其他：有蝙蝠、壁虎、青蛙、蟾蜍、蚂蟥、蜗牛等。

【植物资源】 作物类　粮食作物主要有水稻、玉米、番薯（红薯）、木薯、马铃薯、藕、芋、黑豆、黄豆、扁豆、绿豆、木豆、八月豆等；经济油料作物主要有甘蔗、花生、芝麻、向日葵、橡胶、腰果、油棕、椰子、胡根、茶叶、烟草等；绿肥及饲料类作物主要有苕子、田菁、红萍、水浮莲等。

菜果类　菜类主要有洋葱、西红柿、茄子、菜椒、豆角、萝卜、包心菜、空心菜、叶子菜、葱、大蒜、韭菜、黄秋葵、毛豆等；瓜类主要有青瓜（黄瓜）、节瓜、冬瓜、南瓜、苦瓜、丝瓜、蛇瓜、葫芦瓜等；果类主要有芒果、香蕉、西瓜、蜜瓜、菠萝蜜、菠萝、柑橘、荔枝、龙眼、杨桃、番木瓜、番石榴、番荔枝、人心果、黄皮果、酸豆、火龙果、莲雾、百香果等；竹类主要有黄竹、麻竹、青竹、毛竹、林仔竹、刺竹、业平竹、藤竹等。

中草药类　乐东气候温和，雨量充沛，四季常绿，药用植物资源丰富，其中国家收购的中药材有45种，属600米以上山地野生的药材有巴戟、沉香、益智、海南砂仁、杜仲藤、灵芝菇、海南粗榧等；丘陵坡地有木棉花、百部、青天葵、天冬、草决明；海边药材有万京子、香附子、天冬、谷精子。此外还有降香檀、苏木、大血藤（又名小葡萄，葡萄血藤）、紫树、乌檀（又名胆木）、猫尾木、萝芙木、海南萝芙木、草决明等品种。

花草和灌木类　花类主要有兰花、仙人掌、吊灯花、大红花、洒金榕、九里香、红桑、棕榈、菊花、莲花、荷花等；草类主要有白茅、五节芒、竹节草、蜈蚣草、蟋蟀草、四方臂形草、台湾虎尾草、雀稗、叶下株、牛筋草、猫尾草、纤毛鸭嘴草、野麦、飞机草、稗草、异型莎草、水三棱、扁秆草、牛毛草、红白藤等；灌木类主要有黄花稔、假木豆、羊角树、鸡压树、破布树、大砂叶、山芝麻、布渣、刺轴棕、叶被木、因果刺桑、黄牛木、五室五桠果、刺葵、赤才、毛果扁担杆、红海兰、海榄雌（白骨壤）等。

其他种类　苔藓植物主要有葫芦藓，蕨类植物主要有蕨菜，低等藻类植物主要有石花菜、麒麟菜、江蓠菜，菌类植物主要有蘑菇、平菇、木耳植物如绿藻和蓝藻。

【水产资源】 乐东县海洋环境优越，海洋生物种类繁多，数量巨大，海洋渔业优势明显。海产资源十分丰富，100米水深以内渔场面积近1万平方千米，20米水深以内的渔场面积约400平方千米，20～40米水深渔场面积960平方千米。近岸海区渔业资源已利用过度，一些优质鱼类资源衰退；外海区资源属中等利用程度，尚有一定开发潜力；而南海鱼类资源非常丰富，还有很大的开发利用前景。

海水鱼　有红鱼、石斑、真鲷（红立）、黄鲷（板则）、大鲆（左口）、海鲇（赤鱼）、海鳗（麻鱼）、宝刀（西刀）、丁鱼（九棍）、花鱼祭（黄泽）、鲱鲤（红线）等30多种。

淡水鱼　有鲤鱼、草鱼、鲢鱼、鳙鱼、鲮鱼、尼罗罗非鱼、越南鱼、福寿鱼、胡子鲇（塘虱）、乌鳢、黄鳝、花鳗鲡等。

甲壳类　有斑节对虾（角虾）、日本对虾、白虾、九虾、毛虾及锯缘青蟹、梭子蟹等。贝类有牡蛎、文蛤等。

头足类　有枪乌贼（鱿鱼）、乌贼（墨鱼）、章鱼等。此外，有海马、海参、海蛇、海龟等名贵海洋药物品种。

【水利资源】 2021年，乐东县有蓄水工程115项［其中，大（2）型水库1座、中型6座、小（1）型32座、小（2）型56座，山塘19个］，总库容4.44亿立方米，正常库容2.59亿立方米，有效库容2.57亿立方米，设计灌溉面积1.92万公顷。引水工程41宗，主干渠188条长972千米，支渠113条长174.50千米，全县渠道总长1713.50千米，其中已防渗硬化 1033.79 千米。流域面积 100 平方千米以上的江海堤防 9 条，全长约 26 千米。机电提灌 35 宗，水轮泵站 14 宗。

人文风情

【非遗传承】 黎族织锦技艺　黎族织锦是民族地区居民利用海岛棉或木棉为原料进行纺制的工艺品，黎族人民在织锦时所使用纺、染、织、绣方法，是中国乃至世界上最为古老的棉纺织染绣技艺，该技艺堪称中国纺织业的“活化石”。乐东黎族织锦技艺主要分布在千家镇、志仲镇、抱由镇、大安镇、万冲镇、九所镇、利国镇、黄流镇、佛罗镇、尖峰镇等黎族同胞聚居地；其中，志仲镇的“麻纺织技艺”和千家镇的“海岛棉花纺织技艺”最具代表性。黎锦多用于黎族妇女常穿的筒裙、摇兜等生活用品。黎族织锦图案是编织者的审美意识、生活风貌、文化习俗、宗教信仰及艺术积累的体现。其内容主要是反映黎族社会生产、生活、爱情婚姻、宗教活动以及传说中吉祥或美好形象物等。据不完全统计，织锦图案有 100 多种，大体可分为人形纹、动物纹、植物纹、几何纹，以及反映日常生活生产用具、自然界现象和汉字符号等纹样。其中，人形纹、动物纹和植物纹是最常用的织锦图案。黎锦的品种有妇女筒裙、上衣、裤料、被单、头巾、腰带、挂包、披肩、鞋帽等。黎锦的图案有马、鹿、斑鸠、蛇、青蛙、孔雀、鸡以及竹、稻、花卉、水、云彩、星辰等 100 多种，大多由简单的直线、平行线和方形、三角形、菱形等几何图形构成。在色彩上，运用明暗间色，青、红、黑、白等色互相配合，形成色彩对比强烈的艺术效果。黎锦做工精美，深受人们的喜爱。2005 年，“黎族传统纺染织绣技艺”被列入海南省首批非物质文化遗产保护名录；2006 年被列入国家第一批非物质文化遗产名录；2009 年 10 月被列入联合国教科文组织“急需保护的非物质文化遗产名录”。为保护和传承黎族织锦技艺，乐东县委、县政府建立志仲镇和千家镇黎锦技艺传习所，通过组织黎锦技艺比赛、开展培训学习、对外交流展演等活动，发掘培养代表性传承人。2006 年，乐东黎族妇女容亚美被确定为海南省非物质文化遗产黎锦技艺代表性传承人；2007 年被确定为国家级非物质文化遗产黎锦技艺代表性传承人；2009 年被确定为联合国教科文组织“急需保护的非物质文化遗产”黎锦技艺代表性传承人。

黎族姑娘在织锦　　（县委宣传部　供图）

大安剪纸　大安剪纸因产于乐东县大安镇而得名，是一项富有黎族文化特色的传统手工技艺。与传统剪纸不同，大安剪纸以“刻”为主，功夫在刀下，除了极少数对称的图案用剪刀外，多使用刻刀，这也是大安剪纸的最大特点。大安剪纸反映黎族群众的现实生活以及与当地百姓劳动、生活休戚与共的山山水水、风土人情。大安镇在 1996 年 11 月被文化部命名为“中国民间剪纸艺术之乡”，至 2022 年也是海南省唯一的民间剪纸艺术之乡。大安剪纸清新、质朴、淳厚，其作品不需要任何约定俗成的规范、定律和样板，而是依据自己对各个物体的概念或物象相互关系的特定印象来创作。在政府的积极培育下，乐东县涌现出一批优秀的黎族剪纸传人，创作了一大批优秀的黎族剪纸作品。大安黎族农民创作的剪纸作品被

大安剪纸文创产品“大安人家”　　（大安镇政府　供图）

编辑成《海南黎族现代民间剪纸》画集，《磨谷》《避邪图》等多幅黎族剪纸作品入选参加全国首届民族民间剪纸大奖赛、中国民间艺术一绝大展、全国“艺术之乡”艺术精品展示等国家级展览。1996 年大安镇被教育部授予“中国民间剪纸艺术之乡”称号。2013 年大安再次被文化部命名为“中国文化艺术之乡”。2017 年，乐东“黎族传统剪纸艺术”被列入海南省第五批非物质文化遗产代表名录。

崖州民歌　崖州民歌蔚起于古崖州“西六里”（今海南省乐东县的九所镇、利国镇、黄流镇、莺歌海镇及佛罗镇），明代传唱至三亚市崖城镇的港门、梅山及东方市的南部地区。乐东县、三亚市、东方市凡操客家方言的大多数中老年人均喜聆听，部分人亦能演唱。崖州民歌用客家方言咏唱，格律异常严谨且自成一体，主要有号子、童谣、儿歌、叫卖调、柔情调、嗟叹调、拉大调等 7 种不同体裁的歌调，各具特色，娓娓动听。现代崖州民歌除了保留原生态的独唱、对唱外，又增加了小组唱和集体表演唱，同时编成独幕歌剧或歌剧等。演出服饰根据内容而定，循古且创新，形式纷繁，多姿多彩。为切实做好崖州民歌的保护工作，县文化管理部门从 2005 年起先后组建黄流崖州民歌协会、县崖州民歌协会、县崖州民歌艺术团，把崖州民歌搬上舞台。2006 年 5 月，崖州民歌被列入国家级第一批非物质文化遗产名录。2010 年，乐东黄流籍妇女陈人顺被列为海南省非物质文化遗产项目崖州民歌代表性传承人。

【传统节庆活动】 黄流元宵游花灯　黄流元宵游花灯的传统始于清朝咸丰年间（1851—1861），迄今已有 150 多年历史。游花灯内容丰富多彩、形式多样。每年元宵，黄流镇各村各坊都以团队制作 2 辆以上彩灯车参加元宵巡游。在工艺制作上，各坊彩灯车不雷同，工艺制作极其精巧。解放前，在黄流若有人家生男丁，必须制作一盏灯笼参加全村各坊的花灯巡游。常见的民间灯笼有聚宝灯、花生灯、古塔灯、玉米灯、西瓜灯等。早期黄流游花灯只是自发性的群众娱乐活动，内容带有浓厚的“求神赐福”色彩。中华人民共和国成立后，这项民间传统得到党和政府重视，县委、县政府将其打造成为一张富有黄流地域特色的文化名片。黄流民间花灯工艺得到了很大的改进，传统的油灯巡游车被电灯巡游车替代，运载工具也由牛车、人力车向汽车发展，且花灯车多姿多彩、匠心独具。珠江电影制片厂和海南省电视台曾多次向全省、全国人民直播黄流民间闹元宵实况。2002 年，黄流镇被文化部命名为“海南省民间文化艺术之乡”（花灯）称号；2003 年，被文化部命名为“中国民间文化艺术之乡”（花灯）；2008 年，获文化部“中国民间艺术之乡”（花灯）审查合格。

黎族三月三节庆　三月三节（农历三月初三）是黎族民间传统节日。农历三月初三，黎族人民身着节日盛装，挑着山篮米酒，带上竹筒香饭，从四面八方会集一起，或祭拜始祖，或三五成群相会、对歌、跳舞、吹奏打击乐器来欢庆佳节。青年男女更是倚节狂欢、以歌会友、以舞传情。早期黎族三月三节庆以“打

乐东少数民族村庄——抱班村村民身着盛装欢庆“三月三”

（县委宣传部　供图）

柴舞”篝火晚会为主要活动内容，随着生活日益富足，节庆节目种类也逐年丰富。作为黎族自治县，每年三月三节乐东都要举行规模盛大、内容丰富的庆祝活动，有赛歌会、篝火晚会、民族传统体育比赛、男女青年对歌、民族歌舞表演等。黎族三月三有着非常广泛的群众基础。随着时代的变迁，庆祝内容也日益多样，但对歌、民间体育竞技、民族歌舞、婚俗表演仍是最基本的内容。黎族人性格豪爽、能歌善舞、热情好客。三月三节是黎族传统文化，是黎族文化最具体最典型的表现。其民俗主要特色与价值是黎族生产、生活、娱乐等整体民俗风貌的集中体现，是世人了解黎族文化和历史的窗口。

端午赛龙舟　赛龙舟是乐东在端午节重要的民俗活动，在莺歌海、望楼河一带盛行。莺歌海端午节龙舟赛历史悠久，早在清光绪四年（1878）就有此项活动。1985 年，莺歌海镇政府把龙舟竞赛定为当地的传统体育重点项目。此后，每年端午节都举行龙舟竞赛。龙舟一般由小渔船改造成，每个参赛单位挑选 30 名青年代表为参赛选手，龙舟比赛往返距离 160 米。

景区风光

【概况】 乐东黎族自治县位于海南省西南部，全域靠山临海。乐东境内有 84.30 公里长的黄金海岸线及诸多奇山异岭，蕴藏着丰富独特的自然旅游资源和人文旅游资源。主要自然旅游资源有“一江一山二岭三湾”（昌化江，毛公山，尖峰岭、佳西岭以及龙栖湾、龙沐湾、龙腾湾）。高山巍峨，碧海银滩，遍地瓜果的热带田园风光，质朴憨厚的黎族苗族风情，灿烂多样的民间文化，构筑了五彩斑斓的乐东。

【昌化江】 昌化江是海南省第二大河流，它横贯海南岛中西部，河流自东北向南经琼中、保亭，在乐东境内转向西北，流经东方，最后从东方市穿过昌江黎族自治县的昌化港流入南海。昌化江干流全长 232 公里，流域面积 5150 平方公里，总落差 1270 米，沿江景色优美。

【毛公山景区】 毛公山位于乐东保国农场境内的保国山，因其山体形似已故伟人毛泽东仰卧苍穹之下而得名。毛公山景区年平均气温 24℃，四季如春，山清水秀，除独树一帜的伟人自然景观外，还有通天洞、神女峰、英雄石、南文瀑布、韶山第二冲、保国八达岭等多处景观。

【尖峰岭国家森林公园】 尖峰岭国家森林公园是最南端的国家级森林公园，享有“海南之肺 热岛凉山”的美誉。公园总面积 4.5 万公顷，森林覆盖率达 98%，拥有全国面积最大、保存最完好、生物多样性指数最高的热带原始雨林。尖峰岭因其独特的地理位置、地质结构和良好的自然生态系统，造就了它独特的自然景观和宜人的气候。

【佳西自然保护区】 佳西自然保护区位于乐东北部，保护区山势巍峨壮观，千米以上有名的山峰共 10 座，最高的猕猴岭海拔 1655 米。年均温度 20℃，年降水量 2000 毫米左右，高处常年云雾缭绕。由于山高谷深，人迹罕见，森林植被仍保留着热带原始雨林特有的自然景观。保护区中的红水河谷，长不过1万米，落差高达1500多米；两岸陡坡峭壁，长有雨林树木，偶见群猴跳闹枝头；河底遍布石头，石面平滑光洁，石间山泉潺流，多有池潭瀑布；景色优美，是森林探险、回归自然生态游的好去处。

【乐东三湾】 乐东海岸线长84.30公里，从北向南分布着龙沐湾、龙腾湾、龙栖湾3个海湾，三湾连成一片，构筑了乐东滨海一线天。三湾地处热带季风气候区，长夏无冬，光照时间长，沙滩平坦洁白，自然生态环境优越，汇集山、海、阳光、沙滩、渔火等多种元素。

龙沐湾晚霞 （县委宣传部 供图）

人口·民族·方言·区划

【人口】 2022年，乐东县户籍人口户数15.88万户，户籍人口55.03万人。全县年末常住总人口数47.03万人，其中城镇常住人口14.96万人，乡村常住人口32.07万人。

【民族】 汉族、黎族、苗族是乐东县世居民族，其他民族是中华人民共和国成立后迁入的居民，分散于全县各地。黎族是最早的居民。世居的黎族、苗族大多数聚居在丘陵盆地的尖峰、千家、抱由、大安、志仲、万冲等镇。

【方言】 乐东县主要通行汉语闽方言海南话（属崖州片）。其语音特点与海口、文昌等地的海南话有许多不同之处。县内海南话主要分布在黄流、莺歌海、利国、九所、佛罗、尖峰等镇。县城抱由镇也通行海南话。县内黎族有本民族的语言，它属汉藏语系壮侗语族黎语支，与广西的壮族和侗族的语言比较接近。黎语分为侾支和杞支。其中侾支方言又分为罗话、侾炎、抱显3种土语，这3种土语分布较广，占全县的60%左右；杞支方言分通什、堑对、保城3种土语，万冲等地区属于通什土语，操这种土语的人占全县黎族人口的20%。苗族有自己的语言。

【行政区划】 乐东县辖抱由、万冲、大安、志仲、千家、九所、利国、黄流、佛罗、尖峰、莺歌海11个镇，193个村（社区）、居委会。县委、县政府所在地驻抱由镇。

2022年乐东县行政区划一览表

表1

镇名	行政村（社区）、居委会名
抱由镇	辖3个社区、1个居委会、26个行政村：江南社区、乐安社区、乐富社区，山荣居委会，抱由村、保定村、多建村、番豆村、向阳村、延红村、抱北村、永明村、红水村、道介村、坡拉村、抱邱村、德霞村、佳西村、抱湾村、只九村、抱界村、只微村、志高村、光明村、排齐村、山荣村、南美村、杨力村、三平村、头塘村

续表 1

镇名	行政村（社区）、居委会名
万冲镇	辖1个居委会、15个行政村：乐中居委会，南流村、洋老村、万冲村、南班村、山明村、友谊村、三柏村、三人村、国强村、排慎村、抱隆村、卡法村、抱班村、保派村、德崖村
大安镇	辖15个行政村：礼乐村、大安村、陈考村、大炮村、后物村、昂外村、南仇村、万车村、木棉村、西黎村、丘文村、只纳村、加巴村、南木村、只朝村
志仲镇	辖1个居委会、12个行政村：保国居委会，志仲村、志强村、成栋村、谭培村、塔丰村、保国村、保脱村、龙林村、望老村、首村、奋赛村、多元村
千家镇	辖2个居委会、19个行政村：乐光居委会、抱伦居委会，千家村、抱用村、汉小村、青岭村、前号村、抱平村、抱郎村、永益村、郎益村、抱善村、抱伦村、抱梅村、温仁村、只峨村、福报村、只文村、奋跃村、抱串村、扎灶村
九所镇	辖1个社区、15个行政村：龙栖湾社区，抱荀村、九所村、中灶村、十所村、罗马村、四所村、赤公村、海坡村、抱浅村、新庄村、山脚村、抱旺村、新贵村、镜湖村、老坡村
利国镇	辖3个社区、22个行政村：河东社区、望楼港社区、利国社区，秦标村、佛丰村、官村、荷口村、抱岁村、新联村、新民村、抱新村、红五村、文且村、抱告村、茅坡村、球港村、羊上村、望楼村、冲坡村、塘丰村、赤塘村、乐一村、乐二村、乐三村、乐四村
黄流镇	辖1个社区、22个行政村：黄流社区，新民村、抱二村、孔汶村、黄西村、佛老村、铺村村、赖元村、水内村、赤命村、镇远村、黄中村、怀卷村、新荣村、高道村、东孔村、黄东村、多二村、多一村、赤龙村、尖界村、抱一村、新建村
佛罗镇	辖1个社区、16个行政村：佛罗社区，佛南村、白井村、新坡村、长青村、丰塘村、老孔村、福塘村、昌厚村、求雨村、响地村、青山村、新安村、丹村、田头村、佛中村、佛北村
尖峰镇	辖11个行政村：尖峰村、翁毛村、凤田村、山道村、红湖村、长安村、白沙村、岭头村、海滨村、黑眉村、抱罗村
莺歌海镇	辖6个社区：莺一社区、莺二社区、莺三社区、新兴社区、新一社区、新二社区

经济社会发展

【概况】 2022 年，乐东县完成地区生产总值 195.07 亿元，比上年增长 1.7%，其中，第一产业增加值完成 110.37 亿元，同比增长 2.7%；第二产业增加值完成 24.58 亿元，同比下降 1.5%；第三产业增加值完成 60.12 亿元，同比增长 1.2%。三次产业结构比重为 56.6∶12.6∶30.8。人均地区生产总值 41522 元，比上年增长 2.3%。地方一般公共预算收入 5.7 亿元，比上年下降 29.3%。全县固定资产投资完成投资额 65.19 亿元，比上年增长 7.9%。全县常住居民人均可支配收入 23984 元，增长 3.3%。其中，城镇常住居民人均可支配收入

33984元，下降0.2%；农村常住居民人均可支配收入18413元，增长6.1%。城镇居民人均消费支出21483元，同比下降4.4%；农村居民人均消费支出15009元，同比下降1.7%。

【产业发展】 2022年，乐东县农林牧渔业实现总产值173.15亿元，比上年同期增长3.5%。农业机械总动力77万千瓦，比上年上升0.51%。全县完成工业总产值27.87亿元，增长4.4%；其中，规模以上工业总产值27.29亿元，比上年增长3.9%。全县建筑业完成增加值15.36亿元，同比下降2.0%。全年实现社会消费品零售总额47.95亿元，同比下降8.2%。年内，接待游客236.8万人次，同比下降20.2%；接待过夜游客129万人次，同比下降10.3%。全县房地产业实现增加值10.89亿元，比上年增长3.7%。全县交通运输、仓储和邮政业完成增加值1.82亿元，比上年下降8.1%。邮政行业业务收入完成9038万元，比上年增长10.1%。年末全县金融机构存款余额217.91亿元，比年初增长6.9%。金融机构贷款余额116.23亿元，比年初增长11.6%。全县原保险保费收入1.97亿元，同比增长15.8%。

【社会事业】 2022年，乐东县民生支出36.69亿元，同比下降6.2%。持续抓好“两校一园”（2016年1月26日，省两会指出，“十三五”期间，全省每个市县通过引进省外优质教育资源，至少办好1所中学、1所小学和1所幼儿园）建设，省农垦中学托管黄流中学，首都师范大学托管乐东中学，华二黄中附属小学正式招生，民族中学获评省级规范学校，县幼儿园获评省一级幼儿园。整合撤并小规模学校18所。开工建设城镇保障性安居房2139套，增长46.1%。挂牌运营“就业驿站”6家，城镇新增就业3110人，农村劳动力外出务工11万余人、转移就业6604人。深化“医共体”改革，医保报销、医疗救助约78万人次，群众医药负担逐步减轻。基本医疗保险、养老保险实现应保尽保。年内，基本建成乐东文化中心，九所镇全民健身中心开工建设。

【生态环保】 2002年，乐东县空气质量位列全省第3。环境空气质量综合指数（AQI）1.568，空气质量优良率99.4%。其中，$PM_{2.5}$年均浓度为10.5微克/立方米，PM_{10}年均浓度为19微克/立方米。环境空气质量监测有效天数349天，空气质量指数AQI≤50（优）的天数为310天，51≤AQI≤100（良）的天数为37天，轻度污染的天数为2天，无中度以上污染天数。

中国共产党乐东县委员会

综　述

【党的理论武装】 2022年，中共乐东县委把深入学习宣传贯彻落实党的二十大精神、习近平总书记关于海南工作的系列重要讲话和指示批示精神与省第八次党代会精神、省委八届二次全会精神等有机结合，与“能力提升建设年”活动有机结合，列入各级党组织学习内容，列入干部培训必修课，举办各类培训班269期培训3.83万人次。坚持线上线下一体推进，深入宣传解读中央和省委决策部署、自由贸易港政策，在全县汇聚起奋发进取的磅礴力量。县委常委会坚持先学一步、深学一层，先后召开县委常委会专题学习30次，班子成员带头下基层宣讲党课62场次，引领带动全县广大党员干部学深悟透精神实质。建立理论学习中心组列席旁听制度，聚焦习近平总书记调研海南时的重要讲话精神等开展中心组学习16次，以“关键少数”带动“绝大多数”。

【经济发展引领】 2022年，中共乐东县委对照中央和省委统筹疫情防控和经济恢复提振的要求，牢固树立“项目为王”理念，力促经济平稳运行。推动成立海南国际经济发展局乐东公司，组织党政代表团赴广东开展自贸港宣传和招商推介，举行第二届消博会乐东专场推介会，与中交海洋投资控股有限公司、德勤咨询（海南）有限公司等企业达成合作意向，成功引进福港海洋产业园等项目，招商引资走出新步伐。落实“万名干部下企业”服务行动，派出264名副科级以上实职领导干部下沉一线，拿出98条

11月3日，学习贯彻党的二十大精神中央宣讲团报告会暨八届省委理论学习中心组第7次（扩大）学习会（乐东分会场）在县委会议厅举行

（县融媒体中心　供图）

11月17日，琼州流动大学堂2022年第11场党的二十大精神宣讲讲座暨县委理论学习中心组第13次（扩大)会议在县委会议厅举行

（县融媒体中心　供图）

超常规助企纾困措施，帮助企业复工复产，保障首个重点驿站“莺歌唱晚”项目开工建设，环岛旅游公路乐东段等重点项目加速推进，九所新区污水处理厂等项目建成投产。贴息2221万元，撬动金融机构为13139户农户发放50万元以下小额贷款约16亿元，入选中央财政支持普惠金融发展示范区。通过数字赋能打造全产业链现代农业流通大平台，“中国金钱树大数据平台”上线，全省首个热带农产品数字交易平台“海南（东盟）热带农产品数字化交易平台”建成首月实现交易额4.5亿元。克服疫情影响，推出线上三月三节、水上运动体验等活动，开业运营乐东县首家岛内居民日用消费品免税店，全年接待游客238.50万人次，助力消费复苏。全县地区生产总值完成195.07亿元，同比增长1.7%；固定资产投资完成65.19亿元，同比增长7.9%；货物进出口总额同比增长20.4%。

【促进产业转型】 2022年，中共乐东县委把产业转型作为经济发展的重要抓手，下大力气补短板、育新机。制定统筹区域协调发展的实施方案，与兄弟市县共同启动打造自由贸易港科创高地、国际旅游胜地和发展要素保障等专项规划编制，全面融入三亚经济圈的实施路径基本划定。围绕做强龙头，创建2家国家级农民合作社示范社，推动乐东芒果入选芒果优势特色产业集群；围绕做出特色，改良推广种植桂花香荔枝等新品种1086.67公顷，黑刺榴莲、燕窝果、牛油果等新奇特水果成功试种，热带特色高效农业提质增效。全省首座半潜式深远海智能养殖旅游平台投入使用并产出第一批渔获，渔业“三走”（往岸上走、往深海走、往休闲渔业走）迈出坚实步伐。千家农副产品加工产业聚集区控规修编率先完成，九所低碳制造产业聚集区、莺歌海临港产业聚集区控规修编启动，三大产业聚集区布局逐渐明朗。多个光伏发电项目并网发电，“清洁能源岛”建设成效明显。设立未来农业等新型研发机构4家，新认定高新技术企业1家、省级科普教育基地2家，山金矿业科研项目获省科技进步奖一等奖，科创活力持续激发。服务南繁事业发展，南繁科研育种基地（抱孔洋）配套服务区功能加快完善，南繁“政产学研”联动不断深化，和河南农业大学政校合作共建绍骙南繁研究院，获批创建省级现代农业高质量发展产业园，与崖州湾科技城联席会议机制建设取得积极进展。“都蜜1号”等品种成功推广，南繁育制种产量同比增长19.4%。

【深化改革】 2022年，中共乐东县委坚持向全面深化改革要动力，把制度集成创新作为“牛鼻子”抓牢抓实，在“放管服”改革等方面下足功夫，创优营商环境。告知承诺制、“零跑动”事项改革等稳妥推进，“窗口无否决权＋未办成事协调服务”机制全面实施，打通基层行政审批服务“最后一公里”。构建全方位企业服务体系，设立首席服务专员、营商环境“体验员”，公共资源交易中心正式运行，工程建设项目“以函代证”预审服务等措施广泛推行，项目建设实现“拿地即开工”，“一件事一次办”导办主题等达全省上游水平。企业设立登记缩短至0.5个工作日，开办缩短至1个工作日，全年新增市场主体5130家，同比增长12.7%。“四访五帮”（走访帮教对象以及其家长、老师、基层党组织负责人，帮助帮教对象完成基础学业，掌握技能，增强法治观念，提升安全意识，养成良好的习惯）机制多次被写入省级文件和重要报告中，“创设乡村法治服务中心探索矛盾纠纷调处机制”入选第四批全国乡村治理典型案例，颁发我省首本农村土地经营权不动产权证书，促成省内首单农村土地经营权贷款抵押登记，推出与海南国际经济发展局联动招商、政企联合招商“双引擎”模式等做法，创新成果竞相涌现。建立首席风险官、政策出台前风险评估等机制，重大风险识别防控体系不断完善。备战封关运作，清理消化“三无”船舶（无船名船号、无船舶证书、无船籍港的船舶）292艘，6个反走私综合执法点率先在全省完成征地任务并通过省专班验收顺利集中开工，乐东港总体规划启动编制，莺歌海港区对外开放码头查验基础设施加快落地。

2月11日，县委书记孙世文（右二）深入万冲、大安、抱由等镇围绕“六水共治”工作开展调研　　（县融媒体中心　供图）

【习近平生态文明思想贯彻落实】2022年，中共乐东县委全力整改生态突出问题，以实际行动推进天更蓝、山更绿、水更清、土更净。两轮中央生态环境保护督察反馈问题实现“清零”，第二轮国家海洋督察17项反馈问题按序时完成整改16项，省级例行环保督察反馈问题按序时完成整改95.3%。推进“六水共治”，大角湾水域环境得到系统治理，11个建制镇污水处理设施实现全覆盖，农村污水治理率提高11.6个百分点，地表水水质优良率和城镇内河（湖）、近岸海域水质100%达标。落实“六个百分百”（施工围挡100%标准，物料堆放100%覆盖，施工现场100%湿法作业，施工道路100%硬化，施工现场出入车辆100%冲洗，渣土运输车辆100%密闭运输）扬尘防治措施，空气质量优良天数比99.4%，常年保持全省前列。推进农药化肥减量增效，县域土壤环境保持稳定。处置违规占用严格保护砂质岸线266处，完成马鞍岭等10座矿山生态修复，“两违”图斑处置率达88.1%，森林图斑整改完成率达86.8%。镇墟容貌整治“九大工程”深入实施，九所镇墟容貌整治提升示范段启动建设，沿海镇墟道路内涝积水问题有效解决，农村人居环境全面改善。国土空间规划“三线”取得规划成果，《国土空间生态修复规划》完成印发，龙沐湾核心区、黄流镇等地控规修编持续推进，137个应编尽编村庄规划全部取得规划成果。

【为民办实事】2022年，中共乐东县委践行以人民为中心的发展思想，用心用情办好每一项民生实事。加强防止返贫致贫动态监测，持续落实“三保障”和饮水安全政策，加大产业、就业帮扶力度，巩固好全县14327户59717名脱贫户脱贫成果，守住防返贫致贫底线。在黄流挂牌运作全省首家“就业驿站”，零就业家庭实现动态清零。落实“双减”，义务教育课后服务实现全覆盖。引进首都师范大学附属教育集团、省农垦中学、海口市教育幼儿园等优质资源合作办学，“一县两校一园”任务全面完成。健全公共卫生保障体系，为在校适龄女孩100%免费接种HPV疫苗，县人民医院内科综合楼等项目顺利开工，九所中医院加快建设。以基础设施“提速”助推民生改善“提档”，九所水厂二期扩建等饮水工程投入使用，“三馆合一”（图书馆、文化馆、博物馆）、毛九线抱由至九所段改建工程等民生工程基本建成。改造老旧小区5个，改造农村危房44户，开工建设安居房1518套，群众“安居梦”不断充实。推进组建县菜篮子公司，平价菜累计降价1.04元/千克，百姓“菜篮子”越拎越舒心。加大体育事业投入力度，民族文化广场运动场、江北带状公园健康步道等设施完成升级改造，乐东代表团在省第六届运动会上夺得总成绩榜第四，全民健身蔚然成风。莺歌海老盐晒制技艺等6个项目被列入县级非遗保护名录，崖州民歌、黎锦苗绣等乐东文化符号广泛传播。县志愿服务联合会成立，乡风文明“七个倡导”（倡导男女平等、勤劳致富、文明饮酒、远离私彩、厉行节约、孝老爱幼、卫生整洁）深入推进，精神文明亮点频现。

【中央和省委风险防控工作落实】2022年，中共乐东县委坚决落实党中央和省委对风险防控的工作要求，统筹好发展和安全各项事业。完成党的二十大等各个时期和重要会议、活动期间维稳安保任务，社会大局持续稳定。完善党委（党组）意识形态责任制，在全省率先启动县级网络应急指挥中心建设，建设校级思政示范课堂8个、省级精品课堂1个。持续推进禁毒三年大会战，吸毒人员占常住人口比例下降，提前完成省下达的目标。保持对违法犯罪活动严打高压态势，现行刑事案件发案数同比下降11%、现案破案数同比上升11%，全年无精神障碍患者肇事肇祸案件发生。破获命案积案5起，持续走在全省先进前列。112个村居（社区）无刑事案件，同比提升8%。县公安局指挥中心获评全国优秀公安基层单位，县法院被最高人民法院命名为“全国优秀法院”“全国为群众办实事示范法院”，县检察院获评全国检察宣传先进工作单位，平安建设争先创优意识不断巩固强化。扎实推进安全生产专项整治三年行动、道路交通安全专项整治新一轮三年攻坚战、涉电安全专项整治三年行动、燃气和自建房安全隐患排查、电动自行车火灾防范排查整治，生产安全事故起数、死亡人数均下降28.6%，全年未发生较大及以上生产安全事故。党政主要领导揭榜挂帅推动东坊村搬迁安置历史遗留问题妥善解决，处置龙沐湾海润源、美好海岸Ⅰ区等重大房地产风险，推进中央信访联席办交办的信访积案全部化解，信访考核全省排名大幅提升。建立军地沟通办法，深化双拥创建，国防动员和后备力量建设水平不断提升。

【从严管党治党】 2022年，中共乐东县委坚决扛起管党治党政治责任，推动党组织的创造力、凝聚力和战斗力不断提高。坚定不移弘扬伟大建党精神，深入推进党史学习教育常态化长效化，开展“能力提升建设年”活动，深化“查堵点、破难题、促发展”活动，创新性开展党建“十个一”（组织集中一次学习，开展一次巡回宣讲，评一次专题党课，开展一次专题调研，撰写一篇调研报告，召开一次专题研讨会，组织一场党建大比武，打造一批示范项目，解决一批重点难点问题，优化新一批制度）系列活动，形成调研成果88项，解决群众和企业急难愁盼事项134件，政治建设实现新提升。实施基层党建整体提升行动，推行党建引领村居基层治理“十大举措”，制定村“两委”干部任期目标考核办法，整顿软弱涣散党组织46个，升级改造“无危小”村级阵地7个，建成村居党群服务中心193个，基层组织建设开创新局面。紧扣事业发展选干部配班子，全年提拔或进一步使用70人，其中35岁以下年轻干部占到38.6%。为15名党员干部澄清正名，重新使用受处理处分干部13名，成功打造县第二人民医院、九所镇2个候鸟人才工作站，干部和人才队伍建设展现新气象。始终保持正风肃纪反腐高压态势，严肃查处“一把手”违纪违法案件6件。规范深化以案促改，督促案发单位堵塞漏洞，完善制度。强化纪律教育，促进党员干部增强纪法观念。在试点村居建设警示教育展示厅，编制44张权力透明运行流程图，推广基层小微权力“监督一点通”，“清廉村居”创建取得积极进展。持续深化政治监督，全面整改八届省委第一轮巡视和上级审计机关审计等反馈问题，组织开展三轮巡察，建立“巡审”贯通联动工作机制，巡视巡察上下联动高质量发展，党风廉政建设取得新成效。

【民主政治建设】 2022年，中共乐东县委支持县人大及其常委会依法履行法定职权，整合资源创建“人大代表联络室站”33个，成功举办三亚经济圈“一市三县”人大常委会第三次联席会。支持县政协发挥“三大职能”，推动209个基层协商议事平台长效运行，广泛听取意见、汇聚智慧力量。增设县人大、县政协政策研究中心，配齐11个乡镇的基层政协专干，持续加强县人大、县政协的干部人才队伍建设。开展统战工作，推动成立“侨胞之家”、光彩事业促进会，开展“万企兴万村”行动和乡村振兴“百企联百村”行动，促进民营经济健康发展和民营经济人士健康成长。加强工会、共青团、妇联等群团建设，党的群众基础不断夯实。持续加强自身建设，修订完善《县委常委会议事规则》等制度文件，带头讲民主，带头提能力，带头转作风，班子凝聚力、感召力和战斗力切实提高。

（县委办）

政策研究工作

【文稿起草】 2022年，乐东县委办紧紧围绕全县大局和党的中心工作，抓住党委决策的重大问题和关注点，为县委决策献计献策。圆满完成了县第十四次党代会报告、县委十四届四次全体（扩大）会议暨县委经济工作会议上的报告等事关发展全局重大战略决策文稿和县十六届人大三次会议等重要工作会议上的200余篇材料的起草。参与乐东县疫情防控工作材料撰写30余篇，每日均迅速整理国务院副总理孙春兰、省委书记沈晓明、省长冯飞及省相关会议讲话供县委、县政府领导作工作参考。起草县委主要领导在各级重要工作会议上的汇报稿和向省委沈晓明书记等领导视察乐东的工作情况汇报材料20余篇，为县委重大专题活动做好文稿保障。

【深改工作】 2022年，乐东县委深改办向海南省委深改办推送制度创新案例2个。“首创乡村法治服务中心　强化‘6+N’矛盾纠纷多元化解”入选第四批全国乡村治理典型案例，《首创镇法治服务中心　打造法治乡村治理新高地》入选全国法院“十大最具特色一站式改革创新成果”；《土地承包经营权、土地经营权不动产登记与抵押融资》案例被海南省自贸办专栏推送；不良行为未成年人“四访五帮”机制多次被写入省级文件和重要报告中，并纳入海南省委“护苗”行动的重要内容。印发《关于调整县委全面深化改革委员会专项小组的通知》《关于调整乐东县推进海南自由贸易港建设领导小组及自由贸易港风险防控工作组的通知》等文件。全年召开县委全面深化改革委员会暨县推进海南自由贸易港建设工作领导小组会议3场，县委深改办（县自贸办）专题会议1场。

（张定妮）

综合事务管理

【办文办会】 2022年，乐东县委办严格落实海南省委关于“削文山”工作部署，做好发文核稿工作，突出“快细结合”，高效处理领导批示件。年内，以县委、县委办名义印发文件109件，向省委办公厅报备规范性文件14件，与2020年（发文113件、报备37件）相比，均呈递减趋势，达到2022年发文数量原则上不超过2020年同期水平的目标。高效及时登记处理领导批示件2826件［纸质版2286件，OA（办公自动化）系统540件］，与2021年2343件（纸质版2213件，OA系统131件）相比增加20.6%。坚持高质量、高标准做好会议材料审核、会议通知、会场布置等各项工作，组织召开县委常委会44次，书记专题会29次，成功保障了县委全会、县委农村工作会议、县委经济工作会议、民主生活会等多次重要会议的召开。

【督查工作】 2022年，乐东县委

办督查室坚持“批则必查、查则必清、清则必办、办则必果”的原则，抓好领导批示和交办事项的落实。年内，围绕县委中心工作部署落实情况、领导批示交办事项、省委巡视组反馈意见整改情况、省纪委监委 2021 年“4·13”检查反馈问题情况、“8·1”疫情防控工作各单位落实情况等 5 个方面，通过实地督查、书面督查等方式开展督查工作。全年，书记批示督办件及网上督查室下达督办件 105 件，完成 92 件，形成督查报告上报乐东县委 31 件。

3月10日上午，乐东县委“两新”组织工委在县委常委会会议室召开全县两新组织党（工）委书记抓基层党建工作述职评议暨2022年“两新”组织党建工作会议

（县融媒体中心　供图）

【信息工作】 2022 年，乐东县委办信息室编辑上报 225 期舆情信息，得到省委办公厅采用 57 篇。编辑上报 67 篇工作信息和 17 篇问题建议类信息（含专题约稿），10 篇反映乐东高质量发展的工作信息得到省委办公厅采用，9 篇得到综合采用；3 篇得到中办单条采用；1 篇得到中办综合采用；得到省委书记批示 1 篇、其他省领导批示 2 篇；4 篇约稿获评当月优秀稿件。编发《乐东要情》3 期。向中共海南省委门户网站报送反映乐东县高质量发展的乐东要闻 120 余篇。

（张定妮）

组织工作

【概况】 2022 年，乐东县委组织部抓好新一届县委委员、候补委员、县纪委委员推荐、考察、选举工作，协同完成县十四次党代会、县十六次人大会、县政协十一届一次会议相关选举工作，助推县领导班子换届工作完成。推动完成 25 名海南省出席党的二十大代表候选人初步人选的推荐和 14 名乐东县出席省第八次党代表会议代表的推选工作。制定《县委 2022 年加强党的建设和全面从严治党工作要点》，研究确定 7 大类 26 项工作要点。创新性开展党建“十个一”系列活动，形成调研成果 86 项、制度创新案例 3 个，解决群众和企业急难愁盼 134 件，政治建设实现新提升。落实党内关怀制度，慰问生活困难党员、老党员、老干部等 1277 人，向 196 名符合条件老党员发放“光荣在党 50 年”纪念章。

【基层党建】 2022 年，乐东县委组织部实施基层党建“整体提升”行动，优化整顿学校、公安派出所、市监基层所、空转国企等党组织，先后撤销党支部 15 个，新设党支部 20 个，合并党支部 36 个，先后成立离退休党组织 37 个、商会党组织 12 个、返乡大中专毕业生党组织 11 个，实现镇级商会、返乡大中专毕业生和离退休党组织建设全覆盖。开展换届“回头看”和软弱涣散党组织排查整顿，完成 23 个村居软弱涣散党组织整顿工作。建立党建联席会议制度，在全县范围内建成“县、镇、村、机关、两新”等不同类型的党建联席机构，发挥党建引领作用，形成党建合力，促进不同类型、不同领域党组织和社会组织、商业团体、行业协会“五共”（共联、共建、共治、共享、共促）融合。提振升级村级组织阵地 7 个，完成村居党群服务中心建设 193 个和村级活动场所标识改造、功能设置。严把党员入口关，全年组织14家单位对167名发展对象和124名期满预备党员开展资格联审，吸收预备党员167人。制定出台村居干部任期目标考核管理办法、关于加强村居干部特别是“一肩挑”人员管理监督的实施意见等制度文件，从严抓好村居干部队伍日常管理监督。全年，因辞职、免职、劝退、死亡等原因空缺职数27个，补齐12人；动态培养村级后备干部1306人，比换届前多培养72人，其中新补充调整585人。全面开展党建引领村居基层治理十大举措，通过创建并串联清廉村居、平安村居、文明村居、智慧村居、网格村居、积分村居、无疫村居、生态村居、产业村居、便民村居等10种不同类型的基层治理模式，逐步形成科学、系统、全面的村居基层治理网络体系。通过与县农信社建立党建联盟，为11个镇193个村居选派金融顾问11名和村级金融指导员56名，从县公安系统选派173名公安民警入村居任职；运用中央、省、县扶持资金1600万元扶持村级集体经济项目32个，全年全县村集体经济收入2000余万元。抓好乡村振兴工作队员管理，调整乡村振兴工作队员137名，认真落实乡村振兴工作队员经费、保险、补贴等保障，常态化开展吃住在村、在岗履职督查，对无故离岗、不胜任不称职等乡村振兴工作队队员谈话提醒6人次，召回、撤换2人次。

【干部任用】 2022年，乐东县调整科级干部239人，其中提拔或进一步使用72人、交流调整33人；晋升综合管理类职级51人次、执法勤务（警务技术）类职级8人次，同意执法勤务（警务技术）类职级晋升备案48人次；全面开展干部思想作风懈怠专项调研和镇领导班子换届“回头看”调研工作，推动免职或退出领导实职42人；通过招录选调生4名，公务员47名。

【干部监督管理】 2022年，乐东县委组织部紧盯干部日常监督，认真执行提醒、函询和诫勉工作制度，通过及时咬耳扯袖、“红脸出汗”，书面提醒3人，函询2人，防止干部的“小毛病”演变成大问题。抓好领导干部离任（任期）审计工作，提请开展干部离任（任期）审计10人次。做好“12380”等举报、投诉受理渠道的干部群众来信来访，办结举报及信访件9件。落实“凡提四必”要求，注重在干部考核、考察、选任等工作中，开展全方面监督，防止干部违规提拔“带病上岗”。组织全县28名省管干部按时完成个人有关事项报告上报工作。收缴保管因私出国（境）证件34本，做到应清尽清、应管尽管。

【党员干部教育培训】 2022年，乐东县委组织部指导开展县级各类专题培训班319期，培训党员干部4.29万人次；开展宣讲140场，培训农村基层党员干部1.23万人次。其中，县委组织部牵头举办专题培训班51期，培训党员干部1.14万人次。新建党员干部现代远程教育站点6个，全县有党员干部现代远程教育站点205个，覆盖农村（社区、居）党员总数1.40万人，全县参学党员的90%以上。设置乡村振兴电视夜校点183个，全年组织开展电视夜校23期，参学9万余人次。完成3部电视课件摄制工作，其中电

5月，县委组织部组织新任科级领导干部赴海南大学开展学习十九届六中全会精神暨基层治理能力提升培训班　　（县委组织部　供图）

视课件《阿乐入党记》获得海南省第十届党员教育电视片观摩交流活动三等奖。组织发动党员群众3.90万余人，参加海南省2022年党员自贸港政策知识竞赛活动，投票数83万余票，获得全省二等奖。组织开展“双学历双轮训”工程，提升农村党员素质，全年完成大专学历招生148人，中专学历招生385人，超过省委组织部规定任务额。

【人才引进】 2022年，乐东县委组织部通过“刚性＋柔性”“线上＋线下”“机关＋基层”等方式快速引进各类优秀人才，推动举办“‘春风行动’暨海南自贸港招才引智”等系列招聘活动7场，341家民营企业提供各类就业岗位2592个。年内，引进各类人才2107人，引才数量较前三年引才平均量增长74.5%。其中，录用事业单位综合类人员55人，引进教育系统人才94人。

【人才评定】 2022年，乐东县委组织完成高层次人才认定78人，其中D类人才1人，E类人才77人；承接省级下放职称权限，做好全县中、初级专业技术人才评定工作，全年办理职称认定8人，流动资格确认5人，评审中小学教师系列、建筑领域、生态环境、农业系列中、初级职称302人；选出县教育研究培训学校名师工作室主持人15人，推荐获评2022年度海南省有突出贡献的优秀专家奖1人，跟踪培养获得2022年海南省五一劳动奖章等荣誉1人，评选第七批海南省特级教师4人，推荐参加海南省第19批“西部之光”访问学者选拔1人。

【人才服务】 2022年，乐东县委组织以人才服务一窗通办为核心，不断优化服务流程，提升服务效能。年内，受理各类人才服务事项756件，其中引进人才落户27件，大学毕业生报到653件，劳动用工备案76件。致力解决人才实际困难，协助解决引进人才配偶随迁、安家费发放等。严格落实对引进人才的住房租赁补贴和购房补贴工作，受理住房补贴新申请36人次，累计受理150人，发放经费90.80万元。印发《乐东黎族自治县人才开发专项资金管理办法》，规范和加强人才开发专项资金的管理，加强人才服务保障。

【老干部工作】 2022年，乐东县委组织部成立县老干部工作领导小组，制定出台《乐东黎族自治县荣誉退休制度》，建立县离退休党员干部政治生日制度。引导离退休干部学习党的二十大、习近平总书记考察海南时的讲话、省第八次党代会等精神，发放各类学习资料100余份，征订报纸、杂志300余份，强化对老干部的思想政治引领。全县离退休干部党支部和志愿服务队从30个增长到36个，创建“海南银辉”党建共享活动室2个，打造黄流镇离退休干部党支部为开放型党支部。开展各类志愿服务活动80场，参与活动1620人次。疫情防控期间，多个老干部党支部自发组织疫情防控志愿服务队开展疫情防控工作，县委老干局开展题为《以笔为锋，以诗相援，共抗疫情》的老干部抗疫诗词书画作品网上展览活动2期。全面落实老干部政治待遇，召开老干部通报会30余场，200多名老干部参加通报会；开展走访慰问离休干部55人次，发放慰问金、慰问品累计7.79万元；组织20余名老干部参加乐东县两会、县第十四次党代会、班子换届通报会等重要会议。全县获评全国青少年普法教育先进工作者1人，省级关心下一代工作表彰8人，全省十佳志愿者中4个奖项全部榜上有名，十佳志愿团队1支，十佳志愿服务项目1个；获评全省老干部先进集体1个，全省老干部工作先进个人2人。

【干部信息管理工作】 2022年，乐东县委组织部采集并录入全县500余名干部的熟悉领域、分管工作、重要经历等信息，上传全县2000余名干部的全国干部人事档案专项审核表，对出生日期涂改、学历、党员身份存疑的43名干部档案进行核实认定，制作全国干部人事档案审核专项表；持续开展档案数字化工作，维护好干档系统，实时维护公务员信息管理系统，国产化县委组织部大组工网电脑。

【“能力提升建设年”活动】 2022年，乐东县委组织部开展“能力提升建设年”暨深化拓展“查堵点、破难题、促发展”活动，查摆23个堵点问题已解决22个，第一批揭榜挂帅项目8个全部完成。以“能力提升建设年”为契机，大力开展“大培训、大练兵、大比武”，开设“能力提升大讲堂”，增设“乐东县干部在线学习中心”平台，推进领导干部上讲台常态化和规范化，培训党员干部2.96万人次；组织全县开展业务“小讲堂”开展702次，参与学习1.60万人次；全县查摆掌握群众和服务对象反映较多的政策落实、工作流程等331项问题事项，推动完成改造331项；推荐7人到省直单位挂职，接收11人到乐东挂职，选派9人到县直单位兼挂职；组织全县开展基层党建工作、调研信息、镇墟容貌整治等各类特色化比武，一批堵点难点问题得到有效解决，党员干部能力素质整体提升。

（张 嘉）

6月28日，县四套班子领导、法检“两长”县委理论学习中心组成员等到中共琼崖一大旧址开展“七一”党建主题实践活动暨县委理论学习中心组第八次学习会

（县委宣传部 供图）

宣传工作

【理论学习】 2022年，乐东县委宣传部修订《乐东黎族自治县党委（党组）理论学习中心组学习规则》，出台《乐东黎族自治县党委（党组）理论学习中心组学习列席旁听办法（试行）》，提请召开县委理论学习中心组学习16次。县领导班子带头到中共琼崖一大旧址开展党史主题活动，升级打造莺歌海革命烈士纪念碑等爱国主义教育基地，开展“强国复兴有我”主题教育。把学习贯彻宣传党的二十大精神作为当前和今后一个时期的首要政治任务，在全县上下迅速兴起学习宣传贯彻党的二十大精神热潮，组建宣讲队伍200余支，开展宣讲800余场次，崖州民歌等各类文艺宣讲绘声绘色，直接受众9万余人次。征订发放《习近平谈治国理政》第四卷等理论书籍2万余册。在“学习强国”平台上线“乐东融媒号”。1.50万余名党员干部线上开展“指尖上的学习”。

【社会宣传】 2022年，乐东县精心组织党的二十大精神主题宣传，策划《喜迎党的二十大 乐东发展这十年》和“向党报告”等主题报道活动，推出“矿区变青山”等专题报道，开展“喜迎二十大”基层文艺会演和线上文艺作品展，启用电子屏1000余块、横幅3500余条、道旗960杆、墙体喷绘116块、高立柱喷绘12块。配合省委宣传部召开“奋进自贸港、建功新时代”新闻发布会。接待央媒、省媒超50家，接待记者超300余人次。县委县政府主要领导主动担任“宣传员”和“推介官”，多次接受央媒、省媒专访，县委书记孙世文带头撰写《扛起“四个担当”，筑牢“七个基础”，以“四个争当”为中国式现代化贡献乐东力量》等多篇理论文章和学习体会在《今日海南》杂志刊发，发展信心进一步提振。新华社、《海南日报》等主流媒体刊发乐东稿件500余篇，《海南日报》聚焦乐东高质量发展成果刊发专刊12篇。县融媒体中心“两微一端”矩阵作用充分发挥，聚焦全县中心工作刊发报道3000余篇，累计浏览量破亿，接入政务办理等服务功能，成为本地政务新媒体权威平台。《海南日报》、海南广播电视

11月23日，乐东县党的二十大精神宣读团集体试讲暨宣传工作部署会在县委会议厅举行　　（县委宣传部　供图）

台等主流媒体入驻乐东，推出正面典型报道 170 篇，推出浏览量超 10 万稿件 50 余条（组），全网浏览量超 1 亿人次。年内，悬挂横幅 8000 条，张贴海报 3000 张，宣传单 50 万份，录制音频 50 多条，出动宣传车 1609 辆。

【网信工作】 2022 年，乐东县加快推进网络综合治理体系建设。“两中心一平台”建设全面铺开，加速推进。开展“清朗”专项整治行动，依规注销违规网站 10 个，约谈 1 个，开展自媒体账号排查和域名认定工作，完成登记自媒体账号 79 个，域名 7 个。在全省率先启动县级网络指挥中心建设，探索建立一套行之有效的舆情处置机制。

【扫黄打非】 2022 年，乐东县成立“护苗”工作站 49 个，实现中小学校全覆盖。常态开展“绿书签行动”宣传活动和“清风”等专项行动，出动执法人员 200 余人次，检查经营场所 108 家次，查缴非法出版物 400 余册，查处行政案件 6 起。

【文化惠民】 2022 年，乐东县加快“三馆合一”项目建设，完成总工程量的 90%。开展文艺下乡 75 场，放映电影 1828 场，举办免费培训班 16 期，举办全民阅读活动 40 余场，举办乐东水上运动体验活动等主题文旅活动。黎族民歌等 6 个项目列入第四批县级非物质文化遗产保护名录，推动崖州民歌、黎锦苗绣等地域文化符号广泛传播。举办海南三月三书画作品展，主办三亚经济圈美术作品展，油画作品《鱼归》入选全国少数民族美术作品展，被中国民族文化宫收藏；美术作品《雨中抗疫》入选全省抗疫主题优秀文艺作品展；广场舞《娘子军连歌》荣获海南首届广场舞“最佳团队舞队”奖。

【精神文明创建】 2022 年，乐东县完成文明生态村创建 594 个，实现自然村全覆盖。统筹推进“无疫村”创建工作，在实现创建全覆盖的基础上，推进职能从管理向服务转变。镇墟容貌整治与清“五边”促“四爱”环境卫生整治行动同步开展。打造乐罗捐资助学志愿服务项目、志愿服务大集市两个志愿品牌，乐罗捐资助学志愿服务项目入选海南第七批学雷锋活动示范点，作为海南省全球减贫案例向国家乡村振兴局推荐。黄流镇创新学校学生陈俊玮被评为海南省“新时代海南好少年”。创建新时代文明实践中心（所、站）218 个，实现县镇村全覆盖。成立县志愿服务联合会，全县注册志愿者 51061 人，志愿队伍 217 支，开展活动超 5000 余场次，服务时长超 40 万个小时。推进乡风文明“七个倡导”（倡导男女平等、勤劳致富、文明饮酒、远离私彩、厉行节约、孝老爱幼、卫生整洁），结合“乡村治理积分制”与“数字乡村”治理，深化乡风文明建设，开展“七个倡导”主题活动 120 多场，印制宣传折页 3000 多张，海报 2745 张，150 多个行政村更新村规民约，193 个行政村建立道德红黑榜等乡村自治制度。

（邢贞民）

统战工作

【非公有制经济领域统战工作】 2022 年，乐东县委统战部加强民营经济统战工作，促进民营经济“两个健康”发展。1. 加强党对民营经济统战工作的领导。配合乐东县委组织部开展党的组织帮助商会成立党支部。年内，全县13个商会均已成立党支部。加强综合评价工作，坚持“凡进必评”，全年开展综合评价工作5批次7人，海口市、儋州市协助开展综合评价3人，取消综合评价不合格人选的推荐提名资格，切实把好选人用人关。做好光彩会成立工作，并组织爱心民营企业捐助约799.36万元。推动县委、县政府印发《中共乐东黎族自治县委办公室　乐东黎族自治县人民政府办公室〈关于调整乐东黎族自治县领导干部联系民营企业和行业协会商会名单的通知〉》。2. 加强民营经济人士思想政治建设。召开乐东县民营经济人士廉洁教育暨民营经济专题讲座，引导民营经济人士树立廉洁健康发展理念；指导县工商联（总商会）在乐东党校召开九届二次执委（扩大）会议，安排企业代表宣读《培树新型商业文明　助力海南自贸港建设倡议书》等讲话或文件精神，凝聚思想共识。弘扬光彩精神。倡导义利兼顾、以义为先理念，为疫情防控间做出贡献的民营企业，根据贡献实际制定并颁发荣誉证书，贡献较大的制定颁发牌匾，宣传民营企业家参与抗疫工作光彩事迹的情况。为乐东县民营经济高质量发展培养一支政治坚定、素质优良的民营经济代表人士队伍。

【民主党派统战工作】2022年，乐东县委统战部推进民主党派工作，开展“矢志不渝跟党走、携手奋进新时代”政治交接主题教育工作。引导和支持各民主党派开展“矢志不渝跟党走、携手奋进新时代”政治交接主题教育工作，巩固深化“不忘合作初心，继续携手前进”主题教育成果。与农工党乐东支部举办茶话会，通过茶话会上的交流和学习，增强农工党乐东支部的凝聚力和建设乐东的积极性。推动民革乐东支部筹备组成立工作。加大对各民主党派基层组织警示教育力度。及时将九三学社乐东支社1人、民进乐东支部1人违纪情况通报至九三学社乐东支社和民进乐东支部，并要求两个民主党派基层组织根据相关规定进行处理后将相关情况函复备案。通过以案说法、以案明纪、以案促改，教育广大民主党派成员在政治上受警示、在思想上受警醒、在行动上受警戒，巩固发展风清气正的政治生态。

【党外人士和新的社会阶层人士统战工作】2022年，乐东县委统战部加强党外代表人士队伍建设，加强党外知识分子和新的社会阶层人士统战工作。有计划地选派重点培养党外干部到县外学习，年内选派1名民主党派成员参加2022年海南省党外中青年领导干部培训班，提升党外干部岗位专业知识和领导能力。配合乐东县委组织部做好党外干部考察工作，全年对18名党外干部做出考察意见。

【港澳台统战工作】2022年，乐东县委统战部对县辖区台胞台属的基本信息进行采集分类，完善更新涉台人员相关信息数据。开展节前慰问活动9人次。帮助籍贯信息错误登记为乐东的台胞改回台湾籍1人。对涉及台商的各类矛盾纠纷，及时做好化解工作，为2名台商协调农业用地相关问

5月19日，县委统战部组织召开乐东县民营经济人士廉洁教育暨民营经济专题讲座　（县融媒体中心　供图）

题，防止矛盾激化。

【海外统战工作】 落实侨办行政审批职能，审核归侨退休职工生活补贴申请33人次，办理“三侨”考生身份确认24人次。加强基层组织建设，指导乐东县侨联完成乐东县志仲镇保国居基层侨联换届工作和千家镇乐光居基层侨联成立工作。指导乐东县侨联成立“侨胞之家”，通过“侨胞之家”打造为团结联系侨胞的重要基层阵地，紧密联系和服务广大侨界群众，凝聚力在不断增强。

【宗教事务管理】 2022年，乐东县委统战部贯彻落实全国全省宗教工作会议精神，召开县宗教工作专题部署会，研究部署2022年宗教工作。举办宗教专题培训会，开展宗教法规政策宣传月活动，张贴宣传海报34张，悬挂宣传条幅120条，发放《宗教事务条例》200余册，通过“乐东统战”微信公众号发布宗教法规政策宣传图文15篇。

（吴王琨）

5月24日，乐东黎族自治县2022年宗教工作专题部署会在县委党校举办

（县委统战部　供图）

直属机关党建工作

【机关党组织建设】 2022年，中共乐东县委直属机关工作委员会加强机关基层党组织建设，对各机关党委的换届进展情况进行动态跟踪，严格监督换届工作进程，年内推进125个机关党组织顺利换届。指导各机关党委设立离退休党支部，使559名老党员“离岗不离党，退休不褪色”，继续发扬党的优良传统。加强党建考核，推进机关党建工作考评形成常态化、制度化。梳理全县机关党建工作的薄弱环节，对照巡视巡察发现的突出问题，重点围绕县委中心工作、组织生活、创建党建示范点等方面制定出台《乐东黎族自治县机关党的建设工作考评方案》，设置量化考评指标，对全县16个机关党委进行1年2次全覆盖考评，考评结果作为本单位领导班子及班子成员年度考核等次评定和绩效发放的重要依据，促进全县机关党委把党建工作抓严抓实。

【软弱涣散党组织整顿】 2022年，乐东县委机关工委持续加强整顿软弱涣散基层党组织工作力度。摸排出软弱涣散党支部23个，严格要求各机关党委围绕“一支部一策”的方法开展整顿工作。至年末，各软弱涣散党支部的问题台账全部清零。召开全县思想作风懈怠风险防控专题座谈会，切实增强抓好思想作风懈怠风险防控的紧迫感和责任感，对照职责分工，找到工作抓手。联合乐东县委组织部印发《关于干部思想作风懈怠问题的调研方案》，抽调精干力量组成6个调研小组，对全县11个镇和93个县直单位进行专题调研。根据调研结果，形成问题清单，对单位班子运行情况、干部队伍现状做出评价并提出针对性建议。

【党员培训】 2022年，乐东县委机关工委以各机关党委为单位，完成全县机关党员、预备党员、发展对象、积极分子轮班培训5300余人。举办党的十九届六中全会精神专题培训班132场，对全县4500余名机关党员进行集中轮训，达到“确保全会精神的学习培训覆盖到每一名党员”的要求。举办习近平总书记考察

7月19日，全县机关党员学习贯彻习近平生态文明思想暨海南自贸港政策宣传专题培训班（第8期）在县委党校举行　（县机关党委　供图）

海南重要讲话精神专题培训班，学深悟透习近平总书记考察海南重要讲话的精神要义。举办省八次党代会专题培训班以及党的二十大精神专题培训班，学思践悟党的二十大、省第八次党代会以及习近平总书记系列重要讲话和重要指示批示精神，筑牢意识形态主阵地。举办习近平生态文明思想专题培训班，深入学习习近平生态文明思想。同时发挥机关党委管党治党职责，把不服从管理的党支部列为软弱涣散党支部进行整顿；对无故缺席、迟到和早退等有不良表现的党员，从机关党委到党支部，逐级开展批评教育，通报到党支部，反馈给党员个人。通过强化机关党委对党支部和党员的管理。全年，集中轮训党员参学率90%以上。

【党员队伍建设与管理】 2022年，乐东县委机关工委严把关口，优先发展年轻、高学历、高层次、在编在岗人员。坚持做到成熟一个，发展一个，真正做到从思想上入党。在研究预备党员转正时，坚持做到考察不走过场，程序不简化，标准不降低，讨论有依据，确保新党员的质量。年内，县委组织部下发到乐东县委机关工委发展党员计划数43个，全部完成；28名预备党员顺利转正。

（陈茜茜　蔡东云）

机构编制管理

【机构设立与变更】 2022年，乐东县编委办配合县公安局理顺机构设置，整合有关内设机构职责，将县公安局政工室更名为党政办公室，指挥中心更名为情报指挥中心，设立县公安局反走私侦查大队（加挂警卫大队牌子）、县博物馆、县人大综合服务中心和县政协综合服务中心。

【机构撤销】 2022年，乐东县编委办结合事业单位年度报告公示情况及事业单位法人信息纠错排查工作，对全县已登记的事业单位进行调查，针对部分事业单位多年未运作、职能弱化、历史遗留问题等实际情况，与事业单位、举办单位及相关职能部门对接沟通。年内，注销县交通管理总站、城乡建设行政执法大队、国土资源监察大队等事业单位。

【机关、群团统一信用代码发放和事业单位法人年检换证办理】 2022年，乐东县编委办为22家换发机关、群团单位统一社会信用代码证书，为132家事业单位办理年检，为83家事业单位办理变更法人事宜，并按时完成2021法人年度报告公示工作。

【政务和公益中文域名注册管理】 2022年，乐东县编委办组织协调，推进中文域名网站挂标工作，要求各单位及时完成中文域名挂标工作，督促实时更新网络红页、按时完成域名缴费及挂标工作。

（陈肖逾）

党校教育

【干部培训】 2022年，乐东县委党校把党的理论教育和党性教育作为党校主业主课，并结合党史学习教育和为县委、县政府中心工作服务，不断扩大培训规模，提升培训质量，主体班次培训取得新突破。全年，举办各级各类干部培训班 276 期，培训人数 4.33 万人次。1. 举办全县农村青年党员党的十九届六中全会精神专题培训班、全县机关党员学习贯彻习近平总书记考察海南时的重要讲话精神专题培训班、全县村组干部学习贯彻省第八次党代会精神专题培训班、全县机关入党积极分子、发展对象及新党员专题培训班等主体班次 42 期，受训人数 9200 余人次；2. 举办“送教下乡”赴基层一线开展党的十九届六中全会精神、赴基层一线开展习近平总书记考察海南时的重要讲话精神、乐东县党的二十大精神等宣讲活动 163 期，培训党员约 1.66 万人次；3. 与乐东县委组织部、乐东县委直属机关工委等部门联合举办“乡村振兴工作队员能力提升、驻村第一书记、乡村振兴工作队长能力提升培训班”“2022 年全国新录用公务员初任培训班”“县‘兵’两委干部学习贯彻党的二十大精神暨综合能力提升示范班”等培训班 71 期，受训 1.51 万余人次。年内，充分利用党校资源积极协助有关单位举办业务培训班 23 期，受训人数约 2410 人。2022 年，乐东县委党校获“海南省基层理论宣讲先进集体”荣誉称号。

【党校理论研究成果】 2022 年，乐东县委党校确立“科研兴校”的思想方针，围绕县委、县政府的中心工作、县情开展调研，以海南自由贸易港背景下乡村振兴战略方面的调研活动为重点，向海南省委党校申报《乡村振兴背景下农村党员教育培训问题与对策研究——以乐东县为例》课题，获得课题立项。

【党校办学评估】 2022 年，乐东县委党校按照海南省委党校要求，按时完成办学评估各项工作，得分 66 分，处于海南各市县党校的中上等水平。

（吴文章）

党史研究

【党史编写】 2022 年，乐东县委史志研究室继续开展党史正本编纂工作。《中国共产党乐东历史（1950—1978）》第二卷公开出版发行；《中国共产党乐东历史（1978—2012）》第三卷完成初稿修改。

【党史宣教】 2022 年，乐东县委史志研究室持续推进史志“七进”活动，向机关单位、图书馆、文化馆、学校、镇、行政村等赠送《乐东年鉴（2021）》、《中国共产党乐东历史（1950—1978）》第二卷等史志书籍约 900 册。进一步挖掘红色资源，编写推出莺歌海红色故事《大海之歌》；《琼崖红色故事》乐东卷完成初稿；组织党员干部观看《解放乐东》党史专题片，增强广大党员、群众对党的政治认同、思想认同、情感认同。

（县委史志研究室）

乐东县人民代表大会

综 述

【概况】 2022年，乐东县人大常委会坚持以习近平新时代中国特色社会主义思想为指导，全面贯彻落实党的二十大和中央人大工作会议精神，聚焦“一本三基四梁八柱”战略框架，以“四个争当”为主线，牢牢把握“四个机关”定位要求，坚持党的领导、人民当家作主、依法治国有机统一，依法履职尽责，深入践行全过程人民民主，完成县十六届人大一次、二次会议确定的目标任务。2022年，向县委请示报告重大事项、重要问题15件次，听取审议“一府一委两院”专题报告20个，作出决议决定7项，开展执法检查3项、专题询问1项、专题调研6项，任免地方国家机关工作人员59人次，选举产生乐东县省人大代表20名。

【人大代表履职】 2022年，乐东县人大常委会围绕县委县政府中心工作，充分发挥代表主体作用，加强代表能力建设，激发代表的政治热情。搭建代表履职平台，大力推进人大代表联络室（站）整合升级工作，新建成18个片区代表联络站，按照“周有接访、月有学习、季有监督、年有述职”的运行模式常态化开展活动，789人次代表进站接待群众863人次，形成“大门常开、代表常驻、选民常来、活动常有”的工作模式。丰富代表活动载体，指导镇人大每月围绕镇墟容貌提升、六水共治、秸秆禁烧、疫情防控等主题开展“代表在行动”主题实践活动209批次，参与代表6189人次。执行常委会组成人员联系代表、代表列席人大常委会会议等制度，常委会组成人员直接联系代表192名，邀请代表列席常委会会议20人次，代表参加执法检查、专题调研、专题询问等工作59人次，组织部分人大代表参加“一府一委两院”及其有关部门召开的座谈会、听证会、评议会等，保障代表知情知政，扩大代表有序政治参与。改进代表建议办理工作方式，健全主任会议成员重点督办、县政府领导带头领办、工作机构常态督办机制，通过召开交办会、现场察看、听取审议办理情况报告、开展满意度测评等形式，实行前期交办、中期推动、后期问效，着力提高建议落实率、问题解决率和代表满意率。县十六届人大一次会议代表提出的114件建议全部办结，解决或基本解决率36.8%，国电西南电厂公交线路开通、赤塘村至利国镇农场大桥改造等一批代表建议得到及时解决。

（陈柔珠）

人大监督

【经济运行质量监督】 2022年，

乐东县人大常委会着重围绕“十四五”规划实施、优化营商环境、财政资金使用、国有资产管理等方面开展监督，听取和审议重点项目推进、审计整改、预算执行、财政决算等专项工作报告，审查批准新增债券资金安排及预算调整方案，促进经济平稳运行。听取和审议总体规划实施情况报告，督促有关部门提高规划编制科学性，落实“一张蓝图干到底”要求，提升防范化解重大风险能力。

【民生福祉保障监督】 2022年，乐东县人大常委会突出对社会民生实事的监督，促进全县社会各项事业和谐发展。坚持人民至上理念，聚焦民生热点，提升监督质效。始终把对社会民生实事的监督作为人大监督的重点来抓，听取和审议发展热带特色高效农业及共享农庄建设等专项工作报告，对农业复工复产、传承发展黎苗族文化、民族团结进步创建等工作情况开展专题调研，助力农业提质增效、乡村产业振兴。听取和审议落实“双减”政策情况报告，对县第二幼儿园、妇幼保健院、“三馆合一”等项目进行视察，回应教育医疗领域民生关切。开展安居工程建设和就业促进工作情况调研，督促项目加快建设，推动落实“住有所居、居有所安”，实现更高质量、更充分的就业。

【执法、司法监督】 2022年，乐东县人大常委会加强对“一府两院”的依法行政和司法公正的监督，专题听取和审议法治政府建设、电信诈骗治理、行政审判、刑事执行检察4个专项报告，对反走私工作情况开展专题调研，助力优化法治环境，促进执法司法规范化，赋能全岛封关准备工作。组织开展未成年人保护法、预防未成年人犯罪法专项执法检查，推动家庭、学校、社会和司法等4个方面保护紧密衔接，促进未成年人保护体系建设迈上新台阶。

【生态环境保护监督】 2022年，乐东县人大常委会牢记生态文明建设“国之大者”，构建人大监督和纪检监察监督贯通融合机制，邀请生态研究院专家参与，让人大监督“长出牙齿”。听取和审议环境状况和环境保护目标完成情况等3个报告，对乐东县贯彻落实环境保护法等4部法律的情况开展执法检查，对水污染防治法贯彻落实情况开展专题询问，指出乐东县生态环境存在的突出问题，提出针对性的意见建议，助推生态环境的保护、修复和治理，持续提高县域生态环境质量。

（陈柔珠）

重要会议

【乐东县十六届人民代表大会第一次会议】 2022年1月11—13日，乐东县十六届人民代表大会第一次会议召开。会议听取和审议政府工作报告，审查县2021年国民经济和社会发展计划执行情况与2022年国民经济和社会发展计划草案报告、县2021年预算执行情况和2022年预算草案的报告。会议听取和审议县人

3月12日，县人大代表参与乐东黎族自治县2022年全民义务植树活动

（县人大　供图）

大常委会工作报告、县人民法院工作报告、县人民检察院工作报告。会议选举产生了县十六届人民代表大会常务委员会主任、副主任和委员，县人民政府县长、副县长，县监察委员会主任、县人民法院院长，县人民检察院检察长，表决通过县十六届人大法制委员会、财经委员会、社会建设委员会组成人员人选。表决通过关于县人民政府工作报告的决议、县2021年国民经济和社会发展计划执行情况与2022年国民经济和社会发展计划的决议、县2021年预算执行情况和2022年预算的决议、县人大常委会工作报告的决议、县人民法院工作报告的决议、县人民检察院工作报告的决议。

11月29日下午，乐东黎族自治县第十六届人民代表大会第二次会议开幕　（县融媒体中心　供图）

【乐东县十六届人民代表大会第二次会议】 2022年11月29日至30日，县十六届人民代表大会第二次会议召开。会议选举产生20名海南省七届人大代表。

（陈柔珠）

乐东县人民政府

综　述

【热带特色高效农业建设】 2022年，海南首座深远海养殖旅游平台——乐东龙栖湾海洋牧场“普盛海洋牧场1号”投入使用，打造“蓝色粮仓”初见成效，获省委主要领导批示肯定。龙栖湾海洋牧场获批国家级海洋牧场示范区。加快南繁配套服务区建设，南繁育制种产量同比增长23.53%。完成粮食作物播种、生猪产能调控等省定任务。实施国家芒果产业集群项目，推广种植桂花香荔枝、“猫山王”榴莲等新奇特水果1086.67公顷。海南（东盟）热带农产品数字化交易平台、金钱树大数据平台建成运营，首月交易额突破5亿元，成功实现“数字赋能、产业融合”。培育新型经营主体，创建国家级农业龙头企业1家，获评国家级农民合作社示范社2家，建设共享农庄3家。

【旅游业发展】 2022年，乐东县推动环岛旅游公路和驿站建设，“莺歌唱晚”驿站在全省率先开工。成功举办线上三月三节庆活动，大力开展骑行、跳伞及桨板水上运动，打造尖峰花乡三角梅主题旅游基地。接待游客236.80万人次，旅游收入21.50亿元。

【现代服务业建设】 2022年，乐东县坚持“线上线下”双轨发力，挖掘消费热点，精心组织零售、餐饮、汽车等促销活动，精准投放消费代金券175万元，服务进出口实现零的突破，社消零总额47.95亿元，社会消费稳步恢复。

【高新技术产业发展】 2022年，乐东县深入实施打赢科技创新翻身仗三年行动，出台促进科技创新发展若干措施。引进43家企业入驻中兴智慧总部。支持企业与河南农业大学、海南大学等院校开展“政产学研”合作，设立未来农业、新能源、哈密瓜、金钱树4家新型研发机构。新增高新技术企业1家、省级科普基地2家。海南山金矿业关键技术及工业应用领域获省科技进步奖一等奖，创新驱动发展步入轨道。

【政务服务能力建设】 2022年，乐东县“放管服”改革持续深化，数字政府建设扎实推进，411个政务服务事项整合接入“海易办”。“一枚印章管审批”“零跑动”改革纵深推进，“零跑动”事项可办率74%，“一件事一次办”事项129项，农房报建“零跑动”办理1307宗。深化“工改”，推行分阶段办理、“以函代证”预审服务，县城安居房等一批项目实现“拿地即开工”。实施土地新政、“土地超市”制度改革。探索农村土地经营权不动产登记，抱邱村试点做法被省自贸办刊发推广。创新联合招商工作机制，成立海南经发局乐东

乐东县“一业一证”综合服务窗口　（孙丽君　摄）

分局，在全省率先蹚出一条省县联合招商新路子。深入开展“万名干部下企业”“政企面对面”等助企纾困行动，出台98条稳经济大盘与助企纾困政策，获得国家普惠金融奖补3000万元，发放农户贷款6亿多元，同意3000多家企业缓交电费近1000万元。留抵退税3亿多元，惠及企业109家次，促进市场经济提振复苏。

【生态环境保护】 2022年，乐东县两轮中央生态环境保护督察整改任务实现全面“清零”，省级例行环保督察整改完成95.3%，达到序时进度。推进省级标志性工程，尖峰岭热带雨林国家公园纳入全省统一规划。完成马鞍岭等10个闭坑矿山治理修复。整治“两违”图斑377宗、森林图斑147宗、卫片图斑542宗。绿化造林150公顷，森林覆盖率66%。实施镇墟容貌升级改造，一体推进“九大工程”，打造九所镇墟容貌整治提升示范段，整改225国道沿线积水点12处，基本消除困扰多年的“道路看海”“汽车变船”顽疾。坚决打好“六水共治”攻坚战，11个建制镇污水处理设施全部建成，82个自然村生活污水治理成效明显。养殖水域滩涂规划完成修编，违法养殖尾水排污管道全面清退。推进“美丽幸福河湖”建设，大角湾水域环境明显改善，佛罗溪、三曲沟水源地等水质反弹问题得到有效治理，全面消除城镇内河（湖）劣V类水体，地表水环境质量优良率保持100%。$PM_{2.5}$下降1.3微克/立方米，空气质量优良天数比例达99.4%，位列全省第三。

【城乡基础设施建设】 2022年，乐东县高标准编制国土空间规划，“三区三线”划定成果正式启用，城镇开发边界扩增约36平方千米，保障186个重点项目用地空间。加快融入三亚经济圈，三乐铁路等项目顺利实施，国道毛九线建成通车。完成石门互通、友谊村渡口公路等一批道路建设，打通群众出行“最后一公里”。推进城乡供水一体化，陀兴干渠引水工程通水运行，千家水厂、九所新区水厂（二期）建成使用，三曲沟水厂开工扩容。优化城乡变电站电源布点，新建10千伏线路项目201个。新增城乡燃气管道约43千米。千兆光网和5G网络覆盖率持续攀升。

【民生建设】 2022年，乐东县财政民生支出占比80%以上。完成16项省县为民办实事。深化“医共体”改革。医保报销、医疗救助约78万人次，群众医药负担逐步减轻。持续抓好“两校一园”建设，省农垦中学托管黄流中学，首都师范大学托管乐东中学。华二黄中附属小学正式招生，民族中学获评省级规范学校，县幼儿园获评省一级幼儿园。整合撤并小规模学校18所。引进优秀教师102名；高考本科上线率54%，中考平均分全省排名前移4位，教学质量不断提升。挂牌运营“就业驿站”6家，城镇新增就业3110人，农村劳动力外出务工11万多人、转移就业6604人，农村居民年均收入增速连续10年跑赢城镇居民，城乡收入差距进一步缩小。文化事业繁荣发展，乐东文化中心基本建成，九所镇全民健身中心开工建设，冲浪等体育竞技获国家级和省级奖项138个，特别是在第六届省运动会斩获奖牌63枚，位居全省第四。落实“菜篮子”市县长负责制，完成省定目标任务。开工建设安居房1518套，改造老旧小区5个，解决一批低收入家庭住房问题。巩固拓展脱贫攻坚成果同乡村振兴有效衔接，优化“龙头企业＋合作社＋帮扶对象”模式，发放产业分红3035万元，消除监测对象返贫致贫风险120户420人。乡村建设行动扎实推进，农村危房改造、厕改等省定任务如期完成。

【平安乐东建设】 2022年，乐东县刑事案件发案数同比下降10.5%、破案数同比上升12.1%，交通事故死伤率同比下降19%，吸毒率降至0.88‰。侦破积压命案5起，侦破总数排名全省第一。设立乡村法治服务中心，探索“6+N”矛盾纠纷多元联动化解机制，成为全省唯一典型案例被农业农村部刊发推广。“12345”投诉工单办结率100%，满意率97.85%，获评中国客户服务节最佳明星班组。加强重大风险防控，高效化解政府隐性债务，有效处置一批房地产风险。信访积案化解率100%。加强作风建设，驰而不息纠“四风”，查处违反中央八项规定精神问题61件69人，查处形式主义、官僚主义问题50件，给予党纪政务处分54人。厉行勤俭节约，从严控制“三公”经费，实行总额控制零增长，一般性支出压减10%，真正把每一笔钱都用在刀刃上、紧要处。纵深推进法治政府建设，审理行政复议案件51件，办理人大建议114件、政协提案86件。持续开展安全生产专项整治三年行动，加强涉电、交通、自建房等安全监管，生产安全事故起数、死亡人数均下降28.6%，未发生较大及以上事故。

【项目建设】 2022年，乐东县人民政府严格落实“红黑榜”考评和“双领导”服务机制，坚持项目清单化调度监管、链条化压实责任、节点化闭环督查，突出抓好要素保障，重点项目建设实现“小步快跑”。实施望老水厂、妇幼保健院综合楼等500万元以上项目77个。九所污水处理厂等8个重点项目建成运营，中兴智慧总部、龙栖湾海洋牧场等项目有序实施，县人民医院综合楼、县第二幼儿园等28个项目启动建设。6个反走私综合执法点率先在全省集中开工。谋划包装一般债、专项债项目44个，争取债券支持2.73亿元。持续落实投资新政三年行动，实施精准招商。党政主要领导率团赴广东开展招商活动，签约一批产业项目。引进莺歌海光伏发电等8个项目，总投资73亿元。招商项目签约落地率、开工率均位居全省前列。

（县政府办）

综合事务管理

【办文办会】 2022年，乐东县政府办按照从严、从精、从快的原则，规范公共流转流程，保证每一份公文政策清楚、逻辑严密、格式规范、准确及时，确保各类公文的规范性和权威性。全年，办理省政府和省直各部门及各方面来文来电，各镇和县直各单位的请示、报告等1.61万件，其中涉密文件707份。起草、审核以县政府或县政府办公室名义印发公文195份；印发对县政府直属各部门执行年度发文计划情况、退文情况以及代拟稿存在错误等问题通报4期，涉及单位42个。全力组织保障各项会议172场次，协助大型会议会务工作30次以上，承办县政府常务会议30次，上传下达各种会议通知1000余次。

【政务督查】 2022年，乐东县政府办充分发挥督查督办的“利剑”作用，持续推进县委、县政府决策部署。创新采用网上督查室、工单督办等督查方式，强化对《政府工作报告》、民生实事重点建设项目等各类重大工作督查督办，解决一批项目建设效率低、资金支出慢、落地见效差的难点堵点问题，扎实推动县委、县政府重点工作落地见效。全年，办理国务院“互联网＋督查”群众反映件等督办件68件，报送68次；完成领导交办和日常督办件137件，督办签报96次；梳理跟进县领导关注事项、重点工作、部门责任事项百余项，公文处理单催办重点项目90余件。

【行政工作】 2022年，乐东县政府办做好日常县政府及县政府办

4月29日，县政府办督查工作组到乐东思源高中开展教学质量专项督查工作，深入调研了解情况　（周　玲　摄）

公室各类调研计划，严格按规定做好办公物品管理、发放、使用、保管及采购等工作，及时报废固定资产。按期维护办公室国产计算机、打印机、空调机等各类办公用品。同步打造温馨“职工书屋”，购置文学、哲学、经济学等多种书籍，并为书本做好编号、排序和借阅登记工作。高质量做好会议管理，坚决落实为基层减负要求，科学制定会议方案、严格控制会议规模、统筹安排时间，并做好会议接待通知、筹备、记录等工作。

【政府门户网站管理】 2022年，乐东县政府办通过政府门户网站及时发布政府的各类信息，公开透明回复人民群众关切的问题。全年，在县政府门户网站发布信息9782条；受理依申请公开信息23次，依法按时作出答复23条；指导全县政府部门在县政府门户网站上主动公开各类信息3850余条。

【政务信息编报】 2022年，乐东县政府办完善政务信息报送制度，强化信息深度挖掘能力，及时向海南省政府办公厅信息处报送乐东县经济社会发展经验做法及典型案例。全年，报送优质政务信息51条，其中1篇调研文章在《海南信息》上发表，并获省领导批示。参加海南省政府办公厅举办的政务信息业务培训班，获评政务信息业务大比武“优胜奖”。

【调研工作】 2022年，乐东县政府办围绕全县中心工作和县领导关注的重点、热点、难点，聚焦群众的“急难愁盼”，以莺歌海老盐产业、教育行业、干部作风为课题开展调研工作，形成《全县教学质量专项督查的情况报告》《政府系统干部能力作风调研报告》等调研成果，为领导决策提供真实、科学、详尽的第一手材料。科学组织安排各类调研活动，协助县领导下沉一线，了解基层发展、重大项目建设、民生问题等多项工作情况。

【人大代表建议和政协提案办理】 2022年，乐东县政府办将人大代表建议和政协提案办理工作列入重要工作议程中，把办实事、求实效、抓落实与县政府的中心工作结合起来，同部署、同安排、同落实。主要领导审核签发建议和提案的复文，对需要县政府领导协调的建议、提案，做到主动向县政府分管领导汇报，积极协调和解决办理工作中遇到的问题。全年，审理行政复议案件51件，办理人大建议114件、政协提案86件。

（张元元）

行政审批与政务服务

【概况】 2022年，乐东县行政审批服务局落实国家、省、县深化“放管服”改革优化营商环境工作部署，聚焦企业和群众急难愁盼，全面深化“一门、一网、一窗”改革，通过推动政策持续升级，深化行政审批制度改革、一枚印章管审批改革等工作，实施数据赋能，持续精简流程、规范审批、创优服务，推进更多事项一次办、掌上办、马上办、就近办。年内，在全省工程审批制度改革入库项目中，排全省第五；在2022年中国客户服务节海南“12345”乐东分平台荣获“最佳明星班组”称号；乡镇赋权工作中受到省点名表扬。全年，政

群众到政务中心“未办成事协调服务窗口”协调办理事宜

（罗玉小　摄）

务服务事项受理8032件，办结7917件，办结率98.6%；承诺办件5888件，提前办结5871件，提前办结率99.7%；“一件事一次办”办件134件，群众满意率99%以上；受理工程审批办件1110件，所有办件均在承诺办理时限内审批办结；工程建设项目电子证照审批办件1131件，办结通过903件，核发电子证照910个。“12345”乐东县分平台语音呼入量21.10万通，接通量17.24万通，接通率81.70%，办结率100%。

【一枚印章管审批】2022年，乐东县行政审批服务局印发《乐东黎族自治县全面推进各镇“一枚印章管审批”改革实施方案》《关于加强赋权乡镇政务服务事项事中事后监管工作的指导意见》《乐东黎族自治县赋权乡镇政务服务事项委托书（第一批）》等方案，稳妥推进“一枚印章管审批”改革。将23个部门的行政许可事项（277个子项、743个业务办理项）划转至乐东县行政审批服务局实施集中审批，继续推行“前台综合受理，后台分类办理，窗口统一出件”的服务模式，提高审批效率。对3个工程建设项目事项审批环节进行优化再造，减少审批环节6个，办理时限由全省标准化承诺办理的747个工作日提速到365个工作日，减少382个工作日，总体提速51%。为深化“放管服”改革，优化营商环境，从豁免办理工程规划许可证、豁免办理环境影响评价审批、优化施工许可办理程序，推行工程建设项目“多测合一”、推行档案验收告知承诺、农民工工资保证金和办理施工许可脱钩、优化工程项目全流程跟踪服务机制、证照分离、涉企事项审批改备案等方面拟订15条改革措施，激发市场主体活力。出台《乐东黎族自治县乡镇政务服务业务提升培训制度》《镇便民服务中心及村便民服务站规范化建设指导意见》等制度，持续梳理赋权乡镇事项，已于2021年11月赋权18项公共服务事项至各镇，2022年4月以委托的形式赋权17项行政许可事项至各镇。全年，受理办件20239件，办结20234件，办结率99.98%。印发《乐东黎族自治县行政审批与监管执法协调联动工作机制》，落实行政审批事项事中事后监管责任，构建“审管联动”监管新格局，确保审批、监管、执法工作有效衔接、顺畅运行。印发《乐东黎族自治县无差别综合受理改革试点实施方案》，促进审批事项办理的各个环节无缝衔接。

【“一网通办”工作】2022年，乐东县行政审批服务局全面贯彻落实省委、省政府“互联网+政务服务”工作部署，深入推进“一网通办”，全面提升网上服务能力，推动政务服务由“线下办”向“线上办”转变，让企业和群众办事更便捷。以县级政务服务事项标准为切入口，分类分批推进统筹全县政务服务事项标准，实现乐东县2048项（动态调整）政务服务事项的全县范围无差别受理、同标准办理。全年，乐东县向省一体化政务服务平台颁发电子证照8969个（出证）、电子印章100枚，对接应用高频热点便民服务应用系统75个，实现411个政务服务事项“指尖可办”、1855个事项“零成本”办理、1377个事项“零跑动”办结，“网上办”“一次办”“就近办”事项1757项，“全程网办”

率85.79%，行政许可事项实际办理时间比法定时限提速57%，企业和群众网上办事体验感进一步增强，全县营商环境持续优化。

【“零跑动”事项改革】 2022年，乐东县行政审批服务局1377项“零跑动”事项上线，实现“零跑动申办、无纸化审批”，持续推进政务服务“零跑动”改革，优化提升“零跑动”服务方式，促进线上线下高质量融合发展，协同推进政务服务从“跑部门”“跑政府”向“零跑动”转变。全年，全县“零跑动”事项1377项，可办率74%，使用率90.33%，达到2022年省定的“零跑动”事项可办率65%以上的目标。受理“零跑动”办件3.92万件。梳理乐东县“一件事一次办”主题套餐129个，可办套餐72个，并在海南政务服务网进行公示。推动政务服务“四减”工作，以精简材料、缩短时限、简化流程、减少跑动次数为工作重点，努力让群众、企业少交一份材料、少跑一趟腿、少走一道程序、少跨一道门槛。将划转到乐东县行政审批局实施的70个工程建设项目事项进行梳理，对54个事项压缩办理时限，减少4个事项的6个流程环节，总体提速比例51%；成立帮办代办队伍，建立政务服务帮办代办机制，为企业和群众提供“一站式、点对点”的个性化帮办代办服务，变“企业办、群众办”为“政府办”，进一步优化“主动办”服务；将18项公共服务事项和17项行政审批事项分别授权和委托至11个镇办理，让更多民生事项实现就近能办、多点可办、少跑易办。

【“一窗制”服务平台建设】 2022年，乐东县行政审批服务局根据《海南省审批服务综合窗口受理制改革实施方案》《乐东黎族自治县关于全面推行政务服务综合窗口受理机制实施方案》，在一楼政务服务大厅设置6个综合窗口，分别为企业登记业务办理一站式平台、存量商品房不动产登记一窗受理服务平台、海南自由贸易港人才服务“单一窗口”、婚姻服务一站式平台、交警业务办理一站式平台以及治安、户政和出入境办理一站式平台。在政务服务大厅二楼设置县政务服务综合受理窗口（政务服务一体化平台），全面推行政务服务事项综合受理机制，将市政公用服务综合窗口等42个部门的专窗进行归类，实现一窗受理、办结，为企业提供“一站式”市政公用服务，同时协调供水、供电、燃气、网络，组织水电气网部门认领四个水电气网报装（极简）事项，协调公用服务企业系统对接省工改系统，将报装（极简）事项纳入海南省工程建设项目审批管理系统审批流程实行“一网通办”。

【工程建设审批项目改革】 2022年，乐东县行政审批服务局根据《海南省工程建设项目“清单制＋告知承诺制”审批改革措施（2.0版）》文件精神，在“清单制＋告知承诺制（1.0版）”的基础上，持续深化“清单制＋告知承诺制”改革。将工程建设项目审批流程进行合理划分，在工改系统上线3.0版的13类工程项目审批流程类型。提供智能申报导引，新上线的审批流程为全省统一配置标准流程，采取自动引用的模式申请办理相关事项。根据海南省中介服务超市发布的32项工程建设项目审批涉及的中介服务和技术审查事项，按照海南省人民政府政务服务管理办公室《关于进一步规范行政审批中介服务行为的通知》的要求，采取一事一选的方式在中介服务超市中发布需求，选取符合资格要求的第三方中介服务机构组织开展工程项目审批过程中的技术审查、评估评审等事项，进一步减少工程建设项目审批成本。全年，在中介服务超市中发布行政审批中介服务需求81项。实施分阶段办理施工许可证，为安居型住房项目“珈宝花苑”发放基坑支护和土方开挖阶段的施工许可证，实现工程建设项目“拿地即开工”。强化项目策划生成，通过海南省工程建设项目策划生成信息平台策划生成项目53个，为后续工程建设项目的审批提速增效夯实基础。受理工程项目审批事项1114件，其中已办结件969件，办结率86.98%。对施工图审查分级分类管理，对特殊建设工程、低风险工程、一般工程等三类项目分类实行施工许可前审查、免予审查、施工许可后审查的不同管理方式，核发施工许可证 75 个，其中施工许可前设计文件审查 42 件，免予审查 33 件。引导建设单位在同一办理阶段的多个审批事项通过并联审批的方式进行申报，通过工改系统办理并联审批事项 455 件，办结 455 件。制定出台《乐东黎族自治县工程建设项目“以函代证”预审服务实施方案(试行)》，为工程建设项目开工提速提供“法宝”。在乐东县新建的政府投资类市政基础设施项目和公共服务设施建设项目只需符合《乐东黎族自治县总体规划(空间类 2015—2030)》和控制性详细规划以及相关法律法规政策要求且经海南省工程建设项目策划生成信息平台策划生成，即可向乐东县行政审批局申请办理建设工程规划许可意见书和建设工程施工意见表，建设单位可依据有关函件开展规划、勘察、设计、招投标、工程质量监督登记等前期工作，办理相关手续及开工建设。

【“12345”热线平台】 2022 年，乐东县行政审批服务局按照“群众利益无小事”的工作原则，充分发挥“12345”热线平台社情民意“晴雨表”功能。印发《乐东黎族自治县“12345”政务服务便民热线首接责任制度》《关于提升“12345”热线办理质效提高群众满意率的通知》《关于进一步规范县“12345”政务服务便民热线工单办理工作的通知》等制度文件，更好地提升热线工单办理质效，健全工单处理流程，及时解决群众合理诉求。建立热线工单逾期预警机制，与县委、县政府两办督查室、县纪委监委党风室建立长效联动机制，分管县领导工单批示直通车机制，对逾期未办结及时催办督办、推诿工单得到有效解决，发出催办督办单 40 件。全年，受理有效工单 17.43 万件，受理渠道以语音为主，其中前台直接办结 12.20 万件，现场办结率 69.99%；转派职能单位工单 5.23 万件，办结率 100%，按时办结率 93.78%，回访满意率 97.85%。针对涉企工单，办理营商环境优化提升年专项整治工单 25 件次，办结率 100%。定期开展培训，平台开展专题培训会 6 期，内部培训会 10 期。每周制定舆情周报送县委宣传部，年底已报送 66 期。热线成员单位梳理本单位职责职能、政策法规、热点知识问答等上传至“12345”热线知识库，上传知识点 761 条。印发《关于推动乐东黎族自治县“12345”政务服务便民热线与 110 报警服务台高效对接联动的工作方案》，进一步推动乐东“12345”政务服务便民热线与“110”报警服务台高效对接联动，实现两线深度融合，快速有效处置突发警情。

【政务窗口办件服务】 2022 年，乐东县行政审批服务局按照《海南省推行“一业一证”改革工作方案》，设立“一业一证”服务窗口，积极对接省级“一业一证”系统，初步梳理商场超市、便利店、饭店、饮品店、面包店、酒店宾馆、理发店、美甲店、画店画廊、健身馆等 10 个行业落实“一业一证”改革。设立“未办成事”协调服务窗口、政策咨询窗口、“一件事一次办”综合服务窗口，印发《关于设立前台服务专员的通知》《未办成事协调服务窗口工作机制》等制度，畅通群众和企业办事渠道，切实解决企业和群众办事难、多头跑、体验差等问题。

【政务服务事项标准化建设】 2022 年，乐东县行政审批服务局根据海南省《关于加快推进政务服务标准化规范化便利化的实施意见》，在全省政务服务事项“十三统一”标准化建设成果的基础上，严格按照办事指南进行受理审核审批。全年，全县认领政务服务事项 2041 项，其中可网办事项 1773 项，占比 86.87%。同时在县政府网站进行公布，实行动态调整。

【政务便民服务】 2022 年，乐东县行政审批服务局扎实开展政务便民服务。设立公安政务服务“24 小时自助服务区”，通过在自助终端办理的方式，为企业和群众提供多渠道、不间断的政务服务新模式，着力破除“上班时间没空办、下班时间没处办”的问题，实现 24 小时政务服务不打烊。推行“窗口无否决权 + 未办成事协调服务 +‘12345’平台工单转办”协调机制，优化“未办成事协调服务窗口”，依照受理、转办、协调会商、跟踪督办形成工作流程和闭环机制，主动协调处理群众办事中遇到的难点堵点问题，全年“未办成事协调服务窗口”登记办件10件，经协调会商成功处理10件。持续深化帮办代办服务机制，在全县印发《乐东黎族自治县行政审批服务局政务服务事项远程帮办代办实施方案（试行）》，采取线上线下相结合的方式，在现场提供帮办代办服务的实践基础上，无偿为建设单位在办理审批手续的过程中免费提供远程帮办代办服务，全年为项目建设单位免费提供帮办代办服务819人次。落实“秒报秒批”“智能审批”服务，按照“智能快办”推广要求，全面完成“老年人优待证”“高龄长寿老人补贴”的上线及应用工作，提升政务服务便利度，全年办件2.21万件。开通老年人、军人军属、退役军人及其他优抚对象等特殊群体办事绿色通道，提供咨询帮办、全程导办服务，完善大厅老年人等特殊群体办事设施设备，提升老年人等特殊群体办事满意度。开展政务服务邮政免费寄递服务，为办事人提供免费寄递代办服务，让群众企业足不出户便能办成事，全年寄递服务办理1000余件。提供免费印章刻制服务，为进一步优化营商环境，全面落实新办企业印章刻制“零成本”的决策部署，会同县市场监督管理局为新开办企业免费提供首套印章刻制服务，全年免费刻制印章143枚。推行政务服务自助办，通过在政务大厅放置自助服务终端机（可查询办事流程、进度）、商事登记全业务自助一体机（可办理营业执照、查询企业信息）、税务一体化办税机（可领取发票、申报纳税）、公安交管自助一体机（可自助办理身份证、驾驶证、出入境证件等业务）等多种自助服务机器，提高群众和企业办事效率。

【“互联网＋招标”平台】 2022年4月19日，乐东县行政审批服务局公共资源交易中心投入运行，乐东平台开通政务外网，开设子网站和内部局域网并与政务外网市县节点连接，配置专职工作人员负责进场项目受理、场地管理、专家抽取、资料保管及查询服务等业务工作。平台上线运行以来，通过远程异地评标的方式进行评标，全年，完成进场交易项目57个，总中标金额10.77亿元，节约资金2568.37万元，节约率2.33%。

【政务服务“好差评”】 2022年，乐东县行政审批服务局通过“海南省一体化好差评系统”，实现对网上和现场窗口业务服务质量的实时评价。为企业群众提供手机短信、窗口评价器、窗口办件二维码、政务服务网等办件评价、组织第三方评价和开展问卷调查等多种评价方式，充分保障办事人评价权利，提升企业和群众对“好差评”工作的知晓度、认可度和参与度，并指定专人定期对评价情况进行数据分析、汇总，将发现的问题及时反馈给相关部门进行整改。年内，全县“好差评”办件评价量2.78万件，评价率60.82%，让群众监督、让服务对象评价，推动政务服务更加规范高效。

（孙丽君）

信访工作

【概况】 2022年，乐东县信访总量498件次，同比下降12.63%。其中，群众来信162件，同比上升44.64%；群众网上信访17件，

乐东县政务服务中心2022年第四季度政务服务之星（孙丽君 摄）

同比上升 70%；群众上访 319 批 555 人次，批次、人次同比分别下降 28.79%、40.58%。

11月30日，县委书记孙世文（左三），县委副书记、政法委书记张韵（左四）及有关部门负责人到县信访局信访服务中心大厅接待来访群众 （麦 东 摄）

【信访积案化解百日攻坚行动】 2022 年，乐东县调整百日攻坚行动领导小组，由县委书记担任组长，县长、党政分管县领导担任副组长，领导小组每周一调度；同时，根据实际情况调整部分信访积案包案县领导，县委书记和县长分别包案负责信访积案中最难、涉及人数最多的房地产领域历史遗留问题 2 件。全年，化解中央信访联席办交办的信访积案 9 件、自行排查梳理信访积案 1 件。

【学习宣传《信访工作条例》】 2022 年，乐东县委常委（扩大）会议、政府常务会议分别传达学习《信访工作条例》（以下简称《条例》）；在县城主要街道悬挂有关《条例》横幅 30 余条；各镇在镇圩主要街道悬挂《条例》宣传横幅 40 余条；印制《条例》2000 本，发至各级领导干部及信访工作人员；编写订制通俗易懂的《条例》摘要、网上信访操作指南等宣传材料、折页等 8000 多张，在信访接待场所、热闹街道向群众发放，接待群众咨询 500 余人。

【信访件办理】 2022 年，乐东县信访局按时转送信访件，做到随有随转，及时解决群众合理诉求。年内，受理信访事项 966 件，全部办结。

【领导干部接访下访】 2022 年，乐东县每周安排 1 名县领导到县信访服务中心接访。全年，安排县领导 70 人次、县有关单位领导接访下访 345 人次。

【信访“三率”】 2022 年，乐东县信访事项信访部门及时受理率 100%，信访事项责任单位按期答复率 98.91%，信访事项责任单位群众参评率 93.33%、满意率 89.6%。

（黄少郡）

5月17日，乐东县信访局开展《信访工作条例》集中宣传月活动 （麦 东 摄）

机关事务管理

【公务接待】 2022 年，乐东县机关事务服务中心完成乐东县

"8·1"疫情3744名外援人员以及各级领导到乐东调研的各项接待工作。全年接待来宾307批次、2205人次，省部级以上领导40多人次。

【公车管理】 2022年，乐东县机关事务服务中心实行《乐东黎族自治县机关事务服务中心公务用车管理办法》《乐东黎族自治县机关事务服务中心车辆维修管理办法》《乐东黎族自治县机关事务服务中心公务租车制度》等一系列制度，针对平台车辆老化、故障率高、存在安全隐患等问题，争取财政支持，以公开招标方式购置新能源车辆26辆，扭转车辆管理保障被动局面。全年接收各单位申请报废公务用车24辆，按要求进行审核，切实做好公务用车各项工作。

【节能减排】 2022年，乐东县机关事务服务中心完成县委政法委员会、县委统一战线工作部、县委机构编制委员会办公室等16家重点用能单位第三批节约型公共机构示范单位节约型创建工作。充分利用"节能宣传周"宣传体验活动，通过发放节能宣传品、张贴标语、悬挂横幅等形式，向市民广泛传播节约环保新理念。全县172家公共机构完成网络版能耗统计上报软件升级普及工作，提升乐东县公共机构能耗统计信息化水平，提高统计工作效率和统计数据质量。

【后勤服务】 2022年，乐东县机关事务服务中心承接会议900多场5万余人次，服务干部职工就餐7万余人次。全面接管县委党校招待所，接收乐东税务局闲置办公房产6处。对县委办公楼、县政府办公楼、江北调干楼实施防雷装置检测工作；对管辖的县政府办公楼、县委办公楼等实施零星维修改造项目20余项。

（凌士颖）

地方志编纂

【地方志编纂】 2022年，乐东县委史志研究室推动地方志编修工作向镇、村两级延伸，拓宽地方志编修覆盖面。7月，完成乐东县镇志编纂项目公开招标工作。年内，正式启动《黄流镇志》(含名镇志)、《九所镇志》(含名镇志)、《抱由镇志》、《佛罗镇志》的编纂工作。年内，已完成4部镇志的编目撰写，并多方、有序收集资料。组织佛罗镇丹村编纂《丹村志》，申报中国名村志文化工程。指导丹村组建《丹村志》编辑队伍。将中国名村志文化工程申报表及《丹村志》篇目、丹村简介报送至中共海南省委党史研究室（海南省地方志办公室）县志指导处审核；《丹村志》初稿完成约50%。

【地方综合年鉴编纂】 2022年11月，《乐东年鉴（2022）》稿件通过出版社审核，计划12月印刷出版，实现地方综合年鉴常态化一年一鉴、公开出版的要求。县委史志研究室按时完成《海南年鉴（2022）》"乐东篇"稿件和图片报送工作；完成《中华人民共和国年鉴（2022）》供稿工作，展示乐东县经济社会发展成果，宣传乐东旅游资源。

【史志资料年报】 2022年，乐东县委史志研究室继续开展年报资料征集工作，全县承报单位120个，征集范围包含单位主体资料、大事记资料、典型人物资料、专题资政资料、影音图片资料、重要文献资料以及其他具有存史价值的重点工作资料。及时将征集到的资料整理归档，并将重点资料报送至省史志办资料征集处。

（县委史志研究室）

档案管理

【档案业务】 2022年，乐东县档案馆全力推进民生档案建设、各类专业档案监督指导和档案规范化管理，向全县各镇、各单位制定并印发档案接收计划，督促全县各立档单位做好年度各门类材料归档工作，指导整理归档和接收入馆6个全宗2978件纸质文书档案、5个全宗2810件婚姻专业档案。邀请省档案局业务骨干为全县各镇和各单位档案工作人员培训讲解机关文书档案归档管理等业务知识，参训人数70余人。

【档案保存】 2022年，乐东县档

7月7日，2022年乐东黎族自治县档案业务培训班在县委党校举办

（县档案馆　供图）

案馆推进全县工程建设项目档案规范化管理工作，对工程建设项目档案验收实行告知承诺制，完成山海湾温泉家园五期三区、乐东九所泊云电商综合体、椰林阳光酒店等15个工程建设项目364卷档案的整理归档，并入馆存放。

【档案利用】 2022年，乐东县档案馆全力推进档案数字化进程，提高档案利用效能，完成馆藏纸质档案数字化扫描30个全宗、42万余页。指定专人做好档案利用服务，为全县各单位和群众提供970余人次档案利用服务，档案查询利用3873件。3—5月，配合海南热带海洋学院和省委党史研究室完成研究课题前期材料搜集，协助海南热带海洋学院查阅利用有关海港、渔船、渔业等1200多页档案材料，并获海南热带海洋学院赠送锦旗；配合省委党史研究室查阅利用520余页档案材料，用于革命历史课题的研究。

【档案安全管理】 2022年，乐东县档案馆抓好安全防控工作，健全档案库房管理、消防安全、档案信息安全等规章制度，把防火、防盗、防水、防爆、防潮、防有害生物等作为重点工作，实行24小时值班制，安排工作人员定时定期对档案库房、机房、办公用房及周边环境进行安全巡查。邀请乐东县消防大队消防员为全馆干部职工现场讲解、示范灭火器、消火栓等消防器材的使用方法，提升全体工作人员的消防技能。

【档案宣传】 2022年，乐东县档案馆扎实开展档案宣传。开展“6·9”国际档案日活动，发放档案宣传单300余份，设置档案法律法规展板12块，受教育群众600多人次。在省档案局网站、《海南档案》杂志、县政府网门户网站、“山海乐东”App等媒介推送乐东县档案馆在理论学习、营商环境工作、档案业务管理、能力提升建设、“6·9”国际档案日、消防安全培训等方面的工作动态38篇。编研《乐东县第十六届人民代表大会第一次会议汇编材料》10册，征集到《政协第十一届乐东县委员会第一次会议发言材料》《乐东文学》《乐东艺苑》《乐东年鉴》等会议汇编和文学作品75册。

（林学健）

6月8日，县档案馆开展国际档案日活动　（县档案馆　供图）

政协乐东县委员会

综　述

2022年，政协乐东黎族自治县委员会（简称乐东县政协）内设办公室、提案与社会法制委员会、文史资料与科教文卫体委员会、民族宗教与港澳台侨外事委员会、经济与人口资源环境委员会、农业和农村委员会。县政协十一届委员会有委员145人，设置18个界别，界别名额分配为中共界别21人，党外人士界6人，共青团3名，总工会4人，妇联5人，工商联9人，台胞侨联4人，文化艺术界4人，科学技术界8人，经济贸易界11人，农业界9人，教育界11人，体育界4人，新闻出版界5人，医药卫生界6人，社会福利界4人，少数民族界12人，特邀界19人。全体委员中，中共委员57人，占委员人数的39.3%；非中共委员88人，占委员人数的60.7%。大专及以上文化程度139人，占委员总数的95.86%；中专（含高中）5人，占3.45%，整体文化程度较上届显著提升。年内，乐东县政协继续推进基层协商民主试点工作，乐东县209个协商议事平台围绕县委、县政府的中心工作和群众反映强烈的热点、难点、焦点问题，开展协商议事217次，参加协商4200多人次。

（江丽洁）

协商议政及民主监督

【政治协商】 2022年，乐东县政协坚持以“协”成事、以“商”求同、以“专”提质，紧扣中心、突出重点，精心制定年度协商工作计划，并按程序呈报县委常委会审议通过后实施。在十一届一次全会期间，组织委员围绕加强农药管理、农村闲置校舍再利用、推动老旧住宅区自主改造、防止环境卫生反弹等议题进行大会发言，提交书面建议21份，得到县委、县政府主要领导的高度重视，对全部的发言材料都作出批示。围绕保供水建设、城镇纳污能力、推广新奇特农产品种植技术、挖掘红色革命史料要素、非物质文化遗产保护传承和开发5个议题开展专题协商，广集良策，助力发展。其中，“助力我县‘六水共治’，推进保供水建设”议题协商是乐东县政协成立以来第一次开展的由政协常委会全体组成人员参与的议政性协商，具有里程碑意义。

【参政议政】 2022年，乐东县政协根据县委常委会通过的课题，就大力发展乐东沉香产业、创建乐东一流营商环境、有序发展精品民宿、传承和发展少数民族剪纸文化、加强生态环境保护工作等5个重点课题深入开展调查研究，由主席会议成员分别带领调研组到儋州、陵水、保亭等市县和县内乡镇进行深度调研，掌握第一手资料，听取第一线声音，努力把情况摸清、问题找准、对策提实，并形成一批有见解、有分量、有价值的高质量调研报告，呈报县委、县政府供决策参考，为促进经济平稳、健康发展和社会和谐稳定建言、谋良策、出实招。

【民主监督】 2022年，乐东县政协坚持把推动生态文明建设作为履职重点，牢固树立“绿水青山就是金山银山”的理念，通过视察监督、专题议政，助推乐东县生态文明建设高质量发展。主要围绕“六个严禁两个推进”及秸秆禁烧和综合利用、“六水共治”以及河长制巡河等发挥民主监督职责，助推乐东县生态文明建设向前发展和相关工作落实。全年，配合海南省政协开展围绕“秸秆禁烧和综合利用”开展民主性监督3次，并由经济委牵头组织围绕防止全县规模性秸秆焚烧工作开展民主监督2轮，形成《县政协关于防止规模性秸秆焚烧专题民主监督活动的情况报告》得到县委主要领导批示，并在全县秸秆禁烧及禁放烟花爆竹工作专题会进行通报。该报告提出加强宣传教育、加强网格化管理、加大执法处罚力度、落实责任等四项举措，在推动转变乐东县当时秸秆禁烧工作落后和被动局面中贡献政协智慧。

（江丽洁）

提案及调研工作

【提案办理】 2022年，乐东县政协着力健全提案交办、办理、督办协商机制，完善主席会议成员领衔督办重点提案制度，实行政协领导牵头、专委包办重点提案机制，提升提案质量。县政协十一届一次会议以来，委员们提出提案123件，经审查立案86件。年内，提案全部办复。乐东政协从立案的提案中筛选出10件作为2022年度主席会议成员重点督办提案，采取召开提案督办会、实地视察调研等方式进行认真督办，推动提案办理。

【重点课题调研】 2022年，乐东县政协围绕重点课题深入调查研究。1. 围绕“大力发展乐东沉香产业”建言献策。县政协副主席王平林带领农业和农村委员会及部分政协常委、委员组成“大力发展乐东沉香产业”专题调研组，调研组先后到屯昌明和沉香产业园、屯昌海香园沉香基地、屯昌梦幻香山芳草文化园沉香种植基地、澄迈乐香里沉香加工厂、澄迈效古沉香种植和加工生产基地、定安文笔峰沉香文化园等地进行参观考察，了解屯昌、澄迈、定安3个县发展沉香产业的先进技术、扶持政策和发展理念；调研组实地考察乐东县尖峰友家奇楠沉香专业合作社沉香种植园和加工厂、利国镇热沐吧沉香种植基地、乐东盛源实业沉香基地、千家容源沉香种植基地4家沉香企业生产经营情况；召开大力发展乐东沉香产业座谈会，邀请沉香企业、种植户以及千家镇政府、利国镇政府、尖峰镇政府、黄流镇政府分管林业的领导参加座谈会，广泛听取业界和各镇政府的意见建议，提出进一步做大做强乐东县沉香产业的措施和对策，形成《关于大力发展乐东沉香产业的调研报告》。2. 围绕“创建

4月13日，县政协主席邢益琼（右三）带队到万冲镇走访企业

（县融媒体中心　供图）

乐东县一流营商环境”建言献策。为贯彻落实海南省委、省政府创一流营商环境的工作部署，县政协副主席陈求妹带领部分委员组成调研组，对乐东县优化营商环境情况进行了调研。调研聚焦营商环境中的“软环境”即企业等市场主体在市场经济活动中所涉及的体制机制性因素和条件，着重了解营造良好市场环境、优化政务服务、规范和创新监管执法、完善优化营商环境长效机制等情况。调研组深入县营商办、县住建局、县商务招商局等部门了解情况，与部分企业座谈交流，并先后到儋州、陵水、琼中等市县学习考察，经多方听取意见、凝聚各方智慧，形成调研成果。3. 围绕“有序发展精品民宿，巧妙做活乡村振兴工作”建言献策。为进一步掌握全县农村发展民宿的情况，推动乐东县民宿工作，促进旅游建设发展，县政协副主席带领文史资料与科教文卫体委员会及部分县政协常委、委员开展调研活动，形成《关于开展“有序发展精品民宿 巧妙做活乡村旅游”的调研报告》，并呈县委县政府供决策参考。4. 围绕“传承和发展少数民族剪纸文化”建言献策。为深入了解民间剪纸艺术，研究新时代传承和发展黎族剪纸文化工作的思路及对策，乐东县政协副主席带领部分政协委员组成调研组，对全县剪纸文化的传承和发展工作进行调研，调研组多次走访大安镇剪纸基地，听取旅文部门的情况汇报；并赴屯昌、澄迈、定安等地学习考察非物质文化遗产传承方面的经验做法。分析乐东县黎族剪纸艺术传承和发展中存在的主要问题，征求多方意见、凝聚委员智慧，形成调研成果。5. 围绕“乐东生态环境保护工作”建言献策。7月下旬至10月中旬，乐东县政协组成专题调研组，邀请部分镇党委政府和乐东县发改、住建、资规、生态、农业、执法、水务等相关职能部门参与，采取外出考察学习、实地察看、走访群众、座谈交流等方式，重点从大气、水环境质量和土壤污染防治等方面开展调研，分析当前全县生态环境保护工作的不足，探讨有效保护途径。

【调研交流】 2022年，乐东县政协继续实施委员约见制度，促进沟通、增进共识，更好地发挥和调动委员参政议政的积极性。借助政协系统资源平台，促进乐东县与省内外市县政协的交流学习。配合参与省政协组织开展巡河、推进国家公园建设、自贸港背景下农业产业结构调整等调研活动8次。接洽全国政协、辽宁省、陕西省、福建省漳州市长泰区以及海口、三亚、琼中、昌江等省市县政协到乐东县调研，交流信息，推介乐东，增进友谊。落实县领导跟踪服务重点项目工作机制，5名主席会议成员跟踪服务重点项目14个，同挑发展担子。落实县委“万名干部下企业”服务行动文件要求，派出政协机关8名干部深入所对应的4家民营企业生产经营一线，帮助企业纾困解难。

【社情民意调查】 2022年，乐东县政协建立健全社情民意的日常征集、编辑、报送、反馈等工作机制，选优编报社情民意信息12期，其中《关于在抱由镇第一市场设置便民亭的建议》《关于规范农民专业合作社的建议》《关于加强农村秸秆处理和利用的建议》3期社情民意，得到县领导的批示，要求相关部门研究处理，助推群众切身利益问题的解决。

【委员联系服务界别群众】 2022年，乐东县政协采取以点带面方式，着力创建10个委员联系服务界别群众工作站，每个工作站安排2名政协委员，探索委员联系服务界别群众工作，使工作的开展更加规范化、制度化，并总结梳理形成一套可复制运行机制，鼓励和支持政协委员“双责担当、双岗奉献”，充分发挥政协委员在本职工作中的带头作用，在界别群众中的代表作用，在政协工作中的主体作用，以自身优势，帮助和服务界别群众解决实际困难及反映社情民意，凝聚共识，推进该项工作走深走实。

（江丽洁）

重要会议

【县政协十一届一次会议】 2022年1月9—11日，中国人民政治协商会议第十一届乐东县委员会第一次会议在乐东县城召开。乐东县四套领导班子成员和法、检两长出席会议。会议听取政协第十届乐东县委员会常务委员会工作报告及关于提案工作情况的报告。会议期间，委员们列席第十六届乐东县人民代表大会第一次会议，听取并赞同黄文聪县长所作的县人民政府工作报告，赞同县人民法院、县人民检察院工作报告；并通过大会发言、分组讨论、撰写提案等形式，围绕全县经济、政治、文化、社会和生态文明建设，围绕人民群众普遍关心的热点难点问题，履职尽责，深入协商议政，建言献策，提出许多有价值的意见和建议。邢益琼当选政协第十一届乐东县委员会主席；陈求妹、吴宁、王平林、傅德波当选政协第十一届乐东县委员会副主席；陈尉全当选政协第十一届乐东县委员会秘书长。会议表决通过政协第十届乐东黎族自治县委员会常务委员会作工作报告的决议、政协第十一届乐东黎族自治县委员会第一次会议提案审查委员会关于政协第十一届乐东黎族自治县委员会第一次会议提案审查情况的报告、政协第十一届乐东黎族自治县委员会第一次会议政治决议。

1月10日上午，中国人民政治协商会议第十一届乐东黎族自治县委员会第一次会议在乐东思源高中多功能报告厅隆重开幕

（县融媒体中心　供图）

【县政协第十一届常务委员会】 2022年，政协乐东县第十一届常务委员会召开常委会会议3次，即第一次至第三次会议。常务委员会组成成员29人。

第一次会议　3月3日，乐东县政协召开十一届一次常委会会议。会议传达学习习近平总书记在全国政协新年茶话会上的重要讲话精神、《关于加强和改进新时代市县政协工作的意见》、省及县领导批示精神；传达学习中央、全省、全县党史学习教育总结大会精神和中央、省委、县委农村工作会议精神以及省两会精神；传达学习全省“六水共治”攻坚战动员部署会精神和全省、全县作风整顿建设年总结暨能力提升建设年活动部署会会议精神以及县第十四次党代会精神；审议通过《政协乐东黎族自治县委员会2022年工作要点》和《政协乐东黎族自治县委员会2022年协商工作计划》。

第二次会议　7月14日，乐东县政协召开十一届二次常委会会议暨专题协商议政性常委会，此次协商议题为“助力我县‘六水共治’，推进保供水建设”。会上，乐东县政协常委会与相关职能部门围绕协商议题进行面对面交流，听取情况汇报并聚焦农村供水安全、维护队伍管理、水源地保护以及中长期供水项目规划等提出意见建议。会议传达学习习近平总书记在考察海南时的重要讲话精神、省第八次党代会精神、全省统战部长会议精神、省委书记沈晓明到乐东调研精神以及省政协主席毛万春到乐东调研精神等；集中学习《中国共产党政治协商工作条例》；审议相关人事事项；通报新一届政协换届以来的工作情况，并对2022年下半年政协工作进行部署。

第三次会议　11月22日，乐东县政协召开十一届三次常委会会议。会议传达学习党的二十大精神、习近平总书记在省部级主要领导干部专题研讨班上发表重要讲话精神、习近平总书记在中央统战工作会议上以及党外人士座谈会上的重要讲话精神、

《中国共产党政治协商工作条例》等15项内容；审议通过《关于深入挖掘红色革命史料要素，推进革命烈士纪念园和革命战斗遗址等保护建设的协商报告》《政协乐东黎族自治县委员会关于政协委员联系服务界别群众的实施办法（试行）》《政协乐东黎族自治县委员会关于完善委员联系界别群众制度机制更好助推乐东高质量发展的意见》《政协乐东黎族自治县委员会完善委员联系界别群众制度机制工作》，以及相关人事事项。

（江丽洁）

中国共产党乐东县纪律检查委员会·乐东县监察委员会

综　述

2022年，乐东县纪检监察机关处置问题线索255件，立案211件，处分189人，采取留置措施11人，移送检察机关7人，挽回经济损失2239.21万元，立案件数、处分人数、移送检察机关人数、挽回经济损失数同比分别增长36.13%、35%、600%、251.39%。聚焦房地产领域风险、历史遗留、生态环保、耕地保护等问题常态化开展监督检查，问责处理21人，立案查处10人，推动历史遗留问题完成整改233个，督促两轮中央生态环境保护督察整改任务全部完成。开展疫情防控监督检查，推动解决问题608个，直查快办、精准追责问责15件45人。严肃查处“一把手”违纪违法问题6件6人。运用“四种形态”批评教育帮助和处理党员干部370人次，对79名受处分人员跟踪回访教育。全县各级党组织常态化开展谈心谈话2262人次，及时发现和纠正党员领导干部思想、作风、纪律等方面的苗头性、倾向性问题2100个。严肃查处违反中央八项规定精神和“四风”问题61个，批评教育帮助和处理69人，给予党纪政务处分65人，通报曝光典型案例6批12起。开展以案促改专题民主生活会和警示教育会15场次。发出纪检监察建议书、监督建议书71份，提出有针对性、指导性的建议109项，督促发案单位建立完善相关制度19项。在全省纪检监察系统2022年度绩效考核中乐东县纪委监委被评为优秀等次。

（陈一帆）

廉政建设

【惩治腐败】 2022年，乐东县纪检监察机关处置问题线索255件，立案211件，处分189人，采取留置措施11人，移送检察机关7人，挽回经济损失2239.21万元，立案件数、处分人数、移送检察机关人数、挽回经济损失数同比分别增长36.13%、35%、600%、251.39%。紧盯关键少数，立案查处副科级以上领导干部32人，同比增长167%。紧盯项目建设、物资采购等领域，严肃查处一批严重违纪违法案件，深挖案中案34件。加大打击行贿力度，查处行贿人员6人。12名党员干部主动投案，119名党员干部主动向组织如实交代问题。

【廉政教育】 2022年，乐东县纪委监委制定《关于做好案件查办“后半篇文章”深化以案促改工作实施办法》，通过督促被审查调查人撰写忏悔书、给亲人的一封信、防范单位廉洁风险和提升行业治理水平的建议，找准案件背后的深层次原因，提出整治措施，提升治理效果。先后在林业、粮食等多个系统召开以案促改专题民主生活会和警示教育会15场次。发出纪检监察建议书、监督建议书71份，提出有针对性、指导性的建议109项，督促发案单位建立完善相关制度19项，初步实现“查处一案、震慑一片、治理一域”的效果。叠加式开展“纪律教育月”“家风月”“谈话月”和警示教育巡回展活动，组织348名领导干部撰写廉政家书，628名领导干部自上而下开展谈心谈话，8000余名党员干部集中接受纪律教育和警示教育，有效督促党员领导干部增强纪法观念。深入挖掘本土廉洁文化李德裕系列故事，并以漫画形式在清廉海南网进行刊载，发挥传统文化润廉作用。

【清廉建设】 2022年，乐东县纪委监委努力打造“清廉村居”试点品牌，以点带面探索推进全域清廉建设。梳理完善44项小微权力清单，通过推广应用基层小微权力“监督一点通”系统，切实加强村“两委”干部的监督。坚持案件开路，集中快速核查25件村居“三资”（在集体所有制下，农村集体所有的资金、资产和资源）管理问题线索，立案查处21件21人，有效推动纠正村居财务问题和土地“三过”问题。统筹整合镇村力量开展监督检查，督促化解各类矛盾127条，解决难点问题97个，镇级检举控告数下降43.21%。探索推行网上公开、“码上”公开，努力实现“三公开”（党员公开、政务公开、财务公开）全程动态监管。积极打造清廉文化阵地，建成全省首个村级警示教育基地，开展“晒家风亮家训”等清廉文化宣传活动和家风家教活动，涵养村居良好政治生态。以清廉单元建设为基础积极推动全域清廉，组织协调16家单位共同推进清廉乐东建设。选取3家机关单位开展清廉机关创建试点工作，努力打造具有高辨识度的清廉品牌，推动清廉建设融入社会日常，为全面建设清廉乐东奠定基础。

【容错纠错】 2022年，乐东县纪委监委出台《全流程嵌入式开展容错纠错、澄清正名、诬告陷害工作办法》，将容错纠错等工作放到审查调查全流程进行谋划推动，实现澄清正名、容错纠错、查处诬告陷害和重新使用受处理处分干部“四位一体”全覆盖，为15名党员干部澄清正名，办理容错纠错案件4件4人，查处诬告陷害案件1件1人。及时通报容错纠错典型案例，2件案例入选海南省容错纠错典型案例系列通报。

（陈一帆）

4月25日，乐东黎族自治县“清廉村居”创建工作专题培训班在乐东研训学校开班（县融媒体中心　供图）

监督检查

【政治监督】 2022年，乐东县纪委监委建立“12345”政治监督工作方法，以习近平总书记“4·13”重要讲话精神贯彻落实情况等各类协同机制监督检查为统领，统筹开展各项专项监督。聚焦历史遗留问题，对整改不力的4家单位、8名干部进行问责处理，推动完成整改233个。聚焦房地产领域风险，对房地产项目风险背后不作为、乱作为问题严肃问责，立案查处5人，有力助推化解风险。聚焦生态环保问题，督促两轮生态环境保护督察整改任务全部完成，建立“1+9”（以党内监督为主导，人大监督、民主监督、行政监督、司法监督、审计监督、财会监督、统计监督、群众监督、舆论监督）协同监督机制，整合制定“清廉治六水”监督任务清单，问责处理13人。聚焦耕地保护，常态化开展监督检查，对控违不力和破坏耕地问题进行严肃问责，立案查处5人，召开专题警示教育会，有效促进土地管理规范有序。

【日常监督】 2022年，乐东县纪委监委认真落实加强对“一把手”和领导班子监督的意见，出台《各级党组织“一把手”和领导班子成员开展全面从严治党谈话实施细则》，严肃查处“一把手”违纪违法问题6件6人。对提拔重用的139名干部及其家属进行任前廉政谈话，督促扣好廉洁从政“第一粒扣子”。建立并动态更新领导干部廉政档案4779个，审慎回复党风廉政意见273人次，坚决防止“带病提拔”。运用“四种形态”批评教育帮助和处理党员干部370人次，对79名受处分人员跟踪回访教育。用好日常谈心谈话手段，全县各级党组织常态化开展谈心谈话2262人次，及时发现和纠正党员领导干部思想、作风、纪律等方面的苗头性、倾向性问题2100个。紧盯中秋、国庆等时间节点开展专项检查，进行廉洁提醒，督促党员干部把好“节点”、守住“廉关”。严格贯彻落实《纪检监察机关派驻机构工作规则》，发挥派驻监督近距离、全天候、常态化优势，约谈提醒驻在单位班子成员48人次，提出全面从严治党意见并被采纳25条，切实将监督关口前移。畅通信访举报渠道，接收信访举报253件次，其中检举控告类152件次，同比下降50.2%，“一案一策”起底办结47件历年遗留未结信访件，切实发挥信访“源头”监督作用。

【其他专项监督】 2022年，乐东县纪委监委开展疫情防控监督检查，推动解决问题608个，直查快办精准追责问责15件45人，推动各项防控措施落到实处。将监督贯穿全面推进乡村振兴全过程，推动问题立行立改89个，严肃查处出岛农产品违规使用禁用农药背后的不作为、乱作为问题3件3人，呵护农业产业健康发展。成立优化营商环境监督工作专班，与代表性企业建立双向联系机制，推动解决企业营商环境问题12个，督促办结投诉件34件，促进县域营商环境优化。

（陈一帆）

专项治理

【违反中央八项规定精神和“四风”问题治理】 2022年，乐东县纪委监委严肃查处违反中央八项规定精神和“四风”问题61个，批评教育帮助和处理69人，给予党纪政务处分65人，通报曝光典型案例6批12起。开展“赊账吃喝”清理整治，清退欠款200余万元，有效刹住赊账吃喝歪风。建立“四风”问题月统计制度和定期分析制度，对“四风”问题进行精准“画像”，画出作风方面的20个问题红线，要求党员干部对照检查并书面剖析，切实以优良党风政风引领社风民风持续向好。

【民生领域“微腐败”问题治理】 2022年，乐东县纪委监委深入治理民生领域“微腐败”，严肃查处教育医疗、养老社保、食品药品安全等领域腐败和作风问题51起，给予党纪政务处分54人。

（陈一帆）

巡察工作

【巡察工作】 2022年，乐东县委巡察办持续深化政治巡察，科学编制十四届县委巡察五年规划，稳步推进新一届县委巡察工作。谋划开展3轮巡察，对55个党组织进行政治体检，发现问题399个、问题线索17件，移交纪检监察机关立案11件12人。

【巡查问题整改】 2022年，乐东县委巡察办配合八届省委第一巡视组完成对乐东的巡视，协助乐东县委制定巡视反馈问题整改方案，将问题整改落实情况纳入巡察监督范围。运用“双常委”反馈机制，压紧压实被巡单位党组织问题整改主体责任，推动十三届县委巡察反馈的3508个问题整改完成96%。建立“巡审”贯通联动工作机制，整合纪检监察、组织、审计等部门监督力量，推动十四届县委巡察发现问题立行立改 15 个。建立巡察成果共享机制，及时向县领导及相关部门通报巡察情况 18 件次，提出有效建议 5 项，切实发挥巡察“利剑”作用。选优配齐巡察干部队伍，开展巡前培训 3 期，培训巡察干部 96 人次，不断提高巡察干部能力水平。制定《乐东黎族自治县委巡察工作人才库管理暂行办法》，更新巡察组长库、人才库，为高质量开展巡察工作提供人才保障。更新编写 3 版巡察工作指导手册，规范巡察工作流程，提升巡察工作质量。

（陈一帆）

重要会议

2月14日，中国共产党乐东黎族自治县第十四届纪律检查委员会第二次全体会议召开　（县纪委监委　供图）

【乐东县十四届纪委一次全会】

2022 年 1 月 7 日，乐东县十四届纪委一次全会在乐东县城召开，会议选举产生了新一届县纪委常委和书记、副书记。

【乐东县十四届纪委二次全会】

2022 年 2 月 14 日，乐东县十四届纪委二次全会在乐东县城召开，以习近平新时代中国特色社会主义思想为指导，全面贯彻落实党的十九大、十九届六中全会、十九届中央纪委六次全会精神，认真学习领会落实省纪委七届六次全会和县第十四次党代会精神，研究部署 2022 年纪检监察工作。审议通过县委常委、县纪委书记、县监委主任曹晋代表县纪委常委会所作的《在守正创新中推进清廉乐东建设，以实际成效迎接党的二十大胜利召开》工作报告。

（陈一帆）

群众团体

乐东县总工会

【困难职工救助】 2022年，乐东县总工会对困难职工建档实行动态管理。全年，在档困难职工78户，发放在档困难职工生活救助金78.15万元。“两节”期间慰问困难职工275人次，发放慰问金40.6万元。发放慰问物品使用资金2.69万元，发放人数137人。

【“春送岗位”活动】 2022年，乐东县总工会联合有关部门举办“春风行动”和民办企业招聘会9场，有90家企业提供就业岗位3680个，入场求职者3000余人次，初步达成就业意向243人，发放宣传手册3500册。

【“夏送清凉”活动】 2022年，乐东县总工会投入资金14.89万元，走访慰问高温及户外一线单位6家，惠及一线职工1489人，送去凉茶、毛巾等慰问物资2978件。

【职工免费体检】 2022年，乐东县总工会组织龙马公司等23家单位371名职工参加“万名职工”免费体检活动，提升一线职工疾病预防意识。组织劳模参加疗休养和健康体检活动，对于行动不便或重病卧床的劳模，组织体检机构上门服务，全年体检2次。开展“两癌”免费筛查体检活动，惠及困难女职工22名。

【职工文体活动】 2022年，乐东县总工会举办县总机关工会庆“五一”趣味运动会和举办“我读书、我思考、我分享”读书沙龙活动，提升干部职工的综合素质和履职能力。举办“喜迎二十大·颂歌献给党”歌手大赛，选拔2名优秀歌手代表乐东参加2022年首届海南省职工十大歌手大赛。举办“工会佳缘”青年

7月，县总工会开展“夏送清凉”活动　　（县总工会　供图）

职工联谊会，来自各基层工会的单身青年职工50人报名参加。通过联谊会，为全县单身青年职工搭建一个沟通交流、展示自我、结识良缘的平台。举办全县“庆元旦、迎新年”职工书画展，弘扬中华优秀传统文化，丰富广大职工精神文化生活。

7月29日，乐东黎族自治县工会第十次代表大会闭幕

（县总工会　供图）

【金秋助学及生活救助】 2022年，乐东县总工会开展金秋助学活动，救助人数50人，发放助学金28.30万元；全年发放在档困难职工生活救助2次，发放救助金78.15万元；利用全总专项资金和乐东县总工会经费慰问支援上海市、新疆维吾尔自治区、海南省三亚市医护工作人员347人，发放慰问金38.86万元；慰问参加乐东县疫情防控一线志愿者7023人，涉及基层工会206家，发放全总和省总专项慰问金50万元；同时，发放防疫物资1339份，使用资金9.47万元；慰问高温一线职工459人，发放慰问物资使用资金3.44万元；慰问劳模5名，发放慰问金6000元，发放慰问品使用资金770元。

【职工医疗互助及大病救助】 2022年，乐东县职工医疗互助申请人数94人，报销金额26.56万元；医疗救助2人，发放救助金8377元。

【劳模及最美农民工推荐评选】 2022年，乐东县总工会组织开展推优评选工作。其中，获海南省“五一劳动奖章”称号1人，获海南省“工人先锋号”称号1个；组织开展“海南最美农民工”推荐评选工作，推荐参评对象2名，获“海南最美农民工”称号1人；组织做好表彰先进集体和先进个人及命名示范点推荐申报工作。推荐海南省厂务公开民主管理先进和省模范职工之家候选单位1家、海南省厂务公开民主管理示范候选单位1家、海南省模范职工之家候选单位1家，推荐优秀工会工作者候选人1名，优秀工会之友候选人1名，申报劳模创新工作室和职工创新工作室各1家，申报职工阵地建设3家，就业创业示范点基地1家。其中，获评海南省总工会命名职工创新工作室1家、就业创业示范点基地1家。

【职工普惠活动】 2022年，乐东县总工会组织基层工会参加一线优秀职工疗休养活动，为职工提供交流和身心健康的服务平台；组织发动各基层工会干部职工1万余人参与“12·4”宪法知识零元答题抽奖和党的二十大精神知识竞答普惠活动，奖品包括油、米、零食大礼包等。通过开展普法活动，大力弘扬宪法精神，增强全社会宪法意识。

【工会换届选举工作】 2022年7月28—29日，乐东县总工会在县城召开“乐东县工会第十次代表大会”。大会审议通过乐东县工会第九届委员会向大会所作的工作报告、财会工作报告及和经审工作报告；选举产生乐东县工会第十届委员会委员39名和经审委员会委员8名，选举产生乐东县工会第十届常委13名和新一届县总工会领导班子。同时，规范指导27家基层工会完成换届选举工作。

（文　敏）

中国共产主义青年团乐东县委员会

【基层团组织建设】 2022年，乐

东团县委把基层组织建设作为团的自身建设的重中之重来抓，健全体系、完善机制、创造环境、锻炼队伍、创新活动、塑造能力，全面加强团的基层组织建设。1. 选优配强增力量。完成共青团乐东黎族自治县第十八次代表大会，选举产生共青团乐东黎族自治县第十八届委员会委员、候补委员 39 人，并在此基础上选举产生团县委书记 1 名、专职副书记 2 名、挂职副书记 2 名、兼职副书记 1 名。强化专职干部力量，将中西部计划志愿者通过能力提升，发展为 11 个镇团委兼职副书记，组建专业青少年事务社工队伍，社会化招聘专业青少年事务社工 11 人，提升乡镇共青团工作专业化程度。2. 严抓考核重管理。一是量化考核指标内容，将考核内容细化、量化，针对性解决基层团组织职权范围不明、责任意识不强、落实工作乏力等问题，督促指导各基层团组织负责人常态化开展好团的日常性、基础性工作。二是强化考核成果运用，建立团属青年干部人才库，实行动态管理。加强党团双向通报制度的应用，为县委组织部、各团干及所在单位的评优评先、选人用人提供决策依据。三是于 2022 年 5 月将党建带团（队）建纳入县委巡察内容及 7 月印发的《县委巡察工作规划》，通过将党建带团建队建工作纳入考核、巡察监督，进一步倒逼各级党组织履行党建带团建队建主体责任，推动青年工作实效。3. 压实责任带队伍。一是完善“两联”工作机制，建立基层团代会年会制，制定《关于进一步加强乐东黎族自治县团的代表大会代表及委员会成员作用发挥的工作实施方案》，充分调动团员和团代表参与团务工作的积极性，密切团青联系，夯实基层团组织工作基础。二是完善团员管理机制，全年发展新团员 850 人，深入开展团前教育，严格落实 8 学时团课、20 小时志愿服务时长等必备条件；“五四”前后组织开展示范性入团仪式，增强团员荣誉感；开展发展团员核查工作，保证新发展团员信息准确录入智慧团建系统；积极做好团工作转接、上下级对接工作及团员证补办、开具证明等工作，确保团员青年团组织关系理顺。4. 少先队改革。加强团教协作，有效发挥县教育团工委作用，联合县教育局印发少先队改革实施方案等文件，强化政策支持和保障。普遍建立学校少工委，逐级夯实校内少先队组织，推动少先队标志礼仪、阵地活动等规范化，少先队改革成效日趋凸显。全年推荐全县少先队获得团中央荣誉 1 个，省级荣誉 3 个。

【青少年思想政治教育】 2022 年，乐东团县委多措并举，推动青少年思想政治教育工作持续健康有序开展。1. 加强主线引领，全面提升影响力。组织动员全县青少年深入学习宣传贯彻党的二十大精神，习近平总书记“4·13”重要讲话精神、关于海南工作的系列重要指示批示精神和习近平总书记在庆祝中国共青团成立 100 周年大会上的重要讲话精神。联合县教育局开展“喜迎党的二十大、建团百年正青春、跟党奋进新时代”主题征文活动，收到散文和诗歌作品 203 篇（首），评出一等奖 3 名，二等奖 7 名，三等奖 8 名，优秀奖 9 名。动员全县少先队员、团员青年等收听收看党的二十大开幕会 1 万余人次，征集学习党的二十大报告心得体会并择优推送至公众号。组建青年讲师团，开展“下基层上讲台”宣讲活动，开展学习宣讲 30 余场次，覆盖青少年超过 3000 余人次。各基层团委通过开展各类主题团日活动、志愿服务等方式宣传贯彻党的二十大精神。开展“红领巾奖章”争章活动，突出党、团、队的血脉关系和红色基因传承。举办“红领巾讲解员”风采展示活动，发动少先队员讲述党史故事、乐东发展新变化，累计收到 12 个讲解作品，并择优推送至团县委公众号、视频号。“8·1”疫情期间征集少先队员战“疫”作品，收到全县 100 余名少先队员绘画、剪纸、书信、舞蹈等不同类型的作品，通过新媒体平台展播，阅读量达 2000 余人次。组织少先队学习习近平总书记在海南考察时的重要讲话精神，开展“红领巾走进雨林·共庆六一儿童节”主题队课，25 名少先队员到尖峰岭热带雨林国家公园进行参观体验，活动视频在全省六一少先队主题云队课中展示播放。2. 大力推优荐才，激活青春正能量。持续开展“两红两优”“优秀志愿者”评选活动，对全县红旗团委3个、红旗团支部（总支）3个、优秀共青团员17名、优秀共青团干部7名和优秀志愿者30名进行表彰。乐东县先进集体、先进个人获得省级五四红旗团委1家、省级五四优秀团干部1人、省级优秀共青团员1人，获评全国优秀少先队员1人。团县委获“2022年海南省希望工程助力乡村振兴圆梦行动先进集体二等奖”，团县委1名干部获“2022年海南省希望工程助力乡村振兴圆梦行动先进个人”。3.活化网络载体，有效提升感召力。围绕县委、县政府和团省委工作部署，在团属微信公众号、微博等新媒体平台开设了学习党的二十大、能力提升、法治宣传等专栏，同时新开通团县委微信视频号，创新传播载体，扩大宣传覆盖面。组织青年每周参与“青年大学习”网上主题团课学习30期，参与青少年10万余人次。通过新媒体平台发布的团讯动态1046条，阅读量175万余人次。

【青年就业创业服务】2022年，乐东团县委推荐团县委兼职副书记林日云为中国青年创业导师、优秀创业青年韦龙青为省级青年创业导师。联合三亚共青团、保亭共青团等单位举办“创青春韶华 创业圆梦未来”第一届大三亚地区青年创新创业大赛，组织2个创业项目参赛并顺利进入决赛。组织青联委员在各领域开展主题宣讲、乡村振兴创业课、农业技术教学、义诊、普法等活动。

【青年交流平台搭建】2022年，乐东团县委建立以县委副书记以及县政府副县长为双召集人的青年工作联席会议机制，并召开第一次联席会议。推动《乐东黎族自治县贯彻落实〈海南省中长期青年发展规划（2018—2025年）〉实施方案》印发实施，为全县青少年健康成长提供坚强的政策保障。联合县委组织部、县委宣传部、县总工会举办2022年乐东县“工会佳缘”暨学习交流促提升青年人才联谊活动。参加此次活动的单身青年男女50人，其间穿插“自贸港、人才政策知识快问快答”环节，加强思想政治教育，提升能力建设。举办共青团与人大代表政协委员面对面活动座谈会，先后开展“网上开展青少年爱国主义教育的难点和对策”“乡村振兴青年人才现状与需求”主题座谈，听取意见建议，发挥党联系青年的桥梁和纽带作用，通过人大、政协等制度化渠道反映青年发展诉求。

【大学生“返家乡”社会实践平台建设】2022年，乐东团县委开展“返家乡”社会实践活动，搭建乐东籍大学生社会实践平台，开展招募活动2期，通过广泛征集全县党政机关、企事业单位用人需求，为全县青年大学生提供机关、事业单位实习岗位90余个，引导返乡大学生利用假期时间服务家乡，增强家乡归属感及荣誉感。

【“希望工程圆梦行动”】2022年，乐东团县委同社会各界保持联系，加强沟通，在受疫情影响的情况下，仍然顺利高效开展2022年“希望工程助力乡村振兴圆梦行动”，筹集善款45.50万元，资助贫困学子159名，发放助学金50.15万元。向省青基会推荐资助贫困大学生61名，向爱心企业和人士推荐资助21名贫困大学生实施“一对一”资助项目，擦亮全县爱心助学慈善事业品牌，实现了活动预期目标。

【志愿者服务】2022年，乐东团县委灵活创新志愿者服务工作，全面组织开展各项活动，争创志愿者服务基地工作高点。2022年，全县实名注册志愿者人数5.25万人，建立基层青年志愿服务队172支，围绕“六水共治”“七个倡导”“秸秆禁烧”“高考护航”“禁毒防艾”“心理健康”“未成年人保护”“文明交通”“防灾减灾”等主题开展系列志愿服务活动，联合县委宣传部、文明办常态化开展“志愿服务大集市”6期，全年累计开展志愿服务活动636场，活动总时长40.7万余小时。

【青少年权益维护】2022年，乐东团县委在多个中小学校组织开展“青春自护·平安春节”“青春自护·有你有我——安全教育专题宣讲活动”“防溺水主题课堂”等教育实践活动20多场次。

1月27日，团县委联合县公安局、三亚强制隔离戒毒所蒲公英宣讲团在县城、黄流、九所的汽车站、高铁站、商业步行街等人流来往量大的场所开展“健康人生·绿色无毒——2022年春季禁毒流动课堂活动”

（县融媒体中心　供图）

邀请团省委、省“12355”青少年服务平台开展中高考减压活动，通过“课堂+实践+线上”的方式讲解日常应急避险知识、防溺水、防性侵、青少年生理健康等安全知识，提高青少年自护能力。组织开展“一誓一课一体验”毒品预防教育，各中小学开展以“珍爱生命·远离毒品”为主题的国旗下禁毒宣誓活动40余场、“禁毒知识小课堂”主题班会68场，活动覆盖全县广大青少年5万余人次。通过春运暖冬志愿服务活动和春季禁毒流动课堂等形式，联合多部门开展禁毒志愿服务活动，通过发放禁毒宣传册和折页、展示禁毒宣传展板、讲解仿真毒品样本、现场解答等形式提高青少年法治意识。创建千家镇青岭村省级“青少年零犯罪零受害社区（村）”，联动政法委、公检法机关等单位深化“四访五帮”志愿服务，推进青少年预防犯罪和权益维护工作。

（孙冬梅）

乐东县妇女联合会

【妇联组织建设】 2022年，乐东县妇联完成11个镇妇联的换届工作任务，选举产生镇妇联主席11名、专兼职副主席25名，执委161名，选优配强镇级妇联组织。11月3—4日召开乐东县妇女第十一次代表大会，完成县妇联换届选举任务，选举产生县妇联第十一届执委25名以及新一届的县妇联领导班子。其中，主席1名、专职副主席2名、兼职挂职副主席各1名。加大在非公组织中和特殊群体中建立妇女组织的工作力度，在黎母自酿酒业有限公司等3家非公有制企业中建立妇女组织，在山海湾舞蹈协会、乐安社区夕阳红广场队等10家广场队伍之中建立妇女微家，延伸妇联工作的触角。

【妇女儿童合法权益维护】 2022年，乐东县成立性侵未成年人一站式服务中心，开展心理疏导、测评14人次，提前介入涉未成年人案件8件8人。年内，接到性侵未成年的信访件2宗，家暴信访案件10宗。引导受害妇女儿童收集证据，寻求司法保护。

【关爱妇女儿童】 2022年，乐东县妇联在各镇各村开展重点人群家庭关爱调查摸底活动，协调县民政局低保办为家庭困难的重度地贫儿童办理低保14人。协调县退役军人事务局于6月5日和9月30日组织驻县部队官兵为地贫儿童开展志愿无偿献血活动191人次；并专门对地贫儿童家长举办省妇联启动的中海油“同舟工程——救急难”项目宣传推进会，为地贫儿童办理救急难项目救助5人；5月30—31日，县妇联协同县社区教育指导中心、团县委等部门在大安镇西黎小学、昂外小学举办“欢乐六一，幸福社区”主题亲子活动，向孩子们和家长宣传防溺水、禁毒、垃圾分类等知识。

【家庭婚姻矛盾调解】 2022年，乐东县妇联接到婚姻家庭纠纷来电来访20件。其中，口头调解12件，书面调解8件，处理率

8月3日，九所镇妇联、新时代文明实践所、团委、文化站联合开展“心系桑榆晚·情怀夕阳红”志愿活动　　（县融媒体中心　供图）

100%。县妇联充分利用镇法治中心的平台对比较复杂的婚姻家庭纠纷进行调解。3月，县妇联联合大安镇法治中心对大安镇加巴村秦某和杨某的婚姻家庭财产纠纷进行调解，让夫妻两人冰释前嫌。

【妇女儿童禁毒宣传】 2022年，乐东县妇联组织各镇妇联结合实际情况开展形式多样的禁毒宣传活动15场。其中，5月12日，深入千家中学开展禁毒流动课堂，借助防灾减灾活动之机，组织学生观看禁毒展板、发放禁毒宣传品向学生详细讲解毒品的危害，增强学生的禁毒意识和守法意识。6月9日，到万冲镇开展“妇联领导干部讲禁毒”活动。组织妇联干部巾帼志愿者和“妈妈训教团”成员针对万冲镇个别涉毒人员家庭、重点人群家庭（易涉毒未成年人家庭），采取“一对一”“面对面”的心理疏导、家庭教育方式进行指导。

【巾帼创业就业】 5月14日，乐东县妇女联合会、县人力资源和社会保障局、县教育局、县工会、县残联等部门联合开展2022年全国民营企业招聘月活动。巾帼创业指导志愿服务队在现场设立咨询台，推介适合妇女发展的岗位，及时了解妇女在就业方面的需求和困难，为妇女姐妹提供政策解答和就业应聘指导；11月4日，省妇联先后到乐东丽花黎家酒坊、乐东创新妇女哈密瓜种植专业合作社、乐东发财树基地开展女性创业调研工作。调研通过实地走访、与负责人进行详细交谈等方式，实地查看妇女创业点的硬件设施，听取创业负责人目前的发展情况、运行模式，深入了解城乡创业女性的发展需求以及带动贫困妇女就业等相关情况；发动10名女企业家参加2022年海南自贸港女性创新创业大赛和参与省妇联举办的海南省巾帼劳动主播培训班。

（纪秋菊）

乐东县科学技术协会

【科普服务乡村振兴】 2022年，乐东县科学技术协会开展科普服务，助力乡村振兴。组织开展全县农村脱贫人口、监测帮扶对象劳动力专项技能科普培训班30期，培训内容有植物保护、水果种植、蔬菜栽培等。培训人数1890人，通过专项技术考试获得技能证书有1828人；组织举办40个建档立卡脱贫村致富带头人能力提升培训班1期，参加培训致富带头人174人；组织开展农技专项行动，联合县热作办、县农技中心组织举办农业技术科普讲座2期，培训农民130多人次，发放科普图书390册。

【青少年科普教育】 2022年，乐东县科学技术协会根据省科协青少年科普工作要求和全县学校青少年科普实际，组织开展“七巧板”等6个方面校园科普活动。1. 开展全县中小学生创意编程与智能设计大赛活动；2. 在首师乐东一小举办全县2022年“七巧科技”竞赛活动；3. 组织开展乐东黎族自治县2022年青少年“科普小先生”演讲比赛活动；4. 组织全县中小学生参加2022青少年汽车无限创意征集活动活动；5. 组织开展全县中学生高校科学营活动活动；6. 组织开展县奥秘万千青少年科普知识大赛活动。同时，组织青少年参加省级有关科普赛事，获得一等奖1名、二

6月11日，乐东县2022年青少年“科普小先生”演讲比赛在首都师范大学附属乐东第一小学多媒体厅举行　（县融媒体中心　供图）

等奖5名、三等奖9名，获评省级优秀指导教师9名。

【基层科协组织建设】 2022年，乐东县科学技术协会组织举办科协基层组织建设业务培训班1期，参加培训的有全县11个镇的分管领导、组织委员和农业服务中心主任33人；推进镇、村（社区、居）和学校两级科普组织建设。深入镇、村（社区、居）指导基层科协组织建设工作，年内全县11个镇、193个村（社区、居）胜利召开科协第一次代表大会，科学技术协会组织机构全部建设完成。联合县教育局印发《关于进一步建立健全学校科普组织机构的通知》，协同县教育局深入学校指导科协机构组织建设工作，全县中小学校成立科普组织48家；加强农技协建设，探索建设企业科协，拓展科普服务平台建设。结合全县农业主导产业，指导设立金钱树、哈密瓜、芒果等专业农技协会。同时，发挥科技企业优势，指导乐东双齐实业有限公司成立乐东黎族自治县热带农业产业协会。指导海南省山金矿业公司设立企业科协。

【科普活动】 2022年，乐东县科学技术协会利用省科协科普计划项目资金，建设科普示范项目6个，增加科普公共服务产品供给，促进科普公平普惠，解决不同地区间、不同人群间科普公共服务机会不均等、基层科普公共服务薄弱等问题。打造一批省级科普示范项目，根据省科协申报市县科普示范项目要求，组织有关人员到各农业基地进行调研并及时向省科协申报，乐东普英洲花卉园艺有限公司和海南富友种业乐东分公司被省科协命名为省级科普示范基地。引进高端人才资源，创新科普服务平台。在省科协的支持下，主动对接协调海南大学、海南省博士学会和有关企业，发挥龙头农业企业的优势，分别在乐东通海热带高效农业开发有限公司成立海南省第一家“博士科技农庄”，并举行“双百”结对战略合作签约；在海南众联生态农业有限公司创建“中国农村专业技术协会海南乐东火龙果科技小院”。按照海南省2021—2025年度第二批全国科普示范县（市、区）创建单位标准，做好各项材料的认定和佐证材料的收集和汇报材料的撰写，并参加省科协组织的评选答辩。12月，乐东县获评全国科普示范县。

（县科学技术协会）

乐东县归国华侨联合会

【基层侨联组织建设】 2022年，乐东县侨联协调指导志仲镇保国居侨联召开第二次归侨侨眷代表大会，完成班子换届工作，解决保国居侨联超期未换届的问题；建设乐东县第三个“侨胞之家”（保显十侨队“侨胞之家”），为保显10侨队、11队、12队116户500多名归侨侨眷的联谊、维权、学习、交流等活动搭建平台；协助指导千家镇乐光居胜利召开第一次归侨侨眷代表大会，建立乐光居侨联，联系服务侨胞400多人，夯实侨联基层工作基础；协助海南省外办和县外办做好印支难民的摸底调查和信息采集工作，深入各基层农场挨家挨户开展摸底调研工作，填写印支难民信息采集表，统计采集乐东县印支难民信息308人，为其各项合法权益的保障打下牢固基础。

【侨爱工程活动】 2022年，乐东县侨联开展“侨爱心·金秋助学”活动，资助优秀困难大学生4人，发放助学金1.10万元；开展“送温暖·献爱心”活动，慰问困难归侨侨眷160户，发放慰问款8万元，解决归侨侨眷生活困难。

【侨法宣传和难民子女职业技能培训】 2022年，乐东县侨联联合县委政法委在保国农场海胶公司开展国家安全法律法规宣讲暨国家安全人民防线工作培训活动。保国海胶公司干部职工、志仲镇镇干部及保国居归侨侨眷等参加培训50余人；多次赴县乐光居侨一队、保国十八侨队、保险十队等基层侨联开展《海南省华侨权益保护条例》（以下简称《条例》）普法宣传培训班，对《条例》内容进行宣传培训。培训归侨侨眷200人次，发放手册1000份；发动全县高中生参加由中国侨联、全国台联、人民日报海外版、《快乐作文》杂志社共同举办的世界华人学生作文大赛，荣获二等奖1人、三等奖5人，实现零的突破；配合海南省安难办在保国农场十队联合举办2022年冬季瓜菜栽培和挖掘机操作职业技能培训班，职业技能培训10天，参训保国侨队难民子女59人。

（梁　旸）

乐东县工商联（总商会）

【商会调研座谈】 2022年，乐东县工商联（总商会）深入民营企业30家、商会协会2家和有关政府部门开展调研，收集意见建议20条，形成《2021年度乐东黎族自治县民营经济发展调研报告》。2月，组织民营企业参与省民企评营商环境调研组西部组在乐东政协会议室召开海南民企评营商环境（2021年度）乐东座谈会。6月，组织民营企业参与县召开的主题为“构建‘亲’‘清’政商关系，着力打造一流营商环境”的政企茶话会、2022年政金企融资对接座谈会等。7月，联合农发行乐东支行、乐东农村信用合作联社等召开银企对接助力乡村振兴交流会议。11月，联合中国银行乐东支行开展党建共建廉洁伙伴签约仪式暨银企合作产品推介会。

【民营企业维权】 2022年3月，乐东县工商联（总商会）联合县检察院派驻工商联检察工作站到乐东福安房地产开发有限公司等企业开展面对面服务活动。联合县人社局、县总工会开展和谐劳动关系企业调查走访活动，通过实地走访乐东海汽公司、山荣农垦公司等企业，对企业劳动关系提出意见和建议。

【民营企业助力乡村振兴】 2022年1月，乐东县工商联（总商会）召开“万企兴万村”乐东启动大会，积极引导会员企业通过发展产业项目、开展公益捐赠参与“万企兴万村”乐东行动。10月，联合县农业农村局、县乡村振兴局组织12家有能力、有条件、有基础的民营企业和11个村委会开展村企“一帮一结对子”，与村委会签订村企结对协议，扎实推进巩固拓展脱贫攻坚成果同乡村振兴有效衔接。

7月28日，乐东县工商联（总商会）学习贯彻党的二十大精神宣讲会

（县工商联　供图）

【商会助力抗击疫情】 2022年，乐东县工商联（总商会）在疫情期间，组织、发动、联系、协调省、县内外商协会组织、民营企业、民营企业家和商协会会员捐款捐物、开展志愿服务、慰问抗疫一线等活动，捐款捐物支持和慰问折合人民币756万元。

5月14日，乐东县诗词学会成立大会暨第一次会员大会在县城举行（县文联　供图）

【光彩事业】 2022年5月，成立乐东黎族自治县光彩事业促进会，选举产生乐东黎族自治县光彩事业促进会第一届理事会班子成员和监事会班子成员，进一步弘扬“致富思源、富而思进，扶贫济困、共同富裕，义利兼顾、德行并重，发展企业、回馈社会”的光彩事业理念。

【基层商会建设】 2022年，乐东县工商联（总商会）加强对基层商会的指导、引导服务，推动基层商会加强自身建设，认真开展以“政治引领好、队伍建设好、服务发展好、自律规范好”为主要内容的“四好”商会建设，充分发挥“四好”商会作用。

（卢　惠）

8月16日，乐东黎族自治县工商联（总商会）、乐东光彩事业促进会疫情防控物资捐赠仪式在乐东疫情防控物资存放点（县体育馆）举行，此次仪式共有13家会员企业家参与捐款（县工商联　供图）

乐东县文学艺术界联合会

【文联组织建设】 2022年，乐东文联组织直属8个协会定期进行年审；7月，县作协召开理事会（扩大）会议；7月1日，县摄协召开上半年工作座谈会；县民协召开乐东民间文化发展探讨茶会；6月25日，县书法家协会交流基地在黄流紫桐苑琴茶香道馆挂牌；成立县诗词学会并召开成立大会暨第一次会员大会；批准成立候鸟艺术协会2个（乐东黎族自治县碧海金沙候鸟艺术团和乐东黎族自治县国乐飘香民乐团）；4月19日至11月16日，乐东文艺系统“线上学堂”推送党的方针政策、领导讲话以及党对文艺工作的新思想、新判断、新要求等相关文件材料15期；吸收县级水平新会员51人。年内，各县级协会加入中国作家协会1人、海南省作家协会2人、海南省美术家协会1人、海南省工艺美术家协会2人、海南省民间文艺家协会35人。县黎族剪纸协会成员刘春琼、刘永德、林崇靖任海南省工艺美术家协会理事，县黎族剪纸协会成员林文生任海南省工艺美术家协会副会长并被聘请为第七届海南省残疾人职业技能竞赛民间工艺品制作工（剪纸）项目裁判员；县美协蒙绪龙当选海南省美术家协会第七届理事；县舞协陈碧当选海南省舞蹈家协会第七届理事，刘亚英加入海南省舞蹈家协会；县民协周长征获“海南省文联2020—2022年度文艺志愿服务先进个人”称号。

7月28日，“潮起海之南　逐梦自贸港——大三亚经济圈美术作品展”在抱由镇乐安社区举办（县文联　供图）

【文艺人才素质提升培训】 2022年，乐东文联建强文艺人才队伍，提升专业能力素质。6月22日，和东方文联展开工作交流，共促文化发展；2月26日，县民协联合海南书画艺术网举办书画笔会；县摄协联合三亚等5个市县开展采风活动，2月11—12日组织会员到昌江、2月19日到保亭、7月29—31日到陵水采风；3月5日组织会员到尖峰镇“三角梅”基地、3月18日到抱由镇抱邱村水果甘蓝基地，用镜头聚焦乡村振兴；5—7月，县文联借助中国文联圆梦工程文艺培训“名家名师话美育网络公共课平台”，针对全县文艺工作者开展网络文艺培训活动9期，提升全县文艺队伍综合素质和创作水平。同时，选派会员参加省级培训，增长才干，1月5—7日县舞协主席陈碧一行6人参加2022年海南文联艺术工作者培训班（舞蹈类）。

【主题文艺活动】 2022年，乐东文联承办海南“三月三”民族团结书画作品展，在海南文旅频道等线上展出作品145幅；发动12名会员参与县三区人才乡村振兴文化志愿服务活动；出品2022公益励志电影短片《乘风破浪》。县美协与县社区教育指导中心等单位在西黎小学举办“欢乐六一，幸福社区”主题亲子活动；与县治水工作领导小组办公室等共同主办“童心童绘　六水共治”全县中小学生优秀美术作品展，展出作品130幅；主办“潮起海之南　逐梦自贸港——大三亚经济圈美术作品展”，展出作品70幅。县书协举办“学习贯彻习近平总书记在海南考察重要讲话精神”乐东县主题书法作品网络展，展出作品30幅；举办书法临帖网络展。佛罗镇书法协会举办“佛罗镇新春书法摄影展”。县硬笔协会举办中小学生毛笔硬笔书法作品网络展。县摄协通过协会公众号推出协会会员个人专辑11期。

【“喜迎党的二十大”文艺活动】 2022年，乐东文联开展乐东县“喜迎党的二十大”书法美术摄影剪纸作品展，线上展出作品120幅；发布乐东县“喜迎党的二十大”主题音乐作品《跟着党的脚步走》；县书协举办乐东县“翰墨写华章·奋进新征程”二十大精神专题书法网络展三期，刊发作品66幅；县舞协参加“喜迎二十大，舞动自贸港”海南省广场舞展演评选活动，获“最佳团队舞队奖”；县美协协办“喜迎二十大　逐梦新乐东”2022年乐东黎族自治县非物质文化遗产美术采风活动；与教育局共同主办“礼赞二十大　共绘新时代”中小学生美术优秀作品展。

【文艺助力疫情防控工作】 2022年疫情发生后，乐东文联第一时间发布《致全县广大文艺工作者的抗疫倡议书》，深入开展以“艺”抗“疫”活动。8月15日至9月13日，发布乐东“艺”起战“疫”主题文艺作品网络展8期，刊出作品187件，其中被省文联公众号转载84件；县书协、佛罗书协、县硬笔协会分别举办抗疫主题网络书法展19期，为县疫情防控贡献文艺力量；县文联干部纪明教被海南省文联评为2022年海南抗疫优秀文艺志愿者；县文艺志愿者56人被县文联评为2022年“乐东疫情防控优秀文艺志愿者”。

【文艺志愿服务活动】 2022年，乐东文联组织文艺志愿服务队深入基层、地方驻军部队，服务群众2万余人，义务写春联近5000副，拍摄全家福20张，送出年画60幅。1月20—24日，组织志愿者到佛罗镇响土村、抱由镇佳西村、抱由镇延红村开展“我们的中国梦——文化进万家”文艺志愿服务活动6场次，通过写春联送福字，发放文艺刊物、展示“六水共治”绘画作品、现场绘画教学、展示剪纸技艺等多种形式服务群众。12月9日，承办“欢庆二十大 建功自贸港——学习宣传贯彻党的二十大精神文艺宣讲巡演”乐东站活动，通过群众喜闻乐见的文艺形式将党的二十大精神送进基层。

（吉训言）

乐东县残疾人联合会

【概况】 2022年，乐东县11个镇均成立镇残联，分别配备专职工作人员2人。全县195个村（社区、居）均成立村（社区、居）残协，分别配备专职工作人员1人。年末，全县办理第二代残疾人证有1.27万人。其中，重度残疾人8200人（一级残疾4025人，二级残疾4175人）、三级残疾2922人、四级残疾1560人。

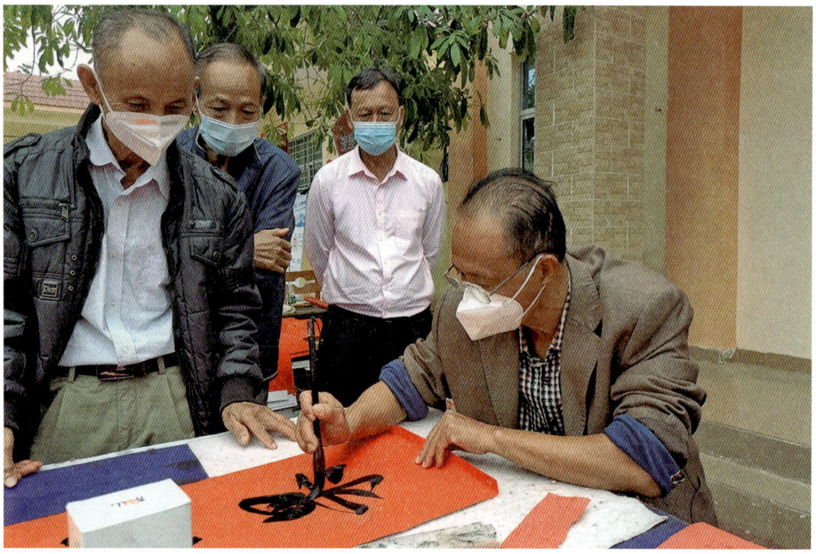

春节前，县文联组织志愿者到佛罗镇响土村、抱由镇佳西村、抱由镇延红村开展“送春联”活动

（县文联 供图）

【助残康复服务】 2022年，乐东县残联组织孤独症、脑瘫、智力残疾儿童等119人到省残联定点医院进行免费康复训练，训练时间10个月，每人补贴3万元；免费为残疾人赠送轮椅、拐杖、坐便器、盲棍等残疾人辅助器具91件。

【残疾人培训和就业】 2022年，乐东县残联争取省残联对全县残疾儿童少年教育的支持，利用省专项彩票公益金资助高中阶段残疾学生5人，每人3000元；资助义务教育阶段残疾学生22人，每人750元；资助学前教育阶段残疾儿童26人，每人3000元。贯彻实施《海南省安排残疾人就业规定》，继续开展地税代收残疾人就业保障金业务，收取残疾人就业保障金182.61万元。开展残疾人农村实用技术技能培训工作，安排经费30万元委托海南金城职业学校采用授课和现场教学的方式在抱由镇举办残疾人实用技术培训班1期，参加培训残疾人200人。开展农村贫困残疾人发展生产和城镇残疾人个体创业扶持工作，利用专项资金对30名贫困残疾人个体创业户进行扶持，每人发放扶持资金5000元，合计15万元；对乐东抱由喜春盲人按摩店进行扶持；向省残联基金会推荐创业残疾人10人，已获得基金会资金扶持残疾人8人。

【社会助残帮扶】 2022年，乐东县残联协助县民政局做好重度残疾人护理补贴、困难残疾人生活补助对象审核工作。年末，全县符合重度残疾人护理补贴发放条件的残疾人8200人。发放标准为一级每人每月180元，二级每人每月120元。全县符合困难残疾人生活补贴发放条件的残疾人3939人。发放标准为每人每月80元。实施“阳光家园计划”——智力、精神和重度肢体、视力残疾人托养服务项目，为2027名“阳光家园计划”居家托养服务对象发放全年托养服务补贴，标准为一级150元，二级100元，三、四级每人每月50元，合计154.95万元。为肢体残疾人发放残疾人机动车辆燃油补助369人，标准为每人每年260元。组织实施残疾人家庭无障碍改造项目，为537户残疾人家庭实施无障碍改造，改造内容有新建卫生间、安装太阳能热水器（电热水器）、场地硬化等。开展重度残疾人免费乘坐公共交通工具政策宣传，严格按照申请条件，为全县119名残疾人及110名监（陪）护人因重度残疾人就医、康复、教育、培训、就业等方面出行报销车票13.98万元。组织走访慰问活动，元旦、春节期间慰问残疾人38人，慰问品有食用油38瓶、米38袋，折价共计7600元。全国助残日期间，县残联联合海南鑫华房地产开发有限公司、乐东潮商经济促进会等爱心企业代表到残疾人家里进行走访慰问，并为残疾人家庭送去大米和食用油，同时组织人员到县特殊教育学校进行走访慰问，为残疾学生送去大米和食用油。

【助残宣传】 2022年，乐东县残联在全国助残日、聋人节、盲人节等节日期间，利用横幅、宣传栏等形式，大力宣传残疾人事业，进一步弘扬人道主义思想，倡导扶残助残的良好社会风尚，营造和谐文明进步的社会环境。印制《海南省无障碍建设管理条例宣传手册》1万册、《精神病预防知识宣传手册》1200册、《未成年人保护法宣传手册》5000册、《残疾预防知识手册》2000册、《海南省残疾儿童康复救助实施办法宣传手册》2000册，并发至基层残疾人工作者、残疾人和群众手中，让他们更加了解残疾人事业和残疾预防，使广大残疾人及群众进一步了解、熟悉残疾人工作的基本内容。

【残疾人权益保障法治建设与维权】 2022年，乐东县残联大力宣传《中华人民共和国残疾人保障法》《海南省实施〈中华人民共和国残疾人保障法〉办法》《残疾人就业条例》《乐东黎族自治县残疾人保障规定》等残疾人法律法规，增强依法发展残疾人事业的意识。指定专人负责残疾人维权工作，切实维护残疾人的合法权益，为残疾人提供法律救助。不断加强对信访工作的规范化管理，指定专人负责信访工作。建立理事长、副理事长接访日制度。

【残联基层组织建设】 2022年，乐东县残联制定《乐东黎族自治县县级、镇级残联组织换届工作实施方案》，做好县、镇、村级残疾人协会换届前期工作。全县11个镇195个村、社区（居）残疾人协会均召开代表大会，完成换届工作。完成全县残疾人基本服务状况和需求信息数据动态更新工作。8月，联合三亚新琼南眼科医院组织开展白内障复明筛查及手术活动。10月17日，举办全县残疾人基本服务状况和需求信息数据动态更新工作培训班，培训对象是各镇残联残疾人专职委员11人。10月1日起组织有关人员深入镇、村（社区）和残疾人家庭，进行入户调查持证残疾人12682人，并填写残疾人登记表、社区登记表。入户调查结束后，在规定的时间内完成数据录入上报工作。

（林芸弘卯）

乐东县红十字会

【无偿献血活动】 2022年，乐东县红十字会通过走进市场、公共场所、街头对群众进行口头解读献血知识和发放宣传手册、宣传折页、无偿献血倡议书以及街道悬挂横幅等方式宣传，利用微信群等网络平台进行动员宣传。全年，组织开展无偿献血活动13次，献血人数529人，献血总量17.22万毫升。

【红十字会社会捐助活动】 2022

年，乐东县红十字会以“5·8”人道公益日为契机，发起“大病儿童人道需求关怀”和“海南省重症地贫患儿救助”线上众筹活动，募捐救助款5.82万元。年内，为4位白血病儿童申请到资助。

【“世界艾滋病日”宣传活动】2022年12月1日，乐东县红十字会联合县卫健委、县公安局、县防艾办、县疾控中心、县皮防所、县团委等单位在乐东汽车站广场开展第35个“世界艾滋病日”防艾宣传活动，活动发放防艾宣传扇子300余把，防艾宣传围裙300余条，防艾宣传折页、防艾宣传手册300余份，发放宣传小礼品300余份，现场参与群众400余人次。

（县红十字会）

法　治

政法委与综治

【维稳工作】 2022年，乐东县委政法委紧紧围绕党的二十大维稳安保这一主线，深入贯彻总体国家安全观，扎实开展国家安全警示教育宣传活动，采取得力措施维护社会稳定，完成春节、国庆及党的二十大、省第八次党代会等各个重要时期和重要会议、活动期间的安保工作任务。

【平安建设】 2022年，乐东县委政法委持续推进“三无”船舶清理整治工作，召开“三无”船舶清理整治工作座谈会、推进会、部署会9次，部署底数核查摸排工作3次；发放各类宣传资料5000余份，入户走访宣传850余人次，召开渔民教育大会12场次。全力推动反走私综合执法点建设，全县挂牌运行综合执法点4个，执法力量进驻并履行岸线巡查、查港查船、盘问检查等工作职责，加强船舶、岸线管控。率先在全省完成6个船管站地块的征地工作，“四通一平”均全部完成。开展打击整治养老诈骗专项行动，制定印发工作方案等文件，有序推进打击整治养老诈骗专项行动各项工作，全年侦破普通诈骗案件2起、抓获2人，侦办电信网络诈骗案件9起；发放各类宣传资料2.10万份，张贴海报1.21万张，悬挂横幅3000条。抓好铁路护路联防工作，发放爱路护路宣传手册、折页等宣传资料2万份；加强路地联防联动，排查整治涉患问题，确保运行安全，全年没有发生路外伤亡及重大行车安全事故。全面推行“6+N”矛盾纠纷调处工作机制。依托全县乡村法治服务

6月1日，县委政法委、县委宣传部、县公安局等相关部门联合开展平安法治建设集中宣传月暨领导干部“送法下乡”活动启动仪式

（县委政法委　供图）

中心（站），制定实施《乐东黎族自治县“6+N”矛盾纠纷调处工作机制》，构建以综治、信访、司法、公安、法院、检察院6种力量为主体，农业农村、自然资源和规划、村（居）、法律工作者等N种力量参与的“一站式受理、一揽子调处”的合力化解矛盾纠纷新模式。制定实施《乐东黎族自治县“6+N”矛盾纠纷调处工作考评实施细则（试行）》，压实基层工作责任，推动工作落实。年内，各镇运用“6+N”机制成功化解矛盾纠纷235件（受理253件），成功化解率92.89%，避免“民转刑”案（事）件，特别是“民转刑”命案的发生。乐东县创设乡村法治服务中心、“6+N”矛调机制被农业农村部、国家乡村振兴局推介为第四批全国乡村治理典型案例，在全国进行推广。组建风险防控网格员，编制《乐东黎族自治县风险防控网格工作整合实施方案》，将全县划分为410个网格，公开向社会招聘大专以上学历专职风险防控网格员450名，招录到位并全员培训上岗网格员320名。争取财政资金69.95万元，为全县居民购买社会治安（公共安全）人身伤害保险；投入财政资金30.87万元，为全县严重精神障碍患者监护人购买责任保险，全年协调保险公司赔付社会治安（公共安全）案件2起、理赔金16万元。

【“四访”“五帮”工作】 2022年，乐东县委政法委制定《关于深化不良行为未成年人“四访五帮”工作九条措施》，将结对帮教责任延伸至教育、民政、妇联、团县委、关工委等职能部门，提升帮教工作成效和帮教对象转改效果。“四访五帮”经验在全省推广，多次编写在省级文件中。年内，全县政法单位和相关职能部门走访未成年人2267人次，劝返35名辍学学生回归学校，帮助完成基础学业49人，考上中专或就读技校34人，参加技能培训27人，实现就业39人。

【常态化开展扫黑除恶斗争】 2022年，乐东县委政法委举办《中华人民共和国反有组织犯罪法》培训班1期，协调加快“黑财”处置执行折合人民币6765余万元；组织开展教育、金融放贷、市场流通等重点行业领域整治，查处非法采砂案件4起，取缔非法采砂点32个，捣毁抽砂浮台30个。

【法治宣传】 2022年，乐东县委政法委组织开展以平安建设为主题的法治宣传教育活动4场，举办“双百”活动2场；印制宣传资料5万余份（本）、法治宣传品8000余件，悬挂横幅600余条。

【政法新媒体建设】 2022年，乐东政法微信公众号发布252次、1247条新闻，全年在海南政法系统微信影响力排行榜中排名前五。乐东政法微博发布转载新闻757条，并与省内多家微博建立互动联系，全年在海南政法系统微信影响力排行榜中排名前三。乐东政法网发布新闻1052条，涉及国内政法热点、海南时政民生、乐东政法民生和社会热点新闻。

（陈　光）

公　安

【涉稳风险排查】 2022年，乐东县公安局加强涉稳风险隐患排查，各派出所挂图作战“网格化”划分责任区，深入开展矛盾纠纷排查化解工作。报请县委政法委出台《乐东黎族自治县“6+N”矛盾纠纷调处工作机制》和领导接访、领导包案等工作机制。全年排查风险隐患7个，化解各类矛盾纠纷163起；公安部下发的8件信访积案已全部化解，受理信访案件154起，办结146起，办结率94.8%。

【打击违法犯罪】 2022年，乐东县立现行刑事案件731起，同比下降10.5%；破获刑事案件646起，同比增长3.9%；发现现行命案4起，同比下降60%，案件全破获。立“两抢一盗”案件186起，同比下降36.7%；立八类主要案件77起，同比下降12.5%。受理治安案件2651起，查处2436起，查处率92%。通过持续推进禁毒三年大会战，全县毒情形势不断好转，现有吸毒人员占常住人口比例大幅下降。

9月27日，在县公安局广场举行“护航二十大 忠诚保平安”党的二十大安保维稳誓师大会 （县公安局 供图）

【命案积案攻坚】 2022年，乐东县公安局破获积压命案5起，2020年5月至2022年破获命案积案38起（占全部命案积案59起的64.4%，其中积压20年以上的25起），抓获犯罪嫌疑人144人。

【交通安全管理】 2022年，乐东县发生适用一般程序处理的道路交通事故139起，同比下降13.7%；死亡33人，同比下降34%；受伤194人，同比下降12.6%；经济损失55.8万元，同比下降48.7%。查处各类交通违法行为3.30万起，现场执法1.93万起，非现场执法1.38万起。但处饮酒驾驶615起，醉酒驾驶128起；假牌套牌20起，无证驾驶1819起，驾驶报废车60起，未悬挂机动车号牌1055起；驾乘摩托车电动车不戴安全头盔8057起；货车超载58起，货车违法载人161起，货车违规载客13起，非法改装143起。行政拘留30人，刑事拘留14人。

【未成年人保护工作】 2022年，乐东县公安局推行公安驻校法治辅导员工作机制，在全县中小学均指派民警担任法治副校长，在9所重点学校配备8名责任心强、经验丰富、群众基础好的民警脱产驻校担任法制辅导员；对县教育局排查确定的在校学困生进行辅导，实现“校、警、家”三同步联动帮教；持续推进“四访”“五帮”工作，确定帮教责任民警31人，对73名学困生、有问题未成年人进行帮教，帮助回归学校16人，完成义务教育11人，考上中专技校13人，参加技能培训9人，上岗就业11人（16岁以上）；组织开展校园安保力量培训，指导校方强化技防措施、配齐防暴设备，出台《未成年人交通安全防护十项措施》，设立民警护学岗，加强校园周边巡防力量，形成公安民警、校园保安、学校教职工护校安园合力。

【群防群治】 2022年，乐东县公安局报请县政府出台《乐东黎族自治县群众举报违法犯罪线索奖励办法》，落实奖励资金，累计对协助公安机关查破案件的群众奖励7.50万元，调动群众参与平安建设的积极性；与县人民武装部、县园林中心、县供电公司、县龙马环卫公司等单位签订协议建立联防联控合作机制，动员遍布全县的民兵和电力、环卫、市政工人等约4000名力量参与到群防群治、联防联控工作中。

【政治建警】 乐东县公安局贯彻落实《中共中央关于加强新时代公安工作的意见》《中共海南省委关于加强新时代公安工作的实施意见》《中共乐东黎族自治县委关于加强新时代公安工作的实施意见》精神，坚持和加强党对公安工作的绝对领导、全面领导，定期向县委常委会汇报公安工作，主动向省公安厅汇报公安工作进展情况。印发《乐东黎族自治县公安局“第一议题”学习制度》，将《习近平谈治国理政》第一、二、三、四卷，习近平法治思想，习近平总书记关于加强新时代公安工作的重要论述、重要训词及对海南工作的重要讲话、重要指示批示精神作为首课主课必修课，及时传达学习习近平总书记重要讲话和指示批示精神，中央关于公安工作的方针政策和省委省政府、省公安厅、县委县政府有关决策部署，抓好贯彻落实。

【改革强警】2022年，乐东县公安局坚持强基导向，坚持“专群结合，群防群治”原则，牢固树立“预防为先”“宁吃防范苦、不贪破案功”理念，报请县委、县政府、县委政法委出台创新制度12项，健全完善群防群治工作机制，织密社会治安管理网络，推动基层社会治安治理提档升级。

【基层派出所管理】2022年，乐东县公安局把派出所置于公安工作战略性、基础性地位，根据“一镇一所”的原则，将20个行政派出所整合成8个中心所，按照“2个40%”（派出所总警力占总警力的40%、社区民警占派出所总警力的40%）标准充实警力到派出所，与县委组织部联合印发《关于做好公安民警兼任村（社区、居）党组织副书记、村（居）委会主任助理的通知》，选派193名民警兼任村（社区、居）党组织副书记、村（居）委会主任助理。突出“派出所主防”的定位，制定实施《乐东黎族自治县公安局关于加强新时代公安派出所工作的实施方案》《乐东黎族自治县公安局创建“新时代枫桥式公安派出所”实施方案》，推进派出所工作标准化、基层基础建设集约化、基层社会治理精细化，不断增强基层实力、激发基层活力、提升基层战斗力。

【智慧安防小区创建】2022年，乐东县公安局报请县政府出台《乐东黎族自治县人民政府关于推进智慧安防小区建设的实施方案》，通过政府出资改造老旧小区，建行、移动公司、小区物业等企业赞助，多渠道筹措资金推动智慧安防小区建设，全县30个小区全部建成智慧安防小区，并在县公安局建成乐东县智慧安防小区管理平台，年内将数据汇聚到平台管理小区10个。

【“平安进万家”“全警联系村居”工作】2022年，乐东县公安局细化工作措施，延伸管理触角，将全警分派到全县591个自然村，深入了解治安状况，掌握重点工作情况，及时排查风险隐患，细化开展平安宣传，从源头上防范化解各类风险隐患。

【农村警务模式建设】2022年，乐东县公安局印发《关于开展“1+2+N”城区社区警务和“一村一警务助理”农村社区警务工作实施方案》，不断加强警务助理的业务水平及履职能力培训，充分发挥警务助理的效能，切实当好“八大员”（情报信息员、纠纷调解员、法治宣传员、人口管理员、治安巡防员、交通疏导员、现场保护员、便民服务员），全年警务助理入户走访15.9万余户，排查化解各类矛盾纠纷460起，协助破获案件59起，抓获违法犯罪人员45人，解决群众“急难愁盼”事项及便民利民服务284次。

【“警保联控”工作机制】2022年，乐东县公安局在县城地区建立3支以辖区民警姓名命名的“警保联控”中队，将21家学校、娱乐场所、酒店和住宅小区等单位的170名保安员纳入“警保联控”；与海垦企业签订“警保联控”合作协议，将海垦企业90名联防队员纳入“警保联控”队伍，配合公安机关开展护林保胶和辖区巡逻防控工作。通过整合社会防控资源，形成共建共治共享的局面。

【应急处突能力建设】2022年，乐东县公安局备足应急处突力量，在县城、九所和利国分别派驻特警队伍3支，做好备勤值守，组建突击队、巡控队，组织开展最小作战单元对抗等实战演练，提高应急处突能力。强化城区“1、3、5”分钟快速反应机制，突出大排档、夜宵摊点、酒吧、KTV等治安复杂部位的巡逻防控，切实增强街面见警率和管事率，压缩违法犯罪空间。

【反走私基础建设】2022年，乐东县公安局设立反走私侦查大队，制定反走私工作方案，开展走私风险防控专项综合治理工作；协调推动48名综合行政执法局工作人员进驻反走私综合执法站，完善岸线群防群治，设立“十船联防队”组织等群防群治力量，全力开展管边控海，消除走私、偷渡等风险。共查处涉嫌伪造船名船号、载运未持有有效身份证件人员出海、违反南海伏季休渔规定出海捕捞等案件84起，查处“三无”船舶违法案件32起，拆解消化处置“三无”船舶23艘，震慑涉海涉船违法犯罪。

【公安政务服务】 2022年，乐东县公安局推动“一门通办”等便民利企公安政务服务落地，建成400多平方米公安政务分中心，全部公安审批部门进驻办理业务，实现“一门通办”；投入200多万元购置警务便民服务站、身份证自助申领设备等便民设备，覆盖全县11个镇，方便群众就地办理公安业务。通过进企业、进社区、进农村、进学校、进单位的方式，积极帮助群众、企业解决民生实事好事360余件。开展打造一流营商环境专项行动，印发《乐东黎族自治县公安局打造一流营商环境专项行动实施方案》，成立专门工作队伍，依法严厉打击各类破坏生产经营违法犯罪活动，维护乐东热带花果世界项目、海南金华林业有限公司林业种植项目、乐东华翔实业有限公司种植火龙果基地等企业的经营权益；主动调处“田园综合体”项目核心区规划用地内坟地搬迁、海南银基国际旅游度假区项目等矛盾纠纷。

【合成作战】 2022年，乐东县公安局推进警务流程再造和模式调整，抓住职能优化的“牛鼻子”，打好一体化实战化的“组合拳”，用好公安信息化的“倍增器”，切实提升打击效能。报县编委办批复将指挥中心、情报中心和刑警大队视频中队职能整合，设立情报指挥中心，整合刑警、网警、禁毒、经侦等部门技术和警力，实体化运作合成作战中心，实现情报、技术、指挥、行动“一体化运行”，做到现案快处快破，积案统筹一起破。

5月18—19日，县公安局组织开展2022年度民警枪械射击比赛活动

（县公安局 供图）

【法治宣传教育】 2022年，乐东县公安局联合多部门，集中优势资源开展大型法治宣传。组建宣传队，滚动式全覆盖开展阵地宣传，持续加大对反有组织犯罪、信访、禁毒、反诈、道路交通安全等工作宣传力度，提高群众的法治意识和参与平安建设的积极性、主动性。

（王 驰）

海岸勤务

【概况】 2022年，海南省公安厅海岸警察总队第五支队接处警1.14万起，立刑事案件279起，同比减少63起，下降18%；侦破刑事案件166起，同比增加9起，上升6%；受理行政案件1575起，同比增加559起，同比上升55%；查处行政案件1451起，同比增加664起，上升84%；抓获违法犯罪人员1389人，同比增加629人，上升83%。业务工作较往年同期有较大幅度提升。辖区社会治安稳定，无极端暴力案事件、无重大群体性事件发生。支队荣立集体三等功3个、集体嘉奖2个，个人一等功1人、个人三等功7人、个人嘉奖18人。

【港船岸线管控】 2022年，海南省公安厅海岸警察总队第五支队建立起与海警、农业农村、海防工作站等涉海职能部门定期沟通联系、联合巡逻执法等工作机制，搜集整编情报信息16条，在查控可疑船舶等方面形成了工作合力。岭头海岸派出所通过与三亚海警局乐东工作站建立执法协作机制，成功查处无证驾驶运输船舶案件1起。全年查处涉嫌伪造船名船号、载运未持有有效身份证件人员出海、违反南海伏季休渔规定出海捕捞等案件84起，查处“三无”船舶违法案件32起，拆解消化处置“三无”船舶23艘，震慑涉海涉船违法犯罪。

【反走私综合执法站建设】 2022年，海南省公安厅海岸警察总队第五支队在全省率先办理乐东县5个反走私综合执法站涉及的不动产权证地块6个，各反走私综合执法站均已完成“四通一平”建设任务。6个地块建设工程规划许可证均已获批，待建设项目施工许可证下发后将全面开工建设。协调推动综合行政执法局工作人员48人进驻支队反走私综合执法站，形成沿海管控合力，助推最安全海岸带创建。4月12日，岭头反走私综合执法站在尖峰镇岭头港开展查缉工作时，查获无危险物品运输许可违规运输柴油的皮卡车1辆，消除重大安全隐患1起。

【案件查处信息化手段运用】 2022年，海南省公安厅海岸警察总队第五支队摸索出“后端信息研判+前端精准堵截”的岸线管控新路子，充分利用科技信息化手段，安排支队综合指挥中心、各派出所勤务指挥室、船管站成立工作专班，24小时不间断开展港船岸线视频巡查，及时登记反馈存在的问题，通知专班民警逐一核查。全年巡逻登记发现各类问题100余个，查处船舶违法案件21起。先后深入基层组织开展各类系统学习培训3次，培训民警60余人次，全面提升基层单位信息化管控能力。9月26日晚，支队通过应用光电雷达等技防系统，及时监测并严密管控疑似进入海域避风的外籍船舶15艘。

【矛盾纠纷化解】 2022年，海南省公安厅海岸警察总队第五支队党委成员、机关干部下沉一线帮助指导，对三级以上肇事肇祸精神障碍患者逐人建档管理，协助家属将重性精神障碍患者送医治疗。落实矛盾纠纷滚动排查化解措施，密切配合党委政府做好辖区涉房地产、工程建设债务、土地承包经营、合同纠纷等38起矛盾化解工作。

【“温暖相伴，平安海岸”联创联建品牌打造】 2022年，海南省公安厅海岸警察总队第五支队推动创建联创联建品牌，结合辖区实际，围绕“候鸟老人志愿服务，智慧安防小区建设，守护海岸辖区平安”工作主基调，指导九所海岸派出所与辖区山海湾小区物业党支部开展联创联建，打造“温暖相伴，平安海岸”的联创联建品牌，联合开展反诈宣传、参观交流、关爱助学等主题党日活动6次。指导莺歌海海岸派出所与国家能源集团乐东发电有限公司开展“警企携手，共筑海岸”联创联建活动，建立支部定期联席议事制度，定期研讨涉企管理事项。积极开展警务室规范化创建，佛罗海岸派出所龙沐湾滨海乐园旅游警务室在省厅首批旅游警务室规范化建设验收中获得第一名。

【“黄赌毒”整治】 2022年，海南省公安厅海岸警察总队第五支队坚持常规清查与重要时间节点集中用警联合大清查相结合的清查模式，对辖区宾馆、酒店、网吧、KTV等歌舞娱乐场所、废品收购点等重点场所部位开展清查整治。支队联合乐东县公安局等单位集中用警，对辖区内所有行业场所开展大规模的清查检查5轮，依法对2家娱乐场所作出责令停业整顿3个月的行政处罚，查处违规停放电动车、电动车违规充电案件18起，消除潜在安全隐患。同时，强力打击黄赌毒违法犯罪，全年查（破）涉赌案件54起，抓获涉赌违法犯罪嫌疑人129人，收缴赌资6.64万元，查（破）涉黄案件20起，抓获涉黄违法犯罪嫌疑43人，查（破）涉毒案件12起，抓获涉毒违法犯罪嫌疑人14人。

【盗抢骗案件防范打击】 2022年，海南省公安厅海岸警察总队第五支队开展“控发案、多破案”专项行动，组织民警深入学校、村居、市场、建筑工地、瓜菜收购点等人员密集场所常态化开展防盗抢、防诈骗等安全防范宣传活动，做到每月至少开展常规宣传 1 次，节假日、重大安保等敏感节点开展集中宣传，发放各类安全防范宣传资料 10 万余份，播放各类安全防范宣传视频 1000 余次。辖区控案形势较往年同期明显改观，1—10 月辖区电诈案件立案数同比减少 23 起，下降 23%，查破涉诈案件 73 起，抓获违法犯罪嫌疑人 74 人，电信网络诈骗犯罪上升势头得到有效遏制。全年发生盗抢骗案件 189 起，同比下降 30%。侦破盗抢骗案件 78 起。

（海南省公安厅海岸警察总队第五支队）

检 察

【概况】 2022 年，乐东县人民检察院在全国检察机关可比的 57 项案件质量主要评价指标中，有 35 项优于或等于全国平均水平。检察十大业务考核中有 6 项排名全省前十。荣获“全国检察宣传先进单位”“全省普法工作先进单位”等称号。

【刑事检察】 2022 年，乐东县人民检察院依法做好审查逮捕、审查起诉各环节工作，受理审查逮捕案件 329 件 473 人，批捕 164 件 216 人；受理审查起诉案件 449 件 627 人，起诉 291 件 411 人。强化干警质量底线意识，刑事案件质效突出，无判处免予刑事处罚、撤回起诉、无罪判决和捕后不诉案件，为全省第一类检察院中的唯一单位；反映案件质效的“案件比”评价指标为 1∶1.06，排名全省第一。与县公安局共同成立“侦查监督与协作配合办公室”，会签工作机制文件，深入开展“两项监督”，监督立案 28 件，纠正侦查活动违法行为 35 件，纠正漏捕、漏诉 10 人。强化审判监督工作，提请抗诉 1 件，书面纠正审判活动违法行为 1 件。监督立案采纳率、纠正审判违法行为采纳率等 7 项主要质量指标均达 100%。强化刑事执行监督，监督纠正监外执行和监管场所存在问题 151 件，同比上升 5 倍；监督纠正财产刑执行存在问题 9 件，涉案金额 427.8 万元，件数同比上升 2 倍，均得到采纳。

【民事检察】 2022 年，乐东县人民检察院受理各类民事检察监督案件 28 件，同比上升 1.1 倍。提出各类检察建议 12 件，其中执行活动监督 7 件，审判活动监督 4 件，类案 1 件，法院采纳率 100%。对农民工讨薪、妇女维权等案件依法支持起诉 8 件，对认为确有错误的裁判提请抗诉并得到上级院支持 1 件，均实现多年来零的突破。

【行政检察】 2022 年，乐东人民检察院受理各类行政检察监督案件 10 件，同比上升 66.7%。对行政诉讼活动提出检察建议 2 件，对行政非诉执行活动提出检察建议 8 件。其中，针对行政机关超期申请强制执行问题提出的检察建议被省院作为正面典型通报。

【公益诉讼检察】 2022 年，乐东县人民检察院立案办理行政公益诉讼 54 件，发出诉前检察建议 52 件。其中，办理国有土地出让权领域案件 1 件、国有财产保护领域 4 件、安全生产领域 7 件，完成破零的目标，首次实现公益诉讼传统四大领域全覆盖；立案办理民事公益诉讼 4 件，提起诉讼 4 件，实现多年来零的突破。办理的电动自行车飞线充电乱象行政公益案件入选全国检察机关公益诉讼质量提升年专项活动的展示案例。

【未成年人检察】 2022 年，乐东县人民检察院严厉打击侵害未成年人犯罪，批捕性侵未成年人犯罪 13 人、起诉 18 人。依法审慎办好未成年人案件，对犯罪情节轻微且有悔改表现的，不批捕 32 人、不起诉 20 人，附条件不起诉 11 人，不捕率从 2021 年的 74.2% 上升至 84.3%，不诉率从 20.1% 上升至 57.4%。针对办案发现的问题，制发社会治理类检察建议 2 份、未成年人公益诉讼检察建议 1 份。对监护不力的家长发出督促监护令 91 份，开展家庭教育指导 78 人次。抓好“一号检察建议”落实，联合相关部门对全县中小学、教学点和校内托管机构开展督察，督促整改安全隐患 65 处。对 67 名新入职教职人员开展性侵违法犯罪查询。深入推进“法治进校园”活动，

5月30日，乐东县检察院开展"携手落实'两法'，共护祖国未来"检察开放日活动，并召开座谈会　（吉秀秀　摄）

27名法治副校长深入48所偏远乡村小学、教学点开展法治宣讲，全年开展专题宣讲80余次，受教育师生达1.2万余人。深入开展"四访""五帮"工作，19名干警坚持每周对44名不良行为未成年人开展走访，劝导返校完成基础学业6人，协助5人实现自主就业，24人因转变效果良好已退出帮教。建成未成年人一站式办案中心，实现对11名受侵害未成年人一次性询问，避免多次询问造成"二次伤害"；同时引进第三方专业机构开展心理疏导和心理测评41人次，改善未成年人身心健康。

【群众身边"要案"办理】 2022年，乐东县人民检察院紧盯群众"钱袋子"安全，批捕侵犯财产犯罪95人、起诉146人，帮助被害人追回经济损失111.4万元。紧盯群众"舌尖上"安全，依法严厉打击危害食品安全，非法制售、存储剧毒"农药"、伪劣化肥等犯罪行为，批捕16人、起诉20人，纠正漏捕1人，监督立案1件，以刑事附带民事公益诉讼案件向法院提起诉讼4件15人，以行政公益诉讼案件立案办理13件，向相关职能部门提出检察建议14件。与省院共同办理"伪劣化肥、农药销售"案件1起，依法起诉2人，并以刑事附带民事公益诉讼案件向法院提起诉讼5人，向相关职能部门提出检察建议，督促铲除违禁农药或超标化肥地块278个，面积44.31公顷，销毁不合格出岛豇豆102.80吨。

【自贸港建设重大案件办理】 2022年，乐东县人民检察院依法严惩破坏金融、税收秩序犯罪，批捕4人，起诉10人。其中，依法受理涉嫌虚开增值税专用发票、用于抵扣税款发票罪案件1起，涉案金额5亿余元，造成经济损失5000余万元，涉案区域横跨全国多个省、市。依法办理非法买卖国家证件、弄虚作假上户口等破坏全省人才引进、房地产"限购"政策刑事案件，起诉8人，坚决遏制和打击"假人才真炒房"现象。

【营商环境优化】 2022年，乐东县人民检察院批捕妨害企业管理、扰乱市场秩序等犯罪5人、起诉32人，监督行政执法机关移送公安机关非法经营案件线索3件、公安机关立案3件。落实省院服务保障民营经济发展十六条措施，依法对7名民营企业经营者不捕、不诉或改变强制措施，监督公安机关撤销对民营企业经营人员不当立案1件1人。推动涉案企业合规改革，与县9个职能部门组建成立第三方监督评估机制管理委员会，办理企业合规案件1件，及时发出检察建议，帮助涉案企业建章立制、堵塞漏洞，保障企业正常经营。

【清廉乐东建设】 2022年，乐东县人民检察院注重加强监检衔接，应邀提前介入调查5件5人，提出补证意见46条，确保案件优质高效办结。向县纪委监委移送办案中发现的违纪违法线索5件，对县监察委移送审查的职务犯罪案件决定逮捕5人，起诉5人，起诉率达100%。针对办案中发现的县粮食服务中心管理混乱问题，从预防职务犯罪的角度依法向其制发检察建议，推动完善监管制度，促进依法行政。依法履行检察机

5月22日，乐东县检察院联合县生态环境局、省公安厅森林公安局毛瑞林区分局、县公安局森林分局开展“生物多样性国际日”宣传活动

（县融媒体中心　供图）

关侦查办案职责，协助省检察院核查司法人员职务犯罪线索1件，按程序移交三亚市检察院立案侦查1人。

【生态环境司法保护】 2022年，乐东县人民检察院在龙沐湾检察室设立全省首个生态环境和资源保护检察办案中心，推行“专业化监督+恢复性司法+社会化治理”生态检察一体化办案模式，推进刑事检察、公益诉讼双向发力，依法批捕非法采砂、盗伐林木等破坏环境资源犯罪14人，报送二分院起诉20人，督促犯罪嫌疑人修复林地、农用地22.67公顷，追缴违法所得14.80万元；立案办理环资类公益诉讼案件24件，其中围绕县委有关“六水共治”攻坚战工作部署，立案办理“水资源”领域案件12件，推动水源地保护、居民饮用水质量安全和河道行洪口“四乱”问题整治。针对全县7家石场开采石料造成环境资源破坏问题，以检察建议的方式推动相关责任人履行生态修复责任。设立生态环境保护教育基地，以“五个一”模式，向干部群众宣传生态文明理念，凝聚保护合力。

【严重刑事犯罪惩处】 2022年，乐东县人民检察院坚持打击严重暴力等犯罪，批捕49人，起诉40人。其中，批捕命案犯罪嫌疑人13人，报送二分院起诉10件23人，二分院交办2件2人；报经最高检核准，追诉命案犯罪嫌疑人8人。保持打击毒品犯罪的高压态势，批捕涉毒犯罪3人、起诉4人。参与治理电信网络诈骗专项行动，批捕电信网络诈骗犯罪19人、起诉13人。

【办案质量提升】 2022年，乐东县人民检察院坚持“一个不放过、一个不凑数”的办案质量要求，依法批捕涉恶犯罪2件9人，起诉4件21人，纠正漏诉1人（法院已判处有期徒刑4年零6个月），提出书面纠正意见1件。针对办案中发现的行业监管和社会治理方面存在问题，提出检察建议2件。

【社会治理效能提升】 2022年，乐东县人民检察院落实“少捕慎诉慎押”刑事司法政策，不批捕252人、不起诉172人，建议释放或变更强制措施18人；不捕率、不诉率同比分别上升32.4个百分点、16.8个百分点；诉前羁押率为36.7%，同比下降32个百分点。推行轻微刑事案件赔偿金提存制度，避免因赔偿数额分歧造成矛盾激化，充分保障双方当事人合法权益，有37名犯罪嫌疑人提存赔偿保证金85.70万元，11名被害人提取36.9万元，据此不捕、适用缓刑34人，该项制度得到省检察院、省高院等5家单位的联合发文推广。积极适用认罪认罚从宽制度办理案件，适用率88.97%，确定刑量刑建议采纳率96.35%，均优于全国通报值。针对办案中发现的治安管理、行政执法、生态保护等方面常见问题，向相关镇政府、行政单位提出社会治理类检察建议13件，同比上升1.6倍。严格落实最高检7号、8号关于寄递安全和安全生产问题的检察建议，与相关部门会签机制文件，联合开展专项监督行动，有效消除安全隐患，活动简报被最高检第二检察厅采用。

【群众“急难愁盼”案件调处】 2022年，乐东县人民检察院落实群众信访“件件有回复”制度，受理的140件信访案件全部做到“7日内受理回复、3个月内办理过程或结果答复”。全面落实院领导包案办理首次信访案件制度，院领导包案化解矛盾4件。对重大争议案件积极组织公开听证8场次，听证后化解率达100%。全力救助因案致贫困难群众，向12名刑事案件被害人及其近亲属发放司法救助金12.50万元，做到“应救尽救”。注重保护劳动者合法权益，办理拒不支付劳动报酬刑事案件4件5人，民事支持起诉4件4人，帮助26名农民工追回工资27万余元。落实“谁执法、谁普法”普法责任制，深入乡镇、企业开展生物多样性保护、养老诈骗、非法集资等主题宣传活动25场次。

【纪律作风建设】 2022年，乐东县人民检察院认真配合县委开展巡察工作，十三届县委巡察反馈的18个问题、8条意见已全部整改落实到位；对照十四届县委巡察反馈的19个方面问题、12条意见建议，认真制定整改方案，有序推进整改工作，年度已完成整改10项。持续巩固深化教育整顿成果，开展顽瘴痼疾“回头看”工作，发现2件拖案不结问题，已督促承办检察官整改到位。强化检务督察工作，督促填报“三个规定”（《领导干部干预司法活动、插入具体案件处理的记录、通报和责任追究规定》《司法机关内部人员过问案件的记录和责任追究规定》《关于进一步规范司法人员与当事人、律师、特殊关系人中介组织接触交往行为的若干规定》）重大事项39件，对有苗头性问题的干警开展提醒谈话8人次。

【从严治检】 2022年，乐东县人民检察院落实全面从严管党治检政治责任，坚定不移推动正风肃纪反腐，综合运用举报线索核查、涉黑涉恶案件倒查、重点案件交叉评查、涉法涉诉信访案件清查、检察人员违纪违法案件倒查、违纪违法线索采集和统计等方式，全面摸排、定期梳理、精准研判违纪违法线索和执法司法突出问题。紧盯重点岗位和“关键少数”，对苗头性、倾向性问题早发现、早提醒、早纠正，全年开展提醒谈话9人次，紧盯“四风”问题新表现新动向，抓住元旦、春节、“五一”国际劳动节、国庆等重要事件节点，发送廉洁过节短信，做好廉政风险提醒，加强重点部位督查检查，严密防范查处收送电子红包、私车公用、利用名贵特产谋取私利等不正之风。每季度召开党风廉政联席会议一次，并将“三个规定”执行情况纳入党风廉政联席会内，不断加强党风廉政动态分析研判，常态化督促党风廉政建设工作责任落实。深化落实“三个规定”等重大事项记录报告制度，把执行“三个规定”情况纳入机关干警业绩考评体系，巩固提升主动填报意识。全年填报43人，并对长期“零报告”的部门进行通报，不断提高干警的思想认识。同时运用“上下联动、相互印证”排查整治机制，常态化排查整治违反“三个规定”问题，对系统内检察人员填报的本院检察人员不当过问或干预、插手案件办理的问题线索进行分析研判，及时开展线索甄别核查，严格检察人员违反“三个规定”行为认定和责任追究。被记录2人，其中应当记录报告而没有记录报告1人，核查后，未发现该干警违反“三个规定”行为，已纠正并督促其补报。

（*石翠余*）

法　院

【概况】 2022年，乐东县人民法院受理各类案件8024件，审执结7792件，同比分别增长18.54%和21.62%，法官人均办案321件，同比增长23.37%。年终结案率97.11%，全省常规基层法院排名第一。年内，被最高人民法院授予“全国优秀法院”荣誉称号，授予全国“为群众办实事示范法院”称号；政治部被最高人民法院评为“全国人民法院政治工作先进集体”；乡村法治服务中心作为全省唯一入选第四批全国乡村治理典型案例，并被评为全国法院十大最具特色一站式改革创新成果；入选海南省2022年“以案释法”十大优秀案例扫黑除恶案例1例；综合审判庭庭长符志清当选第七届省人大代表。全年，集体和个人获得省级以上荣誉表彰11项。

【刑事审判】 2022年，乐东县人民法院受理刑事犯罪案件330件，结案295件。常态化开展扫黑除恶专项斗争，审结恶势力犯罪等涉恶案件5件28人，《乐东县涉恶集团付某国等33人寻衅滋事、敲诈勒索、强迫交易、妨害公务、滥发林木案》入选2022年度海南省“以案释法”十大优秀文字案例；深入开展新一轮禁毒三年大会战，审结涉毒品案件2件，法官何书雯被评为全省禁毒三年大会战先进个人；审结挪用公款案件1起，涉案金额900余万元。审结受贿案件1起，涉案金额140余万元。审结“两抢一盗”、故意伤害、强奸等严重影响群众人身财产安全犯罪案件215件346人；审理合同诈骗案、基建串通投标案、冒充警察抢劫案各1起；非法买卖、储存毒害性农药刑事附带公益诉讼案1起。

【民商事审判】 2022年，乐东县人民法院受理民商事案件5002件，结案4875件，结案率97.46%。审结公司企业纠纷2658件，审结土地承包、金融借款、民间借贷纠纷832件，涉及标的2.10亿元；妥善审理涉商品房买卖、建设工程等涉房地产领域纠纷469件；审结婚姻家庭、交通事故、医患纠纷、劳动争议等案件612件，帮助追回农民工劳动报酬108万元；妥善处理因疫情影响引起的租赁、合同违约、企业债务等纠纷413件，服务“六稳”“六保”。

【行政审判】 2022年，乐东县人民法院受理行政案件159件，审结149件。行政机关出庭应诉率98.41%，同比上升12.05%。针对行政机关执法存在的问题及时发出司法建议，均得到乐东县人民政府和东方市人民政府的回复，提升行政机关依法行政水平。受县纪委监委等机关邀请，讲授行政机关规范执法课，进行行政执法普法。编写行政审判白皮书，通过召开新闻发布会向社会公开发布，增强行政审判的透明度和公信力，增进人民群众的认可。推行行政审判改革，主持召开乐东、东方、白沙3家法院和乐东、东方两市县13家行政单位行政案件异地管辖改革座谈交流会，提升行政审判水平和行政机关执法水平。

【案件执行】 2022年，乐东县人民法院办理执行案件2472件，执结2308件，结案率93.37%，排名二中院辖区法院第一。采取司法拘留53次，综合运用限制高消费836次，纳入失信被执行人名单644次，执结案件1450件。加强网络司法拍卖，成交5件，成交金额735.29万元，同比上升753个百分点。深入开展清理涉黑恶刑事案件财产、涉党政机关执行案件56件，执行到位538.54万元。深入开展金融结构不良贷款清收专项活动，执行案件20件，到位231.2万元。对涉民生案件优先立案、执行兑付，执结涉民生执行案件227件，执行到位金额492.08万元；为确有困难且无财产可供执行的15件案件的30名当事人发放司法救助金50.43万元。深入贯彻善意文明执行理念，通过耐心释法明理、“放水养鱼”等方式执结案件125件，在保障申请执行人利益的情况下，让被执行人利益损失最小化。与公安机关建立联动执行机制，开展执行亮剑行动，公安干警协助强制执行案情复杂或社会影响重大的排除妨害案件38件，特别是强制执行6起莺歌海盐场国有土地被侵占案，成功收回被长期非法侵占的国有用地170亩，避免国有用地流失。5月，执行局被海南省委列为全国“满意公务员（公务员集体）”候选对象。

【司法便民服务】 2022年，乐东县人民法院规范精简立案程序，严格落实立案登记制改革，实现立案工作“一次性办结”，全年当场立案96.5%，保障当事人诉权。加快智慧法院提档升级，完善网上诉讼平台，加大对移动微法院、网上保全平台等10类在线应用的宣传使用力度，为当事人提供集约集成、在线融合的特色诉讼服务，让群众解纷更加及时便捷，尤其“24小时自助

乐东县24小时自助法院　　　　（县融媒体中心　供图）

法院”投入使用，实现办理诉讼事务“零时差”。全年网上立案1041件，网上保全53件，网上退费371笔10.12万元，电子送达7650件。开展创建为群众办实事示范法院活动，创新司法为民新举措，实行诉讼费主动退费、申请执行和再审立案无须提供裁判文书生效证明制度，受到社会一致好评；突出司法人文关怀，在全省法院率先创建园林式“调解园”，设置温馨调解庭和法治宣传墙，让当事人在和谐、安静、优美的环境中接受调解，充分感受司法温度；建立特殊绿色通道，为残疾人提供优质诉讼服务；坚持“四个强化”措施，高标准巩固提升诉讼服务质效，各项指标综合得分始终名列全省法院前茅，立案庭在全省立案信访培训班上作经验交流介绍。

【“分调裁审”改革】 2022年，乐东县人民法院将案件分流、多元化调解、简案速裁紧密结合，有效促进案件快立、快调、快审、快结。以多元解纷为着力点，整合内外司法资源，组建“专职调解员＋法官助理”的专业调解团队，并先后与省金融调解委员会、海口国际商事调解中心以及县妇联、县残联、价格认证中心等单位建立诉前联动机制，通过“诉前调解＋司法确认”，实现矛盾纠纷分层过滤，全年进行诉前、立案调解案件2297件，线上音视频调解案件913件。加强速裁团队建设，对简案审理流程进行改革，让30%的法官办理70%的案件，缩短案件审理周期，全年办理速裁案件2769件，平均审理天数27天，同比缩短9天，让人民群众更加及时感受到公平正义。

【人民法庭建设】 2022年，乐东县人民法院坚持强基导向，以“三个便于”推进人民法庭工作高质量发展。九所法庭基建项目作为县重点项目如期按一类法庭开工建设，将按照“标准化、规范化、信息化”标准建成一流人民法庭，成为乐东基层法治建设的亮点品牌。充分发挥黄流法庭“热带高效农业法庭”功能作用，依法高效妥善审理涉农纠纷417件，服务保障乐东热带高效农业健康发展。创新人民法庭管理，探索推进“双庭长”工作机制，选派王淑兰专委兼任法庭“第一庭长”，强化对人民法庭工作的监督指导，提升法庭审判质效。立足县域特点，建立旅游、交通事故、房地产风险巡回法庭，构建起以人民法庭为主、巡回审判为辅的乡村司法服务模式，最大限度满足人民群众的司法需求。

【乡村法治服务中心建设】 2022年，乐东县人民法院持续落实“一镇一法官”包点机制，各包点法官每月不少于1次到包点镇开展指导调解、共同化解、调解技能培训等工作。6月，大安镇某水库内一名雇工在作业时不慎溺水身亡，包点法官及时赶到法治服务中心指导调解，当事人最终达成赔偿调解协议并当场支付赔偿款40多万元，及时化解一起重大矛盾纠纷，受到当地人民群众的好评。及时修订法治服务中心工作流程，对案件受理、分流、调解、指导、建档进行完善，明确工作流程和办理时限。汇编《乡村法治服务中心十宗典型案例》，加强法律宣传和以案释法同时，提升法治服务中心的调解能力。此外，依托乡村法治服务中心线上诉调对接室推进人民调解平台“三进”，11家基层治理单位51名调解员入

2022年，乐东县落实“一镇一法官”法治服务中心包点机制。图为大安镇法治服务中心驻点法官成功调解一起重大医疗纠纷案，并当场进行司法确认（刘涵婧 摄）

驻平台，调解人员与调解案件比3.24［件/（人·月）］。全年全县乡村法治服务中心受理案件281件，化解174件。其中，包点法官下乡村法治服务中心参与指导调解91次，化解案件141件，开展调解技能培训13次，有力地加强诉源治理，践行新时代“枫桥经验”。12月，农业农村部、国家乡村振兴局将乐东县“建设乡村法治服务中心 探索矛盾纠纷调处机制”确定为第四批全国乡村治理典型案例；“首创一镇一法治服务中心 打造法治乡村治理新高地”被评为全国法院十大最具特色一站式改革创新成果，是海南唯一入选案例。

【法护少年活动】 2022年，乐东县人民法院持续开展好不良行为未成年人“四访”“五帮”工作，得到很好转化的不良未成年人33人。被省人民政府《政府要情》采用调研报告1篇。扩大法治副校长在中小学校覆盖面，将原有6名法治副校长增加至19名，积极创建法治副校长品牌。进一步加强“法治进校园”活动，开发适合青少年法治教育课程，创新组织开展模拟法庭，让法治教育课堂更加生动有趣。全年到各中小学校开展法治宣传教育讲座18场，组织学校师生参加“法院开放日”活动3场。落实家庭教育促进法，拍摄普法视频小短片，点击率达到6万多，得到良好宣传效果和社会反响；就审结的一起未成年人犯罪案件向被告人父亲发出家庭教育令，督促失职家长认真落实“依法带娃”。组建民法典普法宣讲团，积极组织开展“美好生活 民法典相伴”主题宣传活动7场次。依托乡村法治服务中心开展农村土地承包、预防养老诈骗等法治宣传教育活动6场次；积极开展主题为“学习宣传党的二十大精神，推动全面贯彻实施宪法”宪法宣传周活动，开展宪法宣誓、宣讲党的二十大精神、送法进社区、进企业等活动，增强干警和群众宪法和法律意识，深刻领悟和贯彻党的二十大精神。

【新媒体普法】 2022年，乐东县人民法院挖掘宣传新元素，拓展普法新阵地。县法院干部滕艺娴、

2022年，县法院选派19名干警担任全县中小学法治副校长，加强“法治进校园”，护航青少年健康成长。图为法官走进华东师范大学第二附属中学乐东黄流中学组织学生开展模拟法庭活动（县法院 供图）

王程弘、韩立佳自行拍摄的短视频手势舞《正义路上》、普法片《乐法小剧场》、喜迎党的二十大MV《唱支山歌给党听》,以及《执行亮剑》《2022宪法宣传周》等得到法院系统内外的充分认可和关注，在抖音和视频号平台上累计浏览量上百万人次。其中，养老反诈视频《擦亮眼睛！乐法反诈小剧场来啦》获评海南省2022年打击养老诈骗优秀短视频二等奖；《党建+乡村法治》创新案例宣传片在“学习强国”学习平台上展播，并在第七届平安海南“三微”作品投票中获得全省第三。着力建设微信公众号、官方微博、视频号、抖音“四位一体”新媒体矩阵宣传平台，“点子+创新”做好专题策划，坚持每日更新微信公众号、官方微博信息，设立“以案说法”“执行亮剑”“为群众办实事”“家事如天”等专栏，大力宣传法治文化、讲述法治故事，展示司法为民新形象、新作为。被中央媒体《法治日报》《人民法治》采用发布文章15篇，被省级媒体《海南日报》、《法治时报》、海南政法公众号等刊登或转载196篇。微信公众号、官方微博每月在海南省委政法委组织的影响力排名中，均进入全省政法系统总榜，在法院系统长期位居榜首。官方微信公众号获评乐东县第一届优秀政务新媒体第二名，县法院干部刘涵婧被评为乐东县优秀政务新媒体运营人员第一名。

【司法廉洁】 2022年，乐东县人民法院从“保、引、育、稳、促”五项举措入手，深入开展“清廉自贸港法院”创建活动。完善廉政风险防控点和预防腐败制度，开展审务督查和司法作风整治，加强“清廉家风”建设，精心打造本院清廉教育基地和清廉文化长廊，加强警示教育，着力一体推进“不敢腐、不能腐、不想腐”体系建设，打造乐东清廉示范机关，让群众确实感受到司法的廉洁。

（纪莉莉）

司法行政

【概况】 2022年，乐东县排查矛盾纠纷296件，调解成功286件，调解成功率为96.62%。受理农民工法律援助案件272件，办结案件数138件等。年内收到行政复议申请51件，办理或协助办理行政诉讼案件120余件。在11个乡镇开展法治讲座活动280余场，发放宣传资料8.70万份；培养“法律明白人”579名。县法律援助中心受理法律援助案件508件，其中刑事案件209件，民事案件299件。接待来电来访咨询2759人次，“12348”接听法律咨询热线2215条，为受援人挽回经济损失140万余元。

【依法治县】 2022年，乐东县司法局加强依法治县工作。1.组织召开中共乐东县委全面依法治县委员会第四次会议，对标依法治县工作任务、标准要求、完成时限等全力推进依法治县各项工作开展。2.采取函询方式对各镇各单位开展法律顾问相关工作情况进行摸底调查，各镇各单位聘用法律顾问42名，全县法律顾问工作全覆。3.开展党政机关主要负责人年终述法工作。协调县委组织部把党政主要负责人履行推进法治建设第一责任人职责情况列入3月18日印发的《县管领导班子和领导干部2021年度考核实施方案》中，要求县委工作机关、县人民政府工作部门主要负责人，各镇党委、政府主要负责人，各群团、企事业单位主要负责人把履行推进法治建设第一责任人职责情况写入领导干部个人年终述职报告中，作为报告的重要组成部分进行述法。4.深入调研法治建设工作，撰写全县法治建设调研报告1份，综合行政执法基本装备配备情况专项调研报告1份，关于提高依法行政水平的调研报告1份，法治人才培养和基层法治建设工作情况的调研报告1份。

【人民调解】 2022年，乐东县司法局做好人民调解工作，最大限度地把矛盾纠纷化解在基层。1.矛盾纠纷多元化解。组织各司法所通过乡村法治服务中心实现法官与人民调解员配合调解案件、进行人民调解协议司法确认等工作，减少人民法院受理民事案件压力，完善矛盾纠纷多元化解机制。2.专职人民调解队伍建设。继续通过政府购买服务方式，招聘镇专职人民调解员22人，每个镇人民调解委员会安排专职人民调解员2人负责本辖区人民调解工作；在全县矛盾纠纷较为突出的20个行政村，招聘村专职人民调解员20人负责本村人民调解工作,形成专兼结合，以专为主的人民调解队伍，加强全县人民调解队伍建设。3. 矛盾纠纷排查。开展涉及社区矫正对象、刑满解矫人员矛盾纠纷排查工作。年内，各司法所开展排查10次，对排查出矛盾纠纷及时化解。排查矛盾纠纷296件，调解成功286件，调解率为100%，调解成功率为96%。

【社区矫正】 2022年，乐东县司法局结合县社区矫正委员会有关成员单位工作职责，于11月23日正式印发《乐东黎族自治县进一步加强社区矫正工作衔接配合八条措施》至各成员单位，为全县开展社区矫正工作提供有力的措施保障，解决社区矫正工作中存在的堵点难点问题，防止社区矫正对象脱管漏管和再犯罪，促进社区矫正对象顺利融入社会。年内，根据公安、检察院、法院以及监狱部门的委托，及时完成社会调查评估工作，并根据调查情况客观提出调查评估意见，完成调查评估269份；做好新入矫社区矫正对象的接收、监管及宣告工作，对接收的社区矫正对象全部建立档案台账，并督促各司法所完善社区矫正工作档案；开展社区矫正对象矛盾纠纷排查工作，累计开展排查10次，对发现涉及社区矫正对象的矛盾纠纷及时化解。

【安置帮教】 2022年，乐东县司法局落实刑满释放人员“必接必送”工作，派员到省内各监狱、飞机场、车站将乐东县户籍刑满释放人员接送回居住地，开展疫情防控和安置帮教工作。全年衔接刑满释放人员，均已纳入安置帮教，并建立档案。

【公共法律服务】 2022年，乐东县法律援助中心受理法律援助案件508件,其中刑事案件209件，民事案件299件，接待来电来访咨询2759人次，“12348”接听法律咨询热线2215条，为受援人挽回经济损失140万余元。实现193个村（居）法律服务全覆盖，全县配备村（居）法律顾问56名，协助村（居）起草、审核修订村规民约和其他管理规定18件次，为村（居）签订重要经济合同和其他重大决策提供法律意见162件次，给村民提供法律咨询1087人次，发放宣传资料1431份。年内，通过法律援助“困难群体”为农民工挽回经济损失30万余元；“中央彩票公益金”助力法律援助项目11件；购置2台“无人律所”分别投放在县法律援助中心大厅和县政务中心大厅，方便群众群众与律师远程面对面法律咨询、代写法律文书、案例分析查询等，降低司法成本。

【行政复议】 2022年，乐东县司法局收到行政复议申请51件。通过协调和法律释明化解行政争议1次，促使申请人主动撤回了行政复议申请。办理或协助办理行政诉讼案件120余件。协调县人民政府领导出庭应诉41次，全县行政机关负责人出庭应诉121件，出庭率96%。11月，组织开展年度全县行政应诉业务培训1期，11个镇、29家县直单位参加培训80人，提高相关单位行政应诉基础素质。撰写《乐东黎族自治县司法局关于乐东黎族自治县2021年度行政复议与应诉案件统计分析的报告》《乐东黎族自治县人民政府2022年行政诉讼案件败诉情况报告》等报告，为县政府推进依法行政提供数据支持,发挥参谋助手作用。

【行政执法】 2022年，乐东县司法局协助县政府及相关行政单位审查重大协议、合同，组织人员认真对各单位提出的征求意见进行审核，出具反馈意见161份。审查行政规范性文件并出具法律审核意见书7份，在合法性审查时提出修改意见1件。组织全县未取得执法资格证的行政执法人员参加省司法厅组织执法资格考试，全年组织行政执法人员参加执法资格考试2次，报名参考156人。审核执法证件申领信息77条，对不合格的予以退回，合格的报送省司法厅审核后制证。组织全局机关人员及司法所人员参加省司法厅执法监督资格考试，考试合格领取执法监督证件18人。协助并审核行政执法人员的执法资格481人，对符合条件的行政执法人员向省司法厅申领新的行政执法证件。配合上级部门进行调研，撰写行政规范性文件备案审查工作调研报告1份，乐东黎族自治县党政机关法律顾问工作情况的调研报告1份，关于涉及计划生育内容行政规范性文件清理情况的报告1份。

【法治宣传】 2022年，乐东县司法局加强普法责任制落实，广泛收集各镇各单位普法依法治理意见，并及时收集整合，依据“谁执法谁普法”责任制原则，及时修订《2022年乐东黎族自治县普法依法治理工作要点》发各单位并监督落实情况；县委依法治县委员会守法普法协调小组和县普法依法治理领导小组办公室对全县普法责任制单位开展2022年乐东县国家机关“谁执法谁普法”履职评议活动，推动国家机关“谁执法谁普法”责任制的贯彻落实，压实普法主体责任。围绕重点内容普法，根据各重点时间节点开展普法工作，开展法治宣传系列教育活动，发放宣传资料8.70万份。以创建民主法治示范村和乡村（社区）“法律明白人”培养工作为抓手，推进基层依法治理工作走深走实。联合县委宣传部、县司法局、县民政局、县农业农村局、县乡村振兴局等多部门联合印发《乐东黎族自治县乡村（社区）“法律明白人”培养工程实施方案》。9月，完成每个行政村（社区，含农垦居）至少培养3名“法律明白人”的任务，全年培养“法律明白人”579人。拓展新媒体普法模式，以“法治乐东”微信公众号为平台，推进法治宣传融媒体建设，不断提升法治宣传的传播力、覆盖面。全年发布“乐东普法动态”42期；依托“法治乐东”微信公众号开展有奖问答活动2期，以大众喜闻乐见的方式开展宣传，让法治宣传教育工作做实走心。

【“四访”“五帮”工作】 2022年，乐东县司法局包点莺歌海镇、尖峰镇帮教对象（包括第一批、第二批）29人，帮教责任干警20名，走访帮教对象458人次，参加（接受）法治教育的帮教对象440人次，劝返校园6人，完成基础学业14人（初中毕业14人），考上中专或就读技校6人，实现自主就业6人，退出帮教3人。每月坚持通过实地家访、电话、微信联系本人、电话联系帮教对象亲属、联系老师等方式，了解帮教对象的近况以及思想动态。全年，实地走访或电话联系帮教对象家属37人次、村（居）干部6人次，老师5人次，微信或QQ联系本人27人次。加强法治教育，把法治宣传教育与“四访五帮”工作相结合，依托《中华人民共和国家庭教育促进法》的实施出台，县普治办、县司法局、县教育局、县妇联联合向全县家庭发出倡议，要求家长重视言传身教，谨言慎行，带头弘扬好家教家风，为孩子树立行为榜样。利用全县开展《中华人民共和国家庭教育促进法》的契机，制定宣传册和资料，要求帮扶干部利用走访或电话联系父母时机，加强家庭教育促进法的学习宣传，及时向未成年帮扶对象的家长宣传对未成年人实施家庭教育的主体责任，让家人主动参与配合帮教工作，督促孩子健康成长。

（郭思航）

军事

乐东县人民武装部

【民兵教育训练】 2022年，乐东县人民武装部在省军区统一安排下，狠抓民兵思想政治教育，区分专业层次，严格按纲施训，严格落实基干民兵年度训练任务。根据《民兵政治工作规定》教育要求，科学制定年度民兵政治教育计划，针对民兵分队任务特点、现实思想，聚焦使命任务，精心设置教育课题。借助“中国民兵”“琼崖国防”微信公众号等媒体资源开展网上学习、网上教育，利用民兵组织整顿、集中训练和平时执行任务等时机，扎实开展民兵思想政治教育，抓好教育规定内容有效落实，不断增强民兵政治上的坚定性、思想上的纯洁性和履行国防义务的自觉性。结合辖区情况，对全县编组分队进行检查验收，指出编兵存在问题和整改方法，修订完善民兵分队各类行动预案，下达民兵年度军事训练计划和训练通知。坚持以应急力量训练为重点，采取基地训练、以勤代训和挂钩训练等方式，高标准完成年度训练任务。

【基层武装部建设】 2022年，乐东县人武部依据乐东县基层武装部规范化建设达标要求，在充分借鉴上级试点单位建设成果的基础上，采取试点先行、批次铺开的路子，稳步推进11个镇规范化达标建设。部机关定期对“两个基层”正规化建设工作进行检查督导，严格对标对表细则明确的内容和标准，登记存在的问题和不足，提出整改要求和完成时限，问题整改不到位不放手。2名主官分别带队先后深入各乡镇进行专项督导20多次，先后召开整改会议3次，利用专武干部每月活动日和民兵整组时机先后15次讲评和会审完善软件资料。在2021年完成抱由镇、千家镇、大安镇、九所镇和利国镇5个单位基础上，年内完成志仲镇、黄流镇、莺歌海镇、万冲镇、佛罗镇和尖峰镇6个单位建设任务。坚持办好专武干部每月集中1次教育培训，重点突出民兵组织整顿业务培训和强化机关公文写作能力，围绕民兵整组、征兵工作、潜力调查、组织指挥等方面，提高基层专武干部综合素质，夯实基层武装工作基础。

【征兵工作】 2022年，县人武部突出征兵宣传、兵役登记和国防教育等重点环节，提前筹划召开县征兵工作部署会议，严格组织好征兵工作。全年采取电话、短信、微信公众号、公告等方式，在辖区内全面展开征兵宣传。建立县征兵工作动态情况通报机制。抓好预征青年体格检查、政治考核、审批定兵、廉洁征兵、新兵回访等关键环节落实，向部队输送优质兵员。

【国防教育】 2022年，县人武部坚持以国家和海南省全民国防教育年度工作安排为依据，着力推动教育对象、地域、时间、内容、手段“五个全覆盖”，确保国防教育质效。坚持用好县融媒体中心、“山海乐东”App等媒体，建好莺歌海革命烈士纪念碑、卧龙岭烈士陵园、少年军校等国防教育阵地，强化全民国防意识。八一建军节期间，组织县四套班子成员以及其他县级领导、县国动委成员单位负责人等80余人到驻县某部过“军事日”，让地方党政领导干部进一步增强国防意识和拥军优属的思想认同。清明节期间，组织驻县军警部队参加卧龙岭烈士陵园扫墓活动和莺歌海革命烈士纪念碑烈士公祭活动，传承英烈精神，汲取矢志强军奋斗力量。

【党管武装】 2022年，县人武部始终把握党管武装的政治方向，把武装工作列入县委重要议事日程，保证党管武装工作落到实处。领导干部坚持带头认真学习习近平强军思想、习近平总书记关于国防军队建设系列论述、重要讲话、深刻把握党管武装的基本原则、工作方法和具体要求，努力做党管武装“明白人”。组织召开县委常委议军会、国动委会、双拥工作会、党管武装述职会、军地协调会，解决重点难点问题。县委书记定期到人武部现场办公，深入驻军单位交流，研究解决好随军家属安置、军事设施保护等问题。

【党的建设】 2022年，县人武部党委认真贯彻落实上级党委扩大会议精神，着眼练兵备战主责主业，狠抓班子自身建设，聚焦后备力量抓建，依法从严管理，各项工作稳步推进。把学习《中国共产党军队党的建设条例》《关于加强新时代军队党的建设的决定》《团级以上单位党委班子民主生活会暂行规定》等党内法规政策作为加强党的领导、建设的重要牵引和抓手，使“一班人”成为贯彻民主集中制原则和谋单位发展、抓工作落实的“明白人”。对上级决策指示的传达贯彻、重大任务安排部署、干部调整使用、重大经费开支、评功评奖等敏感事务都通过党委会讨论研究决定，做到充分酝酿、科学决策，干部、职工和基层武装部反映好。结合召开部党委专题民主生活会，认真对照检查剖析问题，班子成员自我批评与自我检查，研究加强党委自身建议的措施，强化党委凝聚力和班子向心力。定期组织支委学习法规，正规“三会一课”秩序，落实各项组织生活制度，提升党支部建设水平。

【双拥共建】 2022年，乐东县人武部充分发挥军地桥梁纽带作用，全力抓好拥政爱民和拥军优属工作，进一步密切军民关系，增进军民鱼水深情。积极协调县委县政府，在八一建军节、春节期间组成慰问团，到驻县部队、现役军人、革命伤残军人、功臣老战士等优抚对象进行走访慰问。协调县退役军人事务局及时足额发放入伍大学生一次性奖励金、义务兵优待金，为立功受奖军人送喜报，协助做好转业退役军人的安置就业创业工作。打造乐东少年军校建设，选定乐东中学作为试点学校，对接部队完成课程设计、服装订购，少年军校领导小组选定工作。指派职工对九所镇十所村进行驻村帮扶，通过产业扶持方式，帮助村39户建档立卡贫困户加入乐东九兴扶贫种植养殖农民专业合作社发展火龙果种植产业。8月，乐东防疫形势严峻复杂，为筑牢辖区疫情防控安全底线，迅速组织出动基干民兵参加抗疫行动。9—10月，台风季来临，组织民兵参加防抗台风、落水人员搜救等应急任务。

（罗　成）

中国人民武装警察部队乐东县中队

【概况】 2022年，武警乐东中队牢牢把握“脚踏实地、务求实效、慎初慎行、行稳致远”总原则，紧盯“争创四铁先进单位”建设定位，踔厉奋发、蓄力争先，建设基础不断巩固，发展整体稳定、建设向上向好、任务完成圆满、内部安全稳定。年内，中队有9名官兵被评为“四有”优秀个人，荣获三等功；在总队教练员集训比武中获得总队擒敌术教练员第一名；1人在支队军人运动会执勤能手比武项目中获得个人第二名，1人在支队军人运动会单杠卷身上项目中获得个人第一名。

【勤务工作】 2022年，武警乐东中队担负武装押解、社会面武装巡逻等临时性勤务94起，动用兵力守护一方平安稳定。抓好执勤各项秩序，排查执勤隐患39处，全部整改完成。与目标单位开展联合演练3次，召开联席会议4次，解决执勤隐患，提升目标安全系数，确保目标单位安全稳定。

【思想文化建设】 2022年，武警乐东中队通过集中学习、会议讨论、板报宣传、氛围营造等方式，以迎接保卫学习贯彻党的二十大为主线，持续深入学习党的创新理论，配合“传承红色基因、担当强军重任”主题教育，深化实践转化，提升学习教育质效。持续深入抓好党史学习教育，学唱武警部队新时代忠诚卫士组歌，大力开展篮球、排球、桌球等文体活动，打造“一队一品”精品舞狮文化特色节目。

【正规化建设】 2022年，武警乐东中队持续强化日常管理工作，以树标杆、立典型为契机，引导官兵做到“传播好声音、传递正能量、传承好传统”，塑造官兵良好军人形象，培养官兵良好行为习惯，从队列养成、内务卫生打扫等细枝末节入手，抓好中队经常性基础性工作。

【后勤保障建设】 2022年，武警乐东中队向乐东县退役军人事务局提报需求，争取资金为中队建设淋浴间和改造厕所。

（刘金杰）

经济管理

经济发展与规划管理

【重点项目服务】 2022年来，乐东县深入践行投资项目“红黑榜”考评机制，严格实施项目建设“六个一”责任制，明确省县重点项目领导责任分解，加强对项目的跟踪和服务，按照投资新政三年行动方案精神抓好有效投资。全年固定资产投资完成65.19亿元，同比增长7.9%。谋划安排实施中兴生态智慧总部基地、人民医院内科综合楼等500万元以上项目77个，列入投资计划的省县重点项目48个，总投资273.84亿元，2022年计划投资59.24亿元。至年末，48个省县重点项目完成投资32.98亿元。其中，省重点项目3个，完成投资8.92亿元，年度完成率72.8%。中兴生态智慧总部基地、南繁科研育种配套服务区、龙栖湾智慧海洋牧场投资年度完成率分别为63.98%、101.11%、51.6%。顺利推动九所污水处理厂等11个重点项目建成运营，县妇幼保健院门诊综合楼、县第二幼儿园等28个项目开工建设，中兴生态智慧总部基地、龙栖湾智慧海洋牧场等项目有序实施，各重点项目建设疫后加速重振，全面推动复工复产。

在建中的中兴生态智慧总部基地　　（县融媒体中心　供图）

【经济运行分析】 2022年，乐东县地区生产总值完成195.07亿元，同比（下同）增长1.7%，全年增速排名全省第6，努力克服疫情影响，彰显经济韧性。其中，一、二、三产分别增长2.7%、-1.5%和1.2%，三次产业结构调整为56.6：12.6：30.8；固定资产投资完成65.19亿元，增长7.9%；社会消费品零售总额完成47.95亿元，下降8.2%；地方一般公共预算收入完成5.70亿元，下降29.3%；城镇和农村常住居民人均可支配收入分别为33984元、18413元，分别增长-0.2%、6.1%；货物进出口总额完成2222万元，增长26.9%；居民消费价格指数涨幅控制在3%以内。

【行政审批制度改革】 2022年，乐东县以行政审批制度改革为重点、以政务服务制度创新为目标，深化简政放权和“放管服”改革，促进服务质量和服务效能的提升。全面推行工程项目“一张网”审批和全流程互联网“不见面”审批工作，深入推进审批服务标准化、规范化建设。全面推行投资项目“极简审批”“容缺后补”等改革举措，持续开展便捷、高效的便民服务及帮办、代办服务，为海南自贸港建设创造最优的投资环境。加强工程建设项目事中事后监管工作，通过“双随机、一公开”“互联网＋监管”等方式进行有效监管，确保建设工程遵循行业规范与标准建设，有效保障工程建设的质量与安全。

【产业转型发展规划与建设】 2022年，乐东县以省委沈晓明书记在2022年3月调研乐东座谈会上提出的“乐东要争当产业转型升级的赶超者”为目标，以规划引领产业发展为抓手，启动《乐东黎族自治县先进制造产业园区发展规划》编制工作，规划已取得阶段性成果。锚定“先进制造”的发展定位，谋划建设千家农副产品加工园区、大岭低碳制造产业园区、莺歌海临港产业园区。推动千家农副产品、大岭低碳制造、莺歌海临港产业园区纳入“三区三线”划定成果，其中千家农产品园区土地成片开发方案获省批准、控规修编已率先完成，配套基础设施建设正着手启动，全县产业布局逐步明朗。加快乐东融入“三亚经济圈”的发展，制定出台《乐东黎族自治县贯彻落实〈海南自由贸易港统筹区域协调发展的若干意见〉实施方案》，从规划共绘、设施共联、市场共构等7个方面明确乐东县全面融入“三亚经济圈”的各项主要任务。探索与崖州湾科技城的两地协同发展机制，谋划签订战略合作协议。

（李　凯、陈赛杰、吴清祥）

财　政

【概况】 2022年，乐东县地方一般公共预算收入5.70亿元，比上年下降29.3%。地方一般公共预算支出42.97亿元，比上年下降12%。地方政府性基金预算收入5.27亿元，同比下降1.9%。地方政府性基金预算支出9.67亿元。民生支出36.69亿元，下降6.2%。

【财政预算收支】 2022年，乐东县地方一般公共预算收入5.70亿元，完成年度预算的66.1%，同比减收2.36亿元，下降29.3%。在地方一般公共预算收入中，税收收入1.96亿元，比上年下降41.8%；非税收入3.74亿元，比上年下降20.3%。全县地方一般公共预算支出42.97亿元，完成年度预算的105.4%，同比减支5.86亿元，比上年下降12%。其中，教育支出9.33亿元，下降5.6%；文化旅游体育与传媒支出0.47亿元，下降50.9%；社会保障和就业支出7.64亿元，下降1.5%；卫生健康支出5.58亿元，下降4.5%；节能环保支出0.51亿元，下降71.3%；城乡社区事务支出2.50亿元，下降22.4%；农林水支出8.51亿元，增长0.6%；交通运输支出0.56亿元，下降7.0%；住房保障支出1.58亿元，增长30.1%。

【基金收支】 2022年，全县地方政府性基金预算收入5.27亿元，同比下降1.9%。专项债务收入2.48亿元，加上转移性收入1.81亿元（政府性基金补助收入7522万元，上年结转1.06亿元），收入总计14.31亿元。全县地方政府性基金预算支出9.67亿元，加上专项债务还本支出3.45亿元和转移性支出1.81亿元，支出总计14.31亿元。

【民生保障支出】 2022年，乐东县筹措资金重点加强对教育、卫生、扶贫等领域的投入，支持社会公共事业发展。全年，乐东教育事业支出9.33亿元，完成年度预算的120.7%，同比下降5.6%；卫生健康支出5.58亿元，完成年度预算的108.4%，同比下降4.5%；农林水事务支出8.51亿元，完成年度预算的308.8%，同比增长0.6%；住房保障支出1.58亿元，完成年度预算的104.7%，同比增长30.1%。

【行政事业单位内部控制建设】2022年，乐东县财政局全面推进行政事业单位内部控制建设，完善内控措施，形成内控管理机制长效运行。指导全县行政事业单位结合各自工作实际，建立了收入、支出、资产、预算、政府采购、建设项目等相关管理制度，实行不相容岗位相互分离及内部授权审批控制措施，业务经办、审核及审批职责相互分离等内控措施，保证内部控制管理工作机制长效运行。指导全县200多家行政事业单位结合各自工作实际完善单位内部控制建设。

【政府采购】2022年，乐东县财政局完成采购活动33宗，涉及预算资金总额2.15亿元，比2021年的2.12亿元增长239.22万元，增长1.1%。依法处理投诉案件3宗、行政复议2宗、行政诉讼1宗，加大对违法行为的处理处罚力度。

【财政投资项目评审】2022年，乐东县财政评审中心完成预算评审项目98个，送审资金15.70亿元，核定资金14.65亿元，核减资金1.05亿元，核减率6.67%。

【预算绩效监管】2022年，乐东县财政局继续开展预决算公开专项检查工作，组织核查全县预算单位预决算公开的及时性、完整性、真实性、细化程度、公开方式，提升乐东县预决算公开质量；开展财经领域涉企违规收费问题专项自查工作，推动降费减负各项政策落到实处，优化营商环境，促进经济健康可持续发展；抓实会计信息质量监督工作，组织对3家国有企业、3家行政事业单位开展会计信息质量监督检查工作，夯实会计基础，维护会计法规准则制度权威；完善预算绩效管理制度建设，制定《预算绩效管理流程图》和《乐东黎族自治县部门整体支出绩效评价暂行办法》，持续推进乐东县预算绩效管理规范化；开展资金事后评价工作，采用自评和财政评价相结合方式，组织各单位对项目完成情况进行自评，同时聘请第三方对自评结果进行抽审，通过财政绩效评价和自评结果核查，提高项目和资金管理水平。

【盘活财政存量资金】2022年，乐东县财政局加大盘活财政存量资金力度，提高财政资金使用效益，盘活财政存量资金3.92亿元。

【国有资产管理】2022年，乐东县财政局将资产配置管理职能嵌入部门预算编制流程中，为预算编制提供准确、细化、动态的资产信息，推进资产管理与预算管理相结合。组织开展国有资产数据治理工作，建立准确、详细的国有资产基础数据库，按照“一物一卡一码”管理国有资产。开展行政事业单位资产清查工作，对全县101家行政事业单位进行资产清查工作，基本掌握行政事业性资产占有和使用情况。开展国有企业及集体企业资产清查工作，根据《县委办、县政府办关于印发〈全县国有资产清查工作方案〉的通知》的精神，对乐东县41家国有企业及集体企业开展国有资产清查工作，进一步摸清乐东县国有企业及集体企业家底，防止国有资产流失。构建国资国企在线监管体系，在省国资委指导下，构建乐东县国企“横向到边、纵向到底”的信息化在线监管体系，将符合条件的城投公司、旅投公司等5家企业纳入全省国资国企在线统一监管。

【专项资金管理监督】2022年，乐东县财政局加强财政资金监管力度，严格执行预算，做到专款专用，同时建立半月通报制度，开通绿色通道，加快专项资金支出，确保专项资金安全使用并发挥资金使用效益。年内，全县衔接资金支出完成2.81万元，完成年度预算100%，较上年增加2382万元，增长9.28%。

【直达资金周报工作】2022年，乐东县收到省财政厅下达直达资金11.12亿元，支出完成9.87亿元，完成年度预算88.8%。

【隐性债务防范化解】2022年，乐东县偿还到期地方政府债券本息8.95亿元，化解政府隐性债务9783.59万元，其中PPP项目

6053.96万元，政府购买服务项目3729.63万元。

【“三公”经费管理】 2022年，乐东县一般性支出较比上年压减463万元，压减16.53%，“三公”经费支出510万元，较上年减少101万元，压减16.53%。

（吴玉元）

【项目资金支付审核】 2022年，乐东县财政国库支付局会计人员对中央、省、县重点项目和工程项目资金严格审核支付，专款专用，配合巡视巡察、审计、财政等部门做好财政资金支付的监督检查工作，确保财政资金安全使用，防止挤占、挪用等违纪违规现象的发生。全年，审核单据7.18万笔，安全高效支付财政资金53.12亿元。

【专项资金“绿色通道”】 2022年，乐东县财政国库支付局继续开通“绿色通道”，简化报账手续，加速全县专项资金支付，加快疫情防控资金、直达资金、地债资金和衔接资金等重点专项资金支出进度。全年，支付2022年衔接资金2.81亿元，全县衔接资金支出进度走在全省前列。至年末，支出进度完成100%，充分发挥衔接资金使用效益。为全力保障疫情防控工作的顺利开展，在县财政局的领导下，安全快速支付疫情防控经费1.92亿元。

【存量资金盘活】 2022年，乐东县国库支付局配合乐东县财政局，督促相关单位盘活并收回存量资金1267.54万元，有效提高全县财政资金的使用效益。

【公共基础设施入账】 2022年，乐东县财政国库支付局组织开展公共基础设施入账工作，各站通过调研走访、不定期统计通报的方式，督促此项工作的开展。年内，全县单位完成公共基础设施入账及在建工程转固26.04亿元，完成年初设定目标。

（庞家琳）

税 务

【税务征管】 2022年，乐东县税务局聚焦征管改革，不断提升税收治理效能。持续深化税收征管改革，稳步推进全面数字化电子发票受票扩围试点工作，完成179户重点企业受票“预先服”工作；树牢“税费皆重”理念，加强社保费和非税收入征管，稳妥推进社保费统一征收模式改革；联合县发展改革委、财政局等部门举行“银税企”数字人民币缴税集中签约仪式，全力推动数字人民币在缴税领域的普及运用。推进税收法治建设。推行行政执法“三项制度”，通过公示平台公示数据11.69万条，配备执法记录仪4台，按照事项清单进行执法全过程记录；贯彻落实《优化营商环境条例》，编制《国家税务总局乐东黎族自治县税务局公平竞争审查制度》，不定期开展税务规范性文件公平竞争审查，全年开展审查1次；强化行政复议和应诉工作，落实负责人出庭应诉机制，健全行政争议实质性化解机制，乐东税务局全年未发生复议诉讼案件。强化税收风险防控。作为乐东县税收风险防控专项工作组牵头单位，乐东县税务局严厉打击违规享受自贸港税收优惠政策，在全县范围内开展企业实质性运营核查，对涉

2022年，乐东县税务局继续完善税务大厅配置，加强便民服务

（县税务局　供图）

及实质性运营的13户企业做好案头分析，开展入户风险提示，以“一户一档”的形式做好资料信息收集，防止空壳企业套享税收优惠政策，全力防范系统性风险。

【纳税服务】 2022年，乐东县税务局开展多样化税收宣传，线上通过本地媒体、网络直播等多种渠道普及推广税收政策，线下成立青年税收宣传团队，开展税收宣传“六进”活动，全年举办直播4期，发放宣传页、汇编手册等1.01万份，确保政策应知尽知；同时加强线上辅导服务，确保享彻底、减到位，助力企业纾困解难。推行服务举措更“优”，升级利国、黄流办税服务点，投入使用远程可视化智能办税柜台，提高办税缴费体验，“非接触式”办税比例最高95.17%，累计办理“邮寄办税”1647笔；推行办税缴费更“快”，实现申报和退税合并办理，退税办理时间最快实现1个工作日内到账，实现不动产转移登记受理、审查、核税、缴费全流程1小时即办模式。推行税企距离更“近”，全年开展6批次问计问需大走访活动，收集回复意见建议37条，开展“快闪”流动办税服务，现场辅导1000余人次，有效改进服务举措。年内，县税务局在全省开展的纳税人满意度测评中排第1位，在总局开展的纳税人满意度测评中排全国第313位，排名上升18个位次，位列全省参评单位第四。

【税费征缴】 2022年，乐东县组织国内税收收入4.22亿元，同比下降48.1%，减收3.91亿元。其中，县级税收收入2.75亿元，同比下降19.3%，减收6577万元。剔除增值税留抵退税收入影响，乐东税务局组织国内税收收入7.58亿元。全力做好非税收入划转工作。全年，乐东社会保险费征收10.14亿元，非税收入征收8.01亿元。

【税收共治】 2022年，乐东县税务局强化“税费皆重”理念，坚持税费齐抓共管。与乐东县财政、人社、人行、医保、社保中心等多个部门进行沟通协调，在全县范围实现用人单位（含灵活就业人员）向税务部门自行申报缴纳社保费；深入开展社保费和非税收入分析。做好日常收入分析，重点开展税费联动综合分析，对税费协同管理的探索研究，牢固树立红线意识。

（陈玺宇）

2月，县税务局开展税收宣传“六进”活动。图为工作人员进企业宣传税收政策
（县税务局　供图）

审　计

【审计成果】 2022年，乐东县审计局完成审计项目15个，查处管理不规范金额11.22亿元，违规金额680万元，追回和上缴财政资金151.48万元，向行业主管部门移送有关违规线索1宗。

【政策落实跟踪审计】 2022年，乐东县审计局开展新冠疫情防控专项资金和政策落实情况跟踪审计，审计中发现未及时分配省级专项资金5.15万元、疫情防控资金未及时支付涉及金额5453.55万元、疫情防控费用结算不及时增加中小企业的负担、防疫物资管理不够规范、捐赠资金11.09万元分配和使用不及时等问题，推动疫情防控资金充分发挥效益、规范疫情防控物资管理。

【财政审计】2022年，乐东县审计局围绕预算收支的真实性、合法性、效益性和决算草案编报程序的合规性、数据真实完整性、报表反映充分性，开展2021年度县本级政府预算执行及财政决算草案编制情况审计，主要发现财政资源统筹、财政支出、财政管理、地方政府债务、决算草案编制等方面存在的问题，查处管理不规范资金14.33亿元，违规资金458.05万元，促进增收节支91.15万元，推动发挥好财政资金使用效益和全面深化改革。

【政府投资审计】2022年，乐东县审计局持续加大政府投资审计规范管理力度，努力实现从数量规模向质量效益转变、从单一工程造价审计向全面关注建设项目管理和绩效转变，审计重点审查项目建设手续不完善、工程投资超概算、未按规定招投标等方面，为财政节约资金。对5个政府投资项目预算执行和决算编制情况进行审计，项目结算金额1.15亿元，审核多计金额为财政节约资金773.82万元。主要反映5家单位5个项目多计工程造价、5家单位5个项目监理单位履行职责不到位等问题，推动重大公共工程项目目标实现和相关政策落实，提高投资绩效。

【经济责任审计】2022年，乐东县审计局拓展经济责任审计内容，科学制定审计计划，坚持任中审计为主，离任审计为辅相结合，立足权力运行与责任落实，重点检查领导干部贯彻执行党和国家经济方针政策、决策部署和中央八项规定情况，遵守法律法规和财经纪律情况，内控制度执行情况，促进领导干部依法作为、主动作为、有效作为。全年完成对部门主要负责人的经济责任审计1个、部门领导干部的自然资源资产离任审计2个。

【部门预算执行审计】2022年，乐东县审计局创新审计方式，充分利用大数据技术，经过严格筛选和比对，实现对县政协、人大、财政、机关事务、卫健、水务、教育等7个一级预算部门单位5项重点内容精准审计，主要发现县卫健委卫生健康发展专项资金等6个项目推进缓慢、县水务局7家下属单位未经县水务局审核后报县财政局审批自行将所属资产进行出租、县教育局260个已完工验收并交付使用的在建工程项目未及时办理竣工决算并转固等问题，促进各预算单位规范管理，增强预算约束的刚性作用。

【民生项目审计】2022年，乐东县审计局围绕重点民生项目和民生资金问题，加大民生资金审计力度，推动惠民政策落到实处。配合海南省审计厅统筹开展的乡村振兴绩效资金审计、困难群众救助补助资金审计、“三医联动”审计，主要发现4个高标准农田建设地点选址不符合要求、3个农村生活污水处理站排放水质不达标、未及时发放困难群众价格临时补贴0.48万元等问题，保障群众利益和改善民生。

【资源环境审计】2022年，乐东县审计局深入开展县资规局财政财务审计和海湾生态环境保护情况专项审计调查，和海南省审计厅形成上下联动，主要发现未设立共管账户缴纳复垦费用73.57万元、未按时完成新增耕地任务、耕地“非农化”“非粮化”“撂荒地”涉及2150.51公顷、违规占用耕地10.21公顷、入海排污口管理不到位、砂质岸线的保护和监管不到位等问题，保障资金安全，提高资金使用绩效，促进提升自然资源资产和生态环境保护项目综合效益。

【审计整改】2022年，乐东县审计局主动向县委、县政府主要领导汇报审计整改工作，深入各整改单位做好督促指导工作，全力推进审计整改工作。同时主动加强建立与县人大、县纪委监委、县委组织部门及“两办”督查室的联动督促机制，促进审计整改的提升。至年末，2017年来上级审计机关发现的问题255个，完成整改254个，整改率99.61%。2022年度，审计署、审计厅审计报告反映问题涉及乐东县审计整改的问题事项44个，其中审计署审计报告反映涉及问题17个、海南省审计厅审计报告反映问题27个，问题的整改情况和佐证材料均已报送上级审计机关审核。经与海南省审计厅核实，海南省审计厅审计报告反映的27个问题已核实销号问题26个。

【审计监督制度健全】 2022年，乐东县审计局健全政府投资审计制度，规范政府投资审计，修订完善《乐东黎族自治县公共工程投资项目审计监督管理办法》。健全完善与县纪委监委以及县委巡察办贯通协同高效的工作机制，会同县纪委出台《纪检监察机关与审计机关问题线索移送工作机制》，进一步推进纪审一体化建设；会同县委巡察办出台《关于建立"巡审"贯通联动工作机制的实施办法》，进一步完善乐东县审计整改工作机制，更有力发挥审计震慑力，将审计整改成果转化为治理效能，进一步推动经济社会高质量发展。

（何桂强）

统　计

【统计管理体制改革创新】 2022年，乐东县统计局继续贯彻落实中央深改组关于深化统计管理体制改革提高统计数据真实性的意见，统筹推进全县统计改革创新。1. 统计指标体系创新。配合海南省统计局围绕三大战略性新兴产业、三大优势产业、三大未来产业发展，紧扣"3+1"产业体系建设以及新经济新业态发展，研究完善国民经济行业分类统计标准划分，建立健全涉农、涉旅、涉文、"三新"（新产业、新业态、新商业模式）经济、数字经济等派生产业统计标准体系。建立健全现代产业统计监测评价指标体系，加强对高质量发展、科技创新、乡村振兴、生态环境保护、高水平开放、旅游消费中心等监测评价，加强新业态的统计与监测。2. 统计调查方法创新。配合海南省统计局加快建立以市县为总体的规模（限额）以下单位抽样调查方法。建立非经济普查年份行业（产业）专项调查制度。开展文化、体育、教育培训、现代物流、会展、医养健康、民宿经济等新经济、新业态、新模式专项调查。持续提高统计生产力，高质量完成海南统计大数据平台建设，推进大数据平台应用工作。巩固拓展联网直报等平台应用，探索互联网、大数据、人工智能等技术在统计中的应用。3. 重点领域统计改革。配合海南省统计局推进服务业统计改革，加强对现代物流业、医疗健康产业、现代金融业、会展业等现代服务业统计。开展知识产权产品投资统计改革，推进科技创新统计改革。4. 纳统专项服务工作。起草并以乐东县政府办的名义印发《乐东黎族自治县统计纳统工作方案》。严格执行入规企业申报条件、要求和流程，坚决拒绝未达规格的企业入库。全年国家一套表新入库单位22个。全县在库投资统计项目107个（政府投资项目64个，民间投资项目31个，跨市县项目投资12个），入库待批项目2个，跟踪服务项目16个。年内新入库统计投资项目43个。

【统计服务】 2022年，乐东县统计局充分发挥信息、咨询和监督作用。抓早抓细，分月度、季度、年度对地区生产总值、固定资产投资、社会消费品零售、节能降耗等情况进行预测监测与分析，指出问题并提出建议，全年完成分析报告18篇，助推县委县政府精准施策。主动为县两会等重

2022年，县统计局到各农业种植基地开展产业调研工作

（县统计局　供图）

要会议（活动）和中央生态环境保护督察、生态考核、粮食安全考核等重要工作提供统计资料，配合各部门整理相关统计数据。印发《乐东统计季报》4期1200册和《乐东统计年鉴（2020）》。及时、规范发布统计数据和信息，按季度在县政府门户网站公开各类统计信息10多条。牵头组织相关部门开展省对市县高质量发展综合考核工作，起草《2022年度乐东黎族自治县高质量发展综合考核评价工作方案》，分解考核指标到各责任单位要求各责任单位高度重视考核工作并加强与省级部门的沟通协调，确保考核数据质量。开展2020年度乐东县机关单位综合绩效考核社会评价工作，牵头组织对全县69个被考核单位的“社会评价”工作进行测评。

【统计数据质量管理】 2022年，乐东县统计局严格执行国家各项统计报表制度，加强上下沟通和与部门协调协作，推进乡镇统计综合改革，加强统计规范化建设，强化统计专业人员和乡镇统计人员岗位知识培训，加强对企业单位统计人员的管理和指导，夯实统计基础工作。制定各统计专业统计数据质量审核评估办法，确保统计数据真实、准确，科学反映全县经济社会发展情况。

【国家统计督察准备工作】 2022年3月17日，乐东县召开迎接国家统计督察工作部署会议。要求各部门认真对待国家统计督察工作，坚决防范和惩治统计造假弄虚作假，全力以赴做好迎接国家统计督察准备工作。推动县委县政府、县直部门、各镇党委政府及相关部门反复深入学习《防范和惩治统计造假弄虚作假重要文件选编》，全面增强防范和惩治统计造假弄虚作假意识。对32家“四上”（规模以上工业企业、资质等级建筑业企业、限额以上批零住餐企业、国家重点服务业企业等这四类规模以上企业的统称）企业和11个镇开展统计执法检查，对241家企业单位进行了统计数据质量核查；推动《中华人民共和国统计法》进党校，联合县委组织部在县委党校举办基层干部统计法律法规知识专题讲座4期，举办全县副科级以上领导的统计法律法规知识专题讲座1期。向222家统计调查企业送达《统计行政义务告知书》等法律文书。借助统计开放日、国家宪法日、《中华人民共和国统计法》颁布日等重要时点，通过微信、抖音等载体，向社会公众宣传统计法律法规知识，提高全社会统计法律意识。

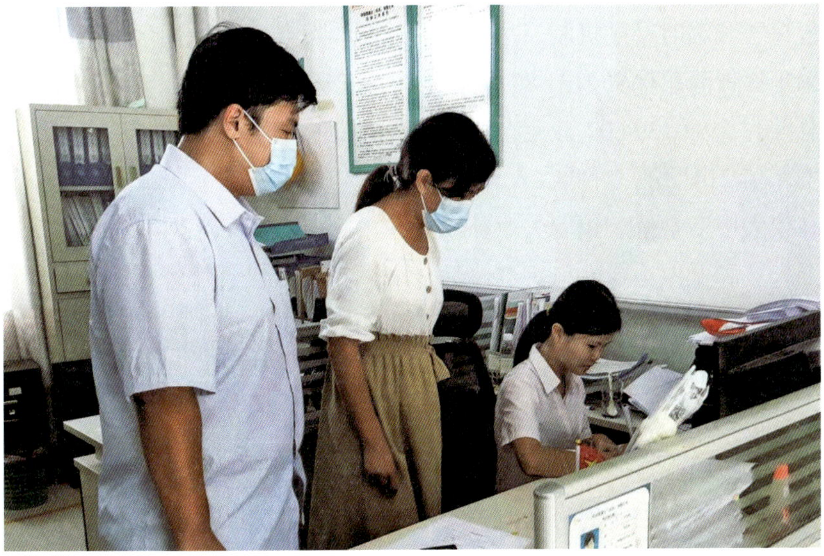

2022年，县统计局到各有关单位开展统计执法检查工作

（县统计局　供图）

【重点统计调查】 2022年，乐东县统计局开展第七次全国人口普查工作，对全县193个村（居）委会、1913个村（居）民小组以及省属企业——海南热带雨林国家公园管理局尖峰岭分局和海南莺歌海盐场有限公司等5个社区进行实地普查。划分普查区197个、普查小区1061个。普查指导员、普查员1949名。按照普查方案和工作步骤，于4月全部完成数据采集、审核、验收上报工作。根据第七次全国人口普查初步结果显示，2020年全县常住总人口为46.44万人。与2010年第六次全国人口普查相比增长1.2%，年平均增长率0.12%。其中，居住在城镇的人口为14.51万人，占31.24%；居

住在乡村的人口为31.94万人，占68.78%。城镇人口比重上升2.33个百分点。11月，乐东县统计局开展2022年度人口变动情况抽样调查工作。对全县11个镇和尖峰岭林业局的143个普查小区人口进行实地调查。根据人口变动情况抽样调查推算，2022年全县常住总人口数46.93万人，城镇常住人口14.85万人，乡村常住人口32.08万人，城镇化率为31.64%；全县人口出生率9.19‰，死亡率5.77‰，自然增长率3.42‰。开展涵盖国民经济各行业以及基本单位、投资消费、人口就业、社会科技文化、能源等各领域常规统计调查，完成2022年度妇女儿童两个规划和乐东县自然资源资产负债表编制等统计监测工作。

【统计制度建设】 2022年，乐东统计局建立完善统计违法举报渠道和制度、统计从业人员统计信用档案管理制度，实施统计从业人员严重失信行为信息公示。加强和完善部门统计工作，指导全县11个镇统计办和海南热带雨林国家公园管理局尖峰岭分局、海南莺歌海盐场有限公司2家省属企业开展统计调查。指导相关部门完善统计制度，开展季度和年度劳动工资等统计业务培训。为全县11个镇统一制订统计工作制度，协调以劳务派遣的方式为县统计普查中心和11个镇统计办招聘14名统计助理员。

（陈　平）

物价管理

【“菜篮子”保供稳价】 2022年，乐东县抓好“菜篮子”市县长责任制考核和平价菜保供惠民行动考核工作，在保供基地、种植面积、蔬菜自给率、完善流通体系、食品质量安全、应急保供、冷库冷链设施建设等具体事项上狠抓落实，各项任务顺利完成。推进平价菜保供惠民行动，22种平价菜累计均价5.8元/千克，比上年累计均价6.7元/千克低1元/千克，完成不低于上年累计均价的目标任务；平价菜销售占比57.38%，完成全年占比50%以上的目标；蔬菜自给率88%，完成全年自给率60%以上的目标。完成453台（含田头电子秤数量）电子秤铺设任务，电子秤规范备案率100%，数据上传率70.86%，完成电子秤全覆盖、备案率100%和数据上传率70%以上的目标任务。推行平价菜零售保险和临时补贴机制，平价蔬菜零售保险总保费2131.80万元，总赔付金额1394.02万元，总签发保单2141份。对低收入群体、在校大中专学生、领取失业补助金人员和低保边缘人口等群体足额发放物价联动补贴4.70万人次，补贴金额170.69万元。创新平价菜数据管理方式，新建一个县级“菜篮子”数据管理中心，通过技术优化，实现与县内中大型超市平价菜销售数据的实时互动，建立了同商超的对接系统，促使商超的平价菜数据能够实时上传，增强保供稳价的落实成效。

【价格认定】 2022年，乐东县发展和改革委依法对县内纪检监察、司法、行政工作中涉及的价格不明或价格有争议的各类涉案财物进行价格认定。全年完成涉案价格认定案件445宗，同比下降15%，涉案金额1132.40万元。其中，刑事案件298宗，同比下降24%，涉案金额1095万元；治安案件147宗，涉案金额37.40万元。

【物价监管】 2022年，乐东县发展和改革委指导房地产开发企业合理定价，做好商品房价格备案管理。全年受理商品住房预售价格备案申报8宗，备案8宗。做好自来水价格调整工作，经广泛征求意见并由县政府同意，在九所新区供水范围内推行居民生活用水阶梯式水价，居民生活用水1.74元/吨；非居民生活用水3.0元/吨；特种行业用水3.8元/吨；“五保户”、低保户生活用水价格按1.3元/吨执行。

（陈　芳、盛元强、熊德娟）

市场监督管理

【食品安全保障】 2022年，乐东县市场监督管理局加强研究部署食品安全“两个责任”工作，层层签订《食品安全任务与责任

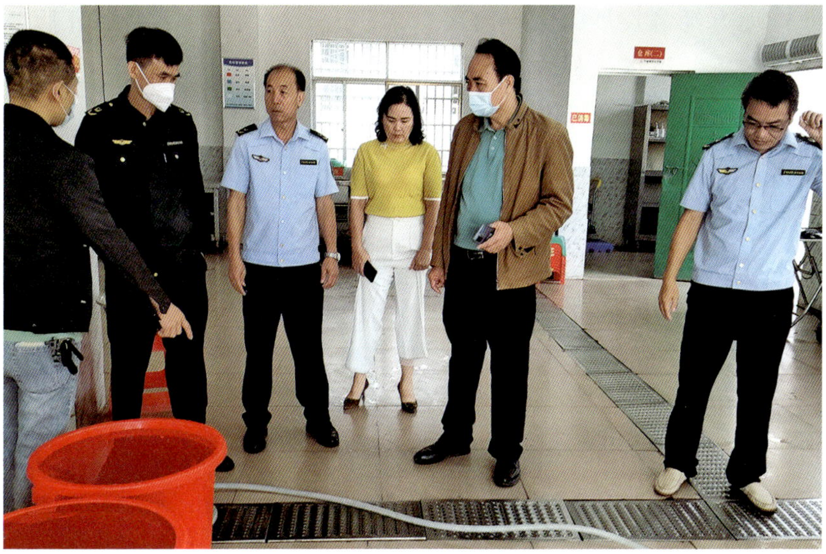

2月17日，县市场监管局、千家市场监管所联合千家镇政府，结合春季学校食品安全专项整治，对千家镇辖区食品生产经营主体开展食品安全“两个责任”包保督查（吴 学 摄）

承诺书》，县有关领导带头包保食品生产经营企业，落实食品安全问责制度。加强食品抽检工作，全年完成食品抽样检测1683批次，其中食品安全监督抽检1452批次、风险监测231批次；检出不合格样品24批次，总体合格率98.35%，风险监测检出问题样品3批次，合格率98.7%。加强食品安全监管，做好食品生产企业的风险等级评定和日常检查工作，检查覆盖率100%。开展食品安全抽查考试，考试覆盖率100%，合格率100%。开展食品“守底线查隐患保安全”专项行动，检查食品经营单位1142家次，下达整改通知书160份，监督意见书3份，移送案件线索12条；校园明厨亮灶覆盖率100%，新增建设省级标准化学校食堂1家，县级标准化学校食堂2家。

【药品安全监管】 2022年，乐东县市场监督管理局开展疫苗质量安全专项整治检查，重点全覆盖检查新冠疫苗贮存情况，检查疾病预防控制中心1家疫苗接种点和23家疫苗接种单位，在检查中发现部分疫苗接种点存在储存疫苗温度存在异常情况，责令接种单位限期整改。强化药械巡查监管，检查药品零售企业226家次、医疗机构133家，发现问题企业24家，责令改正13家，向乐东县综合执法局移送案件线索11宗。开展药品抽检和医疗器械不良反应监测工作，药品抽样49个批次；医疗器械不良反应监测156例，任务完成率110.6%。

【价格监管】 2022年，乐东县市场监督管理局开展涉企违规收费专项行动工作，检查行业中介机构、行业协会商会、交通物流、水电气暖公用事业、商业银行等32家次，未发现违法违规涉企收费行为。做好春节等节假日期间及疫情期间价格监管工作，开展重点行业价格宣传，通过张贴《市场价格行为提醒告诫书》等形式引导经营者履行主体责任和加强价格自律，对检查发现的个别未明码标价等不规范问题，督促经营者立即整改。全年受理投诉3228件，办结率100%。

【产品质量监管】 2022年，乐东县市场监督管理局开展产品质量合格率统计调查工作，抽样26个批次，合格23个批次，合格率为88.46%；委托第三方检验机构抽查化肥、管材、电线、头盔等商品66个批次，60个批次合格，合格率90.91%。及时开展不合格后处理工作，不断提高乐东县产品质量水平。开展禁塑工作，同全县21家集贸市场签订禁塑承诺书，并加强对集贸市场、商超、药店的检法检查力度，移送综合执法部门案件线索34宗。对全县8家检验检测机构和各类认证活动开展监督检查，维护检验检测行为和认证结果的合法公正。

【特种设备安全监察】 2022年，乐东县市场监督管理局落实《2022年特种设备现场安全监督检查计划》，开展气瓶专项整治等专项整治行动。全年检查使用单位及维保单位79家次，发现隐患76处，下达整改指令书30份，已整改隐患76处，移送特种设备案件线索6宗，完成处罚7.50万元。未按时完成整改的设备均按规定责令停止使用，确保无带隐患运行的特种设备。

【计量工作】 2022年，乐东县市场监督管理局完成103家3102台（件）次的计量强检工作，其中加油站21家，完成强检376支加油枪次；压力表31家，完成检定483块表；血压计17家，完成检定120台（件）；衡器34家，完成检定2123台（件）次。

【知识产权建设】 2022年，乐东县市场监督管理局探索“商标+商品”模式，打造乐东品牌，助推地方经济发展，引导海南省乐东志仲镇塔风村农业开发服务合作社注册商标“塔丰”，创建生态优创田头鹅、鸡养殖扶贫产业园，促成政府、企业、农民合力推进品牌农业的增收。年内，全县成功申报乐东香蕉、乐东蜜瓜、乐东毛豆、乐东芒果、乐东龙眼、乐东黑米、乐东金钱树、乐东尖峰地瓜、乐东腰果、乐东尖峰黄花梨10个地理标志。开展注册商标“红牛”普法专题行动，向社会发布行政告诫书，依法告知社会各界“红牛”系列注册商标、红牛金罐包装、装潢权益归属天丝公司，向社会广大经营者、消费者和群众发布消费提示销售、购买正版。

【商事制度改革】 2022年，乐东县市场监督管理局为加大“证照分离”力度，市场准入采用取消审批、备案和承诺制度，利用帮办、协办和上门服务引导市场准入，采用“一窗通办”和新办企业免费刻章等强效优惠措施为各类市场主体提供注册便利。年内，全县有市场主体2.93万家，新增市场主体2689家，同比增长10.12%。企业注册资本总额491.68亿元，个体工商户资本总额1300.63亿元，农合资金21.37亿元。

（孙发妮）

乡村振兴

巩固拓展脱贫攻坚成果

【防止返贫致贫监测和帮扶工作】 2022年，乐东县继续开展防止返贫致贫监测和帮扶。全县脱贫户14325户59717人，监测对象716户2535人。其中，已经解除风险监测对象379户1358人，未解除风险监测对象337户1177人（边缘易致贫户113户381人，脱贫不稳定户25户73人，突发严重困难户199户723人）。年内，新纳入监测对象155户574人，解除风险监测对象120户420人，做到识别一户、帮扶一户、守住一户。

【就业帮扶】 2022年，乐东县发放帮扶对象外出奖补9068人次1444.22万元，其中务工奖励9068人次1371.78万元，交通补助2368人次72.44万元，做到帮扶对象外出务工奖补应发尽发。落实7家招用就业困难人员企业一次性奖励补贴，支持企业为帮扶对象提供就业机会。全年脱贫劳动力就业务工人数30483人。年内，开展职业培训55期培训3000人，农村低收入家庭1323人参加，涉及初级电工、初级面点师创业培训，火龙果栽培，农产品包装与农作物种植技术、直播销售等。开展“优秀劳务带头人”评选活动，举办农村劳务带头（经纪）人培训班，储备“三支队伍”210人，带动就业4056人。

【“三保障”工作】 2022年，乐东县教育特惠性资助发放13445人次1622.58万元，其中春季学期发放7324人897.52万元（脱贫不稳定户家庭学生、边缘易致贫户家庭学生、突发严重困难户家庭学生、相对稳定脱贫户家庭学生5415人658.75万元，农村低保、特困救助供养学生1909人238.77万元）；秋季学期发放6231人737.615万元（脱贫不稳定户家庭学生、边缘易致贫户家庭学生、突发严重困难户家庭学生、相对稳定脱贫户家庭学生4451人514.275万元，农村低保、特困救助供养学生1780人223.34万元）。“雨露计划”春季发放教育补助1040人182万，秋季发放教育补助1469人257.075万元，做到应发尽发。年内，有序组织开展30种大病专项救治，确保应治尽治。全县脱贫户和监测对象大病患者2319人，均依病情获得相应救治，救治率100%。组织家庭医生签约团队与脱贫户和监测对象慢病患者全面签约，实现脱贫户和监测对象慢病患者应签尽签。脱贫户和监测对象4种慢病患者4129人全部签约，签约服务率100%。县域内各公立医疗机构全部落实“先诊疗后付费”日报告制度，规范患者办理住院程序，并落实“一站式”结算，切实减轻脱贫户、监测户患者住院垫资负担。制定印发《乐东黎族自治县2022年农村危房改造实施方案》，明确任务目标、保障对象、保障方式、补助标准和建设标准等内容，省下达乐东县农村低收入群体危房改造任务35户按照时间节点全部完成。

（罗少女）

乡村治理

【"积分制""清单制"试点】 2022年，乐东县继续通过试点推行乡村治理"积分制""清单制"管理，将村民行为纳入可量化、可评价的93条指标，根据村民行为累计积分（如外出务工、参加就业培训等），以积分制为抓手引导村民转产创业，提升村民自主发展能力。印发《在乡村治理中推广积分制管理的实施试点方案》和《在乡村治理中推广清单制管理的实施试点方案》，在全县24个积分制试点村（社区）、11个清单制试点村（社区）开展试行探索，并将"七个倡导"活动融入推广，通过广泛深入宣传，提高群众知晓度、参与度和满意度。

【乡村振兴示范村建设】 2022年，乐东县打造乡村振兴示范镇1个（利国镇）和乡村振兴示范村10个，通过打造乡村振兴示范村、示范镇，以点带面、全面辐射，推进全县乡村振兴更上新台阶，推广乡村治理积分制、清单制、数字乡村等先进经验，加强乡村振兴示范镇、村典型案例和经验总结，做好宣传推广。

9月30日，大安镇委、镇政府与联通公司在西黎村举行"数字乡村大厅"项目揭牌仪式及捐赠仪式 （县融媒体中心　供图）

【农村饮水安全】 2022年，乐东县对农村地区饮水工程开展加药消毒1932次，水塔水池清洗405次，供水设备维修1581次，运行巡查2076次，维护饮水工程13处，解决44800人的饮水安全问题，对农村集中式供水工程进行取样检测220个，出具报告220份，保障农村地区供水工程正常运行，确保脱贫户、监测对象饮水安全有保障。

【厕所革命】 2022年，乐东县农村厕所革命防渗漏改造任务数2100户。年内，开工2209户，开工率105.19%；竣工2209户，竣工率105.19%。

【农村人居环境治理】 2022年，乐东县以清"五边"促"四爱"为切入点，巩固农村裸露土地种草绿化半年专项行动成果，常态化开展村庄清洁行动。结合"六水共治"活动，推进农村污水治理。开展高铁高速路沿线环境综合整治、镇圩容貌整治提升环境卫生大整治等环境整治行动。开展全域卫生（健康）创建活动，成功新创建省级卫生村20个，复审通过省级卫生镇5个，省级卫生村23个。

【农村"五网"建设】 2022年，乐东县继续推进环岛旅游公路建设、利球线公路、国道毛九线改造项目。开工建设油松桥、丹村河桥、林场桥、水利沟桥、奋赛桥5座危旧桥梁改造工程。农村供电可靠率完成99.84%，综合电压合格率完成99.96%。城区和行政村光网覆盖率100%，城区4G网络覆盖率100%，农村地区至少有一家运营商的4G网络，覆盖率99.9%。

【"6+N"矛盾纠纷调处机制】 2022年，乐东县在11个乡镇全

6月10日，乐东法院到县山荣农场开展“学好用好民法典 做知法守法好公民”民法典宣传月活动 （县融媒体中心 供图）

覆盖设立乡村法治服务中心，同信访联席会议有机结合，全面推行矛盾纠纷“6+N”联动调处工作机制，构建以综治、信访、司法、公安、法院、检察院6种力量为主体，农业农村、资规、村（居）、法律工作者、治安积极分子等N种力量参与的“一站式受理、一揽子调处”合力化解矛盾纠纷新机制。年内，减少案件进入法院诉讼程序167件，“6+N”机制化解矛盾纠纷235件，成功率92.89%。

（罗少女）

乡村经济建设

【产业扶持】 2022年，乐东县落实产业帮扶政策，多渠道促产业发展，“龙头企业+合作社+脱贫户/监测户”的产业合作帮扶模式得到完善推进。年内，投入乡村振兴衔接资金1.37亿元与企业合作发展产业，帮扶对象分红3000多万元，打造完成“高明火龙果”“柔鸣火龙果”等一批特色农产品品牌。

【乡村振兴专项资金投入】 2022年，乐东县加强衔接资金分配和项目安排实施，扩大项目储备数量及资金规模。2021年下半年开始，县乡村振兴局组织各资金使用单位谋划2022年乡村振兴衔接资金项目，提前申报资金项目，提前完成2022年度乡村振兴项目库储备工作。全年，全县乡村振兴项目84个，乡村振兴补助资金28060万元于年内全部支出完毕，项目全部验收投入使用，支出进度100%。

【农产品产销对接】 2022年，为缓解疫情带来的影响，乐东县联合基地生产主体及龙头企业，加强和广州江南市场、新发地等各大市场及定安、万宁等槟榔采购商、田头收购经纪人对接，促进火龙果、槟榔及瓜菜等产销对接。通过乐东电商运营中心向全县农户征集农产品待销信息，与海南乡村振兴网积极对接，解决农产品销路难、通行难的问题，销售柠檬3万千克。建立360人的农产品采购商对接及服务微信群、对接农产品收购商等方式帮助农户销售农产品。疫情期间，通过上门收购、互助采摘、村口交接、设立收购点统一收购等方式帮助农户销出槟榔20451.3吨、火龙果3000吨、

乐东火龙果种植基地 （县委宣传部 供图）

蜜瓜41吨、香蕉298吨、粉蕉12.5吨、丝瓜7吨、白皮冬瓜2.5吨、释迦果5吨、韭菜4吨、小葱3.5吨，共销售23824.8吨，销售白沙鹅1000只。

【消费助农】 2022年，乐东县举办消费助农大集市专场活动16场次，实现线上线下销售1775.47万元，受益农户8053户。充分发挥乐东电商运营中心线上资源，开展多种形式的线上活动，实现线上销售1710万元。先后举办"消费帮扶月""庆端午""迎七一""旅游消费"等消费助农大集市、大卖场专场活动6场次，组织全县296种农特产品到场售卖，行政企事业单位、帮扶企业（合作社）等324个单位参加现场销售活动，现场销售额31.82万元，惠及农户6149户。组织消费助农集市活动10场次，398个单位参加现场销售活动，现场销售额33.65万元，惠及农户1904户。

（罗少女）

5月31日，千家镇"消费帮扶月"暨"迎端午·消费助农"集市活动在只文村委会举行（县融媒体中心 供图）

【新型农业经营主体培育】 2022年，乐东县开展农村集体产权制度改革工作，完成农村集体经济组织集体资产清查核实1786个，完成率100%；完成成员身份确认总数1786个，完成成员确认人数35.23万人，占比100%；完成1786个集体经济组织［含191个村委会，1672个村（居）民小组］折股量化工作；集体经济组织成立完成100%；组织登记、领证完成100%。实施高素质农民培育项目，培育新型农业经营主体带头人112人，专业生产型农民100人。开展龙头企业认定工作，全县有11家农业龙头企业，其中国家级龙头企业1家，省级龙头企业7家，县级龙头企业3家。全年，龙头企业开展产业融合培训8次，培训427人次，新增就业人数55人，带动农户就业人数1520人。开展示范社评定工作，全县有县级示范社10家，省级示范社3家，国家级示范社2家。

【土地承包经营权和土地经营权不动产登记试点工作】 2022年，乐东县以抱由镇抱邱村为试点，在全省率先开展土地承包经营权和土地经营权不动产权登记与抵押融资。10月25日，海南省首本土地经营权不动产权证书颁发仪式在乐东县抱由镇抱邱村举行。乐东县不动产登记中心核定登记海南省第一本农村土地经营权不动产权证书，促成省内首单土地经营权抵押登记贷款，成为全省首创、首单、首例、首本、首发典型案例，标志着海南省农村土地"三权"分置重大改革迈出了重要一步。11月，土地经营权不动产登记抱邱村试点做法被海南省自贸办刊发推广。

（郑嗣伦）

农　业

农业生产管理

【农产品质量安全监管】 2022年，乐东县农业农村局开展蔬菜、水果等种植业产品、畜产品、水产品例行监测，完成省级下达的农产品质量安全例行检测合格率任务指标。完善冬季瓜菜大田、收购站、农贸批发市场抽检制度，严格执行蔬菜、水果持证出岛管理制度，将所有出岛、上市的瓜菜、水果等种植业产品100%纳入监测范围，豇豆、四季豆、苦瓜、西瓜、芒果、龙眼等主要瓜菜、水果产品实行100%持海南省农产品农残检测报告单和食用农产品合格证双证出省上市，完成出岛持证率100%，全年持双证出岛农产品7.90万车。全年全县重大农产品质量安全事件零发生，私宰行为基本根除。建成县级中心检测站1个、镇级检测11个，实现农产品检测全覆盖；完成农产品质量检验检测站定量检测实验室改造，加快检验检测机构资质认定（CMA）和农产品质量安全检测机构考核（CATL）工作，提升农产品定量检测能力。

【农产品销售服务】 乐东县农产品通过直销、共同运销、农产品专卖店及超市专柜、互联网4种方式销售，县农业农村局积极做好农产品销售的各项服务工作。2022年冬交会，乐东以“促进农业高质量发展　全面实施乡村振兴战略”为主题，16家企业参与，扶贫及高效农业展销馆展示推介乐东香蕉、火龙果、沃柑、芒果、蜜瓜、无花果、黑米、燕窝果等28个种类46个品种的优质农产品。冬交会期间（12月15—18日），线上销售13.22万元，线下销售28.25万元。12月11—18日合同订单11.29亿元。

12月15日—18日，2022年中国（海南）国际热带农产品冬季交易会在海口举办。图为乐东展馆　（县融媒体中心　供图）

【惠农强农政策落实】 2022年，乐东县发放惠农补贴9049.13万元，同比增长2583.07万元，增长39.95%。其中，海洋捕捞渔船渔业资源养护补贴712.96万元，同比增长177.40万元，增长33.12%；渔民减船转产补贴755.63万元，同比增长353.08元，增长87.71%；渔船特定水域补贴89.20万元，同比减少117.15万元，减少56.77%；耕地地力保护补贴3500.36万元，同比减少11万元，减少0.31%；种粮农民一次性补贴949.35万元，同比增长575.07元，增长153.65%；农机购置补贴576.99万元，同比减少91.78万元，减少13.72%；南繁基地供地补贴659.16万元，同比减少108.03万元，减少14.08%。年内新增发放渔船更新改造补贴795万元，农资补贴1010.49万元。

【农业面源污染治理】 2022年，乐东县农业农村局加强农业面源污染治理。1.秸秆综合利用项目。示范实施水稻粉碎还田面积3520公顷，推广水稻粉碎还田面积4000公顷；示范实施玉米秸秆回收再处理面积506.67公顷，推广玉米秸秆回收再处理面积1333.33公顷；示范实施蜜瓜藤蔓回收再处理面积980公顷。2.推广新型秸秆综合利用技术，引进海南乐果佳贸易公司，实施水稻秸秆苫草化利用技术，回收105吨。3.完成回收利用废旧地膜等田间废弃物143吨，通过市场主体回收废旧农膜达1420吨。4.实施农药包装废弃物回收处置试点项目。2021年度项目于2021年12月实施，至2022年底回收80.23吨；实施2022年度项目，回收63.28吨。

【耕地质量保护】 2022年，乐东县农业农村局实施外来物种入侵普查、防控及野生植物保护项目，在11个镇设置踏查点16个，普查外来入侵有害生物80种，设置标准样地24个；利用植保无人机防治抱旺湖湿地公园及其支流水域的外来入侵物种水葫芦31公顷；联合县综合行政执法局、县生态环境局、县林业局开展农田等区域电捕或药捕野生蚯蚓排查和专项执法行动，保护野生蚯蚓，改善土壤生态环境。

【农药兽药饲料管理】 2022年，乐东县农业农村局举办农药经营培训2期，参加培训162人。巡查农药店182家，对销售违禁农药的店面交由县综合行政执法局进行处理。开展兽药质量安全排查，全年全县排查兽药店16家、饲料店8家，抽样检查50次，样品数量1050份。派出1500人次技术人员对全县155个专业户进行安全生产指导工作，发放技术通知/技术规程等书册2000多本，加强养殖场监管力度。

（郑嗣伦）

种植业

【粮食生产】 2022年，乐东县完成粮食作物播种面积2.32万公顷，完成年度播种任务的100.31%。其中早稻播种面积7300公顷，晚稻播种面积1.29万公顷，完成年度任务的103.2%；番薯播种1446.67公顷；豆类播种1600公顷（其中大豆播种393.33公顷），大豆播种面积受鲜食毛豆价格高的影响，完成年度任务的46.8%。粮食收获面积2.32万公顷，同比增长0.3%，产量11.54万吨，同比增长2.7%。

抱孔田洋黄秋葵种植基地 （县委宣传部 供图）

【瓜菜生产】 2022年，乐东县瓜菜种植面积3.67万公顷，其中蜜瓜1.40万公顷、毛豆4000公顷、茄子2333.33公顷、黄瓜（青瓜）733.33公顷、冬瓜866.67公顷、豆角1000公顷、南瓜466.67公顷、甜玉米1666.67公顷、叶菜4333.33公顷、黄秋葵666.67公顷、辣椒533.33公顷。

（郑嗣伦）

【花卉产业】 2022年，乐东县金钱树种植面积640公顷，其中佛罗镇562公顷，年产量2600余万盆，年产值12.80亿元，占全国金钱树市场份额的98%以上。产品远销美国、日本、韩国、泰国等东南亚及欧美国家，是乐东首个完成自主出口的农产品。年内，打造尖峰花香三角梅种植基地14公顷，品种312种，数量200多万盆，获评海南省级三角梅良种基地。

（石珊奇）

热作业

【概况】 2022年，乐东县热带作物种植面积8.10万公顷，收获面积5.14万公顷，总产量54.18万吨，总产值62.69亿元。同比增加16.15%。其中，橡胶、南药等热带经济作物面积4.81万公顷，收获面积2.91万公顷，产量7.67万吨，产值25.04亿元；热带水果面积3.29万公顷，收获面积2.23万公顷，产量46.51万吨，产值37.65亿元。

【橡胶生产】 2022年，乐东县天然橡胶实有种植面积3.03万公顷（含农垦），同比减少1%，开割面积2.23万公顷，同比减少9.7%，年产干胶1.95万吨，每吨干胶收购价约1.20万元，产值2.34亿元，同比减少5.6%。山区民族地区人均种植天然橡胶1.09亩，天然橡胶收入占山区农民总收入的20%。橡胶种植品种主要是热研7-33-97（优良品种）。

乐东金钱树培育基地　　（县委宣传部　供图）

【南药生产】 乐东县种植的南药主要有槟榔、益智、砂仁、巴戟天和牛大力、广藿香等。2022年，全县实有槟榔面积1.63万公顷（新种面积1727公顷），收获面积5504公顷，鲜果产量5.36万吨，地头年均收购价格42元/千克，产值22.50亿元。益智面积854公顷，收获面积801公顷，产量2360吨，产值1436万元。砂仁面积580公顷，收获面积527公顷，产量1280吨，产值640万元。

【腰果生产】 2022年，乐东县腰果实有面积13公顷，收获面积10.50公顷，干果总产量23.70吨。腰果种植主要集中在利国镇水利管养所，由省腰果研究中心管理，供品种筛选、创新、开发之用。

【热作水果生产】 2022年，乐东县芒果种植面积1.83万公顷，收获面积1.23万公顷，产量15.67万吨，产值7.84亿元；龙眼种植面积4205公顷，收获面积2260公顷，产量2.41万吨，产值2.41亿元；荔枝种植面积513公顷，收获面积374公顷，产量4160吨，产值1.24亿元；香蕉种植面积4085公顷，收获面积3855公顷，产量16.50万吨，产值5.95亿元；火龙果种植面积2359公顷，收获面积1661公顷，产量7.41万吨，产值17.80亿元；百香果种植面积192公顷，

乐东腰果　　（县委史志研究室　供图）

收获面积130公顷，产量2500吨，产值2500万元；菠萝种植面积1024公顷，收获面积604公顷，产量1.49万吨，产值1.03亿元；波罗蜜种植面积418公顷，收获面积197公顷，产量8200吨，产值2590万元；莲雾种植面积106公顷，收获面积106公顷，产量2385吨，产值1900万元；蜜柚种植面积100公顷，收获面积100公顷，产量2382吨，产值1500万元；沃柑种植面积33.33公顷，收获面积33公顷，产量738吨，产值1320万元；其他杂果种植面积1155公顷，收获面积710公顷，产量1万吨，产值4000万元。

【道地药材（广藿香）生态种植基地建设】 2022年，乐东县热作办公室实施省农业农村厅下发2022年省级道地药材良种繁育和生态种植基地建设项目，在抱由镇建设道地药材广藿香生态种植核心基地5.33公顷，良种种植覆盖面积95%。

【新奇特水果示范推广】 2022年，乐东县推广种植新奇特水果沃柑33.33公顷、榴莲533.33公顷、阳光玫瑰葡萄20.67公顷、无花果8.67公顷。

【热作科技培训】 2022年，乐东县热作办公室组织涉农单位、热作标准化生产示范园的技术人员及种植大户在乐东凯利伯尔假日酒店举办“农药化肥”减量增效技术培训，受训200人，发放培训资料200份；培训农药化肥减量水肥一体化项目实施单位6家230人，发放培训资料230份；在驻点千家镇抱伦村和郎益村举办槟榔黄化病培训2期116人次。向种植企业（合作社）、种植户、工作群、农技群发送各种种植技术视频20多次。

【优势特色产业芒果集群项目建设】 2022年，乐东县优势特色产业芒果集群项目分标准化生产示范基地、产地交易中心、产地初加工3个部分，由3家企业实施。1.标准化生产示范基地建设项目由乐东双齐实业有限公司实施。项目投资1190.16万元（中央财政230万元、地方财政40万元、自筹920.16万元），建设标准化芒果生产示范基地76.47公顷（只文基地38.60公顷、抱用基地11.20公顷、利国基地6.67公顷、永益基地20公顷），建设永益芒果种植基地林下套种技术示范0.73公顷；7月5日开工建设，年末完成。2.产地交易中心项目，由乐东民利种植养殖专业合作社实施。项目投资1353.24万元（中央财政200万元、地方财政40万元、自筹1113.24万元），建设包装箱生产车间1000平方米，并购买设备，建设农资中心630平方米；配套建设深水井及供水设备3套、室外排水工程1项、500千伏安变压器及高低压供电系统1套、200千伏安变压器及高低压供电系统2套、农产品交易信息系统。9月1日开工建设，年末完成。3.产地初加工项目，由乐东万亩果业种养专业合作社实施。项目投资981.32万元（中央财政220万元、地方财政40万元，自筹721.32万元），建设初加工车间1536平方米，建设加工成品冻存库800平方米（含冷库设备），鲜芒果仓储车间2000平方米，配套建设变压器及高低压供电系统2套、水井及供水系统1套。7月5日开工建设，年末完成。

（陈祥军）

南繁管理

【概况】 乐东县南繁规划保护区面积5866.67公顷，其中核心区1533.33公顷，占全省42%，主要分布在沿海的九所镇、利国镇、黄流镇、佛罗镇和尖峰镇一带。2022年，有343个单位在乐东开展南繁育种活动，涉及30种作物3373个品种，种植面积6753.33公顷，总产量2.59万吨；设施农用地备案155家；南繁成果“紫钻”无花果、水果甘蓝等品种成功进入商品推广。年内，成立九所、利国、黄流、佛罗、尖峰5个镇南繁机构领导小组，配备基层管理服务队伍54名。

【农作物种子管理】 2022年，乐东县南繁管理局继续做好农作物种子管理备案工作，全年完成种子经营不分装备案26家店，540种品种。委托生产备案33个，涉及约101个品种。委托代销备案1个，涉及4个品种。

【南繁植物检疫】 2022年，乐东县南繁管理局开展辖区内南繁植物检疫工作，全年出具产地检疫合格证657份，涉及344个申报单位，3376个品种，作物有玉米、水稻、高粱、大豆、向日葵、谷子、辣椒、棉花、落花生、茄子、番茄、南瓜、苦瓜、甜瓜等30个种类，面积约6753公顷。

【南繁供地补贴发放】 2022年，乐东县南繁管理局制定南繁供补贴方案，联合九所镇、利国镇、黄流镇、佛罗镇、尖峰镇发放供地补贴资金659.17万元。

【制种大县奖励资金项目】 2022年，乐东县南繁管理局启用2021年度南繁制种大县奖励资金项目资金2000万元，实施建设黄流镇抱孔田洋提质改造工程一期、佛罗镇求雨田洋提质改造工程、黄流镇新荣田洋排涝沟整治工程、乐东千金片制种基地基础设施整治及配套工程，完成资金支出1232.81万元，支出比例为61.64%。2022年度乐东水稻展示验证评价实验项目投资资金1000万元，年末启动前期设计等工作。

【南繁科研育种基地（抱孔洋）配套服务区项目建设】 乐东县南繁科研育种基地（抱孔洋）配套服务区项目规划用地面积16.80万平方米。其中，科研用地13.34万平方米，二类居住用地3.47万平方米。投资建设运营主体为海南鲁坤南繁科技有限公司。规划建设综合服务区、科研办公区、仓储生产区、中央花园区等四大核心功能区，是集科研办公、会议培训、住宿、展示、仓储物流等于一体的综合配套服务区，拟建设楼房58栋（其中住宅楼14栋、科研楼41栋、地下车库2栋、地下室1栋），总建筑面积21.60万平方米，计划投资13亿元。项目于2020年10月开工建设，2022年末，项目开工建设楼房50栋（其中住宅楼14栋、科研楼33栋、地下车库2栋、地下室1栋），其中40栋主体已封顶正在装修，总建设面积约18万平方米，包括9栋住宅楼（总面积约2.30万平方米）296套、科研楼28栋（总面积约为13.20万平方米），车库2栋以及配套地下室1栋（面积4714平方米）。具备使用及入住条件面积2.67万平方米，其中住宅楼4栋128

乐东水果甘蓝种植基地　　（吴兴雄　摄）

套（建筑面积 83～119 平方米）、科研办公楼 5 栋约 1.40 万平方米，包含南繁公寓 1 栋（90 套），大平层办公楼 1 栋（18 套），独栋办公楼 2 栋，配套服务楼 1 栋。项目总体完成投资 9.55 亿元，占总体估算投资的 73%。年内，县南繁管理局配合县城投公司等有关单位，推进新建绕城东路、德昌路市政工程等项目建设。年末，团结路完成工作总量 100%；德昌路、绕城东路 11 月 6 日开工建设，工程总量完成 55%。

【南繁基地建筑设施分类处置】2022 年，乐东县南繁管理局完成南繁基地建筑设施分类甄别工作，全县应备案南繁基地 155 家，完成设施农用地备案 155 家，完成 100%。年内，县资规局完成基本农田补划 115 家，补划基本农田 16.43 公顷；完成林地补划 2 家，补划林地 0.57 公顷。

（廖邦静）

林　业

【森林资源保护】2022 年，乐东县林业局完成 2021 年森林督查违法图斑整改 174 宗，整改到位 168 宗，余 6 宗，整改完成率 96.55%；完成 2013 年以来打击毁林专项行动上报国家系统（重点整改）“三个到位”的图斑整改 33 宗，整改完成比例 100%；完成 2022 年度森林督查疑似违法图斑自查，确认违法图斑 86 个，移交相关部门和各镇进行整改 86 个。

【野生动物保护】2022 年，乐东县林业局开展严厉打击和惩治乱捕滥猎候鸟等野生动物资源的“清风行动”，重点打击非法猎捕、交易、运输、食用、采集和经营野生动植物违法行为。年内，联合县森林公安局、综合行政执法局、市场监督管理局开展巡查，出动 212 辆次、1860 余人次，在全县范围内突击检查集贸市场 860 个次、网具店 75 个次、餐饮行业 1785 个次、宠物店 67 个次，加强对网络巡查和监测平台（网店）48 个次，收缴诱鸟器 185 个，捕鸟笼 52 个，收缴并销毁鸟网 278 张，当场解救并放生鸟类 28 只。

【造林绿化】2022 年，乐东县林业局完成造林面积 618.53 公顷，为年度任务（433.33 公顷）的 142.74%。完成义务植树 30 万株。

【林业松材线虫病监测普查】2022 年，乐东县林业局开展春秋两季松材线虫病监测普查，普查树种有湿地松、加勒比松等。主要落实松林分布和面积，踏查松树整株死或枝条死情况，取样鉴定松材线虫病，实施防控。全县松材线虫防控任务面积 122.97 公顷，主要分布在抱由镇、千家镇、尖峰镇、志仲镇一带。全年无松材线虫病发生。

【森林植物检疫】2022 年，乐东县林业局依照《森林植物检疫条例》的规定，加强森林植物调运管理和进出县管理，严防危险性病虫害的输入和传出。全年实地抽样检疫 62 份，签发产地检疫合格证 35 张。

【林业植物新产品打假】2022 年，乐东县林业局切实做好林业植物新品种执法保护和打击侵权假冒工作。1. 充分利用广播、电视、宣传横幅等形式，悬挂宣传横幅 50 条、发放县林业局打击侵犯知识产权和制销假冒伪劣产品宣传册 200 多份，宣传《中华人民共和国种子法》《中华人民共和国植物新品种保护条例》，深入尖峰镇长安村、红湖村、山道村等，佛罗镇新安村、佛南村等，千家镇，抱由镇等普及林业优良品种的采摘、栽培等繁育实用技术以及识假辨假常识，引导农民科学识别植物新品种、使用植物新品种。2. 联合县森林公安局、农业农村局、市场监督管理局开展执法检查，依法打击生产经营假劣种苗、无证无签等坑农害农的违法行为。全年检查从事林木种苗生产经营的单位 33 家，各种苗生产经营单位均严格执行“一签两证”制度，无侵权假冒案件发生。

【“林长制”工作】2022 年，乐东县继续实施县、镇、村（社区）三级林长制，坚持党政同责，实行党政主要负责人双林长制。县级林长由县委书记和县长担任，县级副林长由县委、县政府领导担任，镇级及以下林长由本级党政主要负责人担任。根据全县森林资源分布情况，设县、镇、村三级林长 196 名（其中县级林长 15 名，镇级林长 22 名，村级林长 159 名），设置林长制公示牌 171 块（其中县级林长制公示牌 1 块，镇级林长制公示牌 11 块，村级林长制公示牌 159 块），在县、镇、村分别组建林长制办公室，落实责任区域，具体负责林长制工作。

【森林防火】 2022 年，乐东林业局贯彻执行“预防为主，积极消灭”的森林防火工作方针，扎实开展森林防火工作。1. 成立局森林防火工作领导小组，层层分解森林防火工作，落实森林防火工作责任制。2. 在 11 个生态公益林管护站配备小喇叭 55 个（每站 5 个），护林员利用巡山摩托车，采取走村串巷、入林巡山的方式开展森林防火语音宣传。3. 举办火灾扑救专业技术技能培训和演练 2 期次，培训森林防火专业队伍 34 人，组织 1 名专业骨干参加省里培训。4. 投入森林防火经费 65.71 万余元，增设重点林区入口、重点地段部位检查点、刷新和增设永久性警示牌 12 块，维修森林消防车 4 辆、风力灭火机 12 台，完善专业扑火队等。全年无发生森林火灾、无人员伤亡事故发生。

（石珊奇）

2022年，县林业局继续开展森林防火宣传工作（县林业局　供图）

渔　业

【概况】 2022 年，乐东县有渔港 3 个（乐东岭头一级渔港、乐东莺歌海一级渔港、望楼港），可容纳渔船 1100 多艘，其中岭头一级渔港可容纳渔船 450 艘，莺歌海一级渔港可容纳渔船 500 多艘，望楼港避风锚地可容纳渔船 200 艘；全县在编列管渔船有 747 艘（渔民 1594 人），全年机动渔船数量 740 艘，同比减少 1.20%，其中远海渔船 19 艘，近海渔船 721 艘。分布在沿海 6 个乡镇（主要莺歌海和利国镇）、16 个渔村，其中中大型渔船 29 艘；有 3 家渔业捕捞公司，渔船 18 艘，主要为中远海作业。乐东渔船主要作业方式为刺网作业，其次是张网和掩网掩罩作业。更新改造渔船 27 艘，其中大中型渔船 7 艘，小型渔船 20 艘。缩减海洋渔船捕捞功率 639.51 千瓦，报废拆解渔船 23 艘。年内，

莺歌海渔港　（县委宣传部　供图）

完成渔船检验检查 735 艘。

【伏季休渔管理】 2022 年，乐东县渔政事务服务中心采用会议传达、挂横幅、贴标语的形式开展多休渔宣传，发放休渔宣传资料 200 份；逐级签订休渔期工作责任书 713 份，落实休渔管理责任。休渔期间，县渔政中心在热点海域开展驻守执法，出动检查车辆 62 辆次、船艇 8 艘次、63 人次，巡海检查 23 次，维持南海伏季休渔秩序。休渔期间无违规出海捕鱼行为。

【渔业增殖放流】 2022 年 12 月，乐东县农业农村局、县渔政事务服务中心在莺歌海海域实施渔业资源增殖放流，分别放流红鳍笛鲷苗 550 万尾、青石斑鱼苗 16 万尾、斑节对虾苗 268 万尾。

【水生野生动物保护】 2022 年 5 月，乐东县渔政事务服务中心开展水生野生动物保护宣传月活动，采用宣传广播微信的形式，宣传《中华人民共和国野生动物保护法》《水生野生动物保护实施条例》，印发宣传资料 320 份；开展违法养殖、捕捞和水生野生动物经营巡查行动 8 次。

【渔业互保】 2022 年，乐东县渔政事务服务中心开展渔业互保宣传，鼓励渔民参与互保，做好渔业互保理赔服务，办理船东互保 1730 份，保额 38.39 万元。

【水产品生产】 2022 年，乐东县水产品总量 1.73 万吨，同比减少 7.72%。其中，海洋捕捞产量 1.18 万吨，海水养殖产量 4579 吨，淡水捕捞产量 274 吨，淡水养殖产量 637 吨。

【海洋捕捞】 2022 年，乐东县海洋捕捞产量 1.18 万吨，同比减少 10.30%，其中鱼类 7856 吨，甲壳类 1896 吨，头足类 1871 吨，贝类 130 吨，其他类 25 吨。

【水产养殖】 2022 年，乐东县水产养殖面积 960.84 公顷，同比增长 21.65%，其中海水养殖面积 612.56 公顷，龙栖湾海洋牧场深水网箱养殖 4.64 万立方米。总产量 4579 吨，同比增长 85.46%。其中，鱼类产量 3064 吨，甲壳类产量 1515 吨。淡水养殖面积 348.28 公顷，产量 637 吨，同比减少 60.92%。其中，罗非鱼 569 吨，其他鱼类 68 吨。

【渔民安全生产技能培训】 2022 年，乐东县渔政事务服务中心举办“三无”船舶船员培训 3 期次，培训船员 315 人，换发新版渔业船员证书 350 份。

【渔业安全生产】 2022 年，乐东县渔政事务服务中心通过渔民信息群，推送天气预警信息、安全生产应知应会知识短信；采取悬挂横幅、发放安全手册等形式，加大渔业安全生产宣传力度，增强渔民的安全意识。全年发送短信 2000 条，悬挂横幅 200 条，发放安全生产资料 850 份。1. 渔船防风工作。采取人钉人，人钉船，渔船监管责任压实到每个工作人员身上，通过电话询问，登门探访，全面了解掌握每艘船的去向、人员上岸情况；通过北斗系统或手机平台，及时向船主船东和渔民发送台风信息，要求及时回港避风并做好防范工作，在强风期间落实 24 小时值班制度，加强值守巡查，严防渔船出现“抢风头、赶风尾”行为发生。

为防御第20号台风“纳沙”，乐东组织作业渔船全部回港避风
（县融媒体中心　供图）

2. 生产渔船编队管理。出海作业渔船实行跟班编队生产，深海作业渔船25艘编为5个船队（1队/5艘），713艘近海渔船编为142个船队（1队/5艘），做好跟班服务工作，确保渔船出海作业安全。3. 渔船排查。全年登临检查渔船350艘次，发现安全隐患22处，全部整改，整改率100%。配齐渔船救生设备，机械设备正常运转，防止作业时出现故障导致渔业安全生产事故发生。4. 海上救援应急预案机制。成立县海上救援应急队，指挥中心设在渔政服务中心，岭头、望楼港、龙栖湾等渔区村委会以及三亚海警局乐东工作站为联合救援组，提高海上救援能力，保障海洋渔业安全生产。

【水产品质量安全监管】 2022年，乐东县农业农村局继续加强水产品检验检测，全年出动水产品药残留专项整治行动执法人员125人次，检查生产经营企业39家次；配合相关检测部门对全县开展各批次各类专项抽样检测工作，抽样检测52个（包括药品、投入品等2个），合格率98%；深入海水养殖场、鳄鱼养殖场设备设施现场检查32次。

（郑嗣伦、冯成伟）

畜牧业

【畜牧业生产】 2022年，乐东县有规模化养殖场121家，其中生猪规模化养殖场7家，禽类（年存栏2000只以上）46家，养羊规模化养殖场（年存栏100只以上）30家，牛规模化养殖场（年存栏50头以上）38家。全县生猪存栏量15万头，比上年增长6.5%；牛存栏量8.70万头，比上年增长1.5%；羊存栏量8.20万只，比上年增长2.1%；家禽存栏量121万只，比上年增长3.0%。生猪出栏量16.30万头，比上年增长7%；牛出栏量1.90万头，比上年增长1.3%；羊出栏量13万只，比上年增长1.3%；禽类出栏量354万只，比上年增长2.0%。

【动物防疫】 2022年，乐东县春秋两季发放猪口蹄疫灭活浓缩苗84万毫升、牛羊口蹄疫双价灭活浓缩苗62万毫升、高致病性猪蓝耳病灭活苗84万毫升、禽流感—新城疫冻干苗140万羽份、禽流感重组灭活苗222万毫升、猪瘟冻干苗42.4万头份；发放消毒药品160箱、防疫登记表900本、金属注射器300支、针头800盒、酒精800瓶、棉花160大包、地塞米松600盒、生理盐水6000瓶。年内，县畜牧兽医中心实行免疫抗体监测，对11个镇188个行政村进行5次流调，其中调查牛8万头、羊7万只、猪10万头、家禽120万羽。在流调与免疫基础上，实行免疫抗体监测，其中口蹄疫监测：猪600头，合格率95%；牛300头，合格率98%；羊300只，合格率96%。禽流感监测：家禽425羽，其中鸡200羽，合格率98%；鸭200羽，合格率96%；鹅25羽，合格率98%；鸡新城疫监测150羽，合格率98%。布病监测：牛450头，羊150只，均呈阴性。全年，全县无重大动物疫病零发生。

（陈积琼）

【动物检疫】 2022年，乐东县农业农村局制定春秋防疫动物疫病监测工作方案，实施培训提高村级防疫员新的技术操作水平，印发技术手册1200本，召开2次秋防宣传会议，参加培训500人次。组织开展疫苗接种工作，春秋季口蹄疫免疫密度（含猪、牛、羊）平均达到95%，禽流感（鸡、鸭、鹅、鸽）免疫密度达到90%以上，其他免疫均达到75%以上，完成重大动物疫病免疫工作任务。开展重大动物疫病流行病学调查与疫病监测工作，非洲猪瘟PCR（聚合酶链式反应）检测阴性率达到99.5%，配合县疾控中心（人防疫站）对羊布病开展检测，结果均呈阴性，县内人畜群接触中无布病感染。

（郑嗣伦）

农业现代化建设

【农业技术推广】 2022年，乐东县农技中心推广农业主推农业技术17项：海南早稻化肥减量增效技术、水稻秸秆低茬机械收割还田技术、甜玉米化肥减量增效技术、毛豆化肥减量增效技术、应用植保无人机与绿色防控相融合防治水稻病虫害技术、瓜菜农药减量主要技术、蔬菜病虫全程绿色防控技术、海南夏秋季设施叶菜栽培技术、冬瓜氮肥减施增效栽培技术、辣椒水肥一体化技术、反季节龙眼花果发育调控技术、火龙果能源节约型冬季夜晚补光诱导开花技术、基于畜牧—沼气（蚯蚓）—作物生态循环农业模式技术熟化与示范技术、芒果水肥一体化技术、海南规模猪场猪支原体肺炎综合防治关键技术、海南优质肉牛综合养殖技术、碱性腐殖酸水溶肥改良酸性土壤技术。

【农作物品种推广】 2022 年，乐东县农技中心推广农业主推农作物品种 43 个。其中，水稻品种 11 个 [特优 128、特优 863、特优 249、红香优 3 号、广黑糯（黑稻）、博Ⅱ优 813、博Ⅱ优 1618、金博优 168、博Ⅱ优 767、博优 225、博Ⅱ优 235]；玉米品种 5 个 [海玉加甜 8 号、皇冠（甜）、美玉 16 号（甜）、福甜 18 号、糯玉米 12 号（太阳花）]；番薯品种 2 个（尖峰地瓜、紫薯 22 号）；豇豆品种 4 个（华赣—宝冠、南海之星、优盛 128、金长城）；朝天椒品种 2 个（长艳 2 号、星火 9 号）；线椒品种 5 个（辣丰 3 号、海椒 109、热辣 4 号、永利黑线王、辛辣 16 号）；苦瓜品种 2 个（泰国早熟顶呱呱、琼 2 号）；大肉丝瓜品种 3 个（绿碧 1 号、翠丽、嘉丽）；紫长茄品种 4 个（长丰 2 号、农福茄王、盛丰、华紫 6 号）；哈密瓜品种 1 个（耀珑 25 号）；火龙果品种 1 个（大红 1 号）；黄瓜品种 3 个（津绿 18 号、津优 12 号、津春 4 号）。

【栽培技术示范推广】 2022 年，乐东县农技中心示范推广应用水稻、槟榔、哈密瓜、豇豆、番薯、玉米、热带水果等高产高效栽培技术，注重农业科技示范基地建设，推动产学研相结合。发挥全县 76 名县、镇两级基层农技推广人员的作用，培育农业科技示范主体（户）200 个，促进农业科技进村入户。建设农业科技推广试验示范基地 3 个，面积 20 公顷，基地统一制作“全国农技推广试验示范基地”标牌，明确技术责任人及其职责。依托农业科技试验示范基地和结合特色农业与高等农业院校、科研院所共同推广先进适用农业主推技术和主推品种。年内，招聘特聘农技员 2 名，在示范区实施并完成基层农技人员继续教育培训、测土配方施肥、植物保护、农村沼气技术推广、蝗虫防治技术示范、农作物病虫害监测、化肥农药减量增效技术示范推广、草地贪夜蛾和红火蚁等外来有害生物防治技术示范等主要农业技术示范推广工作。

【农业技术培训】 2022 年，乐东县农技中心选派 69 名基层农技推广人员参加省农业农村厅举办的省级知识更新培训，选派 5 名基层农技推广骨干人才参加农业农村部在海口举办的更新知识技术培训班学习，提高农业科学技术水平。全年，县农技中心举办各类农业技术培训 30 场次。开展技术咨询 30 场次，印发技术培训资料 5000 份，培训内容包括水稻、番薯、玉米、瓜菜、花生、槟榔等作物和热带水果优质高产栽培技术，培训农民群众 5000 人次，提高农民群众的农业生产技术水平。

12月，县农技中心组织农技人员到农作物种植基地指导农户做好农作物防寒防病工作
（县融媒体中心　供图）

【测土配方施肥】 2022年，乐东县农技中心对5个耕地质量监测点进行剖面采集和分析工作，完成9个新增耕地地力监测点建设；完成80个乡村与基地主要耕作区取土化验、5个田间肥效试验工作；开展240户农户施肥调查，完成“三新”配套技术模式推广400公顷。

【品种试验】 2022年，乐东县农技中心开展玉米新品种和冬季瓜菜试验工作，完成10个鲜食玉米品种展示验证评价试验，面积0.33公顷；完成11个冬季瓜菜品种试种试验，面积1公顷。

【农村沼气安全管理】 2022年，乐东县农技中心举办全县畜禽粪污贮存池、沼气设施安全隐患排查整治培训，培训各镇信息管理员30人，开展农村畜禽粪污贮存池、沼气设施安全隐患排查整治工作。年内，组织信息管理员26人，排查员209人，排查全县录入农村沼气系统的农村户用沼气设施732户，其中废弃状态628户，使用状态177户，闲置状态1927户；中小型沼气工程34家（中型2家，小型沼气32家），其中废弃状态量4家，使用状态7家，闲置状态23家；发放2550张沼气安全使用明白纸，农村沼气设施安全隐患识别手册27册，安全挂图34张，提高广大沼气用户的安全防范意识和应急处理能力。

【农业科技扶贫】 2022年，乐东县农技中心选派12名农技干部到万冲镇抱隆村进行帮扶工作。在帮扶村，驻村农技干部应用农业科技组织技术培训4场，培训农民群众200人次；开展利用无人机统防防治水稻病虫害，飞防面积60公顷；发放有机肥料46吨（6.50万元），发放农药近2万元，既保护该农业生产环境，又促进产业提质增效、农民增收。

【农作物病虫害防治】 2022年，乐东县农技中心开展统防统治工作，完成年度农业生产和水利救灾资金（农作物重大病虫害）项目水稻统防统治面积2026.67公顷；完成年度农药化肥减量项目玉米统防统治面积2333.34公顷。3月初，在尖峰镇白沙田洋，佛罗镇丹村、新安、白井、新坡田洋，黄流镇抱孔洋等出现蝗虫危害农作物现象，县农技中心及时组织农技人员在虫发区定时定点实施野外监测，每周2次；虫害面积4000公顷，达到防治指标面积733.34公顷，实施统防统治面积达600公顷次，有效防治面积600公顷次，有效控制飞蝗发生及蔓延。夏秋蝗监测期间向全县蝗虫防治平台和省植保站定时发布蝗虫情报24期。积极参与组织农作物病虫害及药害等突发事件等疑难问题的调查处理，指导农户科学防治蝗虫和农作物病虫害。全年完成水稻、玉米、冬季瓜菜等农作物病虫害预测预报49期，其中水稻监测与防治信息周报15期，乐东农作物病虫情报3期，农业植物检疫信息月报12期，外来入侵物种——红火蚁监测与防控信息周报10期及玉米草地贪夜蛾发生防治周报21期。组织技术员50人次开展实地调研，编制《乐东县冬春瓜菜病虫害防治明白纸》《乐东县豇豆科学栽培管理及主要病虫害防控技术明白纸》等病虫害防治技术资料印发到各镇农业服务中心指导农业生产。在九所、利国、黄流、佛罗四个镇主要田洋及部分南繁育种基地设立病虫害监测点5个、设立农药化肥使用量监测点10个。在利国镇、九所镇建立豇豆“防虫网+”绿色防控技术示范基地22.67公顷。

（吴智伟）

【经济作物病虫害监测与防治】 2022年，乐东县热作办公室定季度、定作物生产物候期到全县热带经济作物和水果重点主产区、村镇详细调查水果病虫害发生情况。在芒果主产区建立芒果病虫害固定联系点，定期或不定期对芒果病虫害情况进行预测预报。年内，实施芒果、龙眼等经济作物病虫害统防统治项目，面积5333.33公顷，新建5个病虫害预测预报监测点；在保国、抱由、大安、黄流等地创办槟榔黄化病防治试验示范点，示范防治面积133.33公顷。

（陈祥军）

【农机安全】 2022年，乐东县农业农村局与农机手签订安全责任书238份，落实农机安全责任；

发放宣传教育资料261份，进行安全生产宣传教育；开展农机安全检查12次，出动31人次，发现安全隐患5处，整改5项；开展道路交通安全专项整治行动12次，出动农机执法62人次，检查拖拉机197台次，查处拖拉机违章60台，其中排除危险隐患60台，未经检验车辆12台。

【乐东龙栖湾智慧海洋牧场建设】乐东龙栖湾智慧海洋牧场项目分海域和陆域两部分，海域位于九所镇，陆域位于千家镇。2022年底，完成投资7.43亿元，完成投资率14.85%。海域一期项目完成投放人工渔礁1.53万空方，投产3万方水体养殖旅游平台2座和2万方水体桁架网箱1架。第一季度投产试养军曹鱼3.20万尾，经过7个月深海生态养殖，收获产量375吨，产值2250万元。陆域建设期3年，配套建设用地面积13.33公顷（已落实9.26公顷），总投资30亿。于2020年11月开工。年末，一期工程完成建设用地4.97公顷，完成建筑面积6.53万平方米，其中深加工中心1.78万平方米，渔业加工厂2.41万平方米，冷库建筑2.32万平方米。年末提交竣工验收资料。

【高标准农田建设】2022年，乐东县农业农村局完成高标准农田建设2000公顷，其中2021年项目460公顷，2022年项目1540公顷。完成高标准农田改造提升项目、制种大县奖励资金项目、高标准农田土壤质量提升项目以及黄流镇抱孔洋排涝沟整治加固工程建设项目。

（郑嗣伦）

【热作标准化生产示范园建设】2022年，乐东县累计有国家级热作标准化生产示范园8家，省级热作标准化生产示范园51家。年内，乐东鹏海科技农业发展有限公司和乐东大庄实业开发有限公司获评省级热作标准化生产示范园。

（陈祥军）

【南繁基地高标准农田项目建设】2022年，乐东县南繁管理局配合县农业农村局实施南繁基地高标准农田项目建设，项目任务373.33公顷，年末完成354.67公顷，完成中央资金支出208.70万元、完成省级资金支出147万元。

（廖邦静）

水务

【概况】2022年，乐东县县管大中型水库及灌区工程有长茅工程管理局和长茅水库、石门水库、东渠、西渠、三曲沟水库、大安水库、南木水库、陈考水库、望老水库管理所等10个水管单位。全县87座小型水库已完成水管体制改革工作，按《乐东黎族自治县小型水库管理体制改革实施方案》，为全县87座小型水库配备管理员119名［每座小（1）型水库管理员2名，每座小（2）型水库管理员1名］。

【蓄水工程】2022年，乐东县有蓄水工程115宗［其中，大（2）型1宗、中型7宗、小（1）型32宗、小（2）型56宗、山塘19宗］，总库容4.44亿立方米，正常库容2.59亿立方米，有效库容2.57亿立方米，设计灌溉面积1.92万公顷。引水工程41宗，主干渠188条长972千米，支渠113条长174.50千米，全县渠道总长1713.50千米，其中已防渗硬化1033.79千米。流域面积100平方千米以上的江海堤防9条，全长约26千米。机电提灌35宗，水轮泵站14宗。

【水利建设】2022年，乐东县水务局按照可持续发展的治水思路，围绕“六水共治”攻坚目标，实施建设污水处理和饮水安全项目。1.持续规范管理千家镇、大安镇、志仲镇、黄流镇、佛罗镇和尖峰镇等污水处理厂及配套管网工程运行管理工作6宗，保障项目良性运行；完成九所镇、利国镇、万冲镇和莺歌海镇4个镇污水项目建设，并进水调试运行，实现全县建制镇污水处理厂全覆盖，同时开工建设江北污水处理厂及配套管网工程、县城乐祥南路、乐祥北路污水管网工程等3宗污水项目。2.加快规模化供水、管网延伸工程和单村集中供水设施提升工程建设。实施建设望老水厂及管网配套工程项目、千家自来水厂供水工程（续建）项目和抱由水厂管网延伸工程和三曲沟水厂扩容工程，其中千家自来水厂供水工程（续建）项目和抱由水厂管网延伸工程已投入使用。同时正在谋划推进万冲镇自来水厂及配套管网工程、县城水厂管网延伸工程（排慎村至延红村）等供水工程项目前期工作和筹措资金。

【农村饮用水安全】 2022 年，乐东县有农村饮水工程项目 210 宗，集中式供水覆盖 159 个行政村（居）444 个自然村，受益人口约 37.03 人，集中供水率 88.06%。其中，规模水厂管网延伸到 162 个自然村，受益人口约 24.6 万人。全县采用分散式供水的行政村 30 个（涉及自然村 157 个，约 5 万人），主要采用手压井和大口井取水。

【“河湖长制”工作】 2022 年，乐东县确定流域面积在 50 平方千米以上的河流分级名录 15 条，50 平方千米以下的河流分级名录 167 条，湖泊名录 95 宗（其中县级湖泊 7 宗，镇级湖泊 88 宗）。全县设县级河湖长 24 名（含第一总河湖长、总河湖长），镇级河湖长 121 名，村级河长 171 名，构建县、镇、村三级河湖长体系。划定河湖保护范围，夯实工作基础。年内，完成望楼河等 13 条流域面积 50 平方千米以上河流和 7 座中型及以上水库管理范围划定工作，完成 13 条河流岸线保护与利用规划工作，确保生态功能不降低、面积不减少、性质不改变。持续推进河湖“清四乱”常态化规范化专项行动。全年，清理整治各乡镇河湖“四乱”问题 25 处，已整改销号 25 处，清理建筑及生活垃圾约 35 吨；累计清理河湖妨碍行洪安全突出问题 15 处，已整治销号 15 处。将清量整治重点进一步向中小河湖、农村河湖、入海河流延伸，开展“清四乱”自查自纠，建立台账，对历史遗留问题建立有序退出机制，减存量，遏增量，持续推进河湖“清四乱”常态化规范化。开展清理水浮莲专项行动。组织对望楼河抱伦居段、南木水库、十三千米水库等河库开展清理河道水浮莲，清理面积约 105.40 公顷。

九所新区水厂二期扩建工程　　（县融媒体中心　供图）

【水资源管理】 2022 年，乐东县用水总量控制目标 4.10 亿立方米，实际用水总量 3.45 亿立方米，农田灌溉水有效利用系数为 0.63，万元生产总值用水量比 2020 年下降率 13.29%，万元工业增加值用水量比 2020 年下降率 8.27%，重要江河湖泊水功能区水质达标率 100% 以上。

【水务安全生产】 2022 年，乐东县水务局加强水务安全管理，水务系统无任何安全责任事故发生，安全生产率 100%。1. 加强监督管理。完善 95 座水库各项制度，责任到人，安排人员分片区负责联系水库，做到职责清晰，督促落实水库各项工作。增强监督检查频次，对发现的问题，建立台账，采取措施加以整改销号，确保水库安全运行。2. 加强水库防汛工作。完成水库汛前检查和各级指挥机构成员的调整，落实 96 座水库安全责任人，并组织人员对全县水库开展汛前安全检查，做好预防整改工作，确保水库安全度汛；全面落实汛期 24 小时值班制度，并做好防汛物资的储备工作并制订应急方案，储备砂石料总量 1.78 万立方米。3. 加强水库问题整治，保障水库安全运行。拆除违规电线杆 142 根，违规取水管352条；强化水库除险加固及应急抢修，投入资金20.03万元完成抱平水库、只炮水库、三益水库等11座水库启闭机、排气管、螺杆应急抢险维修，及时排除安全隐患，完成保国水库、陈考水库、抱盘水库等3座水库三类坝除险加固，筑牢大坝坝体，确保水库在汛期安全度汛。

【污水处理】 2022年，乐东县建成污水处理厂10座，实现建制污水设施全覆盖。全县总处理水量348.12万吨，日平均处理污水量0.95万吨，平均负荷率为95.38%；出水COD（化学需氧量）平均浓度为17.52毫克/升，氨氮平均浓度为2.26毫克/升，TN（总氮），平均浓度为4.39毫克/升，TP（总磷）平均浓度为0.24毫克/升，SS（悬浮固体）平均浓度为6毫克/升，污水集中处理率为36.2%。

（麦笃珠）

工 业

工业管理

【工业安全监管】 2022年，乐东县工业信息化局在重大节日和重要会议期间，对重点行业、重点领域开展安全生产专项整治及安全隐患整治工作。邀请海南居安防灾减灾宣传服务中心对全县重点工业企业进行消防安全培训，培训工信领域重点企业13家。

【新能源汽车推广】 2022年，乐东县制定出台《乐东黎族自治县2022年促进新能源汽车消费临时性奖励措施》，实施购置新能源汽车奖励。6月24—26日，县工业信息化局在县民族文化体育广场举行2022海南省新能源汽车下乡暨乐东车展，为广大市民提供现场看车、选车、试车、购车一站式服务，为车商与潜在消费者搭起全新的沟通、展示、交易平台。全年完成新能源汽车推广564辆（任务490辆），超额完成年度推广任务。

（罗赵丹）

发 电

国家能源集团乐东发电有限公司

【概况】 国家能源集团乐东发电有限公司位于乐东县莺歌海镇国电西南部电厂，于2012年5月8日成立，总投资36.80亿元，一期建设2×350兆瓦超临界燃煤发电机组，1、2号机组分别于2015年7月和10月投入商业运营。同步建设DCS（分布式控制系统）控制、等离子点火、布袋除尘、湿式电除尘、脱硫、脱硝、污（废）处理及海水直流冷却系统，配套建设一个5万吨级煤炭泊位，一座条形封闭煤场，海水淡化等系统等公共设施。2018年进行环保提标改造，环保指标达世界领先水平，烟尘、废冰、噪声优于国家标准。2022年3月，2号机组荣获南方电网“金牌机组”称号；12月，获中国电力企业联合“2022年度全国发电机组可靠性对标标杆机组”300兆瓦等级可靠性标杆机组称号。

【发电生产经营】 2022年，国家能源乐东发电公司完成发电35.71亿千瓦时（累计发电268.55亿千瓦时），机组利用小时数5102小时，领先“三同”98小时，区域排名第一；完成净利润1311万元（累计利润8.99亿元），上缴税费3529.88万元（累计上缴税费5.73亿元），实现公司总体及火电单体扭亏目标。被国家能源集团海南公司授予“先进单位”称号，连续取得“保A争先”优秀成绩。

【发电安全生产】 2022年，国家能源乐东发电公司实行“党政同

国家能源集团乐东发电有限公司　　（县委宣传部　供图）

责，一岗双责，齐抓共管，失职追责”安全生产管理制度，强化“三管三必须”，逐级签订安全环保目标责任书，明确目标、落实责任；完善公司包保责任制，公司领导及部门负责人按包保范围、包保责任及履职要求，认真落实安全生产各项工作。全年召开安全生产会议4次，月度安全生产分析会12次，签订安全环保目标责任书23份，更新安全生产宣传栏48块4期（次）；开展安全生产检查44次，发现问题625个，整改到位625个，全年无安全生产事故发生。

【发电环保生产】 2022年，国家能源乐东发电公司（发电厂）二氧化硫、氮氧化物、烟尘排放量分别为155.57吨、194.08吨、11.03吨，均低于公司排污许可证允许排放总量；二氧化硫、氮氧化物及烟尘排放浓度分别为11.71毫克/标准立方米、14.6毫克/标准立方米、0.83毫克/标准立方米，优于国家《火电厂大气污染物排放标准》，主要污染物达标排放率100%。年内，健全危险废物防控制度，落实危险废物管理计划、申报登记、台账管理、转移联单、经营许可证等要求，加大危险废物整治力度，开展各类危险废物检查、监察“回头看”，危废合规处置率100%。开展碳盘查、碳排放数据质量监管，做好煤检实验室CNAS（中国合格评定国家认可委员会）认证维护，配合集团公司做好碳核算数据质量管控系统、碳排放数据可信管理平台和碳资产管理信息系统的建设及应用，提升碳资产管理能力。做好国家二氧化碳排放在线监测评估试点，完成碳监测评估试点工作任务。

【电厂码头经营】 国家能源乐东发电公司（发电厂）配套码头建设5万吨级煤炭泊位1个，设计年最大接卸量358万吨，于2014年10月开工建设，2016年3月28日开港通航试运行。2018年11月配套码头由5万吨级升级为7万吨级（可减载靠泊7万吨级船舶）。截至2022年12月底，码头累计接卸到港船舶245艘/次，累计接卸煤炭约1118万吨。

【海水淡化】 国家能源乐东发电公司采用超滤加反渗透全膜处理工艺实施海水淡化制水，制水量260吨/小时，日产淡化水量6240吨。海水淡化出水脱盐率达到99%，回收率40%。海水淡化产水主要用于电厂生产、消防以及除盐水制水的原水。工业水、消防水成本约6.50元/吨。在海水淡化的基础上，经过一级反渗透除盐，紫外和臭氧杀菌，再进行矿化处理成为生活饮用水，水质达到国家饮用纯净水标准，成本约8.20元/吨。2022年，约产淡水100万吨。海水淡化产水除供公司生产、生活用水外，公司还在厂区外设直饮水供水点，为周边10公里范围内的莺歌海镇和丰塘村村（居）民免费供水。

【电厂废水处理】 国家能源乐东发电公司设置3座容积为1350立方米的工业废水池，配套废水输送泵、曝气风机、pH调整槽、絮凝槽、反应槽、斜板澄清池、最终中和池、清净水池及加药系统等设备，废水处理设施出力设计100立方米/时。工业废水进行处理后（pH调节、混凝澄清），用于全厂复用水的补充用水，作为输煤系统喷洒用水。输煤系统采用封闭煤场和管式输煤装置，输煤喷洒用不完的废水，回收系统根据废水的水质情况回收至絮凝沉淀池或V形滤池处理，用于淡化系统制水，实现废水零排放。

（李　志）

海南海控能源乐东发电有限公司

【概况】 海控能源乐东发电公司是海南省首个水光互补的发电站，地处望楼河畔，坐落在响水水库和石门水库之间，距千家镇政府6千米。综合办公室区设在乐东县城。2022年，海控能源乐东发电公司有水力发电站1宗（响水水力发电站）、光伏发电站1宗（响水光伏电站）、托管水电站1宗（南尧河水电站）。响水水力发电站总装机容量2×4兆瓦，设计年均发电量2400万千瓦时，光伏电站总装机容量20兆瓦；设计年均发电量2600万千瓦时。南尧河水电站装机容量3×2兆瓦，设计年平均发电量1892千瓦时。

【发电生产经营】 2022年，海控能源乐东发电公司发电量3721万千瓦时，其中水电发电量1436万千瓦时、光伏发电量2285万千瓦时；实际销售电量3683万千瓦时，其中水电销售电量1427万千瓦时、光伏销售电量2256万千瓦时；营业收入2523万元（其中光伏1970万元，水电517万元，其他收入36万元）；利润111万元。年末公司资产总值1.80亿元，净产值1942万元。南尧河电站发电量690万千瓦时，售电量665万千瓦时，营业收入266.82万元，利润总额-176.03万元。年末总资产总值4556.59万元，净资产为2396.72万元。

【安全生产】 2022年，海控能源乐东发电公司成立安全生产应急领导小组和应急救援队，成立安全生产标准化年度自评工作小组，制定《2022年冬春火灾防控工作实施方案》《电站防汛应急预案》，开展防汛、防火安全生产专项行动，举办安全知识技能培训12次、应急演练3次，组织安全生产大检查3次、专项检查3次、电站线路隐患排查2次，发现隐患43项，整改43项，整改率100%；海控能源公司及海控级别安全检查6次，发现隐患23项，整改率100%。全年无安全事故。

（麦有霄）

小型水电站

【概况】 2022年，乐东县建成水电站14座，总装机容量5.21万千瓦。其中，县建水电站3座，装机容量6610千瓦；农场建水电站4座，装机容量1645千瓦；省属水电站1座，装机容量8000千瓦；镇建水电站1座，装机容量945千瓦；民营水电站5座，装机容量3.43万千瓦。

【友谊水电站】 乐东县友谊水电站位于万冲镇，坐落昌化江畔，投入资金3343万元，兴建于1989年初，1993年7月1日正式投产发电。发电水头11.5米，装机3台，总容量3750千瓦，设计年发电量1900万千瓦时。2022年，发电2059万千瓦时，营业收入637万元，利润26万元，资产总值562万元，净资产-4725万元。有职工167人，其中在岗107人，退休60人。

（黄泽夫）

【长茅水电站】 长茅水电站总装机容量为2×800千瓦，最大发电水头为30米，最小发电水头为12米，设计年发电量482万千瓦时。2022年，发电228万千瓦时，营业收入73万元，利润-12万元，资产总值263万元，净资产60万元。有职工135人，其中在岗88人，退休47人。

（黄泽海）

制盐业

【盐业生产经营】 2022年，莺歌海盐场公司生产原盐2.49万吨，完成年度计划的82.7%；精制日晒盐（700千克/袋，半成品盐）1.38万吨，完成年度计划110.7%。一级品率为99.04%，同期相比增加15.27个百分点。盐品销售量3万吨（小包装盐1.36万吨、腌制盐1.86万吨），同比增长27%。高附加值老盐

莺歌海盐场公司工作人员开展制盐作业 （陈昌毅 摄）

产品销售量217万吨，同比增长220%。营业收入3600多万元（其中主营业务收入2200多万元），完成年度标杆指标的109.98%；利润减少2000多万元，完成年度标杆指标的86.87%。全年新增食盐销售网点480家。

【“老盐”产品品牌打造】 2022年，莺歌海盐场公司研制开发老盐饮品系列及老盐康养系列产品，完成老盐包装升级13个；开发“小盐好闲”老盐冻干水果茶系列产品，打造“小盐好闲”莺歌海老盐国潮饮品店，开展抖音带货营销，推出全新海南网红饮品“小盐好闲”老盐冻干水果茶，线上线下全面上市销售。拓展老盐销售业务，新增合作18家，老盐、足盐产品推向上海、江苏、福建和湖北等7个省份。

【盐业安全生产】 2022年，莺歌海盐场公司投入17.20万元，开展安全生产保障工作。1. 与各层级干部职工签订《2022年度安全责任书》492份，确保安全生产责任全面落实。2. 实施年度安全生产教育培训计划，投入培训费2.17万元，开设培训课题28个，培训7517人次，教育培训率达100%。3. 建立完善安全生产管理制度1项。4. 投入3.30万元，开展隐患排查治理。全年安全检查58次，查出安全隐患211项，闭环211项，完成率100%。全年无生产安全事故。

（盛 娇）

商贸服务业·旅游业

商贸管理

【农贸市场建设】 2022年9月底，乐东县升级改造县城第一集贸市场为智慧农贸市场项目在政府网上公开招标，10月24日完成招标评审工作，智慧市场处于升级改造阶段。

【商贸活动】 2022年，乐东县社消零总额47.95亿元，同比下降8.2%。主要开展促消费活动情况如下：1.元宵节期间联合企业举办美食嘉年华活动。活动人流量5万人，销售额100多万元；2.开展促消费优惠券发放活动，由县政府拨付150万元，建行乐东公司出资25万元，从10月1日起至12月底在零售、餐饮、汽车中开展为期3个月的共计175万元的促消费优惠券发放活动，发放1.69万张消费券，共计61.30万元。7月，组织100多家乐东企业参观中国海南消费品博览会，并开展一系列的招商工作。

【"菜篮子"保价稳供】 2022年，乐东县22种平价菜累计均价5.8元/千克，比上年累计均价6.8元/千克低1元/千克，平价菜销售占比57.38%，完成全年占比50%以上的目标，完成"一低两高"目标任务；开展平价蔬菜零售保险工作，平价蔬菜零售保险总保费2131.8万元，总赔付金额1394.02万元，总签发保单2141份；完成铺设电子秤409台，并通过第三方新建数据管理平台，及时采集全县平价菜各类经营体系已铺设可追溯电子秤的数据，丰富县专班对蔬菜交易数据的实时采集与管理的手段和方法；指导企业签订蔬菜购销协议，协调县城福乐佳超市、百佳汇超市继续和海口、三亚及外地

疫情期间，县委、县政府全力保障"菜篮子"量足价稳、市场稳定有序

（县融媒体中心　供图）

蔬菜批发市场签订蔬菜供应合作协议，保证乐东蔬菜市场的正常供应，做好特殊时期的生活必需品应急储备工作。

【电商工作】 2022年，乐东县继续推进国家级电子商务进农村综合示范县项目相关工作。1. 开展快递进村工作，全年派件3397150件快递，寄件4.03万件，覆盖11个镇37个行政村。2. 借助线上线下平台做好农产品上下行工作。全年，县电商中心线上销售渠道产生销售额293.88万元，20个线上便民村级电子商务服务站及3家线下体验店销售额112.82万元。3. 做好电商宣传平台维护工作。年内，县电商中心公众号推送文章1009篇，官方微博“乐东电商”发布内容458篇，官方抖音号“乐东电商”发布短视频141条，官方快手号“乐东电商”发布短视频96条。

【市场监测与管理】 2022年，乐东县设置市场监测点9个，发现商品断档、脱销或价格异常等情况，立即上报。每月编辑1期《乐东商务》简报，全面反映当月必需品市场供需和价格情况。

【商贸流通】 2022年，乐东县外贸进出口企业3家，全县货物进出口总额为2222万元，同比增长26.9%。

【口岸工作】 2022年，国家能源集团乐东发电有限公司参照海关总署相关标准，遵照集约共享原则，充分利用现有设施和建筑场所条件，对现有的查验设备设施进行优化分类，并拟利用莺歌海码头平台区域新建部分查验业务用房和防疫用房。经多次书面和座谈征求三亚海事、海关、边检意见，确定三亚港开放口岸莺歌海港区口岸设施设备升级改造项目设计方案。

【安全生产监管】 2022年，乐东县商务招商局严格落实安全生产责任制。采取定期和不定期的方式对加油站、农贸市场、商场（超市）等安全生产责任单位进行隐患排查。全年，出动执法人员52人次，查出一般安全隐患15处，当场责令限期整改，每处隐患整改均在规定时间内顺利完成。目前，商务领域辖区各经营企业安全生产意识普遍得到提高。

（孙明玉）

招商合作

【招商对接服务】 2022年，乐东县召开企业座谈会、项目对接会113次，邀请相关企业代表对目前项目投资存在的问题提出意见建议，专题研究推进项目落地事宜。同时先后接待三亚跨境电商产业园、中国节能环保集团、华润集团、远大集团、正大集团等大型企业团体到县内实地考察调研。年内，县内登记备案的各类企业95家。

【招商项目】 2022年，乐东县签订《远景海南乐东零碳产业园合作协议》《海南天能莺歌海盐场100MW平价光伏项目》《莺歌唱晚驿站项目投资合作协议》等9个招商签约项目，落地招商项目7个。

【招商政策】 2022年，由乐东县人民政府办印发《乐东黎族自治县加强招商引资工作十条措施》，制定《乐东黎族自治县招商引资项目服务细则（送审稿）》。

（孙明玉）

供销合作

【概况】 乐东县供销社是从事供销社社有资产经营监管工作的财政预算管理正科级事业单位，内设办公室、经济发展股、财务审计股、资产管理股等机构，是全县最大的农民合作经济组织。下辖19个企业法人单位（具体为山荣、抱由、三平、大安、志仲、千家、福报、九所、冲坡、乐罗、黄流、莺歌海、佛罗、尖峰14个基层供销社，资产管理、综合贸易、土产日杂、果菜副食品、生产资料5家直属公司），独立核算，自负盈亏。全系统现有196个经营网点，主要从事土产日杂、日用针织百货、果菜副食、化肥农药、烟花爆竹等方面的经营。

【供销社经营销售】 2022年，乐东县供销社全系统实现商品销售总额2.11亿元，同比增长11.7%；实现主营业务收入1.14亿元，同比增长3.56%；利润244万元，同比增长6.5%；资产总值7612万元，同比增长1.89%；所有者权益1551万元，同比增长7.93%。

【保供稳价】 2022年，乐东县供销社充分发挥平价蔬菜销售主渠道作用，全程参与“菜篮子”经营销售各个环节，提高本地蔬菜自给率和减少流通环节，降低流通成本，平抑市场价格。1. 持续引进专业销售团队，和海南禾力网络科技有限公司续签采购服务协议，发挥其已有的蔬菜进货渠道和销售手段，在乐东县范围内扩大市场批发份额，拓展更多的销售终端。2. 与县内43个蔬菜基地签订蔬菜生产保供协议，实现订单保供，确保本地蔬菜种得出、销得去、价格稳定。3. 在原有销售网点的基础上，不断优化布局，在全县各集贸市场发展产销联盟经营主体和平价蔬菜销售网点，扩大平价菜的占比份额。11月，注册成立乐供菜篮子发展有限公司，统筹推进“菜篮子”建设任务。

【供销惠农】 2022年，乐东县供销社利用“乐东优选”平台，采取线上、线下下单采购的方式，以“直采、直配、直供”的举措，全力保障生活物资的供应。年内，通过拓展消费帮扶功能，组织开展农产品产销对接，建立解决农产品滞销卖难问题的长效机制，促进农民增收。开展线上满减促销、产地直销和线下消费助农集市活动，实现线上线下销售1775.47万元。依托供销社网络平台和销售渠道，通过对接省外客商，云产销直播、一镇一品等活动，推进农产品产销对接，拓宽农产品销售渠道。运销哈密瓜、黄秋葵、芒果等瓜果菜1.37万吨，销售金额6.62亿元。

【供销社综合改革】 2022年，乐东县供销社继续推进供销社综合改革。1. 推广复制千家供销社为农服务综合体建设模式。年内，县供销社在有条件的基层供销社探索启动“三位一体”综合合作试点工作。通过开展果树托管、代耕代种、统防统治等全方位服务为切入点，力争形成以流通为主导、生产为基础、金融为支撑的综合协同服务新机制，打造服务农民生产生活的综合平台。2. 打造基层社示范社1家，升级改造薄弱基层社1家。以黄流供销社、尖峰供销社作为创建和改造单位，采取“供销社＋专业合作社＋农户”的方式，通过吸纳农民社员，召开社员代表大会，成立理事会、监事会，健全联结机制，发展服务带动经营业务。3. 实施农业社会化服务惠农工程。利用下属企业、基层社现有资产，新建为农服务中心2家，升级改造农村综合服务社6家，为周边地区提供农业技术推广应用、农资配送服务、产销对接、病虫害绿色防控、生产技术宣传、农民技术培训等服务。4. 实施社有企业“三降两清一扭”（降“两金”占比，降低企业资产负债率；清理“僵尸企业”，减少低效业务和无效投入；清理处置经营风险，减少企业面临的潜在风险；扭亏增盈，通过提高企业效率和盈利能力，实现盈利目标）专项行动。为改善乐东县供销社系统“两金”（存货资金和应收账款资金）占比过大，三项费用率居高不下，资产负债率较高等问题，乐东县供销社成立专项工作领导小组，制定专项行动工作方案，明确工作职责和工作目标，收集整理直属企业、基层社相关情况，摸清家底，建立台账，实施动态管理。此外，推动完成本级5家社有企业公司章程落实党组织在法人治理中的法定地位。

（冯　云）

粮油流通

【粮情监测】 2022年，乐东县粮食服务中心落实粮食行情调查、监测工作职责，健全粮食市场信息监测点，完善粮食市场信息报告制度，密切关注粮食市场动态。进村入户实地调查11个乡镇200户粮食种植农户和设立50个粮食销售监测点，对全县粮食生产、流通、消费、价格等数据进行收集、分析，全面掌握粮情动态和变化趋势，为政府调控决策提供真实依据，维护全县粮食市场供应平衡和价格的基本稳定。

【粮食安全宣传】 2022年，乐东

县粮食服务中心结合“世界粮食日”等宣传活动，根据年度宣传主题，制作以粮食安全、节约粮食为主题的广告牌1500张，派贴到学校、餐饮店、超市等地方，提高公民的粮食安全意识和增强公民的节粮意识，取得了明显的效果。

（廖　驰）

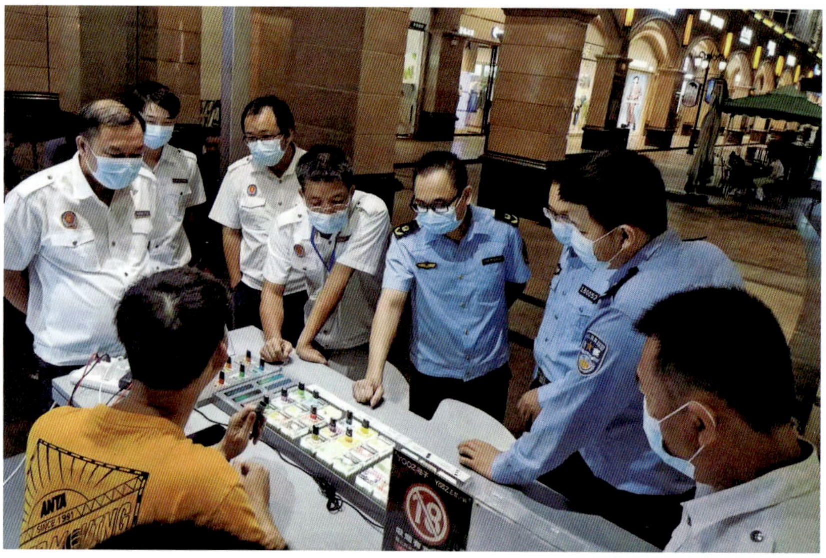

4月1日，县烟草公司联合县公安、市场监督管理局开展夜间突击检查

（县烟草公司　供图）

烟草专卖

【烟草销售】 2022年，乐东县烟草专卖局（营销部）卷烟销量2.24万箱，同比增长1.4%；销售收入8.01亿元，同比增长5.43%。卷烟品牌结构持续优化，单箱结构提升0.13万元，达到“十四五”规划结构提升要求。重点品牌累计销售1.39万箱，销量同期相比较为均衡；地产烟品牌累计销售1672.11箱，同比增长7.2%。全年缴纳税款2769.59万元，同比增长3.11%。

【烟草专卖管理】 2022年，乐东县烟草专卖局（营销部）严格把关许可证准入管理，新办许可证33份，同比下降80.21%；退出415户持证户，持证率从8.51‰降至7.65‰，破解无序竞争难题。严厉打击涉烟违法违规行为，年内查获案件76宗，涉案卷烟160.57万支，涉案金额约144.98万元。其中，未在当地烟草批发企业进货案件48宗，涉案卷烟130.71万支；销售非法生产烟草专卖品19宗，涉案卷烟3.19万支；无合法来源案件1宗，涉案卷烟1.48万支；向未成年人售烟案件2宗，无证经营案件6宗，涉案卷烟25.18万支。

【烟草零售终端建设】 2022年，乐东县烟草专卖局（营销部）把加强终端建设作为打牢营销工作基础的重点，抓好零售终端建设，帮助客户改善店面形象，做好现代终端店铺管理系统推广使用，提升终端营销水平，多举措扎实推进现代终端建设工作。年内，建成高级现代终端8户，中级现代终端108户，初级现代终端150户，椰海金叶便民店合作终端3户。

（管妍萌）

成品油经营

【成品油营销】 2022年，乐东石油分公司轻油销量5.75万吨，完成率91%，其中汽油销售2.97万吨，柴油销量2.78万吨。与去年同期相比减量2785吨，减幅5%，其中汽油销量减量3326吨，减少10%；柴油销量增长54吨，增长2%。非油销售1722万元，完成率83%，同比减少61万元，减少3.40%。

【加油网点建设】 2022年，乐东石油分公司争取海南省加油站行业“十四五”发展规划在乐东区域新增加油站布点的部分土地资源。主动协调机场路口站点建设用地问题，完成征地工作，站点进入新建阶段。主动联系政府相关部门协调对高速路东西站点增建扩建LNG（液化天然气）加气项目，项目于9月30日开工扩建。

【油品市场监管】 2022年，乐东石油分公司认真开展ISO 9000质量管理体系扩展工作，确保加油站各种安全工程顺利开展。

1. 乐东石油分公司与各加油站站长签订HSE（健康、安全与环境管理体系）安全承诺书，将安全生产责任层层落实到站到人。2. 组织各加油站制订开展“安全生产月”活动。3. 做好安全设备检查，加强对设备的日常保养工作，要求各加油站发现加油机、发电机和电力线路故障要及时上报中心维修，确保设备完好，正常经营。4. 抓好加油站测水管理，保证油品质量。5. 按省公司和零售管理处三亚公司要求抓好油品数质量管理，尽到“每一滴都是承诺”的社会责任。

（吴宗卫）

【成品油经营企业年审】 2022年，乐东县商务招商局组织执法人员对县域在营21座加油站（中石化12座，中石油6座，民营3座）进行监督检查，指导企业报送年检材料，经省厅核查全部通过年审。

（孙明玉）

旅游业

【概况】 乐东县位于海南省西南部，毗邻三亚市，自然资源主要有“一江一山二岭三湾”；人文资源主要有黎族织锦、崖州民歌、大安剪纸和黄流花灯，目前对外开放的景区景点主要有毛公山国家AA级旅游景区、尖峰岭国家森林公园AAA级旅游景区、白沙河谷本土文化园、龙栖湾滑翔伞基地和莺歌海跳伞基地等。2022年，乐东县有152家旅游住宿接待宾馆（不含旅租65家），客房合计6446间，床位1.09万张。全县有椰级乡村旅游点14个，其中五椰级1家（椰林湾农家乐），四椰级2家（民心农家乐、抱班村），三椰级6家（千年榕树生态园、卡法村、西黎村、望楼港社区、莺歌海盐场党建文旅基地、禾丰休闲农庄），一椰级5家（红水村、佳西村、只朝村、抱邱村、山道村）。银宿民宿2家（大安西黎鹿宿民宿、莺歌海屿海宿民宿）。

【文旅活动】 2022年，乐东县相继举办2022年莺歌海“妈祖出游”活动，配合中央电视台在首村和民族文化广场举行2022年海南黎族苗族传统节日“三月三”节庆活动全国宣传报道活动。组织旅游企业参与省旅文厅联合OTA平台开启“我和海南的约‘惠’”线上推广活动、参与“开往乡野的列车”海南乡村旅游宣传推广活动、参与海南红色旅游文化系列推广活动、参与三亚经济圈奇趣旅行家攻略创意赛推广活动。开展“歪果仁趣三亚”、“畅游海南·感恩卡”援琼医护赴琼游活动，举办2022海南（乐东）水上运动体验活动、第四届大安西黎骑行活动。10月8日，启动“三亚好礼”杯三亚经济圈旅游商品文化创意设计大赛。

【全域旅游示范区创建】 2022年，乐东县旅文局指导尖峰禾丰休闲农庄、西黎村提质升级，并将四椰级乡村旅游点申报材料上报省旅文厅，指导抱邱村提质升级为三椰级乡村旅游点。完成莺歌海民宿银宿初评工作。指导乐东商业步行街申报为海南省省级旅游休闲街区，并上报省旅文厅。

【旅游和文化市场整治】 2022年，乐东县旅文局开展执法检

10月29日，2022年海南美丽乡村绿色骑行活动（乐东站）在乐东黎族自治县大安镇西黎村举办

（县旅文局 供图）

查，出动检查人员223人次、车辆63辆次；检查旅游景区（点）36家次，旅行社21家次，宾馆（酒店）248家次；发现安全隐患73项，当场整改46项，限期整改27项，发出整改通知书27份；检查各类文化经营场所273家次。通过旅游文化市场整治，全年旅游市场黑名单为零。

【旅游宣传推广】 2022年，乐东县旅文局通过自有微信公众号媒体平台发送推文30余篇，开展线上旅游宣传推广活动。国庆前夕携手旅文企业在国庆期间开展针对一线抗疫医护人员免景区门票和旅游项目优惠活动。

【文旅融合】 2022年，乐东旅文局加快推动旅游与文化、文物领域融合发展，培育新业态，打造新产品。在“乐东旅文”微信公众号推出《五一就要来了，乐东一日游精品路线推荐》《秋色正浓，乐东适合去的文物点》，其中推荐和介绍乐东第一批县级文保单位和非国有博物馆的旅游线路，展现乐东文物的历史文化底蕴，提升乐东文物旅游的知名度与美誉度。

【助企纾困】 2022年，乐东县旅文局组织旅游企业观看助企纾困政策宣讲会2期，针对经营困难的A级旅游景区、椰级乡村旅游点、旅行社、酒店餐馆、乡村民宿，组织旅游企业申报助企纾困奖补资金，符合申报条件并获得奖补资金的有3家企业，分别是尖峰岭景区、毛公山景区和莺歌海党建文旅基地，各获得14.24万元、3.68万元和2.88万元的奖补资金并于9月16日通过海易兑平台全部到达企业账户。

乐东县旅游景区选介：

毛公山景区

毛公山原名保国山，位于海南省乐东县原保国农场场部东侧800米处（北纬18°37′45″，东经109°18′02″），海拔高度630米，相对高度320米，处于乐东、三亚、保亭的交界处，距乐东县城26公里，距三亚滨海旅游带40多公里。其山顶岩石神似伟大领袖毛主席形象，形神兼备，雄伟壮观，是一处罕见的自然景观。1991年，这一特殊景观被发现后，当地群众将保国山称为“毛公山”。1992年，毛公山经国家环境保护局自然保护司、海南省国土环境资源厅和海南省旅游局组织专家考察论证，始建“毛公山景区”。

毛公山景区已建成中国少数民族文化博览馆、文化长廊、观景台、毛公山礼堂、毛主席铜像广场、画廊、凉亭、停车场、游客接待中心、景区警务室等一批游览观光项目及配套设施，是一个集旅游观光、休闲体验、红色教育、文化科普于一体的园林式自然景观。2020年，毛公山景区成功创建国家AA级旅游景区。

（王　颖）

毛公山风景区　　（毛公山农场公司　供图）

金融·保险

金融综述

【金融机构】 2022年，乐东县有金融管理机构2家，（人行乐东县支行和海南银保监局乐东监管组）。各类金融机构20家（银行业金融机构9家和保险业金融机构11家）。其中，地方法人银行机构2家（县信用合作联社和县惠丰村镇银行）。

【存贷款业务】 2022年，乐东县各项存款余额217.91亿元，比年初增加14.14亿元，同比增长6.94%；各项贷款余额116.23亿元，比年初增加12.04亿元，同比增长11.56%。

【货币政策执行】 2022年，人民银行乐东支行加大对小微企业的信贷支持力度。围绕"23条措施"，多次牵头、协助召开金融助企纾困解难推进会、减费让利政策宣传部署会、金融工作推动会、政银企融资对接交流会等，传达中央、地方助企纾困解难政策。聚焦受疫情影响较大的住宿餐饮、批发零售、运输行业，加强信贷窗口指导，推动辖内银行机构帮助受困企业和个体工商户渡过难关。全年辖区银行业金融机构通过展期、无还本续贷的贷款延期方式，共为受疫情影响较大的市场主体办理贷款延期373笔，金额5.47亿元，其中小微企业153笔，金额3.98亿元；乐东县住宿餐饮和批发零售行业的贷款余额分别为2.10亿元、4.70亿元，同比增长66.61%、36.04%。建立留抵退税绿色通道，积极办理大规模增值税留抵退税。全年，办理留抵退税135笔，惠及企业73户，受益金额3.36亿元。

【金融服务】 2022年，乐东监管组督促责任银行积极开展对建档立卡贫困户的贷款投放，有力地支持了建档立卡贫困户生产生活资金需求，巩固拓展脱贫攻坚成果；督促保险机构积极开展防贫综合保险工作，做到对重点人群防贫综合保险应保尽保，实现对乐东县重点人群防贫综合保险的全覆盖；督促保险机构积极发挥保险保障功能，特别是要做好"惠琼保"、乐城特药险等保险产品的宣传营销工作，让保险产品真正地惠及民生。年内，人民银行乐东支行配合县政府完成"普惠金融助力乡村振兴"汇报工作，乐东县获得中央财政支持普惠金融发展示范区的奖补资金3000万元。出台《关于推动2022年乐东县金融实现高质量发展的意见》，牵头起草乐东县普惠金融工作联席会议制度、乐东县普惠金融发展实施方案，协助地方政府共同推动辖内普惠金融工作。组织辖内银行机构成立普惠金融服务团队，在保证风险管控的原则下，通过视频会议、线上审批等灵活方式，加快审批速度，简化业务流程，优先受理受疫情影响的普惠小微企业贷款需求。按月监测、引导辖内银行机构全面提升对普惠小微领域的信贷支持力度。全年，乐东县涉农贷款余额66.62亿元，同比增长17%；普惠小微贷款余额18.44亿元，较年初增加2.91亿元，同比增长18.73%，高于各项贷款增速7.17百分点。

【数字人民币试点工作】 2022年，人民银行乐东支行牵头举办“银税企”数字人民币缴税集中签订协议仪式，促成县税务局、5家试点银行和20家龙头企业现场签订三方协议，开通数字人民币缴税新渠道，取得数字人民币在应用场景上的新突破。全年，乐东县办理数字人民币缴税业务177笔，金额4356万元。组织召开数字人民币推进会6次部署落细落实，5家试点银行投产支持数字人民币商户门店数量5706个。制定数字人民币试点重点应用场景建设计划，重点打造乐东县特色应用场景，如县城商业步行街、黄流镇龙腾金街和乐东县城第一农贸市场、乐东县蔬菜平价市场和乐东县迎新小区等数字人民币智慧小区，形成“一城一示范场景”效应。大力推进民生领域试点推广，推动数字人民币服务民生、惠及民生。年内，重点场景建设完成率92%。

【金融管理】 2022年，人民银行乐东支行开展市场乱象整治行动，金融环境进一步净化。加强涉赌涉诈“资金链”治理工作，组织金融机构加大防范电信网络新型犯罪力度，加强对涉案账户的排查。对4家银行机构进行压降涉案账户约谈，截至12月末，全县涉案账户387户。与县市场监督管理局等部门形成监管合作机制，对全县22家注册名称及经营范围中含有“征信”字样的企业进行清查整顿，辖内“征信修复”乱象得到有效遏制。加强金融消费权益保护，切实提高民众金融维权意识。推荐邮储银行乐东县支行申报海南省金融消费权益保护示范网点，以点带面提升辖内金融消费权益保护工作水平。督促金融机构认真规范行业行为、保护个人金融信息，及时妥善处理金融投诉。组织金融机构重点面向低净值人群开展金融知识宣传普及活动，不断提高辖区金融消费权益保护工作质量。全年乐东辖区共收缴假币1555张，合计金额122320元，同比均下降31%。

（陈　科）

3月22日，乐东县举行银税企数字人民币缴税集中签约仪式

（县融媒体中心　供图）

【农民小额贷款贴息】 2022年，乐东县开发性金融合作办公室为全县农民小额贷款发放贴息和奖补3799万元。撬动金融机构为14062户农民发放50万元以下小额贷款17.26亿元，占省下达任务3.59亿元的481%，超额完成省下达的任务。

【脱贫人口小额信贷】 至2022年，全县累计发放金融扶贫小额信贷5684户1.90亿元，覆盖率39.47%。年内完成748户2404.28万元，贷款余额覆盖率13.03%。

【普惠金融】 2022年9月，乐东县设立560万元的信用贷款风险补偿金，在全省市县中率先引进国家、省融担基金合作开展批量担保业务，通过简化担保流程，扩大政府性融资担保覆盖率。10月至12月底，通过银担合作为县辖区160家种养殖大户、小微企业提供担保贷款 1.03 亿元，平均担保费率一次将至 1%，仅为规定担保费率 2% 的一半。争取国家财政奖补金推动全县普惠金融发展，在 2022 年财政部公布的中央财政支持普惠金融发展 83 个示范区名单中，乐东县上榜，获奖补金 3000 万元。

【智慧金融服务平台乐东分站建设】 2022 年，依托省智慧金融服务平台开设乐东分站，提供全流程数字化金融综合服务，提高融资对接质效，缓解中小企业融资难、融资慢的问题。年内，海南乐东智慧金融综合服务平台已有 9 家银行及 46 家企业入驻，企业申请融资 31 笔，申请金额 9538 万元，已成功放款 411 万元。

【企业上市（挂牌）】 2022 年，乐东县开发性金融合作办公室向省地方金融监管局推荐的乐东普英洲花卉园艺有限公司已被纳入省上市（挂牌）后备资源库。

【防范和处置非法集资】 2022 年，乐东县开发性金融合作办公室开展建设“防范非法集资宣传教育点”和“非集零活动区”工作，分别在乐东县市场监督管理局、抱由镇江南社区、农村信用合作联社网点设置专门金融知识的宣传教育点，用于防范非法集资等各类金融知识宣传活动。在宣教点布设专区，摆放宣传折页，播放宣传视频，以图文并茂的形式向区中普及非法集资知识，实时展示相关普法宣传照片、工作动态等，让群众更加直观地了解防范和处置非法集资法律法规及相关政策。

（陈白璐）

金融监管

【金融监管】 2022 年，乐东监管组做好日常非现场监管工作，通过非现场监管报表审核、日常风险监测分析、监管初评、案防评估、审慎监管会谈等方式做细做实非现场监管工作；开展现场检查和多项督导督查工作，相继开展对法人银行机构重点风险领域及异地业务的全面排查、督促部分银行机构加大不良资产处置力度、督促银行机构加强流动性风险管理、督促银行保险机构重视安全生产工作、开展对银行机构安全保卫现场检查、开展对个别银行机构个人信息权益监管抽查等，促进辖区银行保险机构规范经营、健康发展。

【金融风险防范化解】 2022 年，人民银行乐东支行加强与县政府相关部门、县人民法院的联系，重点对乐东县法人银行机构风险状况进行监测。全年，对乐东县两家法人银行机构发出风险提示 9 次，针对不合规的监管指标及时发出预警，提示银行机构及时进行整改。开展金融风险应急演练，提高应急处置能力。年内，组织 2 家法人银行机构开展金融突发事件应急演练，邀请县政府有关部门、银保监组共同参与演练。演练真实模拟金融风险发生情景，切实增强金融机构应对突发事件应急处置能力，形成快速反应、协调联动的金融风险处置工作体系。

【征信体系建设】 2022 年，人民银行乐东支行制定《人民银行乐东县支行 2022 年征信宣传工作方案》，统筹辖内银行业金融机构稳步开展征信知识宣传活动，到学校和农贸市场开展宣传；开展“6·14”信用记录关爱日宣传及“普及金融知识，守住钱袋子”集中宣传活动；抓好征信监督管理，强化征信业务工作。张贴个人征信线上查询程序指引，发放《疫情期间如何进行征信查询》宣传手册。年内，召开乐东县农村信用体系建设推进会，协调乡镇政府加强与责任区涉农金融机构紧密配合协作开展农户信息采集，协助 4 家涉农银行机构到各乡镇和村委会开展农户信息采集培训。完成应评级农户信息采集 5.85 万户，完成率 100%；完成全县应评级农户的信用等级评定工作，评选出 4.61 万户信用户和 138 个信用村。

【反洗钱工作】 2022 年，人民银行乐东支行对辖内 11 家保险机构和 9 家银行机构开展反洗钱分类评级，并对各机构在反洗钱工作方面存在的管理漏洞和风险隐患进行通报，监督指导各机构对评级发现的问题及时开展整改工作，增强洗钱风险防控能力。根据2021年度反洗钱分类评级结果，对2家排名靠后的义务机构的主要负责人开展约见谈话，提高被约谈机构对反洗钱工作的重视程度，增强反洗钱责任意识；同时，结合辖内义务反洗钱机构的日常工作情况，对2家义务机构开展监管走访，及时了解掌握被监管机构的洗钱风险情况，更好地监督指导被监管机构开展反洗钱工作，对2家义务机构开展洗钱风险评估，防范洗钱风险，提升反洗钱工作水平。指导银行机构加强大额交易监测和异常交易分析，及时上报大额交易和可疑交易报告。指导辖区银行机构密切配合司法机关协查处置工作，年内，协助调查572次，冻结账户397个，冻结金额2.08亿元，止付账户98个，并督促义务机构持续开展监测分析。

（陈　科）

银行业

【中国农业发展银行乐东县支行】 2022年，中国农业发展银行乐东县支行贷款余额24.73亿元，累放贷款6.96亿元，累计贷款9700万元，实现贷款净增5.98亿元；存款日均余额1.77亿元，比年初增加2600万元，完成年度存款日均净增计划的68.87%。经营利润实现较大幅增长，实现账面利润1646万元，实现FTP（内部资金转移定价）利润2405万元，完成年度FTP（内部资金转移定价）利润预算的293.29%。资产质量持续提高。继续保持零不良，关注类贷款余额1.61亿元，比年初下降0.09亿元，关注类贷款率由年初的8.39%下降到6.52%。

助力粮食安全　全年，投放203万元支持乐东县落实1万吨储备粮收储任务，切实保障粮食安全；充分发挥中国农业发展银行乐东支行在支持南繁种业领域的优势，将支持南繁产业发展作为服务国家粮食安全的重要抓手，投放贷款1.20亿元支持海南南繁硅谷“一城两区”中的乐东南繁育种配套服务区项目建设。

助力项目建设　年内，审批乐东中兴生态智慧产业有限公司1.55亿元贷款，投放1.49亿元城乡一体化贷款支持乐东中兴生态智慧总部基地建设；响应国家“保交楼、稳民生”政策，完成专项借款投放1.07亿元。

支农资金筹集　全年，营销海南鲁坤南繁科技公司集团内部往来存款3.70亿元、海南康牧公司存款7700万元、乐东城投公司存款2905万元、乐东中兴公司存款1.3亿元。对接当地政府，以支持重点项目为契机，营销地债资金存款。年内，中国农业发展银行乐东支行和县文旅局、太平洋建设集团签订项目地债资金账户监管协议，并成功营销乐东旅游和文化广电体育局拨付地债资金7980万元。

（赵雅芝）

【中国农业银行股份有限公司乐东县支行】 2022年，中国农业银行股份有限公司乐东县支行各项存款余额29.90亿元，同比增加1.40亿元，在4家银行（中行、农行、工行、建行）市场份额占比38.83%；贷款余额为9.85亿元，比年初增加874万元，不良贷款余额占比1.4%；中间业务收入1011万元；拨备前利润总额5715万元，净利润总额3728万元。

（纪金雁）

【中国工商银行股份有限公司乐东县支行】 2022年，中国工商银行股份有限公司乐东县支行实现净利润4285万元，完成计划88%；实现拨备前利润6904万元，完成计划99%；各项存款余额34.50亿元，比年初净增3.65亿元，增长11.82%，完成率全年计划219%，存款增量四行第一；各项贷款余额10.71亿元，增量0.52亿元，增长5%；中间业务稳步增长，资产质量保持良好。

（邢贞强）

【中国建设银行股份有限公司乐东支行】 2022年，中国建设银行股份有限公司乐东支行一般性存款日均余额10.58亿元，比年初新增6669万元，完成计划的106.53%。其中，对公存款日均余额4.90亿元，比年初新增2333万元，完成省行下达计划116%；个人存款日均余额5.68亿元，比年初新增4336万元，完成省行下达计划102%。各项贷款时点余额3.90亿元，比年初减少3.18亿元。其中，对公类贷款余额4286万元，比年初减少2.73亿元；个人类贷款余额3.47亿元，比年初减少4513万元。主营业务收入2658万元，中间业务净收入169万元，实现营业利润1755万元。

年内，建行乐东支行响应国家号召，助企纾困。发放“商叶云贷”21笔，投放信贷资金409.61万元；抗击疫情期间，办理工程支付保证金保函业务1笔79万元；通过“建行智慧个贷”引导客户线上办理个人住房按揭贷款延期还款1笔，金额3500万元；通过“惠懂你”引导小企业普贷款客户办理线上贷款延期业务3笔355万元，延期贷款6笔，金额508.67万元。

（建行乐东支行）

邮储银行开展“2022年反假货币宣传月活动”

（县融媒体中心　供图）

【中国邮政储蓄银行乐东县支行】2022年，邮政储蓄银行乐东县支行收入实现5917.96万元，同比增长13.70%。其中，个金业务收入实现2983.97万元，同比增长13.28%；信贷业务收入（不含小企业收入）实现2595.49万元，同比增长10.46%；小企业贷款业务收入实现34.37万元，同比增长67.41%；公司业务收入累计完成289.26万元，同比增长36.65%；金融市场收入0.67万元，同比增长218.44%；其他业务收入14.2万元。全县9家金融机构个人储蓄余额184.34亿元，邮储39.47亿元，占比21.41%，排名全县第2。

年内，邮储银行乐东县支行手机银行月活4474户，完成年计划的109.12%；数字个人钱包年累计净增5931户，完成年计划的91.25%；收单商户年累计新增473户，有效商户完成计划的211%，收单交易规模累计新增4.58亿元，资产增长9.83%；数币收单商户完成304户，完成计划126.67%，邮惠万家直销银行年增418户，完成计划的92.89%；信用村新增76个，完成年计划的131.03%，累计创建139个，占辖内行政村的74%；新增信用户2807户，完成年计划的161.32%，线上信用户用信1342笔1.14亿元，净增1.06亿元，用信率54.8%。拓展石斑鱼养殖集中的村庄3个，累计放款360笔2998.4万元。

全年，零售贷款放款6.15亿元，同期增长25%；净增1.43亿元，结余6.35亿元，同期增长29%。其中，极速贷年累计放款1.47亿元，占总放款量的25.41%，线上信用户放款1.14亿元，占总放款量的19.64%，线上占比45%。针对资金需求大的客户，借助各家担保公司发展保证类贷款，农贷通保证类贷款年累计发放1.19亿元，占总放款量的20%；准入的乐东担保公司发放4135万元，占保证类贷款的35%；零售逾期金额821万元，逾期率1.29%，同比下降0.27%；不良金额579万元，不良率0.91%，同比下降0.54%。

（黄玉婷）

【乐东黎族自治县农村信用合作联社】2022年，乐东县农村信用合作联社各项存款余额87.18亿元，较年初增加6.58亿元，增长8.16%；各项存款日均余额86.26亿元，比年初增加5.66亿元，完成全年增量任务4.44亿元的127.73%。存款市场份额占比40.02%，比年初增加0.46个百分点。在全县184个行政村已布设便民服务点184个；设立村级金融服务站7个。

年内，新增党建共建单位32个，党建共建促整村授信签订合同户数16125户，合同金额19.40亿元，用信户数12127户，与县法院执行庭共建收回单笔不良贷款4452万元。选派43名客户经理到各村任金融指导员，开展“社保+党建”主题活动，激活社保卡3.80万张。

疫情期间，通过电话排查存量社保卡未激活累计客户5.74万户，线上营销发放线上贷款774笔，金额1251.83万元。贯彻落实海南农信纾困解难九条措施，通过调整还本计划、贷款展期、续贷、降息、减息或免息等方式，开通绿色审批通道，解决客户实际困难，帮助受疫情影响中小微企业纾困解难，共调整180笔，合计金额2.14亿元，其中贷款变更还款计划103笔，合计金额1.06亿元；贷款展期14笔，合计金额6192.07万元，续贷5笔，金额3175万元；贷款延期支付利息58笔，合计金额1422.99万元。

全年，县信用社各项贷款余额47.60亿元，自主发放的涉农企业及小微企业贷款994户，金额8.91亿元。通过创新涉农贷款风险分担机制，加强和担保机构之间的信息共享，形成“银行+担保”等融资模式。引入符合条件的担保公司解决企业融资难融资贵，根据最新担保公司的准入条件，准入6家担保公司，担保笔数30笔，担保金额6428.7万元。选派43名客户经理到各乡镇担任金融指导员，完成173个行政村整村预授信，授信户数75894户，授信金额51.99亿元；签约16125户，合同金额19.4亿元；用信户数12127户，用信余额11.81亿元。参与人行“信用镇”“信用村”“信用户”建设工作，信用户信息采集工作采集19457户，已初评定19457户，完成比例100%，累计发放“信用户”贷款4898户，金额6.44亿元，余额4.16亿元。持续巩固拓展脱贫攻坚成果同乡村振兴有效衔接，做好金融帮扶，发放脱贫户贷款658户，金额1961万元，超额完成县政府下达的350户任务目标的188%。

（韩雨然）

【乐东惠丰村镇银行】 2022年，乐东惠丰村镇银行资产总额78108万元。其中，各项贷款余额为71481万元，投放各类贷款49149万元，负债总额70300万元。其中，各项存款余额50933万元，实现利润262万元，所有者权益合计7808万元。

2022年度该行累计投放涉农和小微企业贷款3503笔，金额49024万元，贷款余额为67321万元，较年初增长1158万元，占全部贷款余额的94.18%。发放支农再贷款户数为187户，贷款金额3884万元。

（马英玮）

【中国银行乐东支行】 2022年，中国银行乐东支行人民币各项存款余额1.71亿元，在四大行市场占有率为2.22%。人民币各项贷款余额7370万元，在四大行市场占有率为2.93%，各项贷款不良率0.03%，不良管控较好。

（中国银行乐东支行）

【海南银行股份有限公司乐东支行】 负债业务方面：截至2022年12月31日，海南银行股份

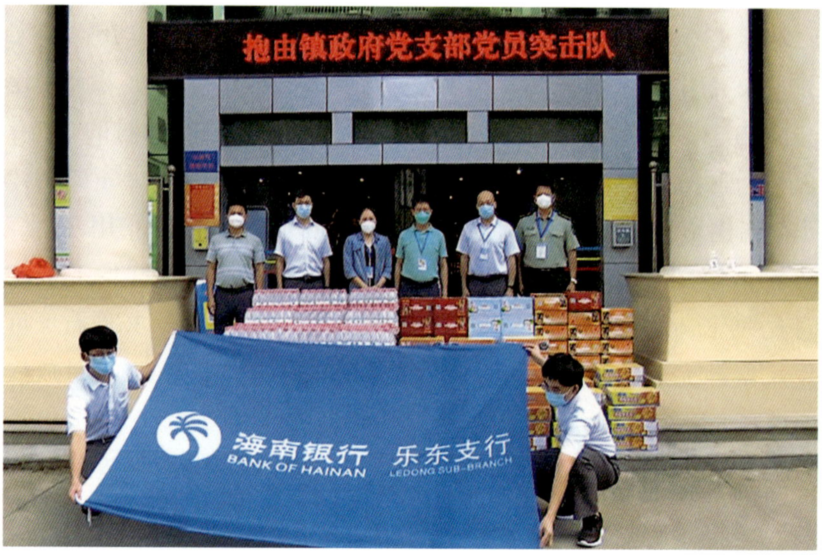

疫情期间，海南银行乐东支行向抱由镇政府捐赠物资，助力疫情防控。图为海南银行乐东支行举行抗疫捐赠仪式（县融媒体中心 供图）

有限公司乐东支行各项存款时点余额5.99亿元，比年初新增11358.6万元，其中储蓄存款时点余额为14369.58万元，较年初新增2874.75万元，全年任务完成率为29.45%；储蓄存款日均余额为12514.85万元，较年初新增3939.53万元，全年任务完成率为45.41%；公司存款时点4.56亿元，较年初新增0.85亿元，全年任务完成率为56.7%；各项存款日均余额5.14亿元，比年初减少3640万元。公司存款日均余额为3.94亿元，较年初下降0.71亿元，全年任务完成率为-71%。资产业务方面：截至2022年12月31日，公司各项贷款余额4.52亿元，较年初新增15300万元，其中公司贷款余额2.93亿元，较年初新增9300万元。普惠贷款：普惠全口径贷款金额1.22亿元，较年初新增3609.42万元，完成全年任务的40.10%。普惠贷款中两增两控口径贷款余额为1.42亿元，较年初增加5598.4万元，完成全年任务的62.2%，两增两控户数52户，较年初新增19户，全年任务完成率118.75%。个人贷款：贷款金额1779万元，其中房产按揭贷款842.2万元；个人综合消费贷款余额937.6万元（含闪e贷），较上年减少-222.5万元，全年完成率-19.8%。其他经营指标：除资产负债业务外，2022年实现新增对公中收客户1户，中间业务收入25.4万元，全年任务完成率84.7%。

（何国臣）

保险业

【人寿保险】 2022年，中国人寿保险股份有限公司乐东县支公司首年期交目标791万元，完成534.72万元，完成率67.6%；十年期及以上首年期交目标266万元，完成220.18万元，完成率82.77%；首年标准保费目标235万元，完成145.02万元，完成率61.71%；短期险保费目标470万元，完成285.31万元，完成率60.70%。

（人寿保险股份有限公司乐东县支公司）

【人保财险】 2022年，中国人民财产保险乐东支公司车险保费收入1142.88万元，同比下降8.46%；直接赔款706.5万元。个人非车险业务保费收入179.65万元，同比增长3.98%；直接赔款36.63万元。农险业务开办大棚哈密瓜、香蕉树、橡胶价格、蔬菜价格指数、平价蔬菜零售保险、芒果收入保险等险种，保费收入3986.05万元，同比增长89.45%，直接赔款2480.25万元。团险保费收入338.90万元，同比增长5.26%，直接赔款83.59万元。

（林炽惠）

城乡建设

城乡建设规划与管理

【工程建设项目审批制度改革】 2022年，乐东县住房和城乡建设局牵头组织实施工程建设项目审批制度改革工作，全面深化“清单制+告知承诺制”改革，持续推行应用工程建设项目审批电子证照、并联审批、联合验收等工作。深化帮办代办服务机制，采取线上线下相结合的方式，无偿为建设单位在办理审批手续的过程中免费提供远程帮办代办服务，优化营商环境。全年，受理工程审批办件1110件，所有办件均在承诺办理时限内审批办结，联合验收受理314宗，并联审批455宗。

【重点项目建设】 2022年，乐东县住房和城乡建设局落实项目责任分解，落实重大项目倒排工期表，采取超常规措施，加快各重点项目建设。5个城镇老旧小区改造等政府投资项目顺利实施。协调推进龙栖湾新半岛酒店度假村、尚易·椰憬恬园项目等社会投资项目，加大了投资力度，助推全县固定资产投资稳步增长。

【安全生产】 2022年，乐东县住房和城乡建设局印发《乐东黎族自治县住建领域岁末年初安全生产重大隐患专项整治工作方案》等文件，开展春节、博鳌亚洲论坛、“五一”国际劳动节、高考会考及中秋国庆、全国两会等期间专项检查，确保重大节日和重要活动期间安全。在建项目日常监管：累计检查项目34个，下发停工通知书3份，整改通知153份，整改合格率达100%。年内，建筑工程质量整体受控，未发生一起质量安全事故。燃气安全监管：开展燃气安全检查整

9月28日，县住建局开展国庆节前暨党的二十大工地安全生产工作

（县住建局　供图）

治13次，检查管燃气企业2家，液化石油气企业4家，三级液化石油气网点32家，发现隐患84条，完成整改84条，整改合格率100%。举办乐东县城镇燃气安全管理培训会1次，参训38人。对餐饮、学校等行业燃气使用场所安装燃气泄漏报警及自动切断装置开展督查落实，安装率100%。建筑消防安全监管：开展建筑消防安全专项整治2次，检查项目21个，提出问题整改7条，年内全部完成整改。

【危房改造】 2022年，乐东县住房与建设局完成省级下达农村低收入群体危房改造任务35户，竣工入住率100%。

【厕所革命】 2022年，省下达乐东县2022年农村户用厕所化粪池防渗漏改造任务2100座。年内，开工建设2209户，开工率105.2%，竣工2209户，竣工率105.2%。

【燃气管网建设】 2022年，乐东县完成建设天然气（LNG）调压站3座，天然气（LNG）瓶组压站4座。完成铺设天然气中低压管105公里，覆盖九所镇（含九所新区）、抱由镇、龙沐湾旅游区、黄流镇、莺歌海盐场等，完成用户立管1.55万户，挂表安装8000多户，通气7800户。推进黄流镇东孔村燃气下乡“气代柴薪”试点工作，完成11公里的低压管入地铺设，东孔村总户数515户，完成挂表220户，完成率42.7%，已通气63户。完成抱由镇西坊村等地LNG中压管入地铺设28公里，入户挂表安装1841户。全县已建二级液化石油气充装站（LPG）4座，布设三级分销网点28家，基本覆盖县内各村镇，满足民众瓶装用气需求，全县农村燃气普及率为98%左右。

【建设工程招投标突出问题专项整治】 2022年，乐东县住房和城乡建设局根据省建设工程招投标突出问题专项整治行动的部署，按照不低于20%的比例要求，抽查16个项目（全年总项目数21个），抽查项目均为房屋建筑及市政工程，未发现违法问题。

【自建房安全隐患排查整治】 2022年，乐东县住房和城乡建设局对全县存在险情的房屋进行风险管控、排除险情的管理工作。全年，排查自建房123879栋，其他自建房117212栋，经营性自建房6667栋。其中，初判存在安全隐患经营性自建房41栋，已全部完成鉴定，经鉴定为C、D级房屋16栋，已进行整治，采取管控措施整治9栋，工程措施整治7栋。已完成对全县范围内经营性自建房“回头看”再排查工作并录入系统。

【议案提案及信访热线】 2022年，县住房和城乡建设局答复人大议案1件；答复政协提案3件；答复网上信访件5件及回复“12345”热线673件。

（洪　敏）

住房建设与管理

【概况】 2022年，乐东县开工建设安居房1518套，城镇棚户区改造开工计划任务88套，已开工建设88套。持续推进迎新小区176套城市棚户区改造工程项目建设进度。年内，基本建成44套，处于装饰阶段44套，完成主体封顶88套。分配利金美好家园国有工矿棚户区改造住房230套。销售商品住宅1119套10.77万平方米，销售金额18.94亿元，均价17578元/平方米。

【商品房销售】 2022年，乐东县受理审查通过省外居民家庭商品住宅（包括二手房）购买资格1727户，办结房屋交易合同网签备案655件。销售商品住宅1119套，同比增长116.02%；销售面积10.77万平方米，同比增长118.90%；销售金额18.94亿元，同比增长139.44%；销售均价17578元/平方米，同比增长9.38%。

【房地产市场管理】 2022年，乐东县房管局继续加强和规范房地产市场管理。1.“房中房”专项整治。联合住建等七部门印发《乐东黎族自治县“房中房”专项整治工作方案》，对全县“房中房”进行全面排查，重点排查

7月25日，县房管局开展商业、办公类项目“类住宅”问题专项整顿检查工作
（县房管局　供图）

县城及九所新区个人自建房、学校周边住宅，排查住宅516套，年内，未接到“房中房”投诉举报，未发现“房中房”违法违规的情况。2. 打击整治养老诈骗专项行动。年内，县房管局排查房地产开发企业50家和中介机构23家，未发现以“养老”名义进行虚假宣传的情况。3. 房地产项目风险排查和化解工作。经县房管局排查，全县有房地产项目风险点11个，为推进风险化解，乐东县防范房地产风险和加强房地产市场监管工作领导小组及办公室认真开展调查摸底，进一步细化各职能部门责任，责任分解到各相关部门，主动与公司股东、信访人代表等方面接触沟通，多次召开专题会议研究解决房地产风险化解工作，从6月起建立房地产领域风险防控周报制度，领导小组办公室负责汇总撰写周工作动态，每周五下午将本周工作进展情况报县委、县政府主要领导与分管领导。同时，有序推进涉访涉诉问题处置工作。完全化解山海湾（6期）、金沙海岸A区3号楼及傲景观澜·九龙湾温泉国际花园A1、A3号楼等3个项目风险。其余8个项目风险化解工作有序推进。

【保障性安居工程建设】2022年，省下达给乐东县安居房建设任务1500套，开工建设1518套，开工率为101.2%。其中，新开工建设海拓·和家园安居房项目992套，通过存量商品房转型安居房的方式筹集房源526套。2021年开工建设的珈宝花苑安居房项目处于主体施工阶段，海悦花园安居房项目处于主体装饰阶段。

【保障性住房后期管理】2022年，乐东县房管局对已分配入住的廉租住房、安置房和公共租赁住房住户采取人脸识别系统管理，同时采取不定期抽查的方式进行动态化管理，对一些违规出租、出借住房的家庭进行教育纠正，情节严重的给予清退住房。年内清退违规的公租房住户41户，其中违规转租转借家庭14户，累计空置住房达6个月以上（含6个月）家庭1户，因住房、经济状况有较大改善等不再符合保障条件的家庭住房26户。取消公共租赁住房保障资格29户，按市场价标准收取房租。

（关晓雯、邢雄夫）

市政管理

【城乡环卫一体化】2022年，乐东县城市管理服务中心推进环卫一体化项目实施，协调乐东龙马公司加大环境卫生整治力度，对县城、10个镇区、188个行政村、5个居委、568个自然村的卫生区域实行大清扫、大清运，重点整治卫生死角，做到日产日清。

【生活垃圾转运工作】2022年，乐东县垃圾场停止使用后，县城市管理服务中心协调乐东龙马公司做好全县生活垃圾转运到三亚、东方垃圾焚烧发电厂处理工作。全年，转运处理垃圾总量20.07万吨，确保生活垃圾无害化处理率达到100%。

【县城市政街道及亮化设施维护】2022年，乐东县城市管理服务中心加强整治县城环境市容市貌，优化营商环境，对县城沿江东路、南路、北路、市政休闲公园等人行道和亮化设施进行维修改造。维修改造人行道9860平方米、街道路面4980平方米，地漏123个，井盖38个、路灯4300盏。

【垃圾场管理】 2022年，在乐东县垃圾场停止使用后，为避免垃圾场环保风险事故发生，县城市管理服务中心组织垃圾场管理人员加强巡查，排查隐患点、风险点，发现问题，及时解决；继续加强垃圾场渗沥液处理、环境保护检测及水质在线监测工作，确保垃圾场渗沥液处理达标排放。全年，处理渗沥液总量6.40万吨。

【环卫重大工程项目建设】 2022年，乐东县城市管理中心联合相关政府部门扎实推进环卫重大工程项目建设。1.沿海垃圾场库区加固工程：该工程于2021年10月份开工建设，至2022年5月竣工验收，并投入使用。2.县城大型生活垃圾转运站工程：该工程于2021年9月开展前期工作，2022年完成选址、用地测量、立项批复、可研批复、环评批复、设计招标等工作。3.尖峰大型生活垃圾转运站工程：该工程于2021年4月开展前期工作，2022年完成选址、用地测量、立项批复、勘察、可研批复、环评批复、初步设计及概算批复、施工图及预算编制、施工图审查、预算评审等工作。4.县城垃圾场渗沥液处理站升级改造工程：根据县委县政府的工作部署，将县城垃圾场渗沥液处理站升级改造工程列为县委县政府2022年为民办实事事项。4月，已完成立项批复、勘察、初步设计及概算批复、施工图及预算编制、施工图审查等工作，预算在评审中。5.推进海上环卫工作实施。根据《海南省建立海上环卫制度工作方案（试行）》的要求，为了做好乐东县海上环卫工作，2021年，县城市管理中心编制《乐东黎族自治县海上环卫工作实施方案》，并通过县政府常务会议及县委常委会。该项目政府购买服务招标工作尚未启动。年内，县城市管理中心临时聘用14位工人、租用4艘渔船开展海上环卫工作（从九所龙栖湾至尖峰龙沐湾海岸线打捞垃圾，并进行垃圾分类收集处置）。

（邢丹霞）

【生活垃圾分类】 2022年，乐东县综合行政执法局悬挂生活垃圾分类宣传横幅，张贴宣传海报，发放宣传手册，印制知识读本一册通、环保袋5000个，设置宣传栏，在LED电子屏、微信朋友圈投放公益短视频20万条；配置垃圾分类桶5779个、分类运输车辆8辆、园林垃圾粉碎机12台、厨余垃圾处理一体机1台，建设厨余垃圾处理间1间、有害垃圾暂存点2间、垃圾转运站10座；建垃圾分类屋（亭）35座；开展垃圾分类示范点创建及试点工作，投入资金约496万元。

（邢明优）

园林绿化

【225国道乐东段及高铁高速沿线绿化建设】 2022年，乐东县园林绿化中心对225国道乐东段及高铁高速沿线进行绿化建设。年内，完成九所镇中灶村至佛罗镇段约29.50千米行道树修剪控形工作；完成九所镇至金鸡岭段19.30千米绿化整治提升工作，主要补植种植：金钱榕柱、青皮竹、散尾葵、黄榕球、七彩扶桑球、龙血树、红刺林投、黑金刚、红继木球、台湾草、大叶紫薇、黄花风铃木、琴叶榕、鸡蛋花、红变叶木球、洒金榕球和摆放三角梅及已完成黄流镇圩行道树树池整治（种植小叶龙船花）。

【绿化工程建设】 2022年，乐东县园林中心按照县委县政府关于创建双拥县城的工作部署，实施乐东双拥主题公园建设，在原先已完成大部分绿化建设的江北公园的基础上，完成建设乐东双拥主题公园，建设面积2.59万平方米，主要包含生态人行漫步道、拥军题材凉亭、景观园灯、绿化建设等，有效助力乐东县双拥县城创建工作。

【公园、街道绿化建设】 2022年，乐东县园林中心在原有公园、街道绿地景观基础上加强种植三角梅、多种草花，提升辖区绿化景观。全年，种植或更换各种花色三角梅18万多株，种植凤仙、

园林中心工作人员在县民族文化广场摆放花草（县园林中心　供图）

孔雀草、矮牵牛、一串红、长春花、夏瑾、万寿菊（黄、橙）、香彩雀、鸡冠花（黄、红）、红绿草、千日红、红花红叶海棠等10多种草本花卉125万多株，更新补植乔木、灌木、地被苗40万株。

【立体绿化建设】 2022年，乐东县园林中心在乐祥路、人民路、江南一横路等路灯杆上安装花钵种植草本花320个；在政府广场、步行街、民族文化公园等摆放花柱18个；在乐祥路等街道摆放花箱50个；在汽车站正面、沿江南路和乐兴北路交叉路口等路段摆放蘑菇绿化造型12个；在县委大门、财政大楼、华信广场、老教育局、新公安局、思源高中旁主道等位置摆放各色三角梅组合花团。

【苗圃建设】 2022年，乐东县园林中心培育三角梅5万余株；培育适合本地种植的地被灌木约16万株；培育其他草花及园林53万余株，为绿地更新补植有苗源，确保绿地无灌木退化老化现象。

【绿化养护】 2022年，乐东县园林中心按照城镇绿化养护管理技术规范的要求，对县城地区和九所新区绿地严抓细管。对负责管护的绿地实行定人、定岗、定责管理，并通过日由组长检查、周由分管干部查验、月综合评比的办法，确保养护工作按标准完成，强化管护人员的工作责任心。在日常清洁的基础上，做到枯枝落叶日产日清，对花、草、树木定期修剪、施肥，随时做好病虫害防治，做到绿化一块、管好一块，高要求高标准完成养护工作，确保养护管理工作按要求完成。

（麦人丰）

供　水

【概况】 2022年，乐东县自来水公司供水633万吨，售水总量569万吨，日最高供水1.80万吨。县城供水普及率100%，县城供水管网延伸到抱由镇德霞、坡拉、道介、洪水、抱邱、抱湾、佳西等7个村委会，漏失率控制在9.56%以下。各项生产任务及主要经济指标实现年初预定目标。

【水质检测】 2022年，乐东县自来水公司严格按照国家新的生活饮用水卫生标准，对出厂水质进行全面监测，保证水质持续达标，每天对源水、出厂水做12项常规化验，每月对源水、出厂水、管网末梢水做40项分析化验。

【一户一表改造】 2022年，乐东县自来水公司对县城卡法林场宿舍区60户进行一户一表改造，达到精准计量、方便管理的目的。

【供水设施维修】 2022年，乐东县自来水公司维修供水总管127次，机泵设备大修2次，小修29次，巡线1035公里，更换阀门12个，管网排污16次，安装DN75～DN200供水总管150米。

【农村饮水安全工程】 2022年，乐东县自来水公司组织人员到全县208个农村集中式供水点采集水样，出具检测报告463份，对水塔、蓄水池清洗875次，加药消毒1342次，设备维修309次，管网维修1117次，供水点卫生清洁624次。

（吴　阳）

供　电

【概况】 2022年，海南电网有限责任公司乐东供电局售电量12.05亿千瓦时，同比增长7.55%。第三方客户满意度82分，同比提升2分；10千伏及以下有损线损率完成4.87%，同比下降0.18个百分点；全年电费回收率99.95%；客户平均停电时间（低压）完成12.18小时/户，同比下降0.05小时/户；户均停电时间（中压）完成14.85小时，同比下降1.02小时/户。主营业务收入7.23亿元，同比增长13.26%。

【电网主要设施】 2022年，乐东电网有220千伏变电站2座（220千伏望楼站、新安站）；110千伏变电站4座（110千伏乐东、九所、佛罗、龙腾湾变电站）和35千伏变电站11座（抱由、抱伦、志仲、万冲、利国、金鸡岭、尖峰、福报、孔汶、莺歌海、岭头变电站）。110千伏主变6台，容量为220兆伏安，35千伏主变20台，容量为129.3兆伏安；35千伏变电站1座；35千伏线路12条，总长213.303公里。10千伏开闭所3座（10千伏江北开闭所、10千伏新南开闭所、10千伏新北开闭所），10千伏配电变压器5111台，总容量1185.38兆伏安（其中公变2258台，容量526.27兆伏安；专变2194台，容量659.11兆伏安）。乐东地区用电户数约21.98万户（专变用户2370户，公变用户21.75万户）。

【电网基本设施建设】 2022年，乐东供电局高质量完成“十四五”乐东智能电网规划修编，规划新增110千伏变电站1个和35千伏变电站1个。完成110千伏龙栖湾输变电新建工程项目和第一、二批10千伏及以下配网项目可研备案，取得乐东县资规局对110千伏黄流输变电新建工程和乐东110千伏尖峰输变电新建工程的站址和线路路径的批复。推进迎峰度夏45个重点项目全部投产，新增可靠性项目145个，自动化项目62个，10千伏出线77条，提升线路的联络率和可转供率，通过变压器增容或基建项目解决重过载配变24台。“乐东供电局黄流供电所10千伏金铺线镇远支线镇远村6号台区新建工程”继获评海南电网公司2021年度优质工程之后，再次获评南方电网公司2021年度优质设计工程。

【供电安全生产】 2022年，乐东供电局深化落实“1+N”作业风险管控机制，制订“铁腕行动遏事故”专项行动方案118项具体行动措施，并抓紧各项工作落实；累计开展现场检查672次，累计查处违章40起，持续推动本质安全型企业建设。强化涉电公共安全风险管控。加强政企协同联动严格落实防范槟榔采摘触电的技防、物防、人防措施，累计排查整改10千伏线路穿越槟榔林区涉电槟榔安全隐患点201处。以高度的责任感和紧迫感，开展防御台风和各项保供电工作，做到重要保电线路“零跳闸”，设备“零缺陷”，重要客户“零故障、零停电”，完成北京冬奥会、全国两会、高考、中共二十大等21项保供电任务。

【供电设备管理】 2022年，乐东供电局组建7支外部应急队伍，增加抢修力量布点，组建专业巡视团队，完成高跳线路排查，编制故障停电及“减供时户数”前20%的“一线一册”，对故障线路开展一故障一分析，进一步提升局配电网运维质量，台区累计停电次数同比下降25.13%，配网故障跳闸次数同比下降25.91%，低压故障停电抢修数量同比下降54.75%，供电可靠性不断提高。

【供电技术创新】 2022年，乐东供电局针对电缆故障定位难、定位不准确等问题，组织开展研究，申请专利8项，全年累计申报职工技术创新项目23项，申报科技项目4项，科技

10月8日，乐东供电局组织人员对县城供电设备开展深入排查
（县融媒体中心　供图）

成果转化 3 个。

【营商环境优化】 2022 年，乐东供电局受理业扩新装客户 1.36 万户，业扩报装及时率 99.99%。高压客户平均接电时间 15.25 天，比计划值减少 34.75 天，低压客户平均接电时间完成 1.88 天，比计划值减少 6.12 天。县供电局通过减少客户接电成本，降低工商业电价，对满足条件的新装、增容客户，将业扩工程投资界面延伸至客户规划用地红线，扩大用电工程投资界面延伸范围。优化客户服务渠道管理，推广“南网在线”App、“南方电网 95598”微信公众号、网上营业厅等互联网统一服务平台应用，实现用电业务随时随地线上办理，全年互联网总业务数 1.30 万单，互联网业务办理比率 85.24%。

（羊万其）

征地拆迁管理

【项目征地】 2022 年，乐东县征地拆迁办公室完成以下征地拆迁项目的监督管理工作、海南省南繁基地（乐东、三亚片）水利设施建设项目；乐东安居型住房（地块三）的征地；乐东安居型住房（地块四）项目的征地；环岛旅游项目的征地；乐东县 Ln2022-4 号地块（乐东县反走私综合执法站、海警工作站）项目的征地；乐光污水处理厂项目征地；乐东县 Ln2019-32 号地块（乐东县城环城南路市政工作）项目征地；抱由镇 Ln2021-26 号地块（大型生活垃圾转运站）项目征地；Ln2021-48 号地块（九所新区工业储备地块 3）项目征地；九所镇 Ln2021-52 号地块项目征地；九所镇 Ln2021-58 号地块项目征地；九所镇、大安镇、抱由镇 G540 毛九线项目征地；黄流镇南繁配套服务区进场道路（德昌路、绕城路）项目征地；尖峰镇 Ln2021-31 号地块（尖峰镇消防站）项目征地；尖峰镇生态扶贫移民搬迁项目征地；千家镇乐光污水处理厂项目征地。

【依法征地】 2022 年，乐东县征地拆迁办严格依法征地。严格按照各项程序开展。督促每一宗土地征收做到公正、公平、公开，做好各种原始登记材料的归档，确保资料的真实性、严肃性。1. 严格执行征地补偿标准。征地补偿均按相关文件所制定的补偿标准及有关费用规定执行，做到依法、依规、合理。及时足额发放征地安置补偿费。年内，已征用的宗地征地补偿费均及时足额支付给被征地的集体和农户，没有发现拖欠、截留、挪用等违规行为。2. 严格遵循先补偿后搬迁原则。凡征收集体土地涉及农民房屋拆迁，主要采取补偿安置方式有两种。1. 货币补偿安置方式。在拆迁前先与农户协商补偿价格，并落实安置费，被拆迁农民搬迁后方进行房屋拆除及土地平整。2. 实物补偿安置方式。凡涉及城中村搬迁等大范围征地拆迁项目，安置区均由县人民政府统一规划建设，安置区建成后方实施拆迁。

（韩斌斌）

交通运输

交通运输管理

【交通基础设施建设】 2022年，乐东县交通运输局完成乐东县石门互通至花果世界项目乡村旅游道路工程及万冲镇至友谊村渡口公路改造工程、2021年农村公路养护工程——危桥改造项目（油松桥、林场桥、丹村河桥、奋赛桥、水利沟桥）等工程项目，拨付工程款690.10万元。启动2021年农村公路养护工程——危桥改造项目（阳光小学桥、后溪一桥、后溪二桥、万车小学桥、响水电站桥）、2021年农村公路养护工程——农村公路安全提升工程、2022年农村公路养护工程——危桥改造项目（新二六小组桥、新一二桥）、2022年农村公路养护工程——农村公路修复养护工程和农村公路安全提升工程、2022年农村公路建设项目——乐东县X780佛黄线升级改造工程。年内，处置道路病害21多处，合计面积180多平方米，修缮破损混凝土路面60多处，累计修复混凝土路面360多平方米，抢险12条灾毁路，修复涵洞、路面、挡土墙累计31处，修复水毁公路6条18处涵洞及护基墙项目。完成全县境内公路铁路并行路段的生命安防工程3.51千米，完成全县10条县道安全设施精细化提升工程。加强县道省道桥梁管理、检测和养护，排查出漫水桥和漫水路段安全设施缺失和安全隐患31处，进行整治，完善隐患部位的警示桩、水位标尺、漫水警告标牌的建设。

【交通运输市场管理】 2022年，乐东县交通运输局联合县综合行政执法局开展打击非法营运行为，出动执法人员150人次，开展执法检查44次，检查车辆235辆，查处“黑车”1辆，无证经营危险货物运输车辆1辆。

【交通安全管理】 2022年，乐东县交通运输局牢固树立“安全责任重于泰山”的理念，经常组织有关人员深入海汽乐东公司、银亚黄流分公司、乐东城乡公交公司、乐东和黄流客运站及汽车修理厂等运输企业进行安全检查，指导企业落实各项安全工作制度和岗位职责，检查客运站的安检、出站登记和“三品”（易燃品、易爆品、危险品）检查情况等，严格要求客运站按“三不进站、五不出站”（三不进站即三品危险品不进站、无关人员不进站、无关车辆不进站；五不出站即超载不出站、安全例行不合格不出站、驾驶员资格不符合不出站、客车证件不齐全不出站、出站登记表未经签字审核不出站）的规定工作，确保运输生产安全；在工程建设方面，在加快工程建设进度的同时，采取有力措施加强工程质量和安全的监管，在工程勘察、设计、施工、监理、验收等环节，进一步明确质量标准，层层落实工程质量责任制，做到科学化、精细化管理，稳步提高工程质量标准。加强对施工现场的安全管理，建立健全工程建设的规章制度，督促工程建设项目建立了安全生产责任制和岗位职责；落实施工安全措施，要求各施工单位按照施工要求在各施工场地、便道、交叉路口等设置安全警示、标志等。

【机动车辆通行附加费征缴】 2022年，海南省规费征稽局乐东分局征收车辆通行附加费8762.10万元，完成全年征收任务的89.41%。其中，汽油通行附加费6654.50万元，完成全年汽油任务的83.18%；柴油通行附加费2107.60万元，完成全年柴油任务的117.09%。罚没收入为109.93万元，节假日退费54辆。

【车辆稽查】 2022年，海南省规费征稽局乐东分局处理违章车辆593辆，罚款109.93万元。开展欠费车辆的稽查追缴，对历史欠费车辆按时发送各类催缴文书。采取上门、电话、短信、媒体宣传等多种催缴手段，加强催缴力度。全年完成历史欠费车辆追缴109台，清缴规费256.03万元，滞纳金121.43万元；加大对大型车辆报停的监管力度，了解这些大型柴油车辆的动向，防止偷、逃、漏费的情况出现。全年开展报停车辆检查30次，查处违规报停偷驶2台；外出开展路面稽查160天822人次，查处偷逃通行附加费车辆12辆。

（魏舒仪、李　龙）

公　路

【公路管理】 2022年，乐东公路分局设有公路养护道班9个、机修班1个和苗圃班1个，管养线路为国道海榆西线（G225）、国道毛九线（G540）、省道天四线（S314），养护里程182.10千米，其中国道毛九线（G540）（K47～K91和省道天四线（S314）K35～K71处于改建阶段；省道天四线（S314）K71～K86在2021年10月已接养，但未移交线路、桥涵等相关资料，公路技术状况评定里程为92.30千米，MQI（公路技术状况指数）值89.52，完成优良路里程79.20千米，中等路里程13.10千米。

【公路货运】 2022年，乐东县投入道路货车316辆，完成货运量27.07万吨，货物周转量1364.56万吨千米。

【公路客运】 2022年，乐东县投入道路客运营运车辆329辆，完成客运量192.88万人次，旅客周转量14079.47万人千米。

【公共交通】 2022年，乐东县交通运输局指导乐东海汽新能源公交客运有限公司采取农村客运、公交车、微型公交车等形式，确保全县173个行政村100%通客车。其中，农村客运开通37个行政村，公交车开通133个行政村，微型公交车开通3个行政村。

【公路日常养护工作】 2022年，乐东公路分局修复G225海榆西线和G540毛九线路面病害1754平方米，修补路肩平台409平方米，路面灌缝5.53千米，修整路肩水沟平台杂草1694千米，

5月，海南省规费征稽局乐东分局在全县开展车辆稽查工作

（海南省规费征稽局乐东分局　供图）

清理水沟 91.9 千米，路面保洁 8.65 千米，养护巡查 4633 次，桥涵日常检查 481 工日，桥梁养护 1269 工日，涵洞养护 1205 工日，种植花木 4990 株，花木养护 2898 工日，维护清洗沿线设施 164 工日，制作标线 2860 平方米，清理 485 棵倒伏与枯死树木，清理弯道内侧遮挡障碍物 265 处。

【农村公路养护与管理】 2022 年，乐东县交通运输局继续实行分段包养的方式进行养护，全县列养里程 1302.13 千米，其中县道 97.19 千米，乡道 130.61 千米，村道 1074.33 千米（含农垦农场道路 327.51 千米），全部纳入养护补助计划，养护覆盖率 100%。经过养护管理，全县优良路率 71.6%，其中县道优良路率 85.6%、乡道优良路率 68.5%、村道优良路率 60.8%。9—10 月，开展农村公路路面自动化检测工作，检测率占管养路段比例达到 80% 以上，各等级公路指标达到省下达的指标任务，路面技术状况稳中有升。乐东黎族自治县各级政府成立全面推行农村公路路长制工作领导机构，按县道、乡道、村道设立三级路长办公室，进一步明确各级路长及其办公室的职责；全县县道、乡道、村道全部配备配齐“两员”（护路员、养护员）。

【普通公路日常养护项目建设】 2022 年，乐东公路分局为解决 G225 海榆西线道路积水问题，在 G225 海榆西线清理水沟淤泥 2.06 千米、更换破损水沟盖板 89.64 立方米、新建水沟 90 米、新建蓄水池 1 个，得到乐东县政府的支持，整治 G225 海榆西线路面严重积水 27 处，基本解决 G225 海榆西线路面严重积水地段的堵点难点问题。为提升道路美观和通行安全，涂装刷新公跨铁桥梁防抛网 1998.47 平方米；预制安装道口警示桩 302 根、里程碑 3 块、百米桩 196 根；路肩修复 2823.27 平方米；沥青砼调平沉陷路面 526 平方米；更换破碎水泥砼路面板 168 平方米；改造提升桥梁栏杆 1 座 128 米、桥梁安全钢板护栏 560 米。

【公路养护工程项目建设】 2022 年，乐东公路分局完成上级下达的养护工程项目，完成 G225 海榆西线 K306 ~ K346 公路交通事故多发点安全设施精细化提升工程总进度 100%，实际支付金额 268.55 万元；完成 G225 海榆西线安全设施精细化提升工程（K317+000 ~ K328+000）工程总进度的 100%，实际支付金额 272.38 万元；桥梁安全防护设施提升工程已完成前期工作及施工、监理合同签订，正准备办理开工进入施工阶段，实际支付 6.60 万元；完成 G225 海榆西线水毁修复养护工程（K303 + 272 ~ K312 + 213）的前期工作及施工、监理合同签订，实际支付 7.64 万元。

【创建自贸港美丽特色公路】 2022 年，乐东公路分局做好“自贸港美丽特色公路”主题工程，在“五化”公路建设成果的基础上，统筹规划，在省道 S314 天四线 K71 ~ K86 和国道 G225 海榆西线 K342+000 ~ K356+000 打造美丽特色公路。因地制宜、合理布局，围绕设施、绿化、花坛、路域环境和交旅融合等内容，精心选择适合气候条件、匹配路景画面的花草品种种植三角梅、龙船花、大红花、变叶木等花卉。在九所建设一个苗圃基地，面积 3600 平方米，培育三角梅、龙船花、小叶紫薇等花卉，绿化苗木自给率达到 90%，年内种植花卉 1.10 万株。

【机械材料使用与管理】 2022 年，乐东公路分局持续做好公路养护材料储运和机械的使用与管理，全年公路养护使用石油沥青油 14.10 吨；使用养护石料 146.36 吨，河沙 16.40 立方米，石灰粉 18.99 吨。机械使用与维修方面，分局现有养护车辆 23 台，小型养护设备 101 台，全年燃油费用 22 万元，养护车辆维修费用 7.12 万元。在机械使用与维修方面，机械完好率 96%，使用率 93%，修理与保养割灌机 284 台次、油锯 96 台次，车辆大、中、小修 32 台次。年内购买使用公路沥青贴缝带 6000 米，安装车载记录仪与爆闪灯的养护作业车 9 辆，调拨 2 辆江铃养护作业车和购买 29 台小型机械。

【道班建设】 2022 年，乐东县公

路分局投入资金对利国、佛罗和金鸡岭3个道班职工宿舍进行修缮及抱由道班进行庭院建设，改善道班职工的居住环境。年内，乐东公路分局在岭头道班设立岭头道班驿站，驿站基础设施较为完善，驿站服务区不断提升档次后，分局加大资金投入力度，修建羽毛球场，翻修草坪，做好景观绿化树种选择，做到四季常青。

【路产路权管理】 2022年，乐东公路分局开展路政宣传月等宣传活动，出动车辆31辆次、派出人员112人次、张贴海报（标语）114张，悬挂横幅214条，发放宣传手册、宣传单1280份，清理占道经营200余处。年内，路产人员上路巡查1016人次，巡查次数217次，巡查里程22.62千米；制止、纠正各类涉路违法行为42宗，清除路障23处；移交县综合执法局涉路违章行为12宗；依法受理路产许可案件9宗，收取赔（补）偿费79.02万元。

【公路安全生产】 2022年，乐东县公路分局强化安全意识，筑牢安全防线。1. 召开安全生产形势研判会，开展全面的安全生产隐患大排查、大整治。下发隐患整改告知单50份，均已完成整改。2. 投入专项资金36万元，新增公路标志牌114块、施划黄色中线2080.50平方米和白色边缘线820平方米，优化提升公路交通标志标线，解决标志牌、标线模糊、损坏等问题。3. 开展公路应急演练。9月21日，乐东公路分局派出万冲道班、大安道班、抱由道班、机修班56人组成一支应急抢险队伍，投入养护车辆3辆、挖土机1辆、推土机1辆，油锯等机械3部，在G540毛九线K37+400处，开展边坡塌方引发公路倒塌倒伏应急演练，提高抢险队伍在突发事件中的应急抢险和协调能力。4. 开展“安全生产月”活动。6月16日，分局参加乐东县举办的“安全生产月”集中宣传活动。发放《中华人民共和国安全生产法》200份、《习近平关于安全生产重要论述》200份、宣传单1000份，悬挂20条横幅，张贴海报15张。

【公路“防风”畅通保障】 2022年，在台风“暹芭”登陆期间，乐东公路分局防风防汛组织人员投入，各小组逐桥、逐涵、逐路排查，采取有力措施，确保公路的安全畅通。台风期间，派出投入抢险养护车23辆次118人次，清理倒伏树木27株。

（罗　巍、魏舒仪）

邮政·通信

邮 政

【概况】 2022年，中国邮政集团有限公司海南省乐东黎族自治县分公司（简称邮政乐东分公司）职工153人，其中在岗职工127人，劳务工26人，退休人员54人。具有大专以上文化程度134人，占职工总人数的87.58%；中专及以下文化程度20人，占职工总人数12.42%。下设综合办公室、市场营销部、金融业务部、渠道平台部、寄递事业部五大职能部室。下属支局19个，生产班组4个，邮政所4个。

【邮政经济效益】 2022年，邮政乐东分公司业务总收入（含寄递事业部）完成9038万元，同比增长10.06%，完成省分公司收入预算的101.17%。

【邮政服务】 2022年，乐东县建制村通邮率100%、县城及乡镇政府所在地党报党刊当日见报率100%。制定并实施《中国邮政集团有限公司海南省乐东黎族自治县分公司普遍服务管理实施办法》，开展2022年乐东县邮政营业普服网点服务质量提升活动，社会用邮体验持续改善。周五班建制村144个，周五班比例提升到80.45%。

【邮政业务】 邮务类业务 2022年，邮政乐东分公司函件、报刊、集邮等邮务业务稳步发展，全年收入完成344.62万元。

寄递业务 完成寄递业务收入1815.42万元，完成计划目标的101.99%，同比增长12.60%。

代理金融业务 完成代理金融业务收入6560万元，完成计划目标的100.83%，同比增长10.07%。

2022年疫情期间，邮政乐东分公司协助县委、县政府运送物资

（县邮政局 供图）

渠道平台业务　实现电商增值业务收入 21.79 万元，电商分销业务实现收入 214 万元。

【邮政通信保障】 2022 年疫情期间，邮政乐东分公司开通紧急药品、物品寄递通道，各乡镇运送各类防疫、民生物资 29 次 40 吨，并为人民群众配送统购药品 40 余份；保障近 3000 件高考录取通知书精准投递到每一位考生手中。

【三级物流体系建设】 2022 年，邮政乐东分公司印发《乐东邮政 2022 年县乡村三级物流体系建设实施方案》，打造“两中心一站点”三级物流体系建设。走访县商务招商局，为邮政乐东分公司三级物流体系建设提供政策保障支撑，完成 7 个集收寄、投递、邮快合作于一体的综合便民服务站建设。

（王　斌）

电　信

【概况】 中国电信股份有限公司乐东分公司（简称电信乐东分公司）是中国电信集团有限公司下属市县级分公司，是国有大型通信骨干企业。公司拥有乐东县规模最大的宽带互联网络和技术领先的移动通信网络，具备为电信用户提供跨地域、全业务的综合信息服务能力和客户服务渠道体系。电信乐东分公司下设 4 个部门，3 个中心，9 个支局，员工 150 余人，服务网点超过 50 个，遍及全县各地。

【电信业务经营】 2022 年，电信乐东分公司加快推动云网融合、5G 建设，千兆光网等业务发展，进一步做实支局划小承包，强化渠道运营能力，建立倒三角服务支撑体系。以“网是基础、云为核心、网随云动、云网一体”为战略指引，推动 5G、数据中心、千兆光网等基础设施建设，推出天翼高清、翼支付、物联网、云和大数据、“互联网 +”五大优势应用。

【电信网络建设】 2022 年，电信乐东分公司贯彻落实“宽带中国”战略，加强宽带网络建设。经过多次宽带提速、网络升级，全县均达到“全光网市县”的建设标准。全县 173 个行政村光网覆盖率 100%，571 个自然村已通光网 520 个，自然村光网覆盖率 90.30%。截至年末，电信乐东分公司 FTTH（光纤到户）末级端口数 16.05 万个，实占用户 10.88 万，实占率 67.8%，其中 2022 年新增 FTTH 端口 9224 个，占用端口 3286 个，新增实占率 35.62%。4G 信号除比较偏远的山区外实现无缝覆盖，5G 实现城乡、乡镇和部分重点村庄的覆盖。

【电信服务】 2022 年，电信乐东分公司始终坚持“用户至上，用心服务”的服务理念，持续改善服务质量，加快 5G 网络部署，推动智慧城市、云计算、大数据、人工智能、脱贫攻坚等信息化应用在乐东落地，助力乐东“新基建”迈入快车道。

（朱　雷）

移动通信

【概况】 2022 年，中国移动通信集团海南有限公司乐东分公司（简称移动乐东分公司）设有 4 部门和 3 网格，分别是党建与综合部、市场营销中心、政企客户中心、网络支撑响应中心 4 个部门，以及县城网格、利国网格和黄流网格，全公司员工 58 人。

【移动通信经营效益】 2022 年，移动乐东分公司运营收入同比增长 6.95%，全年经营效益较往年保持稳定发展并略有增长。

【移动通信业务发展】 个人市场业务　2022 年，移动乐东分公司针对存量市场提升价值营销，通过“终端承载—套餐升档”开展个人市场流量深耕增收工作，手机上网流量增长完成率 92.46%。搭建高质量融合发展体系，通过大网规模优势巩固客户规模。同时加强渠道建设，引入 5 家优秀行销团队，增强渠道竞争力，组织专项攻坚 350 场次。

家庭市场业务　以市场需求来牵引加快建设工作，实现能用就建、建就能用。全年家庭宽带净增完成率 109.54%，全年端口利用率 28.15%。主攻“村—铺—区”三大战场，精准指导军团攻坚。商铺宽带完成率 123.6%，高价值小区完成率 89.5%。走产品融合化营销道路，夯实家庭市场深度发展。

政企市场业务　做好存量市场服务，尤其是核心集团的服务。做好新增市场跟踪，开展百日攻坚活动，成功发展政法机构的移动云业务。做好商机项目转化，加强商机项目的收集及管理推进，成功转化海洋牧场 5G 项目等业务。与乐东政府签署战略合作协议，全年集团产品收入完成率保持较高水平。

新兴市场业务　根据时事热点制定营销活动方案政策做好贯彻落实，做好线上线下协同运营，提升业务营销成功率。全年乐东新兴市场收入同比增长 8.11 百分点，新业务整合营销活动年度完成 66.79%。

【网络建设】 2022 年，移动乐东分公司狠抓建设执行力，市场发展项目交付及时率 100%，PON（无源光纤网络）专线占比 91.24%。基本实现城区 5G 信号全覆盖，新建端口利用率 31.93%。严格管控建设质量，打造高品质网络。

【客户服务】 2022 年，移动乐东分公司落实厅店属地服务责任，强化店员服务能力。营业厅“用后即评”影响客户感知 1.44%；渠道满意度平均成绩 98.20 分。重视渠道管理员服务标准培训，制定渠道服务指导计划表。加强省市协同，分类施策，巩固满意客户、引导中立客户、修复投诉客户。全年客户满意度得分 19.07 分。

（范哲君）

联通网络通信

【通信能力建设】 2022 年，中国联合网络通信有限公司乐东县分公司（简称乐东联通）加快数字基础设施建设，完成 214 个 900M 站点开通，乐东中学路口、乐东尖峰果场等 5 个小区扩容，自建乐东利国利元 5G 基站安装开通。通过通信合作社、数字乡村建设、BTO（建设—转让—经营）合作，全年开通端口 1.38 万个。推进 5G 网络建设，深化共建共享，扩大县城和乡镇覆盖的广度。与电信共建共享中高频 5G 基站站点 51 个，联通自建低频网 5G 站点 214 个，提高 5G 信号的覆盖范围。年内，多次开展通信保障应急演练，提升通信服务质量，完成三月三央视直播保障、中共二十大通信保障等网络通信保障。

【客户服务】 2022 年，乐东联通以高品质服务要求为出发点，建立以客户体验为核心的服务标准，实现网络指标要和客户感知相结合，以客户感知指标驱动建设和优化工作。工信部问题解决率 85.71%、覆盖类问题解决率 46.9%、负荷类问题解决率 79.17%。全年光衰合格率 99.02%、30 天重复故障率全年均值 4.97%。政企承载网搭建乐东大安镇，乐东志仲镇新建 PEOTN（分组传输网）2 套。年内，乐东联通整体服务满意率达标，投诉处理及时率和客户满意度指标控制在管控范围值内，全年平均满意率得分 98.5%，无发生重大投诉，投诉申诉 0 单。

9月30，大安镇委、镇政府与联通公司在西黎村举行“数字乡村大厅”项目揭牌仪式及捐赠仪式（县融媒体中心　供图）

【5G产品应用与推广】 2022年，乐东联通完成乐东县教育局标杆专递客堂项目的验收；为乐东县九所镇罗马村、乐东县黄流镇黄西村、乐东县尖峰镇海滨村等单位安装智慧大喇叭、智慧党建等产品，分利用数字化平台及新一代数字技术优势，赋能农村数字化基层治理新模式，通过平台与无线网络的链接，打通服务群众“最后一公里”。

（符艳芳）

有线电视网络

【有线电视业务经营】 2022年，中国有线电视网络有限公司乐东分公司（简称有线乐东分公司）业务收入743.80万元，完成年计划的82%；新增有线电视用户1634户，完成年计划的54%；新增广电宽带用户2205户，完成年计划的62%。

【有线电视网络5G业务发展】 2022年7月27日，海南省广电5G正式启动试商用，根据国网公司关于“加速推进固移融合业务拓展”的工作部署，有线乐东分公司组织全体员工进行5G业务的培训和实操，要求全体员工熟练掌握开卡业务及套餐资费并组织员工进行地推宣传。

【有线电视散户及集团用户业务】 2022年，有线乐东分公司在散户集中的九所新区、望楼河小区和县城区域，利用网格员便利的工作身份对本网格进行宣传，办公室人员、市场人员和营业厅人员协助宣传，对接物业、新建楼盘、小区等有针对性宣传。上门拜访经营性集团负责人，积极推荐及灵活调整价格争取其转网使用有线乐东分公司电视＋宽带业务。对原有使用模拟信号的宾馆酒店，通过捆绑销售、降低价格等方式成功将2家原来仅使用模拟信号的宾馆酒店整转为“数字电视＋宽带”“数字清流＋宽带”。

（陈　儒）

社会民生

人口家庭

【人口构成】 2022年，乐东县常住总人口数47.03万人，城镇常住人口14.96万人，乡村常住人口32.07万人。年末，户籍人口户数158769户，户籍人口550317人。按性别分，男性288583人，女性261734人；按城乡分，城镇人口127360人，乡村人口422957人。

【人口监测与家庭服务】 2022年，乐东县出生4253人（其中男婴2351人，女婴1902人），出生率7.45‰。政策外多孩181人（男孩110人，女孩71人），政策外多孩率4.26%。出生人口性别比123.60。全国人口出生率7.45%，死亡率6.17%，自然增长率1.28%。年内，继续开展3岁以下婴儿照护服务工作，幼托位数678张，完成省下达的200张任务，县内有备案3岁以下的婴幼儿照护服务机构2家（执业证件齐全）。推行责任医生与65岁以上老年人签约服务工作，全县签约24501人，签约率65.2%。为24501名老人提供健康管理服务，主要有健康状况评估，完善65岁及以上老年人健康档案，按时开展老年人健康体检并做好记录。年内，在山荣居创建老年友好型社区1个，设置棋牌室、图书室和老年健身活动场所及活动器材，为社区老人家庭改造防摔式厕所23个。老年人认知障碍试点筛查工作完成11477人，完成率123.69%。

（陈周炜）

【婚姻登记】 2022年，乐东县民政局严格依法婚姻登记，提高服务质量，登记合格率100%。全年，全县办理婚姻登记手续3672件，其中，结婚登记2832件（其中补办登记304对，跨区登记1对），离婚登记504件（其中跨区登记12对），补发婚姻证件336件（其中补发结婚证310对，离婚证26对）。

【婚姻调解】 2022年，乐东县申请离婚的当事人超过冷静期不来办理离婚登记39对。

（汪雄鹏）

居民收入与消费

【城镇居民收入状况】 2022年，乐东城镇居民人均可支配收入33948元，同比下降0.2%。城镇居民收入呈现“两升两降”态势。其中工资性收入和转移净收入缓慢增长，工资性收入22951元，同比增长1.4%，转移净收入3724元，同比增长1.3%，经营净收入6698元，同比下降5.8%，财产净收入575元，同比下降2.7%。

【城镇居民收入结构分析】 工资性收入占比稳居首位 2022年，

乐东城镇居民人均工资性收入22951元，同比增长1.4%，工资性收入占城镇居民人均可支配收入的67.6%，是城镇居民人均可支配收入的重要来源，拉动人均可支配收入增长0.9个百分点。工资性收入增长的主要原因是乐东实施各项减负稳岗扩就业政策，多措并举开展线上线下招聘活动，黄流镇就业驿站建成使用，开发城镇公益性岗位，针对企业用工需求开展职业技能培训。

经营净收入有所下降　城镇居民人均经营净收入6698元，同比下降5.8%。乐东根据政策要求不断加大中小微企业助企纾困帮扶力度，持续优化营商环境，落实金融帮扶政策，强化金融服务支撑保障。8月疫情过后，乐东通过发放消费券，举办汽车、家电等购物节活动，推动零售、餐饮、住宿等产业扩大消费。

财产净收入增长势头不足　城镇居民人均财产净收入575元，同比下降2.7%。城镇财产净收入的增长主要得益于房屋租金和红利收入增长，受疫情影响房租和经营分红收入都有所下降，居民金融理财意识也相对缺乏。因疫情带来的不确定性，居民储蓄意愿上升。年内，乐东住户存款余额184.54亿元，同比增长12%，利息收入有所增加。

转移净收入保持增长　城镇居民人均转移净收入3724元，同比增长1.3%。转移净收入增长的主要原因是：加快落实一次性扩岗补助政策，使失业保险稳就业保民生工作政策落地见效，保障失业人员基本生活，充分释放失业保险政策红利。

【城镇居民消费状况】2022年，乐东城镇居民人均生活消费支出21483元，同比减少996元，下降4.4%。

【城镇居民消费结构分析】2022年，乐东城镇居民食品烟酒支出9426元，同比增加22元，增长0.2%；衣着支出767元，同比减少27元，下降3.4%；居住支出4124元，同比减少268元，下降6.1%；生活用品及服务支出1021元，同比减少42元，下降4.0%；人均交通通信支出2383元，同比减少37元，下降1.5%；教育文化娱乐支出2047元，同比减少344元，下降14.4%；医疗保健支出1403元，同比减少252元，下降15.2%；其他用品和服务支出312元，同比减少48元，下降13.3%。

【农村居民收入状况】2022年，乐东县农村居民人均可支配收入18413元，同比增加1056元，增长6.1%。农村居民人均可支配收入四大项指标呈现全面增长态势。

【农村居民收入结构分析】工资性收入平稳增长　2022年，农村居民人均工资性收入7186元，较上年同期增加276元,增长4%，拉动可支配收入增长1.6个百分点，对收入增长的贡献率26.1%。农村居民工资性收入增长的主要原因：1. 进一步落实就业政策，提供精准就业服务，农村居民就业环境显著改善；2. 受乐东县农业生产形势向好，农业用工需求增加，工资性收入不断提高。

经营净收入占据主导地位　农村居民人均经营净收入8570元，较上年同期增加605元，增长7.6%，拉动可支配收入增长3.5个百分点，对收入增长的贡献率57.3%。增长主要原因是农业产业规模不断扩大，乐东县冬季瓜菜种植面积稳定在2.73万公顷；火龙果种植面积2106.67公顷，为全省最大火龙果生产基

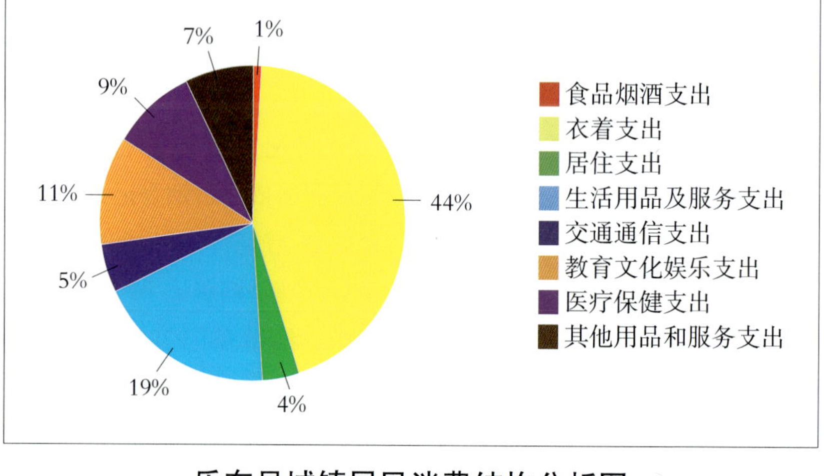

乐东县城镇居民消费结构分析图

地；金钱树种植面积1333.33公顷，为亚洲最大金钱树种植基地；蜜瓜收获面积1.19万公顷，较上年同期增加3266.67公顷，同比增长27.7%；槟榔收获面积9333.33公顷，较上年同期增加4533.33公顷，同比增长48.7%。

财产净收入增速最快　农村居民人均财产净收入424元，较上年同期增加37元，增长9.6%，拉动可支配收入增长0.2个百分点，对收入增长的贡献率3.5%。收入来源主要是：1.转让土地承包经营权的租金。乐东县土地租金较上年增加300~500元/亩，佛罗镇哈密瓜种植土地租金3000元/亩。2.产业合作帮扶模式持续推进，筑牢脱贫户收入保障。年内，帮扶户获得产业分红3034.60万元。

转移净收入稳步提升　农村居民人均转移净收入2233元，较上年同期增加138元，增长6.6%，拉动可支配收入增长0.8个百分点，对收入增长的贡献率为13.1%。转移净收入上涨原因：1.农村居民养老金提档升级，农村养老金最低发放金额从2021年的194.8元增加到205.5元。2.各项惠农补贴的发放带动转移净收入增长。截至年底，发放各类惠农补贴9049.13万元，增长39.95%。3.就业帮扶补贴及时发放。乐东县落实就业帮扶政策，全年发放外出务工奖补9068人次，1444.22万元，同比增长9.5%。

【农村居民消费状况】 2022年度，乐东县农村居民人均生活消费支出15009元，同比减少253元，下降1.7%。

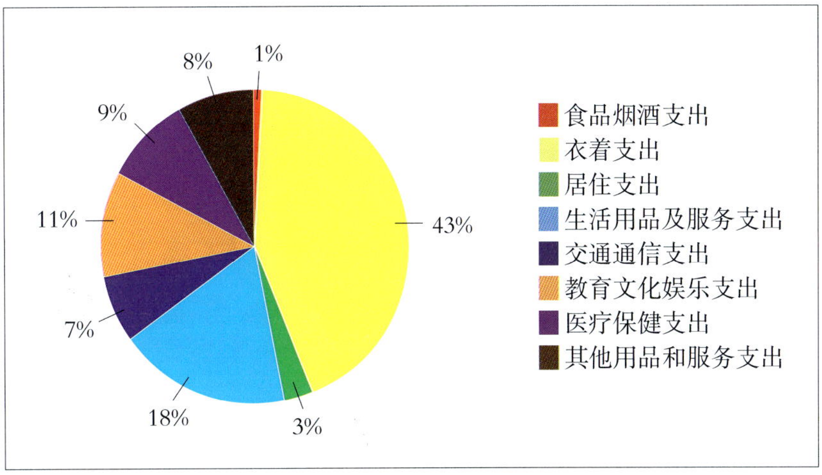

乐东农村居民消费结构分析图

【农村居民消费结构分析】 2022年度，乐东县农村居民食品烟酒支出6512元，同比增加79元，增长1.2%；衣着支出435元，同比减少15元，下降3.3%；居住支出2784元，同比增加47元，增长1.7%；生活用品及服务支出992元，同比增加11元，增长1.1%；交通通信支出1607元，同比增加39元，增长2.5%；教育文化娱乐支出1344元，同比减少208元，下降13.4%；医疗保健支出1149元，同比减少197元，下降14.6%；其他用品和服务支出186元，同比减少9元，下降4.6%。

（何帅乐）

劳动管理

【职业技能鉴定】 2022年，乐东县人社局开展职业技能鉴定工作，职业技能等级认定2704人，获证2623人；专项职业能力考核3809人，获证3715人。考核的范围为保育员、电工、农作物种植技术员、茄子栽培、芒果栽培、龙眼栽培、火龙果栽培、水电安装、植物保护和挖掘机操作等工种。

【劳动保障执法检查】 2022年，乐东县人社局开展工时和休息休假等权益维护专项整治、规范劳务派遣行为专项检查、清理整顿人力资源市场秩序专项执法、对新冠康复者就业歧视专项整治、用人单位与劳动者签订和履行劳动合同情况执法检查等行动。全年，检查各类用人单位261户，涉及劳动者人数1.16万人，督促用人单位补签劳动合同，涉及劳动者人数355人。

【劳动保障监察】 2022年，乐东县人社局立案查处拖欠工资案件5件，全部办结。协调处理农民工工资拖欠案件60件，为

555 名农民工追讨回工资 1785 万元。为 1150 名劳动者解决工资 2503.45 万元。推进“零欠薪”市县工作，并经省治欠领导小组考核验收，乐东县被评为 2022 年度“零欠薪”市县。

【工资支付诚信体系建设】 2022 年，乐东县开展企业劳动保障守法诚信等级评定工作，对 4 家单位进行评定，评定 B 级企业 4 家。开展重大违法行为公布工作，公布劳动保障重大违法行为企业 3 家。开展拖欠农民工工资“黑名单”认定工作，被列入拖欠农民工工资“黑名单”企业 1 家，涉及人数 3 人。开展失信联合惩戒工作，对 1 家企业实施联合惩戒，涉及人数 3 人。

【农民工工资保障】 2022 年，乐东县人社局落实保障农民工工资支付“八项制度”。督促工程建设领域施工企业落实实名制、农民工工资专用账户、银行代发工资、农民工工资保证金、维权公示制度、工程款支付担保、施工过程结算、按月支付工资制度。年内，乐东县在建项目 27 个，维权告示牌覆盖率 100%，实名制覆盖率 96%，农民工工资专用账户开设率 96%，农民工工资保证金覆盖率 93%，银行代发工资覆盖率 96%，按月代发工资覆盖率 89%，施工过程结算覆盖率 100%，工程款支付担保覆盖率 82%。

【根治欠薪工作宣传】 2022 年，乐东县人社局加大人力资源社会保障法律法规的宣传力度，贯彻落实《保障农民工工资支付条例》，在建筑工地、招聘会现场设立咨询点，为农民工解答劳动法律法规政策，发放劳动合同法、保障农民工工资支付条例宣传手册、农民工维权手册等宣传资料。借助 2022 年“春风行动”万冲镇排慎村招聘会开展劳动保障法律法规政策宣传活动。年内，开展宣传活动 7 次，发放农民工维权手册等资料 1225 份，挂横幅 90 条。

2月15日，乐东县开展劳动保障法律法规宣传活动

（县融媒体中心　供图）

【劳动鉴定】 2022 年，乐东县人社局受理工伤案件 39 件，其中认定为工伤 38 件，不予认定为工伤 1 件。受理非因工伤残劳动能力鉴定 6 件，受理因工伤残劳动能力鉴定 22 件。按时办结率 100%。

【事业单位人事管理】 2022 年，乐东县公开招聘事业单位工作人员 55 名、安置定向随军家属；招募引进“三支一扶”人员 16 名充实进教育、卫生等基层服务。县人社局与县委组织部联合印发《乐东黎族自治县事业单位管理岗位职员等级晋升制度实施方案》，开展事业单位管理岗位职员等级晋升工作。

【事业单位工资福利】 2022 年，乐东县人社局审批在职工作人员死亡抚恤金 10 人、工作人员退休补助费 212 人、工作人员死亡后遗属生活困难补助 40 人、退休干部修缮安家补助费 19 人。调整机关工勤和事业单位基本工资标准 7252 人。审批机关工勤和事业单位工作人员正常晋升工资 6905 人、事业单位专业技术聘任 768 人、教师教龄津补贴 420 人。落实中高级专业技术岗位晋升工资 312 人，其中正高级 12 人，副高级 127 人，中级 173 人。

【助企纾困】 2022 年，乐东县人社局落实助企纾困政策，延续执行阶段性降低失业保险、工伤保险费率等规定至2023年4月30日。全年，惠及企业1086家，涉及工伤及失业保险费352.27万元。对特困行业阶段性实施缓缴企业社会保险费，年内，受理申请缓缴企业26家，涉及人数1205人，涉及金额142.32万元。

（陈泰银）

就业服务

【新增就业人数】 2022年，乐东县城镇新增就业人数3110人，完成省厅下达指标2800人的111.07%。

【就业再就业】 2022年，乐东县城镇失业人员再就业1039人，完成省人社厅下达的年度任务指标1000人的103.9%；就业困难人员实现就业人数549人，完成省人社厅下达的年度任务指标400人的137.25。

【职业技能培训】 2022年，乐东县就业局开展职业培训102期5740人（创业培训11期330人，订单式培训2期120人，定向式培训60人），其中脱贫户、监测户劳动力1845人。培训工种涉及老人陪护、直播销售、植物保护、农作物种植技术员、育婴员、创业培训、初级电工、水电安装、农产品包装、火龙果栽培、辣椒栽培、电动自行车维修、初级中式面点师、挖掘机操作和电子商务师等19个工种。

【农村劳动力转移就业】 2022年，乐东县农村劳动力新增转移就业6602人，完成省人社厅下达的年度任务指标6000人的110.03%。全县脱贫户帮扶对象人口14327户59717人，其中劳动力36841人，有30063人实现务工，是2021年29239人的102.82%。

【失业保险金发放】 2022年，乐东县就业局实施助企纾困政策稳定就业，各项助企纾困政策均实行“免申即享”。全年，审核发放失业保险金2740人次472.76万元，失业保险代缴医疗2740人次176.23万元，失业补助金746人次58.84万元，企业在职职工技能提升补贴4人4700元，补发8月物价联动补贴282人1.46万元、9月份物价联动补贴320人1.12万元。发放企业稳岗返还补贴393家433.59万元惠及8136人，一次性留工培训补贴567家262.32万元惠及8136人，一次性扩岗补助45家惠及79人7.90万元。

【大中专毕业生就业和档案管理】 2022年，乐东县就业局受理大中专毕业生报到713人。其中，已就业322人，未就业391人，大中专毕业生小程序系统就业跟踪服务人数1352人；接收档案3908份，档案调出909份，其中大中专毕业生档案644份，失业人员档案265份；办理灵活就业19人；办理失业登记人数504人，其中线上办理101人，线下办理403人。线上发布企业招聘信息115次，为1397家企业发布就业岗位24051个，让有就业需求的劳动力选择合适的就业岗位。

【公益岗开发管理】 2022年，乐东县就业局动态开发公益性岗位安置大学生、残疾人、低保家庭等就业困难人员426人就业（其中，城镇公益性岗位29人，乡村公益性岗位397人）。至年末，公益性岗位在岗人员996人。确保零就业家庭动态清零，按照“谁开发、谁用人、谁管理”的原则，由各用人单位进行考勤，每月将考勤情况报乐东县就业局，乐东县就业局再按考勤及时发放岗位补贴，防止虚设岗位、变相发钱。

【专场招聘会】 2022年，乐东县就业局搭建就业平台，拓宽渠道稳就业。全年组织用工招聘会59场（其中，线下12场，线上海南省公共招聘网4场，乐东就业服务微信公众号43期），提供就业岗位29862个，进场求职4215人，达成就业意向315人，线上点击率5461次。加强岗位信息对接服务，结合农民工就业需求，通过邮箱微信群推送和工作人员到镇村组织镇村干部把企业信息张贴到公告栏的方式，大力开展送岗进户和送工到企活动，为1708家发布就业岗位信息62期（其中，县内发布10期，海南省每周优选岗位已发布52期）岗位28799个，帮助求职者在家门口就能找到合适的工作岗位，促进高质量就业。开展“点对点”劳务输出扩就业，“春风行动”期间组织专车输送195名务工人员到广东、海口、万宁等地企业返岗务工，6人免费乘飞机赴福建安踏（中国）有限公司务工。

【“4050”就业困难人员社保补贴】 2022年，乐东县就业局审核发放“4050”就业困难人员社保补贴1676人次133.82万元。

【就业帮扶】 2022年，乐东县就业局落实就业补贴政策激励就业。全年，发放外出务工奖补12591人次1789.79万元（其中，务工奖补12591人次1710.43万元；交通补助2657人次79.36万元）。小微企业招用高校毕业生社保补贴17家惠及133人次246338.84元，企业招用高校毕业生奖励补贴10家惠及16人32000元，企业招用就业困难人员社保补贴27家惠及97人次232257元，企业招用就业困难人员奖励补贴15家惠及15人30000元。全县就业见习基地11家，吸纳就业见习人员69名，发放补贴386人次共计52.13万元。

【就业驿站】 2022年，乐东县就业局创建就业驿站（零工市场）6家，打通基层公共就业服务“最后一公里”。5月初，全省首家就业驿站乐东黄流站在乐东建成，驿站的建立使县内沿海6个镇村的公共就业服务延伸到基层，驿站开展求职登记、信息发布、咨询服务、招聘服务、就业指导及职业培训等服务。做到企业用工信息及时发布，求职者及时跟踪面试进度，劳务带头人及时跟踪组织务工。至年末，就业驿站已与778家企业合作，发布就业岗位信息6412条，求职登记1098人，帮助企业成功介绍57人稳定就业，组织引导农村劳动力到周边农产品基地灵活就业5379人，累计“点对点”输送11420人次。与京师律师事务所达成战略合作，为广大务工人员免费提供法律咨询，举办线上、线下相关劳动法宣讲及劳动法咨询2场。12月30日分别揭牌抱由镇、尖峰镇、利国镇、千家镇、志仲镇5家就业驿站。

5月26日，海南省首家就业驿站在乐东县黄流镇正式揭牌启动

（县融媒体中心 供图）

【创业大赛】 2022年，海南自贸港创业大赛初赛暨乐东县创业大赛复赛顺利举行。大赛分综合组和乡村振兴组，60个项目报名参赛，涉及特色种植、养殖、农产品加工、有机肥生产、文化教育、美食、相亲婚恋、财税服务等多个领域。经过层层角逐，最终决出一等奖2名、二等奖4名、三等奖6名、优秀奖18名。

（张思荣）

社会保险

【从业人员基本养老保险】 2022年，乐东县从业人员基本养老保险参保人数67561人，其中在职参保37144人，离退休参保30417人。养老保险费征缴收入48221万元，其中企业单位27331万元，机关事业单位20890万元，任务完成率103%。

【城乡居民基本养老保险】 2022年，乐东县城乡居民基本养老保险参保210848人，城乡居民基本养老保险费征缴收入2536万元，较预算任务 2644 万元，任务完成率 95.91%。

【从业人员基本养老保险基金支出】 2022 年，乐东县从业人员基本养老保险基金支出 117192 万元。

【退休审批】 2022 年，乐东县审批各机关事业、企业单位工作人员办理退休 1434 人。

【领取养老金资格认证】 2022 年，乐东县社会保险服务中心及时开展离退休人员领取基本养老金资格认证工作。采取现场认证（包括离退休人员到社保经办大厅窗口认证、到各市县社保经办机构认证及到各乡镇街道社会保障所服务点认证）、异地认证（包括网络视频拍照认证、寄送异地认证表认证）、手机下载海南一卡通及“海南人社”App 等多种方式进行领取基本养老金资格认证，杜绝死亡冒领，确保基金安全。年内，全县应进行领取养老金资格认证的离退休人员 29673 人，至年末，完成资格认证的人数 29618 人，认证完成率 99.81%。

【城镇从业人员基本医疗保险】 2022 年，乐东县城镇从业人员基本医疗保险参保人数 52624 人（在职参保 28246 人，离退休 24378 人），医疗保险费征缴累计收入 33567 万元，较预算任务 19337 万元，任务完成率 173%；从业人员基本医疗保险基金支出 25529 万元。

【城乡居民基本医疗保险】 2022 年，乐东县参加城乡居民基本医疗保险 417079 人。全年，城乡居民基本医疗保险基金支出 37292 万元。

【医疗救助资金拨付】 2022 年，乐东县医疗救助资金资助参加城乡基本医疗保险 17856 人，医疗救助资助参保费 571.30 万元；困难群众就医享受医疗救助 40174 人次，医疗救助资金 916.21 万元。

【工伤保险】 2022 年，乐东县工伤保险参保人数 28121 人，工伤保险费征缴收入 412 万元，较预算任务 589 万元，任务完成率 70%。工伤保险保基金支出 238 万元。年内，乐东县有 11 家快递企业办理申报，参加单独工伤保险人数 165 人。

【社会保障卡】 2022 年，乐东县社会保障卡制卡目标任务 5220 张，完成制卡 8441 张，完成本年度制卡任务 161.7%。

【定点医药机构管理】 2022 年度，乐东县申请医药机构 14 家，经乐东县社会保险服务中心评估后，并给予医保网络申请 10 家。

（周　超）

社会福利

【儿童福利】 2022 年，乐东县民政局按照《关于提高孤儿、事实无人抚养儿童基本生活保障标准的通知》的标准，按每人每月 1350 元的标准，对全县 21 名孤儿发放孤儿养育金 34.56 万元，对 53 名事实无人抚养儿童发放补贴金 61.33 万元。另外对 330 名困境儿童发放困境儿童生活补助金 139.71 万元。至年末，全县农村孤儿、事实无人抚养儿童、留守儿童均已实施救助。年内，乐东县民政局为全县 193 个村居配备乡镇（街道）儿童督导员，在各镇成立儿童之家，既处理未成年人保护事务性工作，同时为困境留守儿童等提供关爱服务。

【老龄福利】 2022 年，乐东县认真抓好 80 岁以上老人高龄补贴发放工作。至年末，全县有高龄老人 10018 人；全年发放高龄补贴 302.36 万元。年内，全县正常运营的敬老院 9 家，入住特困对象 49 名，管理人员 18 名。9 家敬老院均配置血氧仪，配齐（14 天）的退烧药、止咳药、止泻药、清热解毒类等药品，抗原试剂、体温计、口罩、防护服、面罩、手套、84 消毒液等防疫物品配备充足。同时建立健全乐东县养老机构一、二、三级医疗机构分级诊疗包保制度。开展养老护理员职业技能培训工作，对全县特困人员护理员、特困人员监护人、敬老院管理员（新招录用）、分管民政事务村干部等相关工作人员 146 人进行培训，提升全县养老服务人员技能和职业素养。

【残疾人福利】 2022年，乐东县有重度残疾人7840人，困难残疾人3916人。全年发放困难残疾人生活补贴、重度残疾人护理补贴等“两项”补贴资金1840.65万元，惠及14.39万人次。其中，发放困难残疾人生活补贴380.47万元，惠及4.75万人次；发放重度残疾人护理补贴1460.18万元，惠及9.64万人次。

【福利彩票】 2022年，乐东县民政局按照省福利彩票发行中心的工作部署，开展投注站点各项工作的宣传与形象建设等工作，做好全县32个福彩投注站的管理以及双色球12亿元大派奖的宣传、业务培训、销售保障等工作，协助省福彩中心组织相关人员到北京观摩“刮刮乐”票种的印制。同时抓好新站点的征召工作。

（汪雄鹏）

城乡低保

【低保救助】 2022年，乐东县城乡低保户7363户16492人。其中，城镇低保户1440户2778人，发放城镇低保金1588.94万元；农村低保户5923户13714人，发放农村低保金6705.20万元。

【农村特困人员供养】 2022年，乐东县特困人员831户848人，发放特困供养金768.34万元。全年对1805户2466名困难对象实施临时救助，发放临时救助金181.63万元。

【特困人员照护】 2022年，乐东县建立特困人员照料护理、分散供养特困人员定期探访制度，对有集中供养意愿的失能半失能特困人员实行100%集中供养；对无入住院意愿的分散供养特困人员100%签订照护协议，发放照护补贴，实行委托照护；通过开展“物质+服务”的社会救助方式，为全县特困人员提供住院护理等救助服务。

（汪雄鹏）

教　育

教育管理

【概况】 2022年，乐东县有普通中小学校160所，幼儿园104所。普通高中在校生8066人，无职业高中在校生，初中在校生1.69万人，小学在校生3.73万人。民办义务教育学校15所，在校生6506人，其中初中生567人；政府购买学位4168个。在园幼儿1.73万人，其中普惠性民办幼儿园7425人。初中年级辍学率0.07%，巩固率95.2%；小学巩固率100%。全县有教学班1606个，无56人以上的大班额及66人以上的超大班额教学班。秋季学段，利国学校等18所学校整合撤并。全县教育总投入13.08亿元（其中校舍类建设约投入7332万元），教育总支出13.14亿元。

【助学资助】 2022年，乐东教育特惠性资助项目发放教育特惠性资助1.36万人次1635.38万元；普惠性资助项目发放各学段普惠性资助4.16万人次2184.42万元，免除普通高中学杂费1958人次61.31万元；彩票公益金教育助学项目发放励耕计划49人52万元，滋蕙计划301人21万元；生源地信用助学贷款受理助学贷款申请4189人，受理金额3953.63万元，经过审查其中符合条件的合同4170人，放弃助学贷款学生19人，发放助学贷款金额3933.28万元。

【教学设施配备】 2022年，乐东教育局推进学校教学设施配备项目建设，投入资金2628万元购置学校教学设施设备，其中投入资金1183万元完成黄流中学、民族中学、九所中学、思源实验学校4所学校电路扩容改造及教室空调采购安装项目；投入资金1445万元完成思源实验小学教育教学仪器设备购置安装项目和乐东中学第二学生食堂设备购置安装项目。

【校园欺凌预防工作】 2022年，乐东县教育局组织开展中小学生欺凌综合治理主题宣传教育活动。举行《向学生欺凌说不》签字仪式，签订承诺书等相关法治活动，参与师生6万人。开展法治教育宣讲153场，提高学生的法律意识和自觉运用法律武器自我保护的能力。

【体育教育】 2022年，乐东教育局实施《国家学生体质健康标准》，推进全县学校体育工作的健康发展，健全学校体育新理念，实施体育新课程标准理念下的体育课程改革，促进全县学生体质健康水平的提高。11月14日，县教育局承办全省体育教师教学技能基本功大赛，有30支代表队、120多名选手参赛。比赛项目分为理论、实践和民族民间传统体育或新兴项目三部分。理

11月15日，2022年海南省中小学体育教师教学技能基本功大赛暨观摩活动在乐东中学体育馆开幕　　（县融媒体中心　供图）

论部分包括教师设计和评课两项内容，占比 20%；实践部分包括广播操、武术操，队形队列，自选项目专项技能，规定项目模拟微课等 4 项内容，占比 80%。比赛按团体与个人计分结合及集体展示评比等测评评分，设团体奖、个人奖、展示奖和优秀组织奖。经过 5 天的角逐乐东县参赛代表队获得民族民间传统项目一等奖，团体获总分二等奖；12 月 16—19 日，在定安县举行的海南省中青少年（U18）田径赛暨体育传统项目学校田径赛中，乐东县田径队在此次比赛中，荣获 4 枚金牌、1 枚银牌、1 枚铜牌，金牌数排名第二，以总分 82 分的成绩获得团体总分第八名，荣获本赛事的体育道德风尚奖；12 月 25—29 日，承办海南省中学生足球赛暨初中男子校园足球联赛。

【美育教育】 2022 年，乐东县财政局下拨美育活动经费 8.60 万元，县教育局组织举办 2022 年中小学生艺术美育赛事活动，活动项目有舞蹈、唱歌、器乐三大项，组别有幼儿组、小学组、初中组、高中组四类，各学校推选 145 个优秀节目参加比赛，有 2000 多名学生参加。推荐 7 个优秀节目参加海南省 2022 年中小学生美育赛事活动，获一等奖 3 个，二等奖 1 个，三等奖 3 个，县教育局获优秀组织奖。

【校园毒品预防教育】 5 月 16 日，在县民族中学举办 2022 年乐东县禁毒师资培训，6 月 22 日联合禁毒成员单位在县民族中学举行“6·26”国际禁毒日“喜迎二十大·全民禁毒在行动”开展禁毒宣传教育主题活动，全县各学校组织师生参观禁毒教育基地、观看《扫毒 2》《破冰行动》《生死下一秒》等禁毒电影，开展给学生上好一堂禁毒法制课、国旗下讲话、校园广播、海报、宣传栏、征文比赛、标语、横幅等宣传活动，全县师生参加 4 万多人次，悬挂横幅 200 多条，发放折页 3 万多份。创建省、县级禁毒示范化学校，联合县禁毒办到各学校进行督导评估，评选县级禁毒示范化学校 40 所，9—12 月，联合县禁毒办、三亚戒毒所到 20 所学校开展禁毒进校园讲座活动，10 月通过“青骄第二课堂”在线培训有序组织全县在校生参加全国青少年毒品预防教育知识竞赛，全县学校参加全国青少年毒品预防教育知识竞赛有 129 所，学校接入率 100%，学生注册率 100%，学生参加禁毒知识竞赛率 100%、及格率 90%、优秀率 65%，平均分 86.26 分、总分 88.32 分。

【校园卫生健康工作】 2022 年，乐东县教育局印发《乐东黎族自治县教育局关于开展无烟学校建设的通知》，5 月 16 日至 6 月 17 日联合县爱卫服务中心、县疾控中心等有关单位，对全县 11 个乡镇 52 所学校开展无烟学校建设验收工作。并由各镇中心学校、中心幼儿园对辖区内的小学和幼儿园进行验收。实施无烟校园覆盖 100%。印发《乐东黎族自治县教育局关于进一步加强教育系统垃圾分类工作的实施方案》，要把垃圾分类工作作为学校一项常规性工作来抓，引导师生养成分类投放垃圾的习惯。根据不同年龄阶段的学生开展有针对性的宣传教育。达到全面教育覆盖率 100%，师生垃圾分类知识知晓率 100%。印发《乐东黎族自治县教育局关于认真做好学校眼保健操工作的通知》，开展近视防控宣传月、“爱眼日”宣传活动，联合县卫健委对全县幼儿园大班、小学三年级、初中一年级 1.20 万名学生进行眼疾病筛查工作；组织开展全县中小学进行春秋两季的视力监测工作；对全县 22 所公办普通初中学校（含特教学校）367 间普通教室照明进行改造，完成教室 367 间，安装使用完成率 100%。

2月13日，县交警大队到千家中学开展交通安全“开学第一课”活动（县融媒体中心　供图）

【双拥、国防教育】 2022 年，乐东教育局制定《2022 年乐东黎族自治县教育局双拥工作计划》，推动全县教育系统国防教育和双拥工作深入开展。5 月 30 日保国学校开展以“国防教育进校园　点燃少年强国梦”为主题的国旗下讲话和班会活动。助力全县各中小学开展爱党爱国社会主义教育，引导青少年践行“强国有我　自贸有我”的青春誓言，6 月 18 日开展“新时代好少年　强国有我　自贸有我”主题教育读书活动演讲、朗诵比赛，让师生深刻懂得只有强硬国防才能捍卫祖国的强大。清明节，首师一小组织师生开展“清明时节话清明　你我共寄清明情”网上祭英烈主题教育，缅怀革命先烈。

【校园安全工作】 2022 年，乐东县教育局召开 5 次学校安全专题会议，全力防范学生防溺水事故的发生。会同县交警大队到首师一小、乐东中学等 20 所中小学开展“重细节，平安行——交通安全进校园”主题宣传教育活动 20 场，2 万多名师生参与活动。联合县公安局在全县中小学开展“守法规知礼让，安全文明出行——开学第一课”主题宣传教育活动，参与师生 3000 余人。联合县市场监督管理局于 3 月、6 月和 10 月 3 次对全县中小学校、幼儿园及校园周边寄宿点抽查检查开展食品安全专项检查，下发整改通知书 55 份，涉及隐患 216 项，关停校内小饭桌 10 家，完成整改率 100%。相关职能部门对各学校、幼儿园开展督查。联合督查组通过对 13 家中小学校及幼儿园抽查检查，发出整改通知书 13 份，涉及整改内容 49 项，已整改 49 项，整改率 100%。年内，完成 67 所地处国道、省道周边学校道路交通隐患设施整改，在 77 所地处主要道路校门口完成防冲撞设置，完成县首师一小、乐东中学、县幼儿园 3 所校园门前路段设置减速丘的示范路。会同公安交警部门加强对中小学生交通违法严查行动，以上下学时段、周末、节假日为重点，组织开展 12 次集中整治行动。分别查处中小学生违法驾驶电动车 80 起；未满 16 周岁骑行电动自行车 39 起；无证驾驶 23 起；不戴头盔 10 起；未悬挂号牌 2 起；学校向监护人发放《未满 16 岁不得驾驶电动自行车告知书》56 份、《未成年人交通违法行为告知书》80 份、《未满 16 周岁禁止骑电动车保证书》56 份。

【教育工会】 2022 年，乐东县教育局工会开展教职工劳动竞赛、学科知识竞赛、教学教研评比技能竞赛和文化活动，全县 11 人获得省级学科竞赛奖；基层工会千家中心学校工会被县总工会评为“模范职工之家”，工会主席被评为“海南省工会职工之家阵地建设先进个人”；开展丰富多彩的教职工文化活动。“三八”国际妇女节开展网上有奖竞答活动，发电子祝福、巾帼奋斗事迹展播；“五一”国际劳动节开展职工运动会；“七一”建党节开展党员活动等；组织教职工参加志愿者活动。年内，疫情防控期间，全县教育系统1248名教职工积极投身抗疫一线，得到了社会好评。

【教师队伍】 2022年，乐东县全县教师学历与职称如表2、表3所示。

2022年乐东县教师学历情况表

表2　　单位：人

类别	硕士	本科	专科	中专	其他
幼儿园	0	220	64	0	0
小学	0	825	1369	266	17
中学	52	1780	375	9	29
研训学校	1	40	8	1	0
青少年校外活动中心	0	3	4	0	0

2022年乐东县教师职称情况表

表3　　单位：人

类别	正高	副高	中级	初级	未评	其他
幼儿园	0	13	93	115	63	0
小学	0	400	1097	797	157	26
中学	5	566	1016	525	74	59
研训学校	1	24	15	9	0	1
青少年校外活动中心	0	1	3	3	0	0

【教师招聘】 2022年，乐东县招聘中小学特岗教师50名，学前教育专项计划招聘教师8名，县特殊教育学校招聘教师8名，面向全国公开竞聘农村地区优秀校长2名；安排公费培养师范毕业生34人，其中小学20人，幼儿园14人。

【师德师风建设】 2022年，县教育局印发《乐东黎族自治县教育局2022年师德师风专项整治行动工作方案》，3月17日，组织全县中小学、幼儿园、校外培训机构（含民办学校）负责人参加2022年全省师德师风专项整治工作会议，并结合师德师风建设常态化长效化和全省“能力提升建设年”活动部署，通报近期师德师风违规问题典型案例，部署开展乐东县教育系统师德师风专项整治行动，狠抓学习教育，严格制度规定，严格违规惩处，严格师德督导，重点整治师德师风方面存在的突出问题。全县各学校组织教职工开展教育法律法规、师德师风政策文件的学习，与教职工签订师德师风责任书，开展警示教育活动，引导教职工以案为鉴，学习师德师风政策文件和典型案例，推动师德素养外化于行，内化于心。加大对违反师德师风现象查处力度，6月开展教职工师德师风建设督导检查，针对教职工性骚扰性侵学生、侵害学生利益、学术不端以及中小学教职工违规等开展集中整治，严抓严管，提升教育系统师德师风水平，努力营造一个风清气正的教育生态环境。年内，全县教育系统有7名教职员工被县纪委和教育局问责处置，其中开除3名、降级2名、记过1名、警告1名。

【教师评优评先】 2022年，乐东县教育系统荣获关云平教育基金表彰奖励的有：优秀校（园）长6名，优秀班主任10名，优秀教师20名。获得省级表彰的学校和个人有：县实验小学被评为“2022年海南省中小学德育工作先进集体”，华二黄中教师刘磊、思源高中教师吴慧玲、首师一小教师符香玲被评为“2022年海南省中小学德育工作先进个人”荣誉称号，特殊教育学校教师李小翠、首师一小教师卢河再、九所镇中心学校教师陈求珍被评为“2022年海南省优秀教师”荣誉称号，佛罗中学教师陈福贯、大安镇中心小学教师罗翠轻被评为“海南省优秀乡村教师”，乐东中学教师卢燕被评为“2022年海南省优秀教育工作者”。

（李虹颖）

基础教育

【中小学规范化学校建设】 2022年，乐东县教育局推进改薄能力提升项目、校舍安全保障机制、学生宿舍维修改造、学前教育公办幼儿园、县职业中专学校改建思源实验小学项目建设等工作，不断提升贫困地区义务教育薄弱学校硬件设施，全县投入改善办学条件资金13360万元，投入2628万元购置教育教学仪器及食堂、课室空调等设备。年内，新建校舍20307平方米、校舍维修及附属17所学校（包括4所为学生宿舍维修改造项目的学校）。全年建设项目24个，完工项目17个，在建项目7个。开展省级规范化学校创建工作。投入2300余万元，完成民族中学省级规范学校创建工作，11月，该校以930.5分通过省教育厅组织开展的审核性评估，达到省级规范学校办学水平。调整聘任第五届挂牌督学72人，深入全县262所中小学幼儿园进行责任区挂牌督导，扎实推进“双减”“六项管理”教育督导工作。在学段秋季乐东中学与首都师范大学附属教育集团合作办学，创设华二黄中附属小学。

【中小学德育教育】 2022年，乐东教育系统评出县级三好学生396名、优秀学生干部56名；40名学生被评为省级三好学生和优秀学生干部。县实验小学被评为2022年度海南省中小学德育工作先进集体，华二黄中刘磊副校长、乐东思源实验高中吴慧玲副校长及首师附属乐东一小符香玲老师被评为2022年度海南省中小学德育工作先进个人。

【教材管理】 2022年，根据国家课程方案和省教育厅的要求，乐东县各中小学校教材实行学校报送、教育局审核、新华书店供书方式。中小学教辅资料由县教育局根据省教育厅的推荐目录定出版本并由学生本着自愿订购的原则订购。全县中小学校除英语和个别术科外，其他学科均开齐开足课程。县教育局经常对学校课程开设情况进行督查，认真落实国家课程方案。

【学籍管理】 2022年，乐东县中小学生学籍管理做到在校学生花名册一班一本，学籍卡每生一卡，学生异动有登记，转学办理有手续。全县中小学生学籍实行电子注册管理，并入全国中小学生学籍信息管理系统。

【教育经费保障机制】 2022年，乐东县教育系统逐步建立和完善农村中小学预算编制，细化资金管理，并向基础薄弱学校倾斜。继续加强业务培训，切实提高管理人员的业务水平。管好用好教育专项资金，充分发挥投资效益，做到不克扣、不挪用，专款专用，并按时拨付到位。做好义务教育阶段公用经费分配拨付和管理使用工作，经县教育局、县财政局核实后，按规定标准分配拨付，严格要求民办中小学完成减免任务。

2022年乐东县义务教育阶段学生情况表

表 4

小学				初中			
适龄儿童人数（人）	已入学人数（人）	入学率（%）	年辍学率（%）	适龄少年人数（人）	在校学生数（人）	毛入学率（%）	年辍学率（%）
36864	36849	99.96	0	16687	16854	101	0.07

2022年乐东县学前教育学生情况表

表 5

学前三年			学前一年			等级园（所）	普惠性幼儿园（所）
学前三年幼儿数（人）	入园（班）人数（人）	毛入园（班）率	学前一年幼儿数（人）	入园（班）人数（人）	毛入园（班）率（%）		
20260	17221	85%	6273	4850	77.32	63	46

2022年乐东县特殊教育学生情况表

表 6

6～15周岁三类残疾儿童少年数（人）	入学人数（人）	免予入学（人）	休学（人）	入学率（%）
417	384	9	0	95.34

2022年乐东县高中教育学生情况表

表 7　　单位：人

在校学生数	每万人口普通高中生数
8066	172

2022年乐东县普通高中各中学学生基本情况表

表 8

学校	在校学生人数（人）	班数（个）	平均班额（人/个）
乐东中学	2472	54	45.78
华东师范大学第二附属中学乐东黄流中学	1956	44	44.45
冲坡中学	1510	32	47.19
思源实验高级中学	2128	41	51.90
合计	8066	171	47.17

【特殊教育工作】 2022年，乐东县6～15周岁残疾儿童少年417人，在特殊教育学校就读64人，随班就读202人，送教上门107人，初中毕业5人，在幼儿园11人，在康复机构15人，休学1人，免予入学9人，入学率95.34%。6～15周岁残疾儿童少年中，属贫困家庭孩子137人。其中，特殊教育学校20人（脱贫户15人，低保特困5人），随班就读51人（脱贫户36人，低保特困14人），送教上门58人（脱贫户24人，低保特困34人）。全县11个镇实现特殊资源教室全覆盖，县特殊教育学校改办成九年一贯制学校。

【“双减”工作】 2022年，乐东县教育局制定《关于切实减轻学生课业负担实施方案》，建立以校长为第一责任人、以教务处为责任部门的工作机制，实行作业校内公示制度，积极推行“分层作业设计”，落实“双减”作业新标准，2022年初，征集义务教育12个学科优秀作业设计案例，向全县通报表扬。指导各学校成立作业审查委员会，制定作业管理方案，坚持“涵盖面广、针对性强、总量限时”三个基本原则，打造学校、教师、家长、学生共同参与的作业管理新格局，各中小学基本实现了家庭作业尽量在课堂上完成，一、二年级不进行纸笔测验、不留家庭作业，三年级至六年级课外作业控制在一小时内完成，初中生（初三除外）家庭作业控制在90分钟之内目标。成立考试中心，统筹安排全县义务教育阶段学生考试。经县政府常务会议审议通过，由县教育局、财政局、发展改革委、人社局等部门联合印发《义务教育课后服务收费资金管理办法（试行）》《乐东黎族自治县中小学校内课后服务工作实施方案》，规范全县课后服务工作。年内，参与课后服务学生2.5万余名、教师1300余名。全县校外培训机构29所，学科类培训机构2所，非学科类培训机构27所；29所校外机构均证照齐全，机构的从业人员有相应的等级、资质证书，各机构开展培训活动按要求使用《中小学生校外培训服务合同（示范文本）》，教培行业管理规范、竞争氛围良好。

【中招工作】 2022年，乐东县有初中学校23所。其中，完全中学初中部3所、九年一贯制学校初中部9所、初级中学11所。报名参加中招考试4826人，全县中考最高分854分，800分以上68人，700～799分379人，中考总分平均分有明显提高。普通高中录取2632人，录取率为54.5%，乐东中学统招录取分数线533分；思源实验高级中学录取分数线汉族生503分、民族生493分；华二黄流中学录取分数线605分；冲坡中学录取分数线442分。

【普通高考】 2022年，乐东县报考高考人数3229人，本科上线率54%，普通高校招生全县本、专科录取3043人，总录取率94.2%。本科录取1436人，本科录取率44.5%（其中少数民族796人报考，总录取率88.4%，本科录取290人，本科录取率36.4%）。全县4所高中学校，华二黄流中学报考考生790人，总录取率95.2%，本科录取634人，本科录取率80.2%；县思源高中报考考生784人，总录取率96.7%，本科录取434人，本科录取率55.4.8%；乐东中学报考考生778人，总录取率92.3%，本科录取了149人，本科录取率19.4%；冲坡中学报考考生581人，总录取率95.5%，本科录取46人，本科录取率7.9%。

（李虹颖）

社区教育

【社区教育基本情况】 2022年，乐东县新挂牌成立172个社区教育学校（教学点），全年有社区教育机构198个，实现社区教育机构全覆盖，健全全县社区教育县、镇、村（社区）三级办学网络，全年，社区教育总投入50万元。

【社区教育工作开展】 2022年，乐东县社区教育学院组织开展各项社区教育活动；老年歌唱班、电脑班、门球等日常课程以及开展全民终身学习活动周系列活动。助力乡村振兴，开展劳动力尤其是针对脱贫人员的再培训工作，县社区教育指导中心和各镇社区教育学校组织教师开展送教下乡技能培训活动，培训内容包括剪纸、书法、绘画、黎锦、种植养殖培训、冬季蔬菜抗寒防寒技术指导活动等实用知识，全年培训40余场。老年教育方面，开设书画班、摄影班、合唱班、电脑班，参赛书画摄影有30余幅、唱歌班60余名学员参加、电脑班15名学员参加；开展乒乓球、门球和象棋等文体活动200余场，丰富老年人生活。青少年活动方面，在做好疫情防控工作同时，充分利用校外活动时间，组织开展各项社区教育活动，报名参加春季、暑期、秋季三期特长免费培训的青少年有1856人，其中春季666人、暑期682人、秋季508人。儿童节当天在大安镇组织开展“欢乐六一·幸福社区”亲子活动；12月组织开展“乐东黎族自治县2002年全民终身学习活动周系列活动”，活动走进校园、社区、乡村，活动形式多样、内容丰富。

（李虹颖）

民办教育与成人教育

【民办教育】 2022年，乐东县有民办中小学14所，有小学生6378人，初中生462人。

【成人教育与自学考试】 2022年，乐东县全国成人高考报名334人。

（李虹颖）

校外活动

【概况】 2022年，乐东县青少年活动中心，充分利用校外活动时间，积极组织开展各项校外（社区）教育工作，报名参加春季、暑期、秋季三期特长免费培训的青少年学生有1856人，其中，春季666人、暑期682人、秋季508人。中心获县级奖项8个；教师获得省级1人次，县级奖18人次；学生获得省级奖1人次、县级奖22次人。年底有教师7人，聘请劳务兼职教师（人员）6人。11月，刘洪余老师入选第三批海南省中心学校美育名师工作室海南省教育厅吴松美术名师工作室（五指山市）骨干教师。

【特长免费培训项目】 2022年，乐东县教育局开设舞蹈、器乐、书法、绘画、陶艺等特长免费培训项目（班）18个和科技、劳技、乒乓球、台球、棋牌、图书、展览开放性项目7个。

【校外文体等活动】 2022年，乐东县青少年活动中心组织学生参加乐东黎族自治县中小学生美育赛事活动，有舞蹈、声乐、器乐等6个作品参加比赛，获一等奖3个、二等奖3个和优秀组织奖1个。组织学生参加“童心童画　六水共治”2022年乐东黎族自治县中小学生优秀美术作品展活动，有10位学生10幅作品

民办教育学校基本情况表

表9

学校	办学层次	小学		初中	
		班数（个）	学生人数（人）	班数（个）	学生人数（人）
新星学校	完全小学	6	167	—	—
超才学校	完全小学	11	374	2	62
海之南实验学校	完全小学	17	635	—	—
龙华实验学校	完全小学	8	295	—	—
椰韵实验学校	完全小学	12	383	—	—
博士小学	完全小学	23	978	—	—
佳佳小学	完全小学	22	805	—	—
振华学校	完全小学	11	448	5	151
创新学校	完全小学	14	431	—	—
育英学校	九年一贯制学校	9	319	3	118
龙坡学校	完全小学	11	317	1	26
博雅学校	九年一贯制学校	11	487	3	105
博闻学校	完全小学	10	282	—	—
筑英学校	完全小学	12	457	—	—
合计		177	6378	14	462

6月29日，“童心童绘　六水共治”乐东黎族自治县中小学生优秀美术作品展在首师乐东一小开幕并展出　　（县文联　供图）

获奖，中心获优秀组织奖。组织学生参加2022年海南省“畅想自贸港　童心绘未来”儿童绘画作品征集活动，获得优秀奖1人，优秀指导教师奖1人。协办主题为“喜迎二十大，畅想自贸港”2022年乐东黎族自治县中小学生美育赛事活动，参加活动有声乐、器乐、舞蹈三大类159个节目。协办“童心童画　六水共治”2022年乐东黎族自治县中小学生优秀美术作品展活动，参加活动学校有37所，收到参赛作品498幅，经专家精心评审，有130幅优秀作品入选展出。

【乡村少年宫指导活动】 2022年，乐东县11所中心学校及保国学校和3所村小少年宫利用课余时间，立足现有师资、场地、设施等条件，结合学生兴趣特点，组织开展篮球、羽毛球、足球、乒乓球、武术、书法、美术、黎锦、手工、象棋、计算机、合唱、电子琴、舞蹈基本功、黎族竹竿舞等活动。结合“我们的节日”活动主题，组织开展“诗歌朗诵”读书活动、“六一”国际儿童节文艺晚会、“喜迎二十大　颂歌献给党”及迎新年晚会等节庆文化活动。

（李虹颖）

教研与培训

【课题研究】 2022年，乐东县教育研究培训学校中小学教师申请小课题申报立项58项，参与人数179人，符合结题要求的申请23项，经评审专家委员会评审，评出优秀等级课题4项，良好等级课题7项，合格等级课题12项，获得省级优秀小课题4项。年内，全县有5项省教育科学规划课题结题，其中获得合格等级4项。海南省应用类课题全县申报的6项课题获得优秀等级2项，良好1项，合格2项。

【助教帮教】 2022年，乐东县教育研究培训学校组织语文、英语和艺术三科教研员奔赴全县22所样本校进行指导，通过“面对面，一对一”的方式帮助边远乡村小学学生练习音乐试唱、英语口语表达和语文阅读理解。

【教学评比】 2022年，乐东县教育研究培训学校开展全县初高中各学科课堂教学评比活动以及基础教育实践与研究论文评选等活动。全县各学校多名教师获得奖次，各学科第一名教师代表参加全省课堂教学评比比赛，其中高中语文、历史学科获得省级一等奖荣誉，开创乐东县荣获一等奖先例。初中英语获得省级二等奖荣誉。全年论文评选活动收到参评作品740篇，评出论文类别A一等奖38篇，二等奖78篇，三等奖93篇，论文类别B一等奖95篇，二等奖189篇，三等奖247篇。

【教研期刊】 2022年，乐东县教育研究培训学校创办的杂志《乐东研训》出版13期，出版《乐东县教师教育教学论文集（2021年）》《风华正茂　青春颂党——乐东县中小学生作文选》《乐东县义务教育阶段12学科作业设计与实施优秀案例选》等期刊，《乐东研训》杂志总第14期进入出版流程。

【教师培训】 2022年，在乐东县研训学校参加培训的教师有1.28万人次，其中参加“国培计划”

培训项目8个，培训教师4751人次；参加省级培训项目24个，培训教师854人次，参加县级培训项目25个，培训教师7225人次。培训项目包括中考、高考备考培训、乡村教师能力提升培训、教研组组长备课组组长能力提升培训、“学　教　评一致性”专业备课团队培训、义务教育课程方案和标准培训、幼儿园教师业务能力培训、学分补修培训班、国培、省培任务等，其中有854名中小学幼儿园校长、副校长、园长、骨干教师、幼儿园教师等参加省级各类项目培训，4951名中小学幼儿园校长、副校长、园长、骨干教师、幼儿园教师等参加“国培计划”各类项目培训。其中“学　教　评一致性”专业备课团队培训成绩最为明显，已经脱离理论阶段，在实验学校进行实际操作。

【电教设施及互联网+教育】 2022年，乐东县研究培训学校配备教师专用计算机2114台，学生计算机房4间（学生计算机200台），普通教育多媒体设备设施344套，校园网络设备设施7套，校园监控设备设施1套，教育局同步专递主讲教室33套，镇中心学校同步主讲教室9套，乡村小规模学校听讲教室76套，实现“四个100%”（教师专用计算机配备率100%，中小学普通教室多媒体配备率100%，校园网络配备率100%，校园监控配备率100%），提高全县教育装备水平，为线上教学教研打下坚实的基础，推进“互联网+教育”进程。在全县教育资源公共服务平台建设中，90%的学校和100%的教师完成空间建设，居全省榜首。广大教师积极参与教育教学资源建设，实现教育教学资源共建共享，资源建设总量达到133.75万份。在海政通平台建设中，完成全县中小学（幼儿园）687个部门组织框架的搭建，5614名教育工作者的信息被录入和激活，激活率100%，加快教育数字化转型。

【信息化应用评比活动】 2022年，乐东县教育研究培训学校组织全县中小学电教工作会议、开展教育资源公共服务平台建设、管理和应用工作推进暨管理员能力提升专题培训、普通教室多媒体设备设施使用培训、全县中小学教师教育信息化应用评比活动、信息化设备管理平台应用培训、教育系统“海政通”平台培训、“思源·空中课堂”项目骨干教师线上专项培训、“国家中小学智慧教育平台”试点工作培训等系列活动，提高全县教师信息化素养，教学信息化应用形成了常态化，荣获省级一等奖1人，三等奖7人。

（李　军）

乐东县中小学学校选介

乐东中学

乐东中学创办于1956年。初名为“乐东县抱由初级中学”，1959年更名为“乐东县第二中学”，1964年又更名为“乐东县抱由中学”，1966年改为“乐东县永红中学”，1980年正式命名为“乐东县乐东中学”。1989年乐东黎族自治县设立，学校全称改为“乐东黎族自治县乐东中学”。2017年7月被授予海南省一级（乙等）学校称号。

乐东中学占地面积18.96公顷，校舍总面积7.90万平方米，建有教学楼4栋，综合办公楼、

乐东中学　　（县融媒体中心　供图）

科学楼、图书馆、科技艺术馆、学生食堂、学生食堂用餐厅各2栋（间），学生宿舍楼6栋床位4136个，教职工宿舍楼15栋292套，教师工作间4栋54套，标准运动场1个，篮球场12个，排球场14个，羽毛球场4个，体操器械区1处，教职工健身房1个，钢化乒乓球台20座，标准体育馆1个4466平方米。农远网1套，电脑教室4间教学电脑200台，教师电子备课室1间，教室均配置多媒体设备（91套）。物理实验室6间、仪器室3间，化学实验室5间、仪器室2间，生物实验室4间、仪器室2间，语音教室1间，地理教室1间，科技艺术馆设科学资料影视室（410个座位）、少年科技室、生物标本陈列室、天象室及天文观测台、机器人世界、电视新闻节目演播室、设计师摇篮、汽车机械及万能车床室、IT时代室、生命科学与人类室、组培室、宇航天地室、地球探密室、3D打印室、未来世界等科技学习和体验功能室。另外，建有通用技术室、劳技室、舞蹈练功房、琴房、绘画及书法练习室、师生书法美术作品展厅各1间，音乐室、美术室各2间。图书馆纸质藏书23万多册，电子图书45万册，学生阅览室座位500个，电子阅览室座位100个，教师电子阅览室座位30个。

2022年，乐东中学有特级教师1人，省级骨干教师8人，省级学科带头人1人，省级教学能手1人，省级教坛新秀3人，县级骨干教师20人，县级教坛新秀5人，高级教师122人，一级教师162人；教师学历基本达标，其中硕士研究生17人，本科276人，专科33人。学校在校学生4345人，85个教学班。其中初中班28个，学生1460人；高中班57个，学生2885人。全校教职工346人，专任教师326人，教辅、职工20人。

2022年，乐东中学被县教育局授予“2021—2022学年度教学质量优胜单位”称号，被推荐为“海南省爱国拥军模范单位”（待审批）。学校教师卢燕获“特级教师”和“海南省优秀教育工作者”称号；学校教师黎娇果获“2021—2022年度海南省三八红旗手”称号；学校教师容英帅获“海南省2021—2023学年度中学省级骨干教师”称号；学校教师王浩璎荣获“海南省2021—2023学年度中学省级骨干教师”称号。

（韦立林）

华东师范大学第二附属中学乐东黄流中学

华东师范大学第二附属中学乐东黄流中学（以下简称华二黄中），是海南省“两校一园”优质教育资源引进项目，直属县政府的公益性财政全额拨款事业单位，行政主管部门为乐东黎族自治县教育局。学校于2016年9月开学。学校总投资6.9亿元，校园总占地面积约32.67公顷，分南北校区，其中南校区10.67公顷，建筑面积5万平方米，用于开办华二黄中附属小学；北校区22公顷，学校办学所在地，建筑面积15.40万平方米。学校设有理事会，实行理事会领导下的校长负责制，设有三大中心（学生中心、教师中心、后勤中心），一个行政办对全校进行统筹管理。

2022年，华二黄中学校在编职工293人（其中一线教师273人、教辅20人），一级教师

华二黄中　　（县委宣传部　供图）

65人，副高级教师59人，正高级教师4人，省特级教师2人，省级学科带头人3人，省级骨干教师28人，县级骨干19人，35岁以下教师占比54%，教职工100%本科以上学历。学校在校学生总数3220人，总班级75个。（其中，初中31个班级，1270人；高中44个班级，1950人）

年内，全校3项省规划课题顺利结题，3项省级重点课题成功立项，小课题立项19项，结题17项。收集、整理、编辑华二黄中2022年度论文选集《卓越育人》和2022年度课题集《卓越之路》，选集汇编全校教师的优秀论文成课题成果。为加强预备干部培养，做好管理人才梯队建设，3月，华二黄中推进龙腾教师选拔项目，选拔龙腾教师10名及腾飞教师15名作为各部门的主任助理及部门助理，充足后备干部资源。全年，开展的班主任培训18次，让年级长上台分享交流经验，对全体班主任进行知识技能测试。

2022年，华二黄中狠抓教育均衡发展，中高考成绩提升显著。中考：学校参加考试学生328人，其中最高分854分，800分以上45人，占比13.7%；700分以上240人，占比73.2%；600分以上324人，占比98.78%。中考全校均分733.2分，超出县平均分305.5分。高考：700分以上学生2人，650以上人数从去年3人增加到13人。600分以上人数从去年45人增长到90人，一本线人数从119人增加到204人，25.88%的学生进入重点本科的行列，本科率从去年的81.56%增加到89.97%。

（曾少强）

黄流中学

黄流中学创办于1947年，是海南省办学历史较为悠久的学校，初办校名为“崖县第二初级中学”，1949年更名为“崖县第一初级中学”，1958年改办完全中学，更名为“乐东县第一中学”，1977年被定为原海南黎族苗族自治州重点中学，1981年最后定名为“黄流中学”。1991年被国家教委评为“中国名校”，2011年6月被乐东黎族自治县人民政府确定为乐东黎族自治县重点中学。2016年9月停止招生，2018年6月停止办学，2019年9月恢复办学，改办为初级中学，2022年9月28乐东县人民政府和海南省农垦中学签约合作办学，海南省农垦中学托管黄流中学。

黄流中学学校土地面积9.62公顷，现有教学楼3幢1.35万平方米，行政办公楼1幢720平方米，科学馆1幢5096平方米，篮球场6个2520平方米，排球场2个324平方米，400米标准操场1个1.54万平方米，学生食堂1个1953平方米，学生宿舍3幢9804平方米，可住宿1720人，年内，综合教学大楼在建项目4987平方米顺利封顶。学校有专任教师168人，副高级职称74人、一级职称76人、二级职称18人，研究生学历1人、本科144人、专科23人。有44个教学班级，学生2185人，教职工172人。2022年，学校中考800分以上2名、700分以上24名，学校获关云平基金会颁发“2021—2022学年度教学质量进步奖”4000元；教师在全省“基础教育精品课”比赛中2人获一等奖、全县教学类评比中一等奖1人、二等奖2人、三等奖1人。

2022年，黄流中学着力做好教队伍建设，倡导读书富脑工程，提升教师形象素质。坚持以学科带头人专业成长为抓手的教师专业成长机制，通过“校本培训”“校本教研”“网络研修”“走出去、请进来培训”，引领教师专业成长，努力造就一支师德高尚、业务精湛、结构合理、充满活力的高素质专业化教师队伍。学校组织3次随机抽查91人次、全覆盖5次月检查和1次期末检查，了解教师的备课、上课、听课、作业批改、辅导情况，及时做好反馈和整改；组织召开试卷分析会5次，注重实效，提出针对性改进措施和要求；开展校级示范课8节、组内公开课73节；落实各学科各年级组集体备课14次。

（田　强）

海南乐东思源实验高级中学

海南乐东思源实验高级中学（简称乐东思源高中）是海南

3月28日，乐东思源高中举行2022年高三年级百日誓师大会

（乐东思源高中　供图）

2022年，乐东思源高中获评2021—2022学年度教学质量优胜单位

（乐东思源高中　供图）

省委省政府第三期教育扶贫（移民）工程所建学校，2012年9月正式开学。学校占地10.90公顷，学校楼房11栋。其中，教学综合楼1栋，有60个教学班；学生公寓8栋，男生公寓3栋150间，女生公寓4栋190间，可容纳3000名学生住宿；教师周转房2栋220间，可为220名教师提供生活间；师生食堂2个，可供3500人就餐。有400米田径运动场1个，全塑篮球场6个，排球场5个；有标准理、化、生实验室、综合实验室各2间及对应仪器室各1间；有美术室、舞蹈室各3间；多媒体专用教室60间；微机室2间，电脑174台；图书室、阅览室各1间，有藏书8万册。

2022年，乐东思源中学高中在校教职工189人，专任教师183人，其中研究生8人，骨干教师12人。在春季学段有182人参加春季线上师德师风培训；参加暑期教师研修培训及寒假教师研修有178人；高三教师参加海南省高考备考会10人；参加乐东县高中教师心理健康教育专题培训145人。学校在校学生2134人，其中男生984人，女生1138人，分设42个教学班。

2022年，乐东思源高中高考600分以上36人，其中最高分674分，569分以上84人（一本线），达本科线共有534人（超出教育局给予划分本科指标96个），本科上线率68.11%。其中语文科（240分）以上有4人、政治科（240分）以上有4人，历史科（240分）以上有4人，地理科（240分）以上有10人。

（王丽君）

乐东民族中学

乐东民族中学创办于1979年，是海南省创办最早的民族中学；学校占地面积8公顷，其中绿化面积3.6万平方米，校舍建筑面积约2.34万平方米。学校有教学楼、科学馆、运动场、学生公寓和多功能会议室、多媒体教室、电脑教室、教师电子备课室、物理、化学、生物等实验室50多间，学校图书馆藏书5万多册。学校有51间教室配齐电子白板；每位教师有配套办公桌椅；电脑室4间、美术室2间、音乐室3间、舞蹈室2间；物理、化学、生物标准实验室各2间，仪器室各1间，准备室各1间；教师电子备课室1间；图书馆藏书5万多册；建有标准400米塑

11月3日，“创建省级规范化学校审核性评估反馈会”在民族中学召开，民族中学被评为省级规范化学校　　（县民族中学　供图）

胶田径运动场1个、水泥篮球场7个、排球场2个、羽毛球场2个等公共体育设施；食堂、师生宿舍建筑面积充足。

2022年，乐东民族中学有专任教师197人，其中省级骨干教师2人，县级骨干教师20人；高级教师49人，一级教师105人，二级教师41人；研究生学历4人，本科学历151人，专科学历40人。学校有教学班49个（其中七年级18个班925人，八年级16个班760人，九年级15个班711人）；学生总人数2396人（其中黎族等少数民族学生数约占90%）。

2022年7月，在全国中小学信息技术创新与实践大赛决赛中初中组AI未来科学家项目中荣获团体省级二等奖；学生黄芝珏、李家超获人工智能赛道“AI未来科学家”省级二等级奖；学生吉缘、王静仪、李祝、刘天俊荣获省级三等级奖。在海南省七巧科技竞赛中，创作主题“航天航空”获二等奖；在2021—2022学年全国中小学信息技术创新与实践大赛（机器人项目）中，学校参赛项目“AI未来科学家”在初中组中获国家级三等奖。10月，学校被评为省级规范化学校。

（李忠谊）

乐东县冲坡中学

乐东县冲坡中学始建于1957年，1968年创办高中，是一所农村完全中学。学校占地总面积8公顷，建有教学楼4幢、综合楼1幢、科学馆1幢、学生公寓楼3幢、学生食堂2间、多功能会议厅1间、标准塑胶运动场1个、教工住宅楼20幢，学科专用的实验室12间、语音室2间、计算机教室2间，有教学和办公用电脑460多台，高、初中楼教室均设有多媒体。

2022年，学校有72个教学班，在校学籍学生3886人，在校学生3538人，初中42个班（其中初一13个、初二14个、初三15个）2076人，高中30个班（其中高一8个、高二11个、高三11个）1352人。学校现有专任教师335人（其中初中教师199人，高中教师136人），在校高级教师134人，一级教师170人；硕士5人，本科263人；省级骨干教师2人，县级骨干教师9人，县级教学能手5人，县级优秀教师25人。年内，冲坡中学中考700分以上43人，600分以上88

3月30日，乐东民族中学教育教学视导评估暨签约仪式在该校举行
（县民族中学　供图）

人，平均分 463.5，高考本科进线 68 人，录取 46 人，专科以上录取率为 95.5%。

冲坡中学落实《新时代教师职业道德十项准则》，做好绩效分配制度和职称评聘制度的修改完善，切实提高教师的工作积极性和敬业精神，为提高教学质量奠定基础。严格落实国家、省、县“双减”政策要求，以减负、提质、增效为目标，切实提高课堂教学效率和作业设计水平，抓好课后服务管理，向课堂教学要质量，向作业批改要质量，向课后服务要质量树立教学质量是学校生命线的理念，端正教风，浓厚学风，不断提升教学质量，增强学校吸引力。

（候吉昌）

乐东实验小学

乐东实验小学学校占地面积 2.27 公顷，其中，普通教室 3480 平方米，有 200 米田径运动场 1 个，水泥板篮球场 2 个，排球场 1 个，运动器材 1651 件（套）；有标准数学、科学实验室、综合实验室各 2 间及对应仪器室各 1 间；有舞蹈室 1 间；多媒体专用教室 63 间；电子备课室 5 间；电脑 160 台；图书室、阅览室各 1 间，有藏书 7.02 万册，生均藏书 23.70 册。

2022 年，乐东县实验小学有教职工 176 人，专任教师 172 人，教师学历达标率 100%，其中省级骨干校长 1 人，省级学科带头人 2 人，省级骨干教师 8 人，省级科研骨干 1 人，省级教学能手 2 人，省级教坛新秀 1 人，县级骨干教师 11 人。学校有教学班 60 个，在校学生 3202 人，入学率 100%，巩固率 100%。

乐东实验小学校门　　（乐东实验小学　供图）

2022 年，乐东县实验学校被评为“海南省中小学德育工作先进单位”“年海南省第三批中小学美育示范学校”；荣获海南省“新时代好少年强国有我自贸有我”主题教育读书活动先进学校称号、第二届海南省中小学德育情景剧大赛三等奖。年内，学校教师张丽霞获海南省中小学义务教育学校 12 个学科作业设计优秀案例评选一等奖，全校教师获得县级以上奖项 126 项。学校学生林趋文被评为 2021—2022 年度“海南省三好学生”，全校学生获得县级以上奖项 138 项。

（吴多宁）

乐东思源实验学校

乐东思源实验学校是省委、省政府“教育扶贫（移民）”政策，由县政府举办、言爱资金会资助，以迁移农村边远贫困地区和生态核心保护区义务教育阶段中小学生而设立的九年一贯制民族寄宿制学校。学校位于县城江北开发区尖峰——横路；将原县第二中学、民族小学和永明小学三校进行整合，在原抱由镇永明小学校址上新建、扩建而成。学校投入资金 6200 万元，其中省政府拨款 800 余万元，言爱基金会捐助 1200 万元，县财政配套 4200 万元。2008 年 7 月 15 日奠基兴建，2009 年秋季正式招生开学。乐东思源实验学校占地 4.65 公顷，校舍建筑面积 2.85 万平方米，其中，教学综合楼 6921 平方米，可容纳 40 个教学班；学生公寓 5502 平方米，可容纳 1024 名学生住宿；教师公寓 1523 平方米，教师周转房 1185 平方米，可为 100 余名教师提供生活间；师生食堂 1584 平方米，可供 1024 人同时就餐。新建综合多功能楼 3401 平方米，女生宿舍楼 6976.88 平方米。标准化游泳池

6月27日，乐东思源实验学校召开2022年春季假期安全暨法制教育会议 （陈 康 摄）

1个，学校建有250米田径运动场1个，全塑篮球场4个，排球场2个,运动器材100余件(套)，标准化游泳池1个；有标准理、化、生实验室、综合实验室各1间及对应仪器室各1间；有美术室、舞蹈室各1间；多媒体专用教室3间；电子备课室1间；微机室2间，电脑150台；图书室、阅览室各1间，有纸质藏书5万3000册、电子图书1万册。

2022年，乐东思源实验学有教职工164人。专任教师中有大专以上学历的161人，占专任教师总数的98%，有中级以上职称的129人，其中高级教师35人。面向全国招聘校长1人、学科带头人3人；省级骨干教师2人；省级教坛新秀2人，县级骨干5人。学校在校学生3262人，分设54个教学班、每班平均50人（其中小学1947人，设33个教学班；初中1313人，设21个教学班），学生绝大部分为少数民族。在校寄宿生1798人,学生在校享受国家“两免两补”（免学杂费、免课本费、免住宿费；补生活费、交通费）政策。

2022年，乐东思源实验学校被评为“乐东县教学质量优胜单位”“乐东县学校管理优秀单位”“乐东县学科竞赛优胜单位”“乐东县信息技术2.0试点单位”“海南省食品安全标准化学校食堂”在乐东县中小学生美育赛事活动中荣获“优秀组织奖”，在“童心童绘、六水共治”中小学生优秀作品展活动中荣获“优秀组织奖”。

（陈 康）

乐东思源实验学校黎锦社团 （陈 康 摄）

科 技

科技项目

【科技副镇长派遣项目】 2022年，中共乐东县委实施科技副镇长派遣项目，派遣科技副镇长2人，分别任利国镇和佛罗镇科技副镇长。

【农业科技“110”建设】 2022年，乐东县科技工业信息化局组织全县科技“110”服务站开展科技宣传、技术推广、产品引进等科技服务活动，全年举办科技培训班53期次，培训种养户农户1600人次；设点咨询、深入田间地头指导种养户600多次，接受指导、受益人数1.60万多人次，接收求助电话5000多人次。年内，县科工信局在佛罗镇设金钱树专业服务站1个，为金钱树种植户提供服务；大安、黄流、山荣和尖峰科技“110”服务站被省科技厅评为2021年度优秀服务站，每个站奖励5.50万元。

【科技活动】 2022年，乐东县科技工业信息化局开展科普活动，助力乡村振兴。1. 5月19日，在县政府广场，举办科技活动月启动仪式，参加启动仪式的有23个县直机关单位干部职工及中学生代表、志愿者近200人。仪式会场设科普图片展和现场咨询活动。科普图展有视频播放、碳达峰碳中和、水利、应急、卫生健康、网络安全、5G技术、乡村振兴等展板20个；科技咨询台26个，发放科技、防灾减灾、网络安全、疫情防控等宣传资料1000多份。2. 促成海南省农业农村发展促进会在黄流农业科技“110”服务站设办事处，组织展示和推介农业开发产品、农业成果产品、农资产品、农业智能信息化产品等农业科技10多类30余种。3. 举

12月21日，县科工信局与海南大学海洋学院院长周永灿（左一）一行就如何促进深海养殖产业现代化发展进行对接和探讨

（县融媒体中心　供图）

办种养实用技术培训班5期，山道村、凤田村、只纳村、昂外村、抱本村等240名农民群众参训。4.举办青少年科普小先生演讲比赛、青少年七巧板比赛等，大力培养学生的科学兴趣，不断激发广大学生爱科学、学科技的热情。

【科技帮扶】 2022年，省派“三区”科技人才17名支持援助乐东县6个镇20个“十三五”的贫困村，县科工信局负责做好与“三区”科技人才对接，跟踪服务，充分发挥科技服务队伍的整体优势，形成整体合力。

（罗赵丹）

信息化建设

【信息化基础设施建设】 2022年，乐东县科技工业信息化局组织协调电信乐东分公司、联通乐东县分公司、移动乐东分公司、铁塔乐东县分公司、有线电视网络乐东分公司完成中高频5G基站建设（宏站、室分系统）201个、完成低频5G基站建设214个、完成5G综合接入机房建设改造3个、完成5G基站铁塔改造336个、完成万兆PON端口（10G-PON以及以上端口）1104个。全县5G网络基本实现镇区室外连续覆盖。

【信息技术应用】 2022年，乐东县科技工业信息化局完成有效覆盖国家能源乐东发电公司卸煤码头、化水楼、燃煤区和生产厂区5G定制专网规划设计，专网为该公司发电厂承载智能穿戴、智能抄表、机器人巡检、视频监控数据采集、人员定位、无人值守、船舶引航、设备健康检查、远程专家指导等智能化应用提供安全、稳定、可靠的5G专用网络及基础数据平台。

（罗赵丹）

热带林业研究

【热带林业基础科学研究】 2022年，中国林业科学研究院热带林业研究所试验站（以下简称热林站）在海南全岛做草地资源调查，完成尖峰岭固定样地的复查和取土、挑根等，进行取水测量pH值，完成尖峰岭生态修复项目的复查，对各气象站和梯度塔仪器的维护、检测、收集数据等工作；安装物候、雨滴谱仪器并完成调试；负责各种尖峰岭生态站各类仪器设备的数据采集、日常维护和保养工作。在吊罗完成生态监测项目10个50米×50米样地建设调查等任务，完成生态监测项目中的负离子监测和取水样。

【林木种源收集与育苗】 2022年，国家森林公园尖峰岭分局生态修复项目造林13.33公顷，修复树种有坡垒、青皮、母生等20个树种，约4000株。收集柚木良种30株，种子约7.5千克，并完成柚木嫁接400株。调查澄迈、儋州、热林站栽培的沉香苗，嫁接沉香苗3万株。

【热带珍贵树种国家林木种质资源库建设】 2022年，热林站收集蕉木、海南黄檀、降香黄檀、油楠、海南大风子、蝴蝶树、土沉香、坡垒、铁凌、青梅、海南紫荆木等国家重点一、二级保护野生植物资源11种，保存种质资源35份。营建种质资源保存圃0.33公顷，繁育苗木5万株。对热带树木园分块抚育3次，抚育红木专类园1次，全面抚育1次。收集土沉香易结香品种（无性系）紫奇、凹身、糖结、吊油王、西瓜叶、金丝油等6个品种嫁接2万株苗，成活率90%。在《种子》期刊发表论文《降香黄檀不同种源/家系种质差异研究》，编著出版《海南尖峰岭热带树木园树种名录》一书。

【热带林业科普】 2022年，热林站更新RITF热林科普公众号文章6篇，完成试验站宣传手册设计工作。11月2日，与亚太森林组织共同开展“自然教育示范与自然教育基地功能提升（海南尖峰）”项目启动活动。11月24日，接待海南中学50余名师生开展主题为“探秘热带雨林，认识生物多样性”的科普研学活动。

【热带林业研究所试验站基础设施建设】 2022年，热林站开展海南试验站科研楼房及附属设施修缮项目，投资660万元，修缮西楼、四清楼、专家工作室、食堂、海口推广站、天池生态站等科研楼房。

（施国政）

文化·体育

文化建设与管理

【文化惠民】 2022年，乐东旅文局开展“喜迎二十大　奋进新征程”“深入贯彻落实习近平总书记到海南考察时的重要讲话精神”“深入学习贯彻省第八次党代会精神”等主题送戏下乡演出99场，组织电影放映队伍下乡放映电影2038场。开展“文化迎春，艺术为民”送春联、送福字进万家的文化惠民活动，共送出对联800多副，送出黎族剪纸80多幅。组织5支文化志愿服务队伍下乡为村民免费写春联、送年画，下村开展绘画，黎族民歌、广场舞等免费教学，走进基层文化活动场所为群众提供文化服务。为群众提供多样化的文化培训活动，全年举办形体礼仪、文化艺术沙龙活动、暑假公益性免费开放培训班等文化培训12期，举办“网络书香·阅见美好”、“我们的中国梦”——文化进万家迎新春送春礼、端午趣味诗词答题等线上线下共全民阅读活动20场，举办“喜迎二十大　逐梦新乐东”2022年乐东黎族自治县非物质文化遗产美术采风活动，“潮起海之南　逐梦自贸港”大三亚经济圈美术作品展。

【艺术活动】 2022年，乐东县旅文局组织文艺工作者围绕党的二十大、海南自贸港建设，创作一系列音乐、舞蹈、剪纸、书画、文化作品，并广获好评，其中，创作的美术作品《鱼归》入选2022年全国少数民族美术作品展，被中国民族文化宫收藏，美术作品《雨中抗疫》入选海南省抗疫主题优秀美术书法摄影作品展；舞蹈作品《娘子军连歌》荣获“欢庆二十大·舞动自贸港”海南首届广场舞比赛

7月2日，2022年海南省业余乒乓球公开赛在乐东中学体育馆开赛

（县融媒体中心　供图）

“最佳团队舞队”奖；文化馆邢日清荣获 2022 年度海南省优秀精神产品奖（海南省“五个一工程”奖）。

【文体设施建设】 2022 年，乐东县旅文局推动九所镇全民健身中心项目前期工作，完成抱由镇抱由村委会健身器材安装点、九所镇人民政府健身器材安装点等 8 个地点的健身器材选址、建设、安装工作。有序组织海南省业余乒乓球公开赛业（乐东站）、海南乐东最美落日海滩沙滩马拉松暨海南沙滩运动嘉年华乐东城市站等活动，不断满足游客日益增长的健身休闲、体育旅游及丰富旅游产品的需求。

文学艺术

【概况】 2022 年，乐东县文艺工作者围绕党的二十大、海南自贸港建设，创作了一系列音乐、舞蹈、剪纸、书画、文化作品，其中美术作品《鱼归》入选 2022 年全国少数民族美术作品展，被中国民族文化宫收藏，美术作品《雨中抗疫》入选海南省抗疫主题优秀美术书法摄影作品展；舞蹈作品《娘子军连歌》荣获“欢庆二十大·舞动自贸港”海南首届广场舞比赛“最佳团队舞队”奖；本土音乐创作者邢日清荣获 2022 年度海南省优秀精神产品奖（海南省“五个一工程”奖）。

【“两刊”阵地编辑】 2022 年，乐东文联编辑出版第 47、48 期《乐东文学》，刊发散文、诗歌等文学作品 95 件。编辑出版第 7 期《乐东艺苑》，刊发美术、书法、摄影、剪纸作品 77 幅，其中的摄影农业专题，用光影的语言呈现出乡村振兴美好瞬间。

【黎族剪纸作品参赛获奖成果】 2022 年，乐东县有 16 幅黎族剪纸作品入选海南省群众艺术馆举办的“喜迎二十大·奋进新征程”2022 年“美丽海南”全省民间剪纸作品展。黎族剪纸非遗传承人林文生作品《更懂海南人更系海南情》被评为“第十五届中国民间文艺山花奖·优秀民间工艺美术作品”入围作品。

【文学作品创作成果】 2022 年，乐东县有 31 篇文学作品在各级刊物上发表。文学作品获奖及出版、入选方面：方世国诗歌《晨光》《满天星光》《山村》入选省作协选编的党建百年文丛《美好天涯》诗歌卷；李星青论文《浅谈少数民族地区县级文化馆的困境与对策——以乐东黎族自治县文化馆为例》在海南省民委开展“坚持以铸牢中华民族共同体意识为主线，推动民族工作创新发展”的征文比赛获得优秀奖，散文《寻找船型屋》入围第四届丰子恺散文新锐奖，诗歌《遇见一棵木棉树》（组诗）入围第五届博鳌国际诗歌奖年度新锐奖，散文《雨林深处》获得海南省文联“雨林时光”征文优秀奖。

【美术作品参赛获奖成果】 2022 年，乐东县入选庆祝中国共产主义青年团成立 100 周年·风华正茂——海南省青年优秀美术作品展 2 幅；入选 2022 年全国少数民族美术作品展 1 幅；入选“第七届海南省优秀美术作品展”2 幅；入选“翰墨书廉洁·丹青绘清风”海南省廉洁文化青年书画展 1 幅；入选中共海南省委宣传部、海南省文学艺术界联合会主办的“海南省抗疫主题优秀美术书法摄影作品展”美术作品 5 幅。

【摄影作品参赛获奖成果】 2022 年，乐东县入选海南省摄影家协会主办的“海南省第八届摄影艺术作品展”摄影作品 4 幅；入选“第四届海南省南海文艺奖”摄影类奖 1 幅；在《今日海南》发表摄影专辑 1 幅；入选海南省妇联公众号《抗疫“她”图谱　巾帼有力量》专辑摄影作品 1 幅；入选中共海南省委宣传部、海南省文学艺术界联合会主办的“海南省抗疫主题优秀美术书法摄影作品展”3 幅；入选海口市摄影家协会举办《今天是你的生日，我的中国》线上摄影展摄影作品 3 幅；入选“喜迎二十大　水绿五指山”摄影作品展摄影作品 3 幅；入选中国女摄影家协会举办的“庆祝中国共产党第二十次全国代表大会胜利召开”摄影展摄影作品 3 幅；入选海南省女摄影家协会举办的“喜庆二十大”摄影展摄影作品3幅；入选海南省摄影家协会主办的海南省“学习二十大·镜头看变化”主题摄影作品展摄影作品3幅；入选保亭黎族苗族自治县旅游和文化广电体育局、保亭黎族苗族自治县文学艺术界联合会主办的“礼赞二十大·奋进新征程”摄影展4幅；在海南省旅游和文化广电体育厅主办的《2022年海南环岛旅游公路漫游季》摄影联展中，孟志军《游艇会风光》荣获第二名，孟志军《崖州渔港晨韵》《沙滩拔河赛》《风光无限》《太阳河大桥风光》《晚霞映照鱼鳞州》、符大伟《海文大桥日落》获得优秀奖。县摄影协会主席吉训言于11月25日在《中国摄影报》第90期刊登的主席评片栏目中为《太阳雨》作品作点评。

【书法作品参赛获奖成果】 2022年，乐东县入展海南省第二届书法临帖作品展3幅；吉训刚作品入选海南省第五届书学讨论会；入展“魅力红谷滩”——江西省首届草书作品展1幅；获“2022年全国公安系统书法临创大赛”优秀奖作品1幅；入展2022年“翰墨书廉洁.丹青绘清风”海南省廉洁文化青年书画展作品1幅；入展2022年海南省新闻界“喜迎二十大·建功自贸港”专题书法展作品1幅；入展“‘文’令而动‘艺’起抗疫丨海南省书协‘艺’起战‘疫’网络书法展”作品1幅；入展海南省书法家协会“喜迎二十大　书颂自贸港”——主题书法作品1幅；入展海南省政协“书画歌盛世　礼赞自贸港”喜迎二十大书画作品展作品1幅；入展“深入学习宣传贯彻党的二十大精神”——海南省主题书法作品网络展作品1幅。

【舞蹈作品参赛获奖成果】 2022年，乐东县舞协获得“喜迎二十大，舞动自贸港”海南省广场舞展演“最佳团队舞队奖”第三名；在“2022年海南省中小学生美育赛事活动”中，舞蹈作品《愿归》获舞蹈专场一等奖及优秀创作奖、舞蹈作品《传接棒》获小学组三等奖；舞蹈作品《儿时忆》在由中华舞蹈艺术委员会、艺韵东方组委会、欢乐中国新年晚会组委会举办的2022年虎年“欢乐中国娃”春节特别录制活动中荣获特金奖。

【音乐作品参赛获奖成果】 2022年，乐东县在“2022年海南省中小学美育赛事活动”中，原创节目《织锦谣》获二等奖，指导教师符政高获“优秀指导教师”奖，韦慧欢创作节目《叮咚谣》荣获一等奖及优秀创作奖；吉珍妮撰写论文《高中音乐教学中渗透黎族民歌实践性教育的研究》获2022年全省基础教育实践与研究论文评选一等奖。

（吉训言）

文化遗产保护及利用

【文物保护】 2022年，乐东县旅文局推动国有博物馆建设工作，5月，县委编委同意设立县博物馆，核定编制5名。指导黄流龙窑博物馆、琼南历史文化民间博物馆2家非国有博物馆的完成注册登记工作，并对公众免费开放。推动文物保护工作，联合各单位对全县14处文物建筑开展调研，其中检查县级文物保护单位4处，革命文物建筑2处。组织人员对县第一批

乐东县沉香制香技艺　　（县文化馆　供图）

县级文物保护单位（吉大文故居、大元军马下营石刻、砥柱中流摩崖石刻、莺歌海秘密联络站旧址）设立保护碑和文物安全责任公示牌。

【非遗保护】 2022 年，乐东县旅文局将黎族民歌、沉香树造香技艺、莺歌海老盐晒制技艺、黎族哈方言山栏酒酿造技艺、黄流花灯制作技艺、乐东黄流新民村古陶器制作技艺等 6 个项目列入县级非物质文化遗产保护名录。编印《黎族民间故事集》《黎族传统纺染织绣技艺、剪纸画册》各 500 册，非物质文化遗产得到系统性保护。举办 2022 年乐东“三月三”非遗技艺线上展示活动，参与的媒体平台直播在线观看人数总计 3134.30 万人次，提升乐东县知名度和美誉度。

图书市场

【新华书店图书销售】 2022 年，乐东新华书店销售总码洋 3167.5 万元。其中，教材销售码洋 1539.60 万元，同比增长 4.7%。一般图书销售码洋 1627.90 万元（含文具 26.3 万元、酒类 8 万元），完成全年一般图书任务指标的 110.07%。全年销售净收入 2742.79 万元，同比增长 11.38%。其他业务收入 109.85 万元。全年总利润完成 210 万元，完成全年任务的 100%。

“五一”国际劳动节期间，群众到乐东新华书店选购图书

（融媒体中心　供图）

【“新时代传习所，读书分享会”活动】 2022 年，乐东新华书店联合县教研培训学校有计划有步骤地实施“新时代传习所，读书分享会”。全年，举办阅读分享会 17 期，其中乐东连锁店举办 12 期，黄流书店举办传习所阅读分享活动 5 期。

【图书巡展宣传活动】 2022 年，乐东新华书店开展“我为群众办实事”实践活动 4 期。定期到机关单位、社区、学校、部队等开展党史学习教育图书巡展宣传活动。11 月 24—25 日，到乐安社区、万冲村委会开展党的二十大图书巡展活动，为广大党员干部群众学习党的二十大精神提供全方位的供给保障和阅读服务需求。

【第十四届海南书香节“全民阅读文化惠民电子消费券”惠赠活动】 2022 年，乐东新华书店在第十四届海南书香节期间，向海南省读者免费发放面值为 30 元的“全民阅读文化惠民电子消费券”1.67 万张，全年核销电子券 98 张。

（何忠源）

广播电视

【新闻报道】 2022 年，乐东县融媒体中心充分利用好传统媒体和新媒体相结合，通过乐东电视台、应急广播、“山海乐东”客户端、“乐东微发布”微信公众号、“乐东黎族自治县广播电视台”微信公众号、“乐东发布”抖音号、“乐东融媒”抖音号等转载和发布信息 1 万多条（篇）。在疫情防控中，为做好防控宣传工作，充分利用媒体矩阵全方位、高频次发布省、县应对疫情防控工作统一部署和防控安排，通过“山海乐东”App 现场直播县防控指挥部新闻发布会 14 场，在县电视台和“山海乐东”客户端开设专题专栏节目《坚决打赢疫情防控这场大仗硬仗》，深度报道党员干部、基层一线工作者、志愿者的感人事迹先进典型工作者以及疫情期间守望相助的各界爱心人士。在“山海乐东”客户端发布《乐东抗疫组图——致敬抗疫斗士》《星夜援驰感谢您们，江苏省援琼医疗队抵达乐东》等，以图片的形式定格疫情下乐东各个行业坚守岗位、无私奉献，抗击疫情的瞬间，其中新华社等主流媒体转发《海南乐东欢送多支援琼医疗队返程》等报道。乐东广播电视台微信公众号发布有关疫情防控新闻124条（篇），深度报道党员领导干部、基层一线抗疫医护人员和工作者、志愿者、各界爱心人士等先进典型事迹；“乐东融媒”抖音推出系列新媒体视频，发布关于疫情抖音内容160条（篇），其中科普类26条（篇）、新闻类99条（篇）、公共类35条（篇）。

【专栏报道】 2022年，乐东县融媒体中心围绕县委、县政府的中心工作和社会民生热点事件在“山海乐东”客户端设置“乐东民生”“聚焦两会”“乡村振兴”“聚焦党代会”“乐东统战”专栏5个，前后开设“法制先行”“创建第十一届省级双拥模范县”“能力提升建设年”“文明交通　文明出行”“喜迎党代会　辉煌的五年”“聚焦两会”“新春走基层”“六水共治攻坚战”“节目坚守”“我在乐东过春节”“‘无疫村（社区）、无疫小区’建设”“喜迎二十大　奋进新乐东”“深入学习贯彻党的二十大精神”等专题19个。

【安全播出】 2022年，乐东县融媒体中心县城和滨海新区（九所）发射台开机工作时间为每天早上6：00至次日1：00，全天不间断播出19个小时。为确保广播、电视节目安全优质播出，融媒体中心不断加强设备的日常技术维护和保养工作，及时排除设备故障和安全隐患，完善安全播出设施和各项播出制度。落实各种“人防、技防、物防”措施，做好“防火”“防盗”工作，确保广播电视安全播出零事故。在各重要保障期启动广播电视安全播出预案，领导班子成员靠前指挥，实行24小时值班制。尤其是在党的二十大召开保障期间，实行领导带班，双人一岗的制度，坚持值机员不熟悉业务不上岗，值机时间不准擅自离开岗位，交接班不清楚不准离岗的原则，每日准时上报零报告，重要播出时段上报零报告，完成二十大的转播工作。

【广电基站】 2022年，乐东县融媒体中心县城发射台转播中央12套、海南5套等电视数字信号17套和广播模拟信号3套。其中，电视数字信号分别为地面数字电视20CH频道功率为1000瓦，转播节目有央视1、2、4、10、12、13、14、15套；23CH频道功率为1000瓦，转播节目有央视7、9、11套及CCTN；10CH频道功率为300瓦，转播节目有海南综合、海南新闻、旅游卫视、三沙卫视、乐东台节目。广播模拟信号分别为中央一套广播节目《中国之声》，频率102.0兆赫，功率1000瓦；《海南新闻同步广播》，频率88.6兆赫，功率1000瓦；《乐东本地广播》，频率90.4兆赫，功率1000瓦。滨海新区（九所）发射台转播中央12套、海南5套等电视数字信号17套和广播模拟信号2套。其中，电视数字信号分别为地面数字电视20CH频道功率为1000瓦，转播节目有央视1、2、4、10、12、13、14、15套；23CH频道功率为1000瓦，转播节目有央视7、9、11套、CCTN；10CH频道功率为300瓦，转播节目有海南综合、海南新闻、旅游卫视、三沙卫视、乐东台节目。广播模拟信号分别为：中央一套广播节目《中国之声》，频率95.1兆赫，功率1000瓦；《海南新闻同步广播》，频率88.6兆赫，功率1000瓦。广播电视综合覆盖率99%以上。

【新媒体产品】 2022年，乐东县融媒体中心新媒体产品主要有“山海乐东”App、微信公众号“乐东微发布”和“乐东黎族自治县广播电视台”、抖音“乐东发布”和“乐东融媒”等。“山海乐东”App设“新闻”“发现”“视听”“服务”“我的”五大功能模块。

【传播平台建设】 2022年，乐东县融媒体中心正式入驻新海南客户端“海南号”。全国各地广大网友可通过新海南客户端@海南号“乐东融媒体中心”，及时了解掌握乐东融媒体中心权威发布的动态资讯；7月1日，“学习强国”乐东融媒号正式上线，是海南省首个运营上线的县级融媒号。

（潘垂芬）

体　育

【群众体育参赛获奖情况】 2022年，乐东县旅文局根据省旅文厅相关文件积极组队参加第十四届全民健身运动会，营造出全民健身氛围。7月，组队参加第十四届全民健身运动会，乐东县押加代表队荣获61公斤级比赛第一名和第二名、68公斤级比赛第一名和第二名、85公斤级比赛第一名和第二名、95公斤级比赛第一名；乐东县跳绳代表队荣获少年B组男子第一名、少年A组双人速度赛第二名和第四名、女子前面A组双人赛第三名、少年A组男子第五名、男子成人组第六名、男子成年组第七名、少年A组女子第八名、团体第三名；乐东县羽毛球代表队荣获双打第五名，混合双打第八名；乐东瑜伽代表队荣获第三名；乐东围棋赛队荣获双人赛第四名；乐东县国际象棋代表队比赛荣获第八名。

【青少年体育参赛获奖情况】 1. 篮球：海南省青少年篮球锦标赛获得女子第三名，男子第八名；海南省青少年三人篮球锦标赛获得女子甲组第三名，女子乙组第二名，男子乙组第四名；海南省中学生篮球赛获得女子第四名的成绩。2. 田径：海南省青少年田径锦标赛获得女子团体总分第三名，金牌5个、银牌3个、铜牌6个；海南省中学生田径运动会获得总成绩第八名，金牌4个、银牌2个；3. 跆拳道：海南省青少年跆拳道锦标赛获得金牌3个、银牌5个、铜牌3个。4. 乒乓球：青少年乒乓球锦标赛获得U12女子团体第一名，金牌1个、银牌1个、铜牌2个的成绩；海南省中学生赛U18比赛获得女子单打第一名的成绩。

【竞技体育参赛获奖情况】 2022年，在儋州市举办海南省第六届运动会，乐东县代表团派出领队教练员运动员216人，参加9个竞技项目，荣获总成绩榜第四名和比赛成绩榜第四名，包揽29枚金牌、17枚银牌、17枚铜牌共63枚奖牌。

（王　颖）

医疗卫生

医疗卫生管理

【概况】 2022年，乐东县医疗卫生机构总诊疗148.50万人，其中门急诊130.78万人。基层医疗卫生机构总诊疗89.69万人次，其中门急诊72.25万人次。基层医疗卫生机构总诊疗占比60.40%，门急诊占比55.25%，分别较上年同期上升0.82个百分点与2.89个百分点，继续提高基层就诊率。

【公立医院综合改革】 2022年，乐东县按照海南省城市医疗集团和县域医共体建设重点任务要求，由县委任命医共体党委班子，成立医共体党委，组建乐东黎族自治县人民医院医疗卫生共同体（负责志仲中心卫生院、千家中心卫生院、万冲卫生院、大安卫生院、三平卫生院、永明卫生院、山荣卫生院、福报卫生院）和乐东黎族自治县第二人民医院医疗卫生共同体（负责九所卫生院、冲坡中心卫生院、莺歌海卫生院、佛罗卫生院、尖峰中心卫生院、乐罗卫生院），制定《乐东黎族自治县紧密型县域医共体实施方案》《乐东黎族自治县紧密型县域医共体管理委员会章程》《乐东黎族自治县人民医院医疗卫生共同体章程》《乐东黎族自治县第二人民医院医疗卫生共同体章程》。县委发文配备县人民医院、县第二人民医共体党委书记各1名，副书记各1名，党委委员各2名。年内，完成医共体领导班子职责分工及管理中心与业务中心负责人任命，下发《关于领导班子成员工作分工的通知》《关于成立医共体

5月26日，海南省脑血管病临床研究中心乐东分中心、海南省脑血管病临床医学中心乐东分中心、海南省脑血管病神经显微解剖乐东培训基地落户乐东县第二人民医院　（县第二人民医院　供图）

管理中心与业务中心的通知》。总院、分院统一标牌并完成正式挂牌，各管理中心及业务中心标牌设置完成。

【国家基本药物制度】 2022年，乐东县人民医院、县第二人民医院、县中医院、县妇幼保健院4家县级公立医院药占比（新口径）为26.57%，较上年同期下降1.87%；百元医疗收入消耗的卫生材料费（新口径）12.09元，与上年同期上升0.73元。自2015年全面取消药品加成，县级公立医院取消药品加成后减少的收入，70%通过合理调整医疗技术服务价格补偿，30%通过财政补偿和医院控制成本，其中省和县按照6∶4比例补偿。全年，县级公立医院取消药品加成零差价销售省财政投入补助资金131.72万元。

（陈周炜）

基本公共卫生服务

【居民健康档案管理】 2022年，乐东县建立规范化居民电子健康档案建档人数44.01万人，规范化建档率94.77%（目标值90%）。

【健康教育】 2022年，乐东黎族自治县发放印刷健康教育资料111种47.62万份；健康教育播放音像资料29种9375次，播放时间2.81万小时；全县设置宣传栏222个，更换宣传栏内容1063次；开展公众健康咨询活动次数169次，居民参与活动人数4876人；举办健康知识讲座237次，参加知识讲座的居民人数3255人。

【免疫规划】 2022年，乐东县建立0～6岁儿童预防接种证3.77万人，建证率100%；新生儿4910人，入册率100%，建证率100%；0～6岁儿童国家免疫规划疫苗“八苗”（卡介苗、脊灰、百白破、麻疹、乙肝疫苗、甲肝、流脑疫苗和乙脑疫苗）实际接种总针次21.22万剂，疫苗接种率100%，“八苗”全程接种率100%，“八苗”全程合格接种率100%；糖丸、含麻疹成分（麻风、麻腮、麻腮风）、白破二联、A+C群流脑疫苗合格接种率100%，百白破合格接种率100%、乙脑合格接种率100%。年内，发现流脑1例，脊灰、麻疹、百日咳、乙脑、流脑、白喉、甲肝等传染病的发病率均为0；上报疑似预防接种异常反应（AEFI）64例，发热出疹报告16例，急性弛缓性麻痹综合征（AFP）上报1例。

【0～6岁儿童健康管理】 2022年，乐东县0～6岁儿童人数3.50万人，健康管理3.26万人，健康管理率93.08%（目标值90%）；新生儿访视人数4017人，新生儿访视率98.87%（目标值90%）；辖区内接受1次及以上眼保健和视力检查0～6岁儿童人数3.25万人，0～6岁儿童眼保健和视力检查覆盖率92.6%（目标值90%）。

【孕产妇健康管理】 2022年，乐东县活产数4063人，辖区内13周之前建册并进行第一次产前检查的产妇人数3751人、建册率92.32%（目标值90%），辖区内产妇出院后28天内接受过产后访视的产妇人数4002人、访视率为98.5%（目标值90%）。

【老年人健康管理】 2022年，乐东县辖区内65岁及以上老年人人口数6.06万人、规范管理人数3.46万人、规范管理率69.05%（目标值65%）。

【慢性病患者健康管理】 2022年，乐东县健康管理高血压患者人数2.79万人、健康管理率42.8%（目标值40%），规范管理2.36万人、规范管理率84.59%（目标值70%），血压控制达标2.72万人、控制达标率97.53%（目标值40%）；糖尿病患者健康管理1.19万人、健康管理率30.4%（目标值35%），规范管理1.03万人、规范管理率85.81%（目标值70%），血糖控制达标1.16万人、控制达标率97.49%（目标值35%）。

【严重精神障碍患者健康管理】 2022年，乐东县严重精神障碍患者检出（确诊）人数2533人，检出率为5.45‰（目标值

4.0‰）；规范管理患者人数 2434 人、规范管理率 96.09%（目标值 85%）。

【传染病及突发公共卫生事件报告和处理】 2022 年，乐东县报告传染病病例数 3148 例，报告率 100%（目标值 97%），报告及时病例数 3082 例，报告及时率 97.9%（目标值 100%）。

【卫生健康监督协管】 2022 年，乐东县卫生系统协助饮用水安全、学校卫生、非法行医和非法采供血实地巡查等发现卫生监督协管事件或线索 839 个，信息报告率 100%（目标 100%）。

【中医药健康管理】 2022 年，乐东县 65 岁及以上老年人中医药健康管理人数 32516 人，健康管理率 64.83%（目标值 65%）；0～3 岁儿童中医药健康管理人数 264 人，健康管理率 30.95%（目标值 65%）。

【结核病患者健康管理】 2022 年，乐东县辖区同期内经上级定点医疗卫生机构确诊并通知基层医疗卫生机构管理的肺结核患者人数 445 人。完成结核病患者健康管理人数 445 人，健康管理率 100%（目标值 95%）；同期内已完成治疗人数 507 人，按要求规则服药人数 487 人，规则服药率 96.05%（目标值 90%）。

（陈周炜）

中医药事业发展

【概况】 2022 年，乐东县所有的镇卫生院及社区卫生服务站均可提供中医药服务，90% 以上的村卫生室可提供中医药服务。各镇卫生院能够开展中医药技术方法不少于 6 类，75% 以上的村卫生室能够开展中医药技术方法不少于 4 类。全县基本形成以县级医疗机构为指导中心、镇卫生院为枢纽、社区卫生服务站与村卫生为基础的中医药服务医疗体系。全县 14 家乡镇卫生院已建成规范中医馆（国医馆），实行统一设备，配置电磁波治疗仪、电针仪、熏蒸治疗仪等基本中医诊疗服务设备；统一流程，规划建设中医馆（国医馆），结合院内实际，设置中药房、中医诊室和理疗区，优化中医就诊与理疗服务流程，形成统一的中医药服务风格及中医药文化氛围，夯实基层中医药发展的硬件设施。

【中医药人才培养】 2022 年，乐东县继续推广基层常见病多发病中医药适宜技术培训，县中医院作为县内中医药适宜技术推广基地，每年有计划地对基层医疗机构医护人员开展不少于 10 天理论加实践的中医药适宜技术临床跟班学习。2018—2022 年，累计培训基层医务人员约 4000 多人次。

【中医药知识宣传】 2022 年 7 月 1 日，乐东县启动基层中医药知识及《中华人民共和国中医药法》宣传巡回授课活动，历时 7 天，巡回覆盖 14 个乡镇卫生院，179 个村卫生室，550 余名基层医护人员、党员及中医药爱好者参与。此外，通过电视台、“掌上乐东”、微信公众号等宣传方式广泛宣传。利用中医馆的统一装饰风格，在医院走廊、过道、诊室、病房等处悬挂古代中医名家、中医药、“治未病”等宣传画，深入宣传中医药“简、便、验、廉”等中医知识。实现医疗机构医务人员对中医药政策的知晓率，群众对中医药常识的知晓率及医疗机构中医药服务内容的知晓率均不低于 90%。

【中医药抗疫】 2020 年 1—7 月，乐东县县中医院为防疫工作人员发放防感汤 640 人份以应对新冠疫情。“8·1”新冠疫情发生后，县中医院为县内一线工作人员、县外与省外的各支援队、疫情防控指挥部工作人员等疫情防控人员分发中药防感汤剂 15824 剂次。12 月 13 日，根据乐东气候特点，为民众推出“防感汤”“轻度治疗汤”“加重治疗汤”等中药汤剂，配送相关汤剂给全县医务人员免费服用。

【家庭医生服务】 2022 年，乐东县有 176 支家庭医生签约团队能够提供中医药服务，共签约 48.81 万人。65 岁以上老年人接受中医药健康管理 5.02 万人，中医药健康管理率达 66.65%；

疫情期间，县中医院向社会推出中药防感汤剂。图为县中医院医生为防疫值班点工作人员送中药防感汤剂　　（县融媒体中心　供图）

0～36个月儿童1.57万人，接受中医药健康管理1.03万人，中医药健康管理率66.74%。

（陈周炜）

生育服务

【优生检查】 2022年11月1日，乐东县启动孕前优生健康检查及地贫筛查项目，年度目标1200对，仅2个月完成1045对，完成率87.08%。优生优育检查完成人数1045对，评估1045对，有风险人数1076人。孕优检查B超检查异常180人，体格检查异常249人，乙肝异常（感染者）333人，甲功异常64人，肝功异常24人，血糖异常12人，白带异常38人，白带沙眼衣原体阳性2人，尿常规异常197人。地贫基因检测送检人数744人，地贫携带人数403人，其中α中间型7对，α重型1对，β重型1对。

【地中海贫血筛查】 2022年，乐东县孕期地中海贫血筛诊项目任务数2800对，实际孕期地中海贫血筛查人数3348对，完成筛查率119.57%；初筛阳性夫妇地贫基因检测应筛对数1081对，实筛对数为1028对，地贫基因检测率为95.1%，预测高风险重型地贫胎儿产前诊断人数为21例，胎儿产前诊断19例，高风险重型地贫胎儿产前诊断率90.48%，重型地贫胎儿阻断2例，医学干预率100%。

【重型地中海贫血患儿管理】 2022年，乐东县计划生育服务中心对全县62名重型地贫患儿进行入户随访，督促患儿家长对符合输血指标的患儿进行规范性的输血和祛铁治疗。组织县内地贫患儿参加海南省定期开展的基因配型工作。全年，全县参与配型的地贫患儿43名，完成骨髓移植手术8名，组织2次20名地中海贫血患儿及家长参加海口市地中海贫血根治性手术造血干细胞移植的答疑咨询会议及患儿的体检评估，组织1位地中海贫血患儿和家长到五指山市妇幼保健院进行基因配型。历年地中海贫血高风险随访人数中间型288对、重型118对，高风险本年度筛查怀孕人数α中间型15人、α重型1人、β重型5人，产前诊断确诊β重型胎儿1例，成功阻断1例。县计划生育服务中心采取分片包干、责任到人制度，每2个月上门或电话随访1次，每3个月对地中海贫血患儿的输血前后血红蛋白值及身体状况进行了随访并登记，并协商县人民医院集采和储备祛铁药物，联合县民政局、县妇联、县红十字会对贫困地贫患儿和家庭开展救济帮扶，累计帮扶40户。疫情期间县计生服务中心与省血液中心、县妇联、县退役军人事务局、驻县部队、县卫健委、县红十字会、县人民医院、县第二人民医院、属地镇政府等部门协调，解决地中海贫血患儿的血荒和输血问题，保证救命用血。建立县计生服务中心微信公众号、地中海贫血患儿家长交流群，配有专职医生负责地中海贫血患儿的管理服务，更好地为地中海贫血患儿及其家庭提供政策宣传、治疗咨询、问题反馈以及各个家庭之间的留言、交流、分享平台等。

【免费避孕药具管理】 2022年，乐东县计划生育服务中心完善药具网络化管理工作，在各镇、村均配有药具管理专职人员负责辖区的药具管理工作，并配有药具柜及展板。年内，培训药具管理专职人员312人次，内容为各级药具管理工作任务和职责、避孕药具的相关知识等。全县设置药具发放点311处，免费发放各类避孕药具，完成率91.16%，全年，全县避孕药具知晓率98%，育龄人群药具发放覆盖率88%，随访率98%，避孕药具获得率95%，服务对象满意度99%，较好完成目标任务。11月，在海南省卫生健康委员会举办的“海南省避孕药具业务大培训、大练兵、大比武”竞赛活动中，乐东县计划生育服务中心获得团体一等奖，市县级二等奖、镇级二等奖、村级三等奖。

（陈周炜）

疾病预防控制

【重点传染病防控】 2022年，乐东县报告法定传染病3859例，无甲类传染病，乙类报告9种3151例，丙类报告6种708例。其中乙肝741例、肺结核503例、梅毒333例、其他感染性腹泻病324例。除新冠外，报告1起一般级别、2起未分级别的突发公共卫生事件，分别为诺如病毒、流感、流脑；完成霍乱外环境监测标本采集检测105份；对全县23个流动监测点伊蚊幼虫滋生情况（BI）调查监测，BI平均4.7；完成手足口病采样检测17人；对涉羊肉从业人员、屠宰从业人员进行布病血清学初筛检测，检测204人，无阳性感染者。

【艾滋病防控】 2022年，乐东县疾病预防控制中心围绕第四轮全国艾滋病综合防治示范区工作重点和全省艾滋病工作重点开展艾滋病防控工作。全年开展艾滋病大众宣传11场次，覆盖大众人群约4万人；随访艾滋病感染者和病人300多人次，动员抗病毒治疗20人，开展CD4（人体免疫系统中的一类免疫细胞）检测143人，病毒载量检测93人，开展艾滋病重点人群干预活动15场次，开展公共场所防艾措施落实情况督导3次，覆盖全县120多家住宿行业，开展社区美沙酮门诊技术指导2次。抗病毒治疗率为92.36%、随访检测率92.86%、配偶/固定性伴抗体检测率100%、报告质量/首次流调质量/完成并及时流调质量比例100%。

【结核病防控】 2022年，乐东县疾病预防控制中心接诊可疑肺结核患者680人，发现活动性肺结核患者445例，其中阳性肺结核患者179例、病原学阴性患者261例，单纯结核性胸膜炎3例、NTM（非结核分枝杆菌）2例；共报告肺结核可疑患者888例，重报166例，死亡7例，出院人数4例，应到位人数为359例，实际到位345例；完成113例痰培养和INEXPERT（一种结核快速诊断技术）快速诊断耐药筛查；发现学校结核患者7例，无同所学校发生两例以上相关联病例，7例患者均登记领药。

【精神病管理及慢性病防控】 2022年，乐东县严重精神障碍在册患者服药人数2416人、服药率95.38%；严重精神障碍在册患者规律服药人数2207人，规范服药率87.13%；精神分裂症患者人数2192人，精神分裂症患者服药人数2091人，服药率95.39%，规律服药人数1901人，规律服药率86.72%；严重精神障碍患者体检人数2068人，体检率81.64%；严重精神障碍患者面访人数2478人，面访率97.83%；邀请省平山医院专家开展疑似病人确诊251人，对辖区患者危险性评估工作完成1143人；全县恶性肿瘤发病上报病例908例、死亡上报病例387例、随访1210人次；全县应完成随机抽样检测300份盐样，实际完成306份，完成任务量102%。完成居民食盐样品监测306份，合格碘盐297份，碘盐合格率97.06%。

【公共卫生疾病防控】 2022年，乐东县加强污染、食品有害因素监测。1.完成食用菌20份（鲜银耳7份、湿木耳13份）、粮食制品中麦片10份、水产及其制品40份（泥鳅25份、黄鳝15份）、生禽肉20份（鸡肉7份、鸭肉13份）。食品中化学污染物、有害因素监测采样分别采集调味品

6份,(辣椒粉3份、辣椒干3份)；蜂产品6份(蜂蜜6份)；新鲜蔬菜6份、鲜活淡水鱼5份、熟肉制品10份、膨化食品10份(米饼4份、虾片4份、爆米花2份)；省级专项监测采样分别采集进口蒸馏酒10份(伏特加6份、威士忌2份、白兰地2份)；海南米粉20份、散装花生油5份。2.开展18家食源性疾病监测，上报食源性疾病病例485例。其中，省级重点监测点县人民医院上报189例；县级重点监测点第二人民医院和县中医院分别上报125例和130例；15家日常监测点上报44例；完成调查处理食源性疾病事件6起。3.完成儿童青少年视力监测2029人。4.完成农村生活饮用水末梢水公开信息水质采集监测点13个，采集水样26份；农村安全饮用水监测点16个，采集水样64份；省级乡镇饮水监测点13个，采集水样52份；学校供水水样监测点3个，采集水样6份；城市饮用水监测点9个，采集水样18份。5.完成全县10家小微企业职业性尘肺病随访188人，开展职业病防治法宣传周宣传8场。

【疟疾和寄生虫病防治】 2022年，乐东县疾病预防控制中心开展发热病人血检1012人、流动人口血检22次；捕获按蚊数36只；开展RDT(一种疟疾检测方法)检测15人，均为阴性；对辖区所有镇场卫生院阴性血片抽检1012张进行复核，全部为阴性；对23个项目单位进行督导1次；开展疟疾宣传活动25场次，发放宣传资料2747份；开展土源性线虫监测502人，蛔虫全部为阴性。

【健康教育】 2022年，乐东县疾病预防控制中心完成5个镇、15个村(社区)健康素养监测问卷526份；完成3个镇、7个村(社区)中医监测问卷267份；开展“新冠肺炎”“无烟日”“艾滋病日”等专题宣传活动20多场，累计发放各种宣传资料6万余份，解答咨询5000余人次；宣传普及健康素养相关知识与技能320场，覆盖人群6500人，发放宣传折页册4750余张，宣传手册2375本，悬挂横幅40条；开展督导检查医疗卫生等单位健康教育工作督导检查85场次；完成创建无烟党政机关24家，无烟卫生医疗机构26家，无烟学校共创建50所。

(谢泉温)

妇幼保健

【孕产妇及儿童保健】 2022年，乐东县活产4063人，早孕检查3753人，早孕检测率92.37%；健康管理3679人，管理率90.55%；产后访视3995人，访视率98.33%；产后42天检查数3659人，42天检查率90.06%。全年，全县3岁以下儿童1.35万人，系统管理1.17万人，系统管理率86.76%；眼保健人数3.25万人，眼保健覆盖率为92.60%；活产数4063人，新生儿访视人数4017人，新生儿访视率98.87%。

【妇女常见病及“两癌”筛查】 2022年，乐东县妇女宫颈癌检查任务数7000人，检查人数7040人，完成率100.57%；乳腺癌检查任务数3000人，检查人数3225人，完成率107.5%。

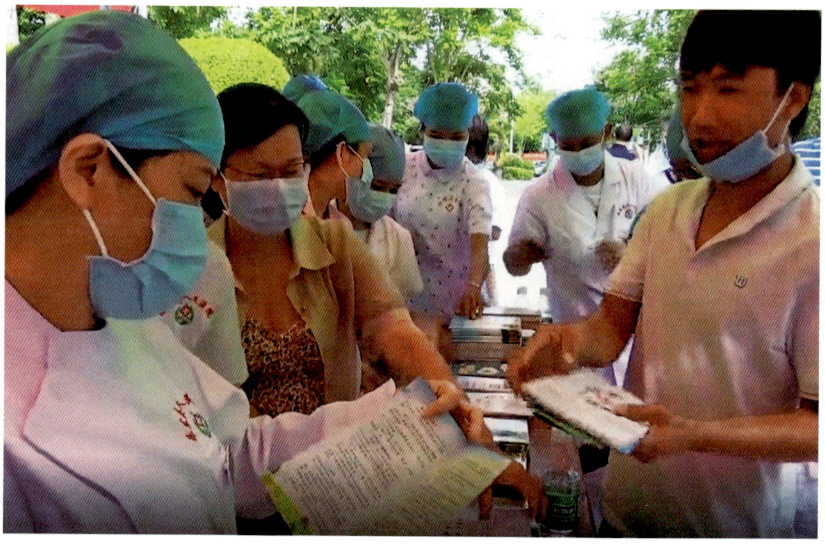

5月31日，乐东县卫健委、县爱卫办在县人民医院举行“戒烟——医者先行活动”

(县融媒体中心　供图)

【地中海贫血监测与管理】 2022年，乐东县孕期地中海贫血筛查项目任务数2800对，实际孕期地中海贫血筛查人数3348对，完成筛查率119.57%；初筛阳性夫妇地中海贫血基因检测应筛对数1081对，实筛1028对，地贫基因检测率95.1%，预测高风险重型地中海贫血胎儿产前诊断21例，胎儿产前诊断19例，高风险重型地中海贫血胎儿产前诊断率90.48%，重型地中海贫血胎儿阻断2例，医学干预率100%。

（柯贤照）

爱国卫生

【病媒生物防制】 2022年，乐东县爱卫中心委托PCO（害虫防治）公司采取防杀结合的方式，做好病媒生物滋生地整治和“四害”消杀工作。定期或不定期派员对县城和大安、千家、黄流、尖峰、莺歌海等镇的病媒生物防制工作进行检查，针对存在问题召开整改部署会2次，并多次下发整改通知督促指导各镇做好资料收集归档、投药消杀、滋生地治理和“三防”（防鼠、防蝇、防尘）设施安装等工作。举办“清洁家园 防蚊灭蚊”爱国卫生百日专项行动启动仪式，发放宣传材料3000多份，利用沿街LED屏滚动播放灭蚊防蚊宣传口号。全年共投放除“四害”药物1.85吨，消杀216.7万平方米，剔除蚊虫滋生地2590多个，努力降低“四害”密度，助推县城和大安、千家、黄流、莺歌海、尖峰等5个镇顺利通过省级病媒生物防制考核鉴定。

【爱国卫生活动】 2022年，乐东县爱卫中心举办第34个爱国卫生月活动，发放宣传材料1万多份，动员各镇各单位开展环境整治活动，在镇圩重点抓好主要街道、城村接合部、农贸市场、宾馆、酒家、娱乐场所、卫生院等公共场所的环境卫生整治；在单位重点抓好室内外、小区庭院、居民楼道的卫生管理。在农村主要做好村道打扫、翻盆倒罐、清理粪土和垃圾、整治污水、禽畜圈养、填平洼地、将家庭杂物堆放整齐、绿化庭院等工作。推进全域卫生（健康）创建工作，完成往年建成的5个省级卫生镇、23个省级卫生村和19个省级卫生先进单位的复核工作并上报省爱卫办重新命名，新建成20个省级卫生村和10个省级卫生先进单位，指导万冲、黄流创建国家卫生镇以及万冲创建省级健康镇，3个村创建省级健康村以及建设3家健康单位、3个健康社区、20个健康家庭。

【清“五边”促“四爱”环境卫生整治】 2022年，乐东县制定《2022年环岛高铁和环岛高速公路沿线环境综合整治行动工作方案》《乐东黎族自治县启动战时机制开展2022年环岛高铁沿线环境卫生综合整治工作方案》等文件，发动各镇开展清“五边”促“四爱”环境卫生整治和高铁高速路沿线环境卫生整治活动，开展常态化环境卫生巡查，拍摄1720多张照片发在“全县人居环境整治工作微信群”中督促整改。发动有关部门和各镇抓好镇圩容貌整治提升工作，清除生产生活建筑垃圾2.64万多吨和乱堆放杂物534处，拆除乱搭建棚户449个，治理污水乱排198处，

4月22日，乐东县第34个爱国卫生月现场活动在县政府广场举办

（县爱卫中心　供图）

清理乱张贴广告 1.15 万多处。

【国家卫生县城创建成果巩固提升】 2022 年，乐东县爱卫中心督促有关部门抓好市容市貌管理以及办公区、住宅区、破产改制企业的环境卫生整治和市政基础设施维护工作，完善 153 家餐饮行业“三防”设施建设，指导职能部门完善工作资料收集。整治县城第一农贸市场环境卫生，严格划行归市，实现干湿分离，生熟分开，完善熟食间“三防”设施。督促职能部门修复或拆除不规范的工地围栏 6 处，清理“小广告”1500 余张，拆除或更新破旧广告招牌 35 块，拆除废弃公交亭 1 处，修复破损路面 890 平方米及人行道 2300 平方米，维修路灯 1150 盏,更换井盖 106 个。

【“厕所革命”】 为做好审计发现的“厕所革命”809 户防渗漏问题的整改工作，2022 年，乐东县制定下发《2018 年至 2020 年乡村振兴相关政策和资金审计问题暨农村“厕所革命”防渗漏存在问题整改工作方案的通知》，多次联合住建、审计等部门组织人员深入抱由、志仲、千家、尖峰等四镇督导检查，持续跟踪整改进度，每半月 1 次在县委县政府有关工作群通报整改情况，共指导各镇完成 764 户的整改工作，正在整改 45 户。配合住建部门指导各镇做好“厕所革命”摸排工作，完成摸排 2.76 万户。

【控烟禁烟】 2022 年，乐东县爱卫中心举办第 35 个世界无烟日活动暨“戒烟——医者先行活动”现场活动，现场发放宣传资料 1300 多份，利用 LED 屏滚动播放控烟宣传标语，悬挂横幅 14 条。协同县疾控中心举办控烟健康知识讲座 2 场。联合县疾控中心、县教育局深入党政机关、医疗机构和学校检查指导和考核验收无烟单位创建工作，督促完善资料建档和张贴禁烟标识、设立吸烟区、配备控烟监督员和巡查员等工作，指导建成 24 家无烟党政机关以及 262 家无烟学校和 203 家无烟医疗卫生机构。

（邢贞正）

皮肤性病防治

【麻风病防治】 截至 2022 年，乐东县历年累计发现麻风病人 869 例，其中 MB（多菌型麻风）285 例，PB（少菌型麻风）584 例，男性 551 例，女性 318 例，复发病人 18 例［均为 DDS（氨苯砜，麻风病治疗药物）单疗复发］，患病率最高年份是 1965 年为 1.66‰。累计治愈 667 例，自愈 3 例，复发再愈 14 例，869 例病人中Ⅱ级以上畸残 255 人，畸残率 29.3%。全县现有治愈留院病人 12 人，临愈存活 77 人，失访 1 人。年内，有现症病人 1 例（为 MB 病例），患病率 0.2/10 万。

【性病防治】 2022 年，乐东县报告五种性病 288 例，其中梅毒病例 217 例，淋病 34 例，尖锐湿疣 8 例，生殖器疱疹 1 例，生殖道沙眼衣原体 28 例。全年，县皮防所开展 5 种性病漏报调查 2 次。第一次调查医疗机构 5 家，5 种性病应报告数 162 例，报告 162 例，无漏报病例。第二次调查医疗机构 4 家，5 种性病应报告数 131 例，报告 131 例，无漏报病例。

【艾滋病自愿咨询检测（VCT）管理】 2022 年，乐东县设 VCT 门诊 4 家（乐东县人民医院、疾控中心、保健院和皮防所）。4 家 VCT 门诊接受咨询人数 670 例，接受检测 670 例，求询者中接受 HIV 检测的比例 100%。抗体阳性待查复检人数 6 例，初筛阳性者落实送检 HIV 确诊实验的比例 100%。接受梅毒筛查检测 670 例，求询者梅毒筛查的比例 100%。

（邢孔坚）

医疗保障

【医保惠民】 2022 年，乐东县定点医疗机构均及时开展职工普通门诊业务，参保人可使用个人账户和家庭共济账户。执行试点医保药品支付标准，30 种药品 51 个品规按照药品说明书支付医保基金，不受医保目录支付条件限制。全县城乡居民普通门诊、住院、门诊慢特病享受待遇 62 万人次约 2.89 亿元；从业人员普通门诊、住院、门诊慢特病享受待

4月26日，县医疗保障局在乐东车站设点宣传医保政策
（县医疗保障局　供图）

遇共14.48万人次约1.21亿元。把10家药店作为县内定点零售药店，从业人员在定点零售药店享受待遇1.06万人次，药品费用总额约115.76万元。

【打击欺诈骗保宣传】 2022年，乐东县开展打击欺诈骗保集中宣传月活动进社区、进企业、进医院“三进”活动29场，发放《医疗保障基金使用监督管理条例》《海南省医疗救助办法》《海南省医保电子凭证宣传》《门诊慢特病政策》等宣传手册5000余册，接受群众咨询逾千人次；印制有基金监督举报电话的宣传雨伞1500把，购物袋3000袋，用于现场宣传活动发放，提高群众对举报电话的知晓率，强化社会监督；在全县定点医疗机构播放《分解住院》《过度检查》《重复收费》等8集打击欺诈骗保宣传视频；指导定点医疗机构累计开展内部业务学习21次，累计培训800人次；对定点医疗机构主要负责人开展警示教育2次，提高医药机构人员法律意识。

【医保基金监管】 2022年，乐东县成立由县政府分管领导任组长的县医疗保障基金监管工作领导小组，并同步发文建立医保基金监管部门联动机制，从组织、协调、联动、机制等方面确保基金保监管工作落到实处；对县内定点医疗机构2021年医保基金监督检查结果进行后续处理（含省级飞检1家），涉及违规金额已全部退回省级医保支出户；对全县211家定点医药机构医保基金监督检查全覆盖（含省级飞检2家）；深入开展跨部门专案核查，联合县综合行政执法局、县卫健委、县医保服务中心等部门开展跨部门专案核查行动，对定点医疗机构发生的违规行为多部门间信息互通，结果互认。

【药品集中采购】 2022年，乐东县医疗保障局组织17家定点医疗机构完成药品及耗材集采报量13批，组织药品及耗材待分配量分配工作4批，完成落地执行的药品集采12批。开展药品4批及耗材3批预付40%工作，其中药品集采预付金36.04万元，耗材集采预付金16.05万元。全年采购周期已截止的集采药品8批。对参加药品集采的定点医疗机构的药品采购和使用情况进行监测及通报7次。

【医疗保障脱贫成果同乡村振兴有效衔接】 2022年，乐东县特殊人群75535人基本医疗保险参保率100%。全县特殊人群住院和门诊慢特病就医24164人次“三道防线”（医疗保险、大病保险、医疗救助）报销9904.47万元。健全防止返贫致贫动态监测预警机制。定期将医疗费用自付金额较大的2类人群就医数据向县乡村振兴局、县民政局推送，推送12批1601人次，纳入121人，其中低保户63人、监测户58人。对符合支出型贫困救助对象标准的37人就医费用进行追溯报销，拨付医疗救助金额19.52万元。

【医保标准化信息化建设】 2022年，乐东县医疗保障局深入各定点医疗机构指导医院开展医保电子凭证和医保移动支付落地应用，参保人在全县各二级定点医疗机构均可使用医保电子凭证进行挂号、就诊、支付、取药、结算、取报告等就医服务，提高医保服务便利性。

（邹楚凡）

县级医疗机构建设

乐东县人民医院

3月2日上午，乐东县人民医院医共体永明分院儿科门诊部启动仪式在抱由镇永明卫生院举行　（县融媒体中心　供图）

【概况】 2022年，乐东县人民医院在岗人数503人（含返聘人员），在岗人员中专业技术人员422人（含返聘人员），占人员总数的83.9%，其中高级职称62人，中级职称70人，初级职称268人，硕士学位1人，本科210人，大专182人，中专及以下29人。2022年，医院门急诊16.10万人次，住院病人8926人次，医疗业务收入11035.82万元。

【医联体建设】 2022年，乐东县人民医院在巩固三亚中心医院（海南省第三人民医院）的对口支援工作基础上，继续加强与中山大学附属第一医院远程医疗合作，让百姓体会不出省也能享受到省外专家的就诊。三亚中心医院先后派出2名专家到县人民医院进行技术和管理帮扶，技术支援涵盖重症医学科等。县人民医院派出23名技术骨干到海南省医学院第二附属医院、海南省人民医院、海南省第二人民医院、三亚中心医院、海口市人民医院等医院进修学习，并与海南省第二人民医院、海南省医学院第二附属医院、三亚中心医院均签订医联体协议，充分共享省级医院的专家资源。同时，县人民医院还与志仲卫生院、大安卫生院、万冲卫生院、三平卫生院、山荣卫生院、永明卫生院、千家卫生院、福报卫生院8个成员单位构建区域医疗共同体。通过整合县人民医院、乡镇卫生院的医疗卫生服务资源，建立分工协作机制，优化服务流程，提升基层卫生院的技术水平，更好地把医疗资源延伸到基层，加强对分院的技术帮扶和联合病房、联合门诊的建设，推进基本医疗卫生服务均等化，全面提升医共体医疗水平，充分发挥好龙头医院的牵头作用。

【医疗业务建设】 2022年，乐东县人民医院在加强理论与技能培训的同时，加强医疗业务开展，建设胸痛中心，任命胸痛中心医疗总监和行政总监，完善胸痛中心的标识与指引，胸痛急救功能分区，建立区域心电网络系统，制订患STEMI（ST段抬高的心肌梗死）再灌注治疗方案、转运PCI（经冠状动脉介入术）策略、统一GPS时钟（GPS时钟能够按照用户需求输出符合规约的时间信息格式，从而完成同步授时服务），与“120”调度中心建立紧密合作机制，同时对全院全员进行胸痛相关的知识培训、考核。

【医疗学科建设】 2022年，乐东县人民医院重点加强重症医学科的能力提升，特别是呼吸机使用、除颤仪使用、监护仪使用、气管插管、俯卧位体位管理等项目的培训。从临床一线中抽取8名医生和22名护士到重症医学科进行跟班学习，为重症及危重症新冠患者的收治储备重症医学科医疗队伍。

【医疗设施建设】 2022年，乐东县人民医院导管室购置相关辅助设备开展DSA（又称减影造影，是一种通过电子计算机进行辅助成像的血管造影方法）血管造影项目，检验科更新全自动生化分析仪、全自动血常规分析仪，全院增加心电网络系统等设备。

【医疗人才培养和引进】2022年，乐东县人民医院先后安排医疗业务骨干到省内外三甲医院进修培训23人，派出237名医务人员外出参加学术会议及短期业务培训学习。邀请院外专家为医院职工进行学术讲座及培训9人次。院内专家培训90人次，内容涉及临床内外科、妇产、儿科、急救、医技、感控及公共卫生和疫情防控、胸痛中心建设等方面的知识。年内，晋升高级职称7名，招聘医务人员4名，其中3名执业医师。

【人才队伍】2022年乐东县人民医院晋升高级专业技术资格人员情况详见表10。

2022年乐东县人民医院晋升高级专业技术资格人员情况表

表10

序号	姓名	性别	出生年月	籍贯	毕业院校	所学专业	最高学历	现专业资格名称	现有级别（正高或副高）	资格取得年份	参加工作时间
1	吉训忠	男	1967年3月	海南乐东	中山医科大学	临床医学	本科	普通内科	正高	2021年12月17日	1989年7月
2	孙　沛	男	1979年5月	海南乐东	昆明医学院	临床医学	本科	普通内科	正高	2021年12月17日	2001年3月
3	林竹爱	女	1963年10月	海南三亚	原自治州卫生学校	护士	中专	外科护理	正高	2021年12月17日	1983年7月
4	李必昭	男	1983年2月	海南万宁	昆明医学院	临床医学	本科	心血管内科	副高	2021年11月26日	2007年11月
5	吴朝娜	女	1985年10月	海南乐东	川北医学院	临床医学	本科	消化内科	副高	2021年12月2日	2010年4月
6	陈清兰	女	1981年12月	海南乐东	海南医学院	护理学	本科	内科护理	副高	2021年12月2日	2003年8月
7	黄垂姣	女	1984年7月	海南乐东	海南医学院	护理学	本科	内科护理	副高	2021年12月2日	2009年4月

【医疗业务经营】2022年，乐东县人民医院业务经营情况详见表11。

2022年乐东县人民医院部分指标情况表

表11

年度	编制病床数（张）	实际开放病床数（张）	急诊数（人次）	入院人数（人）	出院人数（人）	平均病床工作日（天）	平均病床周转数（次）	出院患者平均住院日（天）	住院病人手术例数（例）	门诊人均费用（元）	住院人均费用（元）	医疗业务收入（万元）
2022	300	336	161254	8954	8926	178.6	26.3	6.8	1008	275.4	7130.55	11035.82

（邢肖蕊）

乐东县第二人民医院

【医疗业务指标】2022年，乐东县第二人民医院完成业务收入11106.4万元（其中门急诊收入4967.6万元，住院收入6138.8万元），同比增长14.3%，总收入1.56亿元，同比增长7.9%；全年门急诊345451人次（其中门诊314486人次，急诊30659人次），比上年同期增长18.9%；住院10513人次，手术2118台，平均住院日6.2天，药品收入2842.6万元，占医疗收入的25.59%，比上年同期上升了2.78个百分点，仍控制在医改的合理范围内。百元医疗收入（不含药品收入）消耗的卫生材料费15.2元(目标20元及以下)，人均住院费用5839.2元，门诊人均费用144.9元。

【基本公共卫生服务】2022年，乐东县第二人民医院为辖区居民建立家庭健康档案电子档案5.05万份；登记管理65岁及以上老年人3928人；登记管理高血压患者3419人；登记管理糖尿病患者1424人；乳腺癌筛查823人；宫颈癌筛查958人；发放健康教育印刷资料13种3.60万份；举办健康教育咨询活动15次，咨询273人次；健康教育讲座19次247人次；健康教育宣传栏设置26个，更换期数6期146次；接受1次及以上访视的新生儿536人次，访视率99.34%；辖区内接受1次及以上随访的0～6岁儿童数4725人，管理率92.2%；辖区内孕13周之前建册并进行第一次产前检查的产妇471人，早孕建册率87.55%；辖区内产妇出院后28天内接受过产后访视的产妇530人，访视率98.51%；已签约家庭医生的普通人群13836人次，签约率46%，重点人群16328人次，签约率68%，建档立卡贫困户4325人次，签约率100%；辖区内预防接种建证890人，建卡建证率100%；为辖区免费接种一类疫苗16853针次；健康扶贫登记管理建档立卡户560户2387人，低保、五保户824户1902人，监测户11户36人；新生儿958人，听力筛查957人，疾病筛查957人。

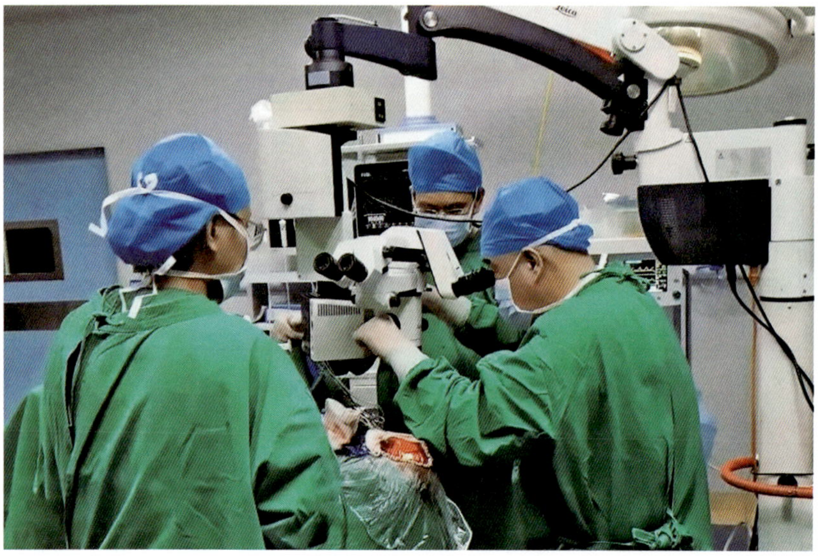

7月，乐东县第二人民医院成功完成乐东县首例脑动脉瘤夹闭术

（县第二人民医院　供图）

【医联体建设】2022年，乐东县第二人民医院继续加强与海口市人民医院等省级优质医院的合作，海口市人民医院长期派出神经外科、神经内科、心血管内科、妇产科、重症医学科、康复医学科、麻醉科，超声科、急诊医学科、口腔科10个学科专家116人次在县第二人民医院开展对口支援工作。海南省胡大一心脏中心等柔性引进人才68人次，轮流每月到县第二人民医院教学、查房、坐诊。同时，县第二人民医院加强对尖峰中心卫生院、佛罗卫生院、莺歌海卫生院、冲坡中心卫生院、乐罗卫生院的对口帮扶，派出专家到基层医院指导工作，形成省、县、乡三级医联体运作模式。

【医疗服务质量建设】2022年，乐东县第二人民医院门诊综合服务部一站式服务部，充分发挥一站式服务平台的作用。患者个人信息录入6851人次、就医咨询2.48万人次、导医导诊3.24万人次、电话咨询2920人次、发放检验单6936人次、提供雨具轮椅1460人次、免费复印960张、代寄检查病例检查报告5人次，协助办理入院 164 人次；护送住院患者 CT（电子计算机断层扫描）1.36 万人次，DR（直接数字化 X 射线摄影系统）5720 人次，MR（磁共振）700 人次超声 1.67 万人次，心电图 1.24 万人次，化验 1.18 万份，心电图 6840 人次，脑电图 2600 人次，标本运送 10.20 万份。优化患者就医流程，减轻患者及家属就医来回跑，全方位提升医疗服务质量，范围涵盖咨询、陪检、挂号、出入院办理、医保等一系列 26 项便民服务措施。升级智慧医院，网上核酸检测预约。继续加强互联网 + 院外护理延伸服务工作，患者足不出户可以获得医院提供网上预约、缴费、检查结果查询、上门进行医疗护理等医疗服务，规范医护人员诊疗行为。门诊量同比增长 18.9%，县域就诊率 97.14%。

【义诊宣传活动】 2022 年 10 月 18 日世界卒中日，乐东县第二人民医院联合海口市人民医院神经内科专家到九所新区，开展义诊活动，开展由海南省健康委宣传中心、乐东县卫生健康委主办“中医药健康文化进乡村”活动；乐东二院联合海南省眼科医院“6·10”世界爱眼日义诊活动；乐东二院联合海南医学院第一附属医院开展多学科联合义诊活动，到黄流华二中开展“职业病防治法”科普讲座活动；在医院开展“提高抗微生物药物认识周”抗菌药物合理使用宣传活动，海南省胡大一心脏中心义诊活动、联合义诊 778 人次，发放宣传手册 225 份、教学查房 16 人次，发放宣传资料 421 份，接受健康教育 462 人次。

（何丽沙）

乐东县中医院

【概况】 2022 年，乐东县中医院有职工 270 人，在编 109 人，编外 161 人，其中卫技人员 212 人，卫技人员中高级职称 25 人，中级职称 38 人，初级职称 138 人。医院设有 2 个门诊部、1 个住院部、“120”急救站和 1 个社区门诊。住院部设有内儿科、老年病科、外科、妇产科、针灸康复科；门诊部设有中医科、外科、内科、妇产科、老年病科、肛肠科、针灸理疗科、五官科、皮肤科、预防接种科、乳腺疾病理疗科、泌尿系统结石体外碎石中心、颈腰椎牵引治疗中心等；医技科室有检验科、放射科、功能科（包括 B 超室、心电图室、脑血流图室等）、电子胃镜室、电子阴道镜室等。

【医疗业务经营】 2022 年，乐东县中医院门、急诊量 5.73 万人次，住院 2264 人次，业务总收入（不含拨款）2578 万元。急诊出诊 1063 辆次，急救 998 人次，向上级医院转送危重病人 242 人次，完成各种业务培训 12 次 300 余人次。

【医疗质量管理】 2022 年，乐东县中医院重点抓好医务人员日常业务知识及操作技能的学习和培训，加强规范医疗技术操作规范，严格门诊、住院病历书写规范和归档管理，抓好医疗安全核心制度的贯彻落实，完善内部医疗质量管理方案和考核标准，加强医疗质量控制，规范医务人员的日常诊疗行为，保障医疗服务质量，维护医疗安全。每月对运行病历、每季度对归档病历进行抽查，强化处方点评，强化临床路径 42 份，按时完成医师定期考核管理，开设发热门诊满足群众就医需求，选派中级及以上医师参与预防接种医疗保障任务，中国疼痛医学专家在县中医院的义诊及授课活动等。

【护理质量管理】 2022 年，乐东县中医院重点继续实行护理质量二级管理体系，建立扁平化的护理管理层级，护理部每季度组织护理 1 次，继续对全院 7 个护理单元进行护理质控检查 62 次，护士长夜查房 96 次，发现问题 300 余个，针对夜查房存在的问题进行分析、整改、评价并反馈到科室护士长及全体护理人员，查房结果每月在护士长会议上总结通报，对做得好的给予表扬，做得差的提出批评并按照相关规定处罚，责令限期整改。年内，护理不良事件发生例数 13 例，同比下降 0.87%。全年，对 325 例患者进行满意度调查，满意度 97.2%。开展实施中医护理方案 20 个病种，实施中医护理方案病种 499 例，实施率 100%，效果评价好的比例 96.2%；依从率 98.4%；开展中医特色护理项目 20 项，其中中药塌渍 2327 人次，穴位贴敷 29312 人次，金黄散贴敷 3770 人次，隔物灸 2247 人次，中药灌肠 48 人次，穴位按摩 162 人次，耳穴埋豆 187 人次，中药涂擦 6121 人次，中药熏洗 4099 人次；拔罐、刮痧 156 人次。

【院感质量管理】 2022 年，乐东县中医院感办通过每周不定期查房，强化日常监管。完善医疗废物和生活垃圾分类回收，专人回收及登记。加强重点部门的医院感染管理，对手术室、供应室、产房、预诊分诊、治疗室、换药室等不定时检查，对手术室各类器械清洗、消毒及室内消毒效果监测，对供应室的清洗、干燥、包装、灭菌程序及灭菌器械的合格率抽查等。开展医院环境卫生学监测情况：监测空气、物体表面、医务人员手卫生等情况 42 份，合格数 42 份，合格率 100%。对全院医务人员进行穿脱防护服进行培训，做到人人培训、人人考核、人人达标。

【中医药服务能力】 2022 年，乐东县中医院针灸康复科不断拓展中医药治疗举措，加强针灸、推拿、康复、理疗等手段的临床治疗，还通过与县特殊教育学校开展“医教结合”合作，继续为脑瘫、唐氏综合征、自闭症等学生进行康复训练，发挥中医药简便廉验的治疗效果。利用针灸康复科的专科优势，协助县卫健委承办全县中医适宜技术培训和推广项目，开展对基层人员中医适宜技术巡回授课活动。

【公共卫生建设】 2022 年，乐东县中医院为老年人体检 1201 人，高血压管理 1446 人，糖尿病管理 681 人，中医药健康管理 978 人，肺结核管理 52 人，重性精神病障碍患者管理 141 人，常住人口家庭医生签约 7425 人。年内，继续推进 60 岁以上人群新冠疫苗接种及儿童、流感等疫苗接种保障工作。

【医疗队伍建设】 2022 年，乐东县中医院引进人才 23 人，其中纳入编制 13 人（含本院入编 10 人）和招聘编外人员 10 人，分别为 14 名医师、6 名护士、1 名检验师、1 名药剂师、1 名病案信息技术师。

（李志恒）

镇级医疗机构建设

【山荣卫生院】 乐东县山荣卫生院设有门诊部，中医理疗科，公共卫生科，扶贫办，化验室、B 超室，心电图室。2022 年，全院职工总人数 36 人，在编在岗人员 10 人，临时聘用 26 人。2022 年，全院总收入约 132.58 万元，门诊总诊疗 2.57 万人次。

（洪章栋）

【永明卫生院】 乐东县永明卫生院设有内科、外科、妇科、儿科、预防接种科及医技科等科室。配备 B 超机、全自动血液分析仪、半自动生化分析仪、心电监护仪、心电图机、多功能康复床、全数字彩色多普勒超声诊断系统等一批较为先进的医疗设备。2022 年，全院（含江南社区卫生服务中心和山荣社区卫生服务中心）有职工 97 人。其中，卫技人员 78 人，占全院总人数的 80.4%；

抱由镇永明卫生院门诊综合楼　（永明卫生院　供图）

副主任医师 4 人，中级职称人员 9 人，大专以上学历 61 人，全科医师 10 名，具备医生执业证书乡村医生 6 人。年内，卫生院门诊新增全科、妇科、康复、眼耳鼻喉科室；增设住院服务，24 小时急诊服务。

（刘智育）

【三平卫生院】 三平卫生院占地约 7838 平方米，医院建筑面积 3900 平方米，分为门诊部和住院部，担负三平辖区及周边 2 万多人口医疗急救、预防、保健工作。2022 年，全院有职工 58 人，其中医务人员 55 人，非医疗技术人员 3 人。设有内科、外科、儿科、妇产科、检验科、中医理疗科、B 超室、心电图室、放射科、公共卫生科，开放病床 20 张。设备包括 DR 机 1 部、飞利浦彩超 1 部、全自动生化分析仪 2 台、血球分析仪 2 部、尿自动生化分析仪 1 部、洗胃机 1 部、心电图机 2 部、心电监护机 1 部、胎心仪 1 部、新生儿恒温箱 1 部、多功能牵引机 2 部、熏蒸治疗机 1 部、电针治疗仪等设备仪器。全年，全院完成门急诊 4.48 万人次，医院总收入 63 万余元。

（陈佳佳）

【万冲卫生院】 2022 年，万冲卫生院职工总人数 101 人，其中高级职称 4 人，中级职称 11 人，初级职称 50 人。在编在岗人员 12 人，乐中社区在编人员 22 人，临时聘用 67 人，退休人员 5 人，乐中社区退休人员 15 人。全年总收入约 1997 万元，门诊总诊疗 35118 人次，住院人数 2632 人次。医院设有门诊部、住院部、安宁科、妇产科、中医理疗科、公共卫生科、乡村振兴办、医保办、DR 室、化验室、B 超室、心电图室。全年医疗总收入 1093.70 万元。其中门诊总诊疗 3.42 万人，收入 217.01 万元；住院总诊疗 2782 人，收入 876.69 万元。

（冼梅琴）

万冲镇卫生院门诊综合楼 （万冲卫生院 供图）

【大安卫生院】 大安卫生院占地面积 5333.33 平方米，医院建筑面积 3800 平方米，分为门诊部和住院部，担负大安镇及周边 3 万多人的医疗急救、预防、保健工作。2022 年，全院有职工 70 人，其中医务人员 65 人，非医疗技术人员 5 人。设有内科、外科、儿科、妇产科、检验科、中医理疗科、B 超室、心电图室、放射科、公共卫生科，开放病床 40 张。设备包括 DR 机 1 部、飞利浦彩超 1 部、全自动生化分析仪 2 台、血球分析仪 2 部、尿自动生化分析仪 1 部、洗胃机 1 部、心电图机 2 部、心电监护机 1 部、胎心仪 1 部、新生儿恒温箱 1 部、多功能牵引机 2 部、熏蒸治疗机 1 部、电针治疗仪等设备仪器。全年，全院完成门急诊 67 万人次，总收入 477 万元。

（刘清辉）

【志仲中心卫生院】 乐东县志仲中心卫生院占地面积 6915 平方米，医疗业务用房 4768 平方米。临床科室有内科、外科、儿科、全科医疗科、妇产科、中医理疗科、公共卫生科、医学检验科和医学影像科。设备有多参数监护仪、彩色超声诊断仪、台式黑白 B 超机、全自动心电图机、全自动生化分析仪、电解质分析仪、胎儿监护仪、胎心监护仪、新生儿复苏台、颈腰椎牵引床，低频电子脉冲治疗仪、子午流注、热波治疗仪、疼痛治疗仪、中药熏蒸治疗机等设备仪器。2022 年，全院（含保国社区和保显社区）

医务人员156人，卫技人员127人，其中主治医师6人，执业医师8人，助理医师21人，主管护师3人，护师20人，执业护士31人，主管药剂师1人，药剂师1人，药剂士6人，主管检验师1人，检验士1人，其他医技人员28人。开放床位50张。全年，全院业务总收入508.50万元，同比增长22%，门急诊量8.80万人次，同比增长22%，住院总289人次，同比减少33%，药品占比49%，人均住院费用3807.20元，每门诊人次费用45.40元，全年无医疗事故发生。

（陈超敏）

【千家中心卫生院】 乐东县千家中心卫生院是一家集医疗、基本公共卫生服务项目于一体的卫生院，负责千家地区人口的医疗急救、预防、保健服务工作。全院职工总人数159人（含抱伦、乐光社区职工），其中，千家中心院在编在岗34人，抱伦社区在编25人，乐光社区29人，临时聘用71人，医院设有住院部、妇产科、中医理疗科、公共卫生科，DR室、化验室、B超室，心电图室等。2022年，千家中心卫生院诊疗量6.6万人次，住院321人，全年总收入558万元。

（林元强）

【福报卫生院】 乐东县福报卫生院占地面积4804.53平方米，医疗用房2454.92平方米。2022年，全院有职工49人，卫技人员27人，其中执业医师（全科医生）6人，执业助理医师2人，主管护师1人，护师5人，执业护士11人，检验师2人，床位数10张，临床科室有内科、外科、妇科、儿科、中医理疗等科室，医技科室有心电图、B超、化验室等。全年，全院业务总收入59.20万元，同比增长30%，年门急诊量1.43万人次，同比增长16%，年内无医疗事故发生。

（邢　凯）

【冲坡中心卫生院】 乐东县冲坡中心卫生院占地面积1.87万平方米，医院业务用房面积6700平方米。全院有临床科室6个、医技科室6个，特色科室4个，编制病床100张，其中日间观察床位5张，临终关怀病床4张。冲坡中心卫生院与三亚市人民医院实行合作，成立双向转诊试验基地，常见病、多发病在该院常规诊治，危急重症病人转送三亚市人民医院治疗，病人稳定后转回该院做康复治疗。2022年，全院总收入131.40万元，总诊11.61万人，住院1732人。

（陈福文）

【乐罗卫生院】 乐东县乐罗卫生院设有门诊部、妇保科、中医理疗科、公共卫生科、扶贫办、DR室、化验室、B超室、中医科、防疫组等科室。2022年，全院职工总人数52人，在编在岗人员13人，临时聘用39人。全年，全院医疗收入186万元，门诊总诊疗3.27万人次。

（林志仕）

【九所卫生院】 乐东县九所卫生院开设门诊部、住院部和公共卫生服务部。设有内科、妇产科、儿科、外科、中医科、全科医学科、B超室、心电图室、检验室、数字DR室、妇女保健科、儿童保健科、康复医学科、预防保健室等科室。主要设备有全自动生化分析仪、全自动血液分析仪、电解质分析仪、彩色多普勒超声诊

乐东黎族自治县冲坡中心卫生院门诊综合楼（县委宣传部　供图）

断仪（彩超）、心电监护仪、洗胃机、心电图机、除颤仪、熏蒸机、多功能牵引床、多功能治疗仪、尿液分析仪、中频治疗仪、电针治疗仪、数字平板X线成像系统（DR）等医疗设备。能独立开展内科、外科、妇产科、中医科、口腔科常见病、多发病的门诊和住院诊治。2022年，全院干部职工155人，在编人员40人（总编数51人）、公益岗11人、聘用人员104人，卫生专业技术人员113人、非卫生专业技术人员42人。技术人员中有副主任医师1人，主治医师10人，执业医师11人（中医师2名），助理执业医师7人（预防医学类1人、中医士1人），主管护师4人，执业护师5人，执业护士35人，护理员1人，助产士1人，药师4人，药剂员1人，检验师2人，B超技士1人，5个防疫员。全年，医院门诊量11万多人次，收入800多万元，住院1000人次，收入260万元。

（林　丽）

【佛罗卫生院】 佛罗卫生院实际使用面积6553平方米，房屋建筑总面积5503平方米。设有2个临床科室（内科、儿科、外科、妇科、药房、中医科、全科医疗、中医理疗科、发热门诊、肠道门诊、公共卫生科、预防保健科等），4个辅助科室（B超、心电图、检验、放射）。与县第二人民医院实行医联体合作，成立双向转诊试验基地，实现常见病、多发病常规诊治。全院编制病床位50张，年均诊疗服务1.5万多人次，满足内科、外科、妇科、儿科等常见病、多发病的诊疗和辖区内基本公共卫生服务需求。2022年，全院有职工104人（含4名村卫生员），女性职工64人，在编职工35人，聘用人员66人，公益岗人员3人。卫生技术人员75人，其中副主任医师1人，主治医师9人，执业医师16人，助理医师5人，主管护师3人，护师7人，注册护士13人。主管药剂师1人，药剂士3人，主管检验师1人，检验士1人，技师1人，高级、中级技术人员各1人。离退休人员22人（返聘2人）。全年，全院医疗收入504万元，门诊总诊疗6万人次。

（罗德伦）

【尖峰中心卫生院】 尖峰中心卫生院占地面积1.76万平方米，其中业务用房面积6757平方米。绿地面积3000多平方米。主要承担尖峰镇辖区近3万人口的基本医疗、急救、康复、疾病预防保健、国家基本公共卫生服务、新医保等基本职能，并负责指导尖峰镇11个行政卫生室村医开展疾病防治、国家基本公共卫生服务等工作。2022年，全院在岗职工107人，配有医疗专业技术人员65人，占全院职工的60.75%，其中高级职称2人、中级职称5人、执业医师9人、执业助理医师9人，主管护理师4人、护理师14人、执业护士15人，药剂师2人、药剂士1人，主管检验师1人，检验师1人、检验士2人，放射医师1人、放射士1人。内设科室内科、外科、儿科、全科诊疗科、妇产科、急诊科、中医功能综合服务区（中医馆）、检验科、公共卫生科、感染质控科、信息科、医保办等功能服务科室。预设编制床位100张，开放床位34张，拥有全自动生化分析仪、全自动生化尿液分析仪、全自动血球分析仪、三维采超、电子阴道镜、颈颅彩色多普勒检测仪、动静脉硬化检测仪、心电图、心电监护仪、除颤仪、呼吸机、电解质分析仪、DR机等先进设备。全年，全院门诊总数6.33万人次，住院142人。业务总收入420万元。

（李志华）

【莺歌海卫生院】 莺歌海卫生院占地面积1.17万平方米，医院业务用房面积1948平方米，承担着6个社区1个管区2.2万人的医疗、预防保健及公共卫生服务工作等任务，负责指导6所村卫生室及村医的业务工作。与县第二人民医院实行医共体合作，成立双向转诊试验基地，实现常见病、多发病常规诊治。拥有DR机、全自动生化分析仪、电解质分析仪、除颤仪、心电监护仪、呼吸机、制氧机、雾化机、B超机、心电图机、离心机、全自动吸痰器、常规的医疗、办公设备等和参与诊疗项目相匹配的其他医疗设备；在上级主管部门的鼎力支持下，不断更新医疗与办公设备，开展医疗信息化建设。2022年，全院职工总人数68人，在编在岗人员14人，临时聘用54人。

其中专业卫生技术员42名，检验中级职称2名，主治医师3名，执业医师6名；执业助理医师3名；护理18人，药师1人，药士4人，其他专业技术2人。

（莺歌海卫生院）

【镇级卫生院国家基本公共卫生服务】

镇级卫生院国家基本公共卫生服务情况汇总表（一）

表12

类别	项目及内容	冲坡中心卫生院	九所卫生院	志仲中心卫生院	尖峰中心卫生院	乐罗卫生院	千家中心卫生院	佛罗卫生院	山荣卫生院
居民健康档案	1.建档人数（人）	49551	40000	24895	28683	18961	20170	32096	12481
	2.建档率（%）	84.17	92.80	95.18	99.41	94.99	103.68	92.09	97.43
健康教育	1.提供健康教育资料（份）	56000	58400	25000	—	49361	33465	—	8000
	2.设置健康教育宣传栏（个）	20	13	13	17	9	—	18	2
	3.开展公众健康咨询服务（次）	385	9	10	—	9	—	—	5
	4.举办健康知识讲座（场）	12	9	8	—	12	12	—	—
	5.开展个体化健康教育（次）	190	—	12	—	272	—	—	12
预防接种	1.基础免疫建证（人）	736	—	224	—	148	209	285	85
	2.建卡率（%）	100	—	100	—	100	100	100	89
	3.常规疫苗接种数（剂次）	15040	—	4844	204	3642	—	9485	—
	4.新冠疫苗接种数（剂次）	22286	—	11697	—	4168	—	—	—
0~6岁儿童健康管理	1.新生儿家庭访视数（人）	439	325	199	201	82	207	320	104
	2.新生儿访视率（%）	99.32	—	99.50	100	98.79	99.04	98.15	97.19
	3.0～6岁儿童健康管理数（人）	4246	2520	1656	1983	836	1468	2583	883
	4.儿童健管理率（%）	97.72	—	93.85	93.85	86.63	—	90.09	97.78
孕产妇健康管理	1.早孕建册孕妇数（人）	408	294	184	195	66	193	305	106
	2.早孕建册率（%）	92.31	—	93	97.01	79.51	92.34	94	90.65
	3.产后访视（人）	439	352	200	201	83	207	319	104
	4.产后访视率（%）	99.32	—	100	100	100	99.04	98	97.19
65岁及以上老年人健康管理	1.65岁及以上老年人健康管理（人）	5156	4064	1903	1384	1750	1394	2440	913
	2.65岁及以上老年人健康管理率（%）	81.11	72.29	67.36	44.40	75.30	66	64.82	66.74
	3.65岁及以上老年人建立健康档案（人）	7150	4064	2645	1384	1750	1394	2440	913

续表 12

类别	项目及内容	冲坡中心卫生院	九所卫生院	志仲中心卫生院	尖峰中心卫生院	乐罗卫生院	千家中心卫生院	佛罗卫生院	山荣卫生院
慢性病患者健康管理（高血压）	1.建档管理高血压患者（人）	3410	2431	1654	3923	1255	1229	1882	715
	2.高血压规范管理（人）	2762	2378	1523	1545	1236	1090	1507	581
	3.高血压规范管理率（%）	81	97.80	92.08	88.18	98.49	88.69	80.07	81.26
	4.管理人群血压控制率（%）	99.74	—	92.32	—	99.60	—	99.62	92.31
慢性病患者健康管理（2型糖尿病）	1.建档管理糖尿病患者（人）	1787	878	486	2118	225	578	671	350
	2.糖尿病规范管理（人）	1471	860	423	624	221	503	558	307
	3.糖尿病规范管理率（%）	82.32	97.80	87.04	86.22	98.22	87.02	83.15	87.71
	4.管理人群血糖控制率（%）	99.66	—	91.36	—	99.56	—	99.40	94.86
严重精神障碍患者管理	1.确诊严重精神障碍患者（人）	348	192	161	135	105	104	192	63
	2.规范管理（人）	345	166	159	132	104	—	192	63
	3.管理率（%）	99.13	85.90	98.76	97.78	99	—	100	100
肺结核患者健康管理	1.肺结核患者管理人数（人）	42	23	32	33	7	37	15	17
	2.肺结核患者管理率（%）	97.62	100	100	97.05	100	—	100	100
传染病和突发公共卫生事件报告和管理	1.登记传染病病例（例）	37	21	76	12	16	12	10	3
	2.报告率（%）	100	100	100	100	100	100	100	100
	3.及时报告率（%）	100	100	100	100	100	100	100	100
中医药健康管理	1.0～3岁儿童中医健康管理人数（人）	1430	1141	765	779	305	770	739	313
	2.0～3岁中医健康管理率（%）	94.26	61.50	83.15	102.50	86.63	90	72.00	66.17
	3.老年人中医健康管理人数（人）	4908	2716	1849	1319	1600	1366	2397	890
	4.老年人中医健康管理率（%）	77.19	83.44	65.20	56.10	68.85	65	64.00	65.05
卫生计生监督协管	1.饮用水卫生安全巡查（次）	334	—	77	12	74	102	115	72
	2.信息报告率（%）	100	—	100	100	100	100	100	100
家庭医生签约	1.重点人群签约（人）	7872	—	9498	4622	4238	—	6146	2374
	2.重点人群签约覆盖率（%）	30.21	—	87.31	100	60.04	—	47.44	—
	3.普通人群签约（人）	2638	—	1017	2099	4898	—	—	3251
	4.普通人群签约覆盖率（%）	8.04	—	6.66	13.17	33.88	—	—	—

镇级卫生院国家基本公共卫生服务情况汇总表（二）

表 13

类别	项目及内容	莺歌海卫生院	永明卫生院		三平卫生院	大安卫生院	福报卫生院	万冲卫生院（乐中社区）
			永明辖区	江南社区辖区				
居民健康档案	1.建档人数（人）	20939	9022	7025	19579	24316	13493	13541
	2.建档率（%）	93.01	91.38	84.04	100	100	97.50	85.59
健康教育	1.提供健康教育资料（份）	—	—	—	—	—	20000	2840
	2.设置健康教育宣传栏（个）	9	—	—	2	17	9	10
	3.开展公众健康咨询服务（次）	—	—	—	9	9	9	9
	4.举办健康知识讲座（场）	—	—	—	12	12	12	12
	5.开展个体化健康教育（次）	—	—	—	—	—	—	—
预防接种	1.基础免疫建证（人）	188	234	—	—	—	127	105
	2.建卡率（%）	100	—	—	100	100	100	100
	3.常规疫苗接种数（剂次）	2740	—	—	—	—	—	2543
	4.新冠疫苗接种数（剂次）	—	—	—	—	—	—	8021
0~6岁儿童健康管理	1.新生儿家庭访视数（人）	1347	105	123	—	—	—	96
	2.新生儿访视率（%）	98.80	95.45	96.85	—	—	—	98.97
	3.0~6岁儿童健康管理数（人）	125	737	994	1010	1807	669	821
	4.儿童健管理率（%）	100	90.65	86.20	98.40	92.03	95.60	94.48
孕产妇健康管理	1.早孕建册孕妇数（人）	118	89	119	120	199	—	94
	2.早孕建册率（%）	94.40	80.91	93.70	—	—	98	97.91
	3.产后访视（人）	125	107	123	117	222	—	95
	4.产后访视率（%）	100	97.27	96.85	96	99.55	100	98.95
65岁及以上老年人健康管理	1.65岁及以上老年人健康管理（人）	1744	758	611	1581	1834	1057	1156
	2.65岁及以上老年人健康管理率（%）	74.34	67.73	67.66	—	—	92.80	63.41
	3.65岁及以上老年人建立健康档案（人）	1744	758	611	1581	1834	1057	1823
慢性病患者健康管理（高血压）	1.建档管理高血压患者（人）	1388	568	470	1324	1423	810	948
	2.高血压规范管理（人）	1254	—	—	1065	1320	750	829
	3.高血压规范管理率（%）	90.35	—	—	90.44	92.76	92.60	87.45
	4.管理人群血压控制率（%）	99.78	—	—	96.15	40.06	—	95.36

续表 13

类别	项目及内容	莺歌海卫生院	永明卫生院		三平卫生院	大安卫生院	福报卫生院	万冲卫生院（乐中社区）
			永明辖区	江南社区辖区				
慢性病患者健康管理（2型糖尿病）	1.建档管理糖尿病患者（人）	546	292	250	644	721	368	419
	2.糖尿病规范管理（人）	476	—	—	535	654	336	366
	3.糖尿病规范管理率（%）	99.45	—	—	83.07	90.71	91.30	87.35
	4.管理人群血糖控制率（%）	99.45	—	—	97.05	35.13	—	96.42
严重精神障碍患者管理	1.确诊严重精神障碍患者（人）	134	60	—	127	132	77	103
	2.规范管理（人）	134	58	—	115	119	74	100
	3.管理率（%）	100	96.67	—	90.55	90	96.10	97.09
肺结核患者健康管理	1.肺结核患者管理人数（人）	8	18	0	25	56	18	8
	2.肺结核患者管理率（%）	100	100	—	100	100	100	100
传染病和突发公共卫生事件报告和管理	1.登记传染病病例（例）	23	4	0	2	33	1	12
	2.报告率（%）	100	100	100	100	100	100	100
	3.及时报告率（%）	100	100	100	100	100	100	92
中医药健康管理	1.0～3岁儿童中医健康管理人数（人）	463	218	281	330	960	236	228
	2.0～3岁中医健康管理率（%）	91.79	65.66	65.96	—	—	68.40	74.51
	3.老年人中医健康管理人数（人）	680	693	593	1514	1603	853	1090
	4.老年人中医健康管理率（%）	71.61	65	65.67	—	—	74.89	63.84
卫生计生监督协管	1.饮用水卫生安全巡查（次）	101	42	42	—	—	31	71
	2.信息报告率（%）	100	100	100	—	—	100	100
家庭医生签约	1.重点人群签约（人）	2775	4532	1791	—	—	3152	3075
	2.重点人群签约覆盖率（%）	51.08	71.44	44.30	—	—	—	69.23
	3.普通人群签约（人）	—	518	438	—	—	1046	5292
	4.普通人群签约覆盖率（%）	—	14.68	10.15	—	—	—	46.51

社会事务服务

退役军人事务

【概况】 2022年，乐东县退役军人事务局全面推进全国标杆型服务中心（站）建设2个。推进双拥模范县城创建，落实政策推动，为部队办实事，开展常态化双拥活动，完成省级双拥考评工作。疫情期间，组织退役军人投入志愿者服务队参与疫情防控工作，并举办全县退役军人抗疫表彰仪式，宣传正能量，弘扬先进典型。年内，制定出台《关于促进新时代退役军人就业创业工作责任分解实施方案》《乐东黎族自治县创业就业奖励方案》，创新扶持政策，搭建退役军人就业创业服务平台，带动更多退役军人创业。

【退役军人移交安置】 2022年，乐东县退役军人事务局推动落实“三年集中移交安置”工作，海南省下达乐东县年计划安置退役士兵任务，县政府落实安排工作的退役士兵到事业单位管理岗，军转干部安置到行政岗位，接收伤病残（退休士官），完成安置率均为100%。全年接收春秋季退役军人，并发放自主就业补助资金。

【退役军人就业创业】 2022年，乐东县退役军人事务局开展“万名老兵创业行动”和“百站创百业活动”，以扶持创业带动就业。年内，制定《关于促进新时代退役军人就业创业工作责任分解实施方案》《乐东黎族自治县创业就业奖励方案》，创新扶持政策，搭建退役军人就业创业服务平台，带动更多退役军人创业。与邮储银行、农村信用社、农业银行3家金融机构合作，推出针对退役军人创业的金融优惠政策；年内，办理发放创业贷款76笔2857.71万元；对各村退役军人创业情况摸底、分类建立台账，挂牌“信用村”43个，办理退役军人创业信用贷款。开展常态化下实地调研创业工作，筹备申报海南容源沉香产业发展有限公司、海南华弘再生资源有限公司、海南兴宏农业有限公司3家省级退役军人就业创业示范基地。联合县就业局为退役军人、随军家属等重点群体举办专场招聘会2场，有96家企业提供岗位；把退役军人就业创业培训纳入国家学历教育和职业教育体系，全县多名退役军人报名参加高职扩招学习。做好退役军人职业技能培训工作。举办小汽车驾驶证培训、低压电工、无人机驾驶、游艇驾驶、消防设施操作员、电商直播、烹饪、新能源汽车充电桩（换电站）安装维修8个专业的职业技能培训班；举办兵“两委”综合能力提升班，组织参加自主就业退役军人线上适应性培训。组织2家退役军人企业参加2022年中国（海南）国际热带农产品冬季交易会，并设立“退役军人展位”。

【退役军人维权服务】 2022年，乐东县退役军人事务局联系走访退役军人。依据《乐东黎族自治县退役军人帮扶困难办法》继续为老兵解决实际难题。联合县司法局、县人民法院成立退役军人服务中心法律援助工作站，开辟法律服务绿色通道，助力退役军人的法律援助需求。完成多名2011—2018年符合政府安排在事业单位退役士官由工勤岗转为管理岗工作；妥善解决提高县各事业单位在职在岗城镇籍退役士兵工资待遇及历年社保补缴，解决历史遗留难题。

【退役士兵社保接续办理】 2022年，乐东县退役军人事务局持续做好部分退役军人社保接续工作，新增办理多名退役士兵社保接续，确保符合条件的退役士兵都能享受到应有的政策保障。

【军休服务】 2022年，乐东县退役军人事务局常态化开展军休活动，利用周末和节假日走访慰问军休干部及遗属。了解他们的家庭生活状况，赠送书籍和文件等相关政策，送上党和政府的关怀。

【退役军人服务中心（站）建设】 2022年，乐东县退役军人事务局贯彻落实习近平总书记关于退役军人服务保障体系“五有”（有机构、有编制、有人员、有经费、有保障）重要批示精神，在全县11个镇服务中心（站）全面推进全国标杆型服务中心（站）建设。其中，乐东县退役军人服务中心、抱由镇退役军人服务站2个中心（站）获评2022年度海南省标杆型服务中心（站）。全县193个县、镇、村三级退役军人服务站（中心）的工作经费132.32万元被列入财政预算，配强配齐村服务站站长。常态化开展提升基层服务保障业务知识培训班4场96人次。落实建档立卡填报和优待证申办工作，申请资金购置12套退役军人事务管理移动智能终端和退役军人其他优抚对象台式多功能信息采集终端，对11个镇服务站工作人员进行建档立卡培训。

【退役军人思想政治工作】 2022年，乐东县退役军人事务局组织开展“大培训、大练兵、大比武”活动，召开能力提升培训10场，大练兵10次。推进常态化典型宣传，在公共LED屏长期展播退役军人保障法、退役军人先进事迹及各项政策解读365次；持续开展常态化下基层，开展走访慰问、关爱英烈等重点任务，全年多次走访退役军人；组织开展烈士纪念、主题党日等活动12次。发挥退役军人模范作用，常态化开展疫情防控、走访慰问、关爱特殊群体等志愿服务，多名退役军人参与志愿者服务队；举办全县退役军人抗疫表彰仪式，宣传正能量，弘扬先进典型。教育培养助力“兵支书”建功基层，会同县委组织部举办“兵支书”培训示范班，开展政治素质、致富技能和基层治理能力培训，推进“兵支书”教育培训制度化常态化。

【双拥工作】 2022年，乐东县持续推进双拥模范县城创建工作，对照《第十一届海南省双拥模范城（县）考评标准》，完成双拥考评工作。靠实双拥政治责任，落实军地“双清单”互办实事工作，为部队解决难题7件。重新修订完善《双拥工作领导小组工作规则》《双拥工作领导小组成员单位工作职责》《军地联席会议制度》《军地互办实事双清单制度》等制度，形成以制度

10月22日，乐东县举行退役军人志愿服务疫情防控荣誉表彰暨2022年度退役士兵光荣返乡欢迎仪式活动 （县融媒体中心 供图）

推进双拥工作、以制度解决具体问题、以制度巩固军地关系的良好局面。建立军地协调应急机制，出台《突发事件军地应急联动工作机制》，为服务保障部队开展重大军事行动和遂行训练演习等多样化军事任务提供组织保障。广泛深入宣传，充分利用板报、标语、宣传材料，普及《中华人民共和国兵役法》《中华人民共和国国防教育法》等知识，设立双拥宣传专栏，定期向广大群众宣传党的各项优抚政策。制作《久久为功抓双拥·军民同心在乐东》双拥工作成果专题片，精心编导《军爱民来民拥军》原创歌舞，开展双拥宣传。打造乐东中学少年军校暨国防教育示范学校1所4个班级200余人，增强青少年国防观念；组织驻县官兵、参战老兵、党员干部到卧龙岭烈士陵园开展“清明节祭扫烈士墓”活动，参加人数150余人次；组织老兵宣讲团进机关宣讲1场次，进校园4场次，进军营1场次，向群众宣讲4场次；举办2022年“双拥杯”男子篮球邀请赛；协调建设“双拥主题公园”作为群众参与开展双拥活动的场所，引导广大干部群众和中小学生开展重温革命历史、缅怀革命先烈、敬献花圈花篮等革命传统教育活动；推进“四尊崇、五关爱、六必访”暖心工作，营造全社会双拥浓厚氛围。发动和宣传典型；联合县委宣传部等部门，利用县融媒体“山海乐东”App、县内LED显示屏、微信公众号和各类微信工作群发布“最美退役军人”“模范退役军人”双拥工作活动、编发双拥工作简报，进一步扩大公众知晓度。年内，印发《关于开展2022年度乐东黎族自治县“最美退役军人”“最美拥军人物”“最美军嫂”选树宣传活动的方案》《关于开展双拥模范单位和个人评选推荐工作的通知》，深入挖掘先进典型，推送入选海南省“最美退役军人”1人，进一步增强了退役军人使命感、荣誉感和幸福感。常态化走访慰问部队，春节、建军节等重要节日，集中开展驻县驻训部队、“边海防官兵”、家属、优抚对象、最美退役军人等走访慰问，发放慰问金；落实优先安排部队子女入学入托、随军家属随调问题，发放随军家属未就业补助。年内，为立功受奖现役军人上门送喜报发放奖金；为新兵举行新兵入伍欢送大会。举办军民共建签约授牌仪式，各村庄、县直机关单位、企业与驻县部队签约共建，2022年搭建14家军民共建点，全县共建点共计15家。组织开展“系列进军营”和送政策、送文化等形式多样的双拥共建活动，协调解决驻县部队土地置换、征迁等问题；县退役军人事务局为驻县军警部队协调解决医用防护物资20.06万元；协调县商务招商局解决驻县军警部队出门买菜难问题。协调县城投公司、县城管中心共投入450万元对驻军家属生活区实施路面硬化、绿化改造及3公里出行路灯修缮工程，年内，县退役军人事务局、县人民法院、县人武部、地方驻军部队联合开展军地协同法律拥军共建活动。动员社会力量参与社会化拥军，营造优待现役军人、退役军人、消防人员及家属的社会氛围，建立社会化拥军企业和优惠项目，至年末，32家企业加入社会化拥军行列。

【烈士褒扬纪念】 2022年，乐东县烈士墓登记造册372处，完成烈士墓破损修缮57座；推进卧龙岭烈士纪念园升级改造项目工程。组织广大党员干部群众、中小学生和烈属、功臣参加重温革命历史、缅怀革命先烈、敬献花圈花篮等革命传统教育活动。开展清明祭英烈活动，参与网上悼念450人次。

（徐夕雅）

民族事务

【民族地区乡村建设】 2022年，乐东县通过完善民族地区村庄照明、产业发展道路硬化等基础设施，进一步提升村民的生活环境，助力产业发展。年内，乐东县乡村振兴衔接资金（少数民族发展任务）1320万元，用于建设尖峰镇山道村至老邢田村产业发展道路硬化工程等11个项目。2021年度剩余资金25.56万元，用于建设佛罗镇新坡村委会老吉落村基础设施建设项目工程。

【民族团结进步示范创建活动】 2022年，国家税务总局乐东县税务局被命名为“海南省民族团结进步示范单位”。大安镇西黎村、万冲镇卡法村被命名为第二批“海南省少数民族特色村寨”。

【民族传统节庆活动】 2022年，海南黎族苗族传统节日“三月三”主会场设在乐东县。县民族事务局落实《2022年海南黎族苗族传统节日“三月三”线上活动方案》，配合完成首村央视直播特别节目及线上展示活动，开展“民族团结进步宣传月”，在县民族文化体育广场制作民族团结进步宣传长廊，宣传党的民族政策，营造全县民族团结进步良好氛围，铸牢中华民族共同体意识。

【民族文化传承】 2022年，乐东县民族事务局助力少数民族文化传承与发展，举办2022年黎族藤编制作技艺创新人才培训，参训人员25人，提高传承人群的专业水平和创新能力；组队参加海南省第六届少数民族文艺会演，选派的参赛作品原生态歌曲《叮咚谣》、舞蹈《犁田欢歌》获二等奖，舞蹈《声声传情》、歌曲《山歌颂党恩》获三等奖，乐东县代表团获优秀组织奖。

【民族成份审核】 2022年，乐东县民族事务局审核少数民族高考考生加分资格862人次，审核少数民族中招考生资格70人次；审批更改民族成份3人次；审核少数民族考生“双一流”大学奖励27人次，研究生毕业生5人次，发放奖励金17.50万元。

【民族干部培养】 2022年，乐东县民族事务局派送民族干部5人参加省厅举办的各类能力提升培训，提升干部履职能力范围。

（李怡嘉）

县民族文化体育广场民族团结进步宣传栏（县民族事务局 供图）

住房公积金业务

【住房公积金缴存】 2022年，乐东县归集住房公积金3.83亿元，同比增加2955.67万元，同比增长8.35%；新增缴存单位121个，新增实缴人数3158人。年内，全县住房公积金累计缴存额32.94亿元，缴存余额17.75亿元，比上年末增加1.83亿元。全县住房公积金实际缴存人数2.28万人，同比增加828人，同比增长3.77%。

【住房公积金提取】 2022年，乐东县提取住房公积金1.92亿元，同比增长2.78%，占同期缴存额的49.98%。其中，退休提取7349.82万元，占提取总额38.28%；偿还贷款本息6359.82万元，占提取总额的33.12%；购建房提取4770.22万元，占提取总额24.84%。

【住房公积金贷款】 2022年，乐东县发放住房公积金个人贷款48笔，发放贷款总额3077.90万元，同比增加813万元，同比增长35.90%。其中，发放保障性住房贷款7笔244.90万元，商品房贷款41笔2833万元。年末，住房公积金存量贷款582笔，贷款余额8565.18万元，个贷率4.83%，当年贷款回收额1090.29万元；逾期贷款3期以上（含3期）1笔，逾期贷款额17.42万元，贷款逾期率0.20%。

【住房公积金归集扩面】 2022年，乐东县住房公积金管理局通过地区、行业、社保缴存缺口等进行分类研判，明确催缴目标。整合乐东县住房公积金管理局及归集银行人员，按照“按季抓，月跟踪”要求，深入单位企业进行催建催缴，根据企业单位经营情况，给予客观的意见和建议。优先对卫生教育系统编外人员进行催缴，年内新增开户人数551人，实现全员开户缴存，达到以点带面并全员覆盖的目的。在社保缴交缺口人数20人以上的31家重点催缴单位中，有17家单位实现全员建缴，7家单位部分建缴。

2022年，海南省住房公积金管理局乐东办事大厅继续推进办事大厅办公环境服务标准化建设 （县住房公积金管理局 供图）

【住房公积金贷款业务】 2022年，乐东县住房公积金管理局持续推进住房公积金贷款流程优化提速工作，保持与委贷行、开发商、不动产登记中心沟通联系，压实各方责任，填写贷款流程监督表，以监督促改进，时限控制良好。做好贷款不见面审批对接工作，建立专项交流工作群，安排部署培训工作，做好电子印章申领等前期工作。落实保证金梳理减存工作，压实各委贷行责任，与房地产开发企业对接，核对数据，协助房地产开发企业核对办理好贷款保证金减存手续，梳理贷款项目28个，应减存金额528.94万元。年内，完成保证金降比减存项目审批11个，减存金额336.23万元，完成减存任务的63.57%。

6月7日，县公积金管理局工作人员到乐东县九所镇海南高明农业发展有限公司开展企业走访催缴工作 （住房公积金管理局 供图）

【住房公积金管理信息建设】 2022年，乐东县住房公积金管理局根据海南省住房公积金管理局信息建设工作要求，落实4台非国产电脑安装国产操作系统，全面使用国产办公软件；落实住房公积金服务事项集成进入海易办、海南政务服务网等政务服务平台，为企业和职工提供全程在线便捷服务；落实住房公积金“智能办结”服务事项升级改革，实现网上办理率97.09%。

【便民惠企活动】 2022年，乐东县住房公积金管理局落实“政企面对面”“‘5·20’企业服务日”系列活动、实施阶段性助企纾困支持政策等工作。年内，县住房公积金管理局及归集行小组走访单位151家，开展首席服务活动16次，了解企业经营情况及受疫情影响的情况，详细讲解住房公积金助企纾困阶段性支持政策内容，为企业排忧解难。电话调研及上门走访未及时缴纳公积金的单位，经过政策宣讲，缓缴的公积金均陆续完成补缴。

（焦素芬）

综合行政执法

乐东县综合行政执法局联合相关部门开展全县“4·26”世界知识产权宣传周活动

（县融媒体中心　供图）

【概况】 2022年，乐东县综合行政执法局开展行政检查2364次，立案查处各类违法案件874宗，结案631宗，实施行政处罚757宗，行政强制274宗，罚款2452.91万元。

【城市管理执法】 2022年，乐东县综合行政执法局引导规范停放车辆，劝导商铺履行“门前三包”，疏导摊贩（含占道经营），清理破损、过期横幅，清理小广告，劝导教育乱吐槟榔渣汁行为，疏导消防通道乱停放行为，劝导文明施工，拆除广告牌，责令整改字体脱色、损坏广告牌、大型广告牌及高立柱广告牌。立案查处违反城市管理违法行为105宗，罚款1.30万元。

【市场及卫生健康领域行政执法】 2022年，乐东县综合行政执法局立案查处违法案件300宗，结案184宗。其中，禁塑类违法案件立案118宗，结案68宗，立案完成目标率98.3%，结案完成目标率56.7%；食品安全类违法案件立案93宗，结案62宗，立案完成目标率71.5%，结案完成目标率47.7%；药品安全类案件立案16宗，结案11宗，立案完成目标率72.7%，结案完成目标率50%；知识产权类违法案件立案8宗，结案8宗，立案完成目标率57.1%，结案完成目标率57.1%；无证无照类违法案件立案13宗，结案11宗，立案完成目标率108.3%，结案完成目标率91.7%；反不正当竞争类违法案件立案4宗，结案3宗，立案完成目标率80%，结案完成目标率60%。卫生健康类违法案件立案19宗，结案16宗，剩余1宗处理中，2宗走法院程序。货值金额104.85万元，罚款178.02万元。在“双打”工作中，查处侵犯知识产权和制售假冒伪劣商品违法案件131宗，货值金额12.57万元，罚没款62.40万元。

【生态环境保护执法】 2022年，乐东县综合行政执法局受理“12345”政府热线129件环境信访件（水污染15件，大气污染26件，噪声污染87件，危废固废污染1件），办结128件，1件办理中，办结率99.22%。立案查处违反生态环境违法案件47宗，结案41宗，对47家个人和企业实施行政处罚，罚款金额184.79万元。

【农业行政执法】 2022年，乐东县综合行政执法局开展涉农联合执法行动32次，出动执法车辆354辆次，执法人员1521人次，检查农药经营零售店612家次，种子经营店150家次，检查种植基地51家次，家庭农场36家次，执法监督抽样农产品100样次，检查物流企业31家，发放《告知农药运输企业的一封信》等农产品宣传资料3000份，立案查处涉农案件82宗，罚款50.20万元；开展涉及动物卫生联合行动6次，检查村委会18个，屠宰场75家次，立案查处动物卫生案件4宗，罚款7000元。

【劳动保障和应急监察行政执法】 2022年，乐东县综合行政执法局立案查处拖欠工资案件5件，为63名农民工解决拖欠的工资221.87万元；处理线索平台欠薪线索132条，涉及人数976人，为劳动者解决工资2092.96万元；立案查处使用童工案件1宗，行政处罚1万元。安全生产执法检查次数120次，立案查处8宗，其中行政处罚7宗，行刑衔接移交公安1宗。

【旅游文化市场行政执法】 2022年，乐东县综合行政执法局检查网吧115家次、娱乐场所183家次、影院33家次、印刷企业27家次、书店138家次、旅游景区（点）28家次、旅行社16家次、游泳池33家次；受理各类旅游文化市场投诉件5宗，旅游文化市场投诉发生争议调解达成协议1宗，处理率达到100%，满意率100%；立案查处涉及旅游文化市场违法行为案件11宗，罚款7000万元。

【跨领域综合行政执法】 2022年，乐东综合行政执法局重点打击全县城乡规划建设、自然资源（国土、林业、水务、矿产、农业农村等）、侵占和破坏电力设施空间等方面的违法行为，确保跨领域行政执法职能的全面落实。1.推进土地领域执法督察整改工作。一是完成整改2016—2022年土地卫片违法图斑1848宗，涉及耕地面积171.62公顷；完成整改2021年土地卫片违法图斑316宗，涉及耕地面积50.31公顷；完成整改2022上半年土地卫片违法图斑27宗，涉及耕地面积2.02公顷。二是完成整改土地突出领域问题图斑129宗。三是完成整改土地（耕地）例行督察和历年挂账问题15宗。四是完成整改审计发现100宗违法用地问题87宗。五是县内“两违”图斑2.92万宗，累计完成销号2.56万宗。六是拆除县内新增农村乱占耕地建房140宗。2.林业领域执法整改。全年，省下达给乐东县2018—2020年森林督查图斑1223宗。至年末，所有图斑均已按国家林草局“三个到位”要求完成整改，罚款785.30万元，其中刑事案件84宗，刑罚23人；行政处罚案件622宗，已全部完成，并已申请销号，正按要求录入执法系统上传。3.严厉打击违法开采矿产资源。全年立案查处39宗，罚款50.4万元。4.严厉打击违法建设。全年查处规划类违法建筑10宗，罚款金额合计240.70万元。

【交通运输领域行政执法】 2022年，乐东县综合行政执法局开展交通运输行政检查250次，上路稽查600次，检查车辆700辆次，立案查处10宗，结案7宗，实施行政处罚10宗，行政强制10宗，罚款28.17万元。

【海洋与渔业领域执法】 2022年，乐东综合行政执法局加强对海洋、渔业、渔船管理的执法力度。1.开展海域岸线、违法开采海砂不定期执法巡查17次，检查无居民海岛1次，领海基点4个次，涉海项目1个次。2.“中国渔政亮剑2022”专项执法行动中，联合县农业农村局、县渔政事务服务中心检查渔港码头及渔船自然停靠点30个次，海洋伏季休渔执法检查14次，渔业安全执法检查17个次，内陆水域（昌化江干流江段）禁渔期执法行动检查3次，水生野生动物保护执法检查5次。3.做好乐东县2022年海洋伏季休渔执法监管工作，坚持执行“最严格的伏休制度”和“最严格的伏休管理”，对3艘休渔期间违规出海捕捞的渔船作出相应的行政处罚。4.加强渔业安全生产宣传教育，切实提高渔民安全意识，防患于未然。6月，结合海洋伏季休渔，联合县农业农村局、县渔政事务服务中心举办1期渔业安全生产和安全操作专题培训，发放渔业安全生产规章手册等宣传资料。

（邢明优）

水库移民事务

【概况】 2022年，乐东县涉及移民安置的大中型水库6座，分别为大安水库、陈考水库、大广坝水库、长茅水库、南木水库、望老水库，移民范围涵盖抱由、千家、大安、志仲、尖峰、万冲等

6个镇，50个行政村、93个自然村，总人口5.09万人。

【移民后期扶持资金发放】 2022年，乐东县移民办经各村委会上报和派员调查核定，全县大中型水库移民扶持人口1.33万人，核减移民人口300人，恢复4人；及时发放移民后期扶持资金804.84万元，发放率98.5%，清退多领移民补助资金3.13万元。

【移民后期扶持项目实施】 2022年上半年，乐东县移民办利用大中型水库移民后期扶持资金建设库区和移民安置区的基础设施项目12个。其中，村道及生产机耕路硬化7403米、渠道硬化3570米、修建排水沟1447米，铺设石粉路面5490米、立面改造1704米，打集水井5口，修建加固机耕桥9座，安装太阳能路灯35盏，种植花草9.39万株。年内，建设项目全部竣工，交付使用。下半年，建设移民后期扶持项目6个，分别是抱隆、抱青、光明、大安、昂外、抱平等移民村美丽家园建设，主要解决移民村部分基础设施、生产道路硬化、生产用水、安全饮水、生态环境等问题。

（曾骏韬）

殡葬事务

【清明祭祀管理】 2022年，乐东县民政局在清明节期间，利用社会舆论关注度高的有利时机，通过印发文明祭祀倡议书1.20万份，在各镇主要街道及公墓进出口等显著位置悬挂横幅86条，以新闻媒体播报等多种形式，宣传绿色清明，引导群众自觉规范祭祀行为。制定《乐东黎族自治县2022年清明节安全管理工作方案》《乐东黎族自治县2022年清明节工作应急预案》，成立清明节安全管理工作领导小组，同时协调联合县公安、交通运输、林业、消防、卫健委等部门，落实部门职责分工，形成执法合力。

【违建墓地整治】 2022年，乐东县民政局加大“三沿七区”（三沿即沿铁路、高速公路、村庄主道两侧；七区即水资源保护区、城市规划区、自然保护区、文物保护区、集中住宅区、旅游风景区、工业园区）可视范围内的私埋乱葬治理力度，并进行全面摸排登记、建立台账，制定治理工作方案。县民政局同11个乡镇签订殡葬改革目标管理责任书，明确各镇作为殡葬改革工作的主体责任单位，要求各镇把殡葬改革工作列入重要议事日程，加强组织领导。按照海南省9个部门关于《安葬（放）设施违规建设经营专项摸排暨违建墓地专项整治成果巩固提升行动实施》的通知要求，乐东县民政局牵头进行全方位摸排各镇辖区内所有墓地的违法违规私建的硬化大墓、活人墓及建立或恢复的宗族墓地的工作，并建立相关工作管理台账。

【绿色殡葬宣传推广】 2022年，乐东县民政局以坚持正面宣传为主，弘扬主旋律，传播正能量，充分发挥红白理事会和殡葬信息员的作用，大力宣传殡葬先进文化、推动绿色殡葬重大意义和深化殡葬改革政策法规。通过开展绿色殡葬宣传活动责任目标的分解，乐东县民政局、各镇政府在乡村街道和殡葬设施显著位置悬挂关于绿色殡葬的宣传横幅100多条，引导广大群众自觉革除丧葬旧风陋习，倡导移风易俗，树立绿色殡葬新风尚和殡葬行业新形象。

（汪雄鹏）

生态建设

自然资源保护规划与管理

【国土空间布局】 2022年，乐东黎族自治县自然资源和规划管理局（简称乐东县资规局）推进国土空间布局工作。初步完成全县国土空间规划生态保护红线、永久基本农田保护红线和城镇开发边界的“三线”划定，成果获自然资源部审查通过。完善国土空间总体规划“一张蓝图”，成果上报海南省资规厅审查。完成千家产业园区控制性详细规划修编及莺歌唱晚驿站、反走私点等15个项目的规划论证。持续推进龙栖湾西区、龙沐湾B区、龙沐湾核心区等重点区域的控制性详细规划修编，修改完善莺歌海镇控制性规划、黄流镇控制性规划成果。完成全县137个村庄规划“应编尽编”，获县政府批复实施32个。坚持“多规合一”的海岸带综合规划导向，编制完成《乐东县国土空间生态修复规划》，对乐东县辖区的海域、无居民海岛和领海基点开展监管工作，及时处置违规用海问题。全面加强规划保障，服务项目落地建设。完成总体规划局部调整8宗，总调整面积33.98公顷，配合将370个项目的建设用地界线纳入全县国土空间规划。根据自然资源部和省自然资源和规划厅的相关指示精神，落实附图承诺制保障用地，主动将项目用地衔接国土空间规划，办理23宗承诺制入库项目，总面积73.85公顷。保障乐东县建设项目用地，节省大量审批时间，帮助多个重点项目加快实施建设。

【自然资源要素保障】 2022年，乐东县资规局严格履行农用地转用及土地征收程序，办理农转用及土地征收手续项目20个，用地总面积87.25公顷，保障公交化旅游化列车改造工程、环岛旅游公路、海洋牧场陆域二期、安居型住房、莺歌唱晚驿站等一批项目落地建设。编制千家工业园1、2片区，莺歌唱晚驿站土地征收成片开发方案。办理林地征占用审批56宗，面积29.66公顷，上缴植被恢复费484.31万元。依法实施自然资源出让，全年挂牌出让土地13宗，收入5.75亿元；调整土地用途2宗，补缴地价款3230.37万元；挂牌出让采矿权1宗，收入12.90亿元。办理土地划拨49宗，总面积165.08公顷，保障反走私综合执法点、公交化旅游化列车改造、环岛旅游公路等项目用地。开展土地“批而未供”和闲置地处置，产生一批新增建设用地指标，优化盘活土地资源。全年处置“批而未供”46.86公顷，处置率32.45%，达到处置率28%的目标；完成闲置地处置4宗74.92公顷，处置率65.76%，达到处置率15%的目标；加快推进存量国有闲置建设用地处置，全年处置6宗90.67公顷，处置率 63.42%，超过处置率 60% 的目标。

【耕地保护】 2022 年，乐东县资规局全面推行耕地保护“田长制”。组织省厅技术单位，赴 11 个镇开展耕地保护田长制管理系统推广应用培训，参训 423 人次，提高耕地保护工作的针对性和时效性。全县田长制用户已启用比例 100%，已启动村级巡查比例 82.57%。落实耕地占补平衡，推进利国冲坡村“旱改水”项目竣工验收，核定新增耕地面积 54.80 公顷。推进千家镇荣光农场、利国望楼、黄流赤龙“旱改水”等 3 个项目进场开工；做好佛罗新坡、黄流水内 2 个“旱改水”社会资本投资项目前期筹备。编制 2022 年度“进出平衡”工作实施方案，落实耕地“进出平衡”。落实耕地保护督察整改，开展乱占耕地整治。2019 年耕地保护督察反馈问题已整改 21 个，整改率 91.3%；2021 年耕地保护督察反馈问题已整改 28 个，整改率 77.78%。新增农村乱占耕地建房违法图斑已拆除 140 宗，整改率 83.83%。

【生态修复治理】 2022 年，乐东县资规局推进实现中央生态环境保护督察和省环保例行督察指出问题整改事项“清零”。马鞍岭生态修复治理项目实现竣工验收，总治理面积 64.99 公顷；组织开展大安、千家、九所、尖峰等镇 9 个闭坑矿山修复治理，总治理面积 43.56 公顷，年内全部完工。国家海洋督察整改按时序进度推进。第二轮国家海洋专项督察整改问题 17 项，年内整改 16 项，到期完成率 100%，按时完成本年度全部任务。推进海洋修复项目。完成亿和鹏程国际游艇城、莺歌海渔业加工区及配套码头等 2 个生态修复工程，放流鱼虾贝苗 405 万尾，整治修复自然岸线 261.73 米。

3月14日，县委副书记、县长黄文聪（左一）带领相关单位负责人前往志仲镇调研耕地保护与开垦工作　　（县融媒体中心　供图）

【农村“房地一体”确权】 2022 年，乐东县资规局开展农村“房地一体”确权工作，让权益实实在在掌握在农户手中。年内办理符合第一批确权登记发证 6.18 万宗，完成率 100%。

【农房报建“零跑动”】 2022 年，乐东县资规局推进农房报建“零跑动”，让老百姓享受更便利贴心的服务。年内组织各镇工作人员开展农房报建“零跑动”业务培训 8 场，培训 200 余人次，全年核发乡村建设规划许可证电子证照 1307 张。

【不动产登记服务】 2022 年，乐东县资规局联合县税务局、县房管局印发《关于发布乐东县存量房实施带押过户登记集成创新制度的通知》，实现不动产抵押登记与转移登记等关联业务的一并办理。全面推行“互联网 + 不动产登记”。延伸不动产登记服务网点，实现金融机构贷款审批和抵押登记业务联办，办理抵押权首次登记 16 宗，抵押权注销登记 7 宗。实现不动产登记电子产权证书功能，减少缮证与发证环节，提升办事效率。推动处置不动产登记历史遗留问题，防范化解房地产领域风险。化解山海湾六期望楼河花园、海南龙栖湾温泉一线海景公寓、国际康乐度假庄园等 19 个项目 8944 户业主“登记难”问题，处置率达 73%，完成 70% 处置率的目标。

【自然资源保护和监管】 2022 年，

乐东县资规局加强组织2018—2022年2207宗土地卫片图斑整改，已整改1687宗，完成率76.44%；开展“两违”图斑整治，年内完成销号2.58万宗，销号率88.08%。落实保护砂质岸线制度，开展违规占用砂质岸线设施处置工作。加强部门联动配合，不断强化监管力度。核查违规占用砂质岸线325处2862个设施，已全部完成处置，处置率100%。履行矿山开发利用和修复项目的监管。加强对3家县级发证矿山、1家省级发证矿山、10个修复项目的监管力度，指导矿山企业做好年度矿业权人信息公示，接受社会各界监督。严格落实“管生产必须管安全”的原则，年内未发生一起矿山安全生产事故。

【依法行政】 2022年，乐东县资规局对照权责清单推进依法行政。完成权力清单、责任清单梳理。结合现行政策法规，对照修改职权依据，进一步完善权力清单，新修订权力清单72项。完成行政许可清单梳理工作，填报认领省行政许可事项清单情况表20项。落实行政机关负责人出庭应诉制度，承办行政诉讼案件39宗，局班子成员出庭应诉率95%。形成2021—2022年行政复议诉讼与国家赔偿台账，及时报送行政机关负责人出庭应诉情况。

【土地承包经营权和土地经营权不动产登记试点工作】 2022年，乐东县以抱由镇抱邱村为试点，在全省率先开展土地承包经营权和土地经营权不动产权登记与抵押融资。10月25日，海南省首本土地经营权不动产权证书颁发仪式在乐东县抱由镇抱邱村举行。乐东县不动产登记中心核定登记海南省第一本农村土地经营权不动产权证书，促成省内首单土地经营权抵押登记贷款，成为全省首创、首单、首例、首本、首发典型案例，标志着海南省农村土地“三权”分置重大改革迈出了重要一步。11月，土地经营权不动产登记抱邱村试点做法被海南省自贸办刊发推广。

【全域土地综合整治试点】 2022年，乐东县谋划实施尖峰镇黑眉、岭头、红湖村全域土地综合整治工作，制定《乐东黎族自治县全域土地综合整治试点项目工作方案》，选定技术单位完成项目前期调查，正在编制实施方案。作为首批“垦地融合”全域土地综合整治试点县，扎实开展前期调研勘测工作。

【土地管理普法宣教】 2022年，乐东县资规局结合“4·22”世界地球日“6·25”全国土地日“8·29”全国测绘法宣传日和“12·4”宪法宣传周的普法宣传主题，推动落实“谁执法谁普法”普法责任制，派发宣传折页、手册等资料2000余份。开展“三调”成果宣教活动，前往11个镇开展“三调”成果农村基层村情宣传培训，使各镇农村基层组织和村民群众进一步了解“三调”成果和相关政策，巩固和提升广大群众“十分珍惜、合理利用土地、切实保护耕地”基本国策意识。

（吴启文）

环境质量

【空气质量】 2022年，乐东县环境空气质量总体保持优良，空气质量优良天数比例为99.4%，细颗粒物（PM2.5）浓度年均值为10.5微克/立方米，同比下降1.3微克/立方米，臭氧（O_3）浓度均值为103微克/立方米，年度环境空气质量综合指数全省排名第三。

【水环境质量】 2022年，乐东县地表水总体为优，地表水达到或好于Ⅲ类水体比例100%，地表水劣Ⅴ类水体比例为0，近岸海域优良水质面积比例为100%。

【声环境质量】 2022年，乐东县生态环境局对7个声环境功能区点位监测，获得监测数据28组，7个声环境功能区昼间和夜间等效声级全年均达标，声环境功能区总体水平良好。

（黄　飞）

污染防治

【大气污染防治】 2022年，乐东县生态环境局制定《乐东黎族自治县2022年春季大气污染防治攻坚行动工作方案》《乐东黎族自治县2022年环境空气质量保障攻坚月行动方案》《乐东黎族自治县2022年环境空气质量综合整治工作方案》等，细化管控措施，压实各级责任，加强精细化管控，切实抓好烟花爆竹禁燃、工地扬尘、工业污染源、餐饮油烟、秸秆垃圾露天禁烧、土法槟榔熏烤等污染源防治工作。全县环境空气质量总体保持优良，空气质量优良天数比例为99.4%。

【水污染防治】 2022年，乐东县生态环境局完成《乐东黎族自治县望楼河流域水污染治理与生态修复可行性研究报告》《关于佛罗溪求雨村监测断面水质超标的整改方案》等，完成2个国控农村黑臭水体治理工作，完成编制尖峰镇山道村等4个地下水饮用水水源地“一源一策”整治工作方案。开展入海排污口排查溯源监测及非法排污口整治行动，完成占用砂质岸线的排污设施整改54处。完成红水河、佛罗溪、望楼河、三曲沟水库4个重点问题水体和月亮湖、人民公园湖2个城市黑臭水体入河排污口排查工作，排查出排污口214个。指导水产养殖户完善环评登记备案123个，完成入海排污口深埋10个，指导大角湾24户完成沉淀池设置，指导2家企业提交入海排污口设置论证报告。

【土壤污染防治】 2022年，乐东县生态环境局开展禁塑代替产品专题宣传活动185余次，开展“禁塑”监督执法，“禁塑”立案120宗，结案118宗，罚没款29.57万元，扣押不可降解塑料制品17.40万个。开展重点行业企业用地土壤污染状况调查和农用地环境质量调查项目等，完成年度“一住两公”（居住用地，公共管理、公共服务用地）土壤污染情况调查及评审工作。

（黄　飞）

环境治理与监管

【农村生活污水治理】 2022年，乐东县生态环境局编制《县农村生活污水治理专项规划（2020—2025年）》《2022年度农村生活污水治理项目实施方案》，实施农村生活污水治理，完成抱湾村、茅坡村生活污水治理项目建设；完成82个自然村生活污水治理，治理率提高11.61个百分点。

【生态环境保护】 2022年，乐东县生态环境局编制完成《乐东县“十四五”生态环境保护规划》《乐东黎族自治县国家生态文明建设示范区规划（2022—2030年）》，印发《关于健全完善推进乐东黎族自治县国家生态文明试验区建设领导小组和工作机制的通知》，完善县国家生态文明试验区工作机制；跟踪推进热带雨林国家公园、清洁能源岛和清洁能源汽车、“禁塑”、装配式建筑、“六水共治”等五大标志性工程建设，推进马鞍岭矿山生态环境破坏赔偿工作，配合开展昌化江流域上下游横向生态保护补偿工作，建立昌化江上下游流域断面季度水质考核目标值，形成评估机制，编制《乐东县农用地环境质量调查项目》《乐东县突发环境事件应急预案》《乐东县饮用水水源地突发环境事件应急预案》，加强土壤、环境应急、饮用水水源地、生态系统保护

乐东自然环境优越，图为昌化江（乐东段）沿岸风光

（县委宣传部　供图）

等领域的安全防范，推进生态环境风险防控；落实环境安全准入管理，优化生态环境领域营商环境。推动“三线一单”与“多规合一”深度融合，深化在政策制定、环境准入、执法监管等方面应用，助力企业智慧环保绿色发展，助推自贸港建设；完成年度国家重点生态功能区县域生态环境质量监测与评价工作。2022 年获得国家生态转移支付资金约 2.31 亿元。

【环境监管】 2022 年，乐东县生态环境局开展对 14 家危险废物产生单位和危险废物经营单位进行环境管理评估，对 27 家医疗机构污水处理问题排查、抽查 40 余次，下达责令整改通知书 1 份，抽样进行水质检测 4 次；对 16 家核技术利用单位实行隐患排查；投入使用抱由、石门水质自动监测站项目，推进省控环境空气评价点自动监测站建设；通过资质认定项目类别包括水（含大气降水）和废水、环境空气和废气、机动车排放和污染物、海水、生物、噪声、环境空气自动监测 7 个大类 103 个项目 136 个检测方法；为“六水共治”提供精准有效数据支撑；受理群众反映热点问题来信 442 件，全部办结并答复上访人。

【环保督察】 2022 年，乐东县全面完成两轮中央生态环境保护督察整改任务，省级环保督察整改任务 128 项，完成整改 122 项，完成整改率达 95.3%，序时推进 6 项整改任务。

【环保宣传教育】 2022 年，乐东县生态环境局开展“六五环境日”“美丽中国　我是行动者”“2022 年国际生物多样性日”等主题宣传实践活动。举办“禁塑”启动仪式活动。发放宣传手册 700 余本，悬挂横幅 182 条，LED 显示屏滚动播放宣传语 1300 余次，张贴宣传海报 600 余张，发放 1 万个禁塑宣传的环保购物袋。

（黄　飞）

应急管理

安全生产监督管理

【安全事故指标控制】 2022年，乐东县发生各类亡人事故49起，死亡50人。其中，道路交通亡人事故33起，死亡33人；火灾亡人事故1起，死亡1人；涉电事故3起，死亡3人；建筑施工领域事故3起，死亡3人；溺亡事故6起，死亡7人，其他行业领域事故3起，死亡3人。49起事故中，属生产安全事故5起，同比下降28.6%，死亡5人，同比下降28.6%。事故起数，死亡人数均控制在省下达的指标范围内。全县未发生较大及以上生产安全事故。

【安全生产责任制落实】 2022年，乐东县安全生产实行“党政同责、一岗双责、齐抓共管、失职追责”，将安全生产、平安建设纳入干部考核内容，纳入县委县政府督查事项。制定《乐东黎族自治县党政领导安全生产责任制实施办法》《乐东黎族自治县安全生产委员会成员单位安全生产工作职责规定》《县应急管理工作考核办法（试行）》等，开展2021年度安全生产、应急管理、防灾减灾、消防工作考核，促进安全生产责任落到实处。在“五一”国际劳动节、国庆、党的二十大等重点时段，县安委办联合县委办督查室、县政府办督查室开展安全生产明察暗访督查行动，推动各项措施的落实。

【防灾减灾和安全生产月活动】 2022年，乐东县应急管理局通过广播、资料发放、讲座传授、设立展板等形式，在学校、企业、居民区集中开展“5·12”全国防灾减灾日、“6·16”安全宣传咨询日、“119”全国消防日宣传

6月16日，乐东县2022年“安全生产月”宣传咨询活动在海汽车站广场举办

（县融媒体中心　供图）

活动，增强社会面的安全意识和防灾减灾能力。5月12日，在千家镇开展防灾减灾演练活动；6月16日，县安委办组织30余家部门、企业在海汽车站广场集中开展“安全生产月”宣传咨询活动。设置主会场1个，咨询台18个，宣传展板牌90块，悬挂街道宣传横幅25条，发放宣传资料及安全应急手册等2万余份，接受咨询群众500余人。各镇组织观看《生命重于泰山》电视宣传片。

【危险化学品安全风险集中整治】 2022年，县应急管理局印发《乐东黎族自治县危险化学品安全风险集中整治实施方案》《乐东黎族自治县危险化学品、油气长输管道和烟花爆竹领域安全生产大检查工作实施方案》，开展危险化学品、油气长输管道和烟花爆竹安全生产大检查、监管。全年全县开展安全检查37次，检查加油站21家，发现问题和隐患59项，完成整改59项。

【非煤矿山专项整治】 2022年，乐东县应急管理局加大非煤矿山整治力度，规范矿业生产秩序。全年开展辖区内露天采石场、井下矿山、尾矿库检查13次，发现安全隐患12项，全部完成整改。

【烟花爆竹专项整治】 2022年，乐东县应急管理局加强辖区内烟花爆竹经营、运输、燃放环节的安全监管，采取多部门联合执法方式，开展节前、节中、节后安全检查，检查烟花爆竹存储仓库2家、零售点129处，对检查发现的问题，现场整改。

【消防安全整治】 2022年，乐东县应急管理局印发《电动自行车专项治理行动方案》，多部门联合开展电动自行车集中整治活动，推进临街铺面“三合一”（住宿与生产、储存、经营等一种或几种用途混合设置在同一连通空间的场所）场所排查整治行动，推动各镇开展厂房仓储物流场所专项整治工作；联合县旅文、公安、市场监督等部门在重大节假日、消防安保期间开展安全专项检查，整改火灾隐患与违法行为2516处，清理违规停放电动自行车756辆，清理楼道内杂物592处，清除“飞线充电”插座245个。消防、公安派出所当场处罚案件48宗，罚款人民币7150元。

【铁路环境整治】 2022年，乐东县应急管理局按时间节点完成高铁外部环境安全隐患问题整治，有序推进普速铁路公跨铁桥梁、公铁并行地段护栏移交，道口平改立有关工作。

【涉电安全专项整治】 2022年，乐东县应急管理局实施《乐东黎族自治县涉电安全专项整治三年行动方案》，通过电视台、微信、公众号等形式开展知识宣传，张贴安全警示标识1842张，悬挂安全警示横幅257条，发放《采摘触电风险告知单》67份；利用朋友圈、微信等方式持续开展防范采摘槟榔触电相关知识的宣传及普及；联合村委会、振兴工作队、农业农村局、供电部门开展隐患排查，出动1132人次动态巡视防范采摘槟榔触电风险，发现槟榔林邻近电力线路244处，采取临时措施处理14处；清理电力线路保护区内树障7149棵，其中修枝矮化或迁移4580棵（含槟榔）、砍伐2749棵（槟榔树2569棵）。

【道路交通专项整治】 2022年，乐东县应急管理局实施县《道路交通专项整治新一轮三年攻坚战实施方案》，查处各类交通违法行为32986起（现场执法19230起，非现场执法13756起）；酒驾615起，醉驾124起，假牌套牌20起，无证驾驶1810起，驾驶报废车59起，未悬挂机动车号牌1050起，驾乘摩托车、电动车不戴安全头盔8052起，货车超载58起，货车违法载人161起，货车违规载客13起，非法改装142起；行政拘留30人，刑事拘留14人。

【教育安全专项整治】 2022年，乐东县应急管理局以县委办、政府办名义印发《乐东黎族自治县中小学生生命安全教育和防护能力提升工程实施方案》。

【农村自建房安全专项整治】 2022年，乐东县应急管理局印发《乐东黎族自治县自建房安全专项整治工作方案》，成立县自建房安全隐患排查整治工作领导小组，统筹推进全县自建房安全隐患排查整治工作。县住建局成立5个专项排查指导小组，培训村（居）、社区排查骨干300人，指导各镇开展自建房安全隐患排查整治工作。全县排查自建房12.35万栋，其中经营性自建房6665栋，经有关部门鉴定C、D级房屋17栋，采取管控措施整治13栋，工程措施整治4栋。

【燃气安全专项整治】 2022年，乐东县应急管理局印发《城镇燃气安全隐患排查整治方案》，开展燃气安全大检查。全年开展联合检查整治13次，检查管燃气企业2家，液化石油气企业4家，三级液化石油气网点23家，发现隐患78条，整改78条，取缔违法违规无证经营三级分销网点4家。

【水上运输安全专项整治】 2022年，乐东县应急管理局贯彻落实省《水上运输和渔业船舶安全专项整治方案》，不定期开展联合执法检查，重点检查万冲镇友谊渡口安全。

（蔡三妹）

消防救援

【概况】 2022年，乐东县消防救援大队被省消防救援总队评为安全工作先进单位、执勤训练先进单位，抱由消防救援站被评为先进消防救援站，抱由、九所2个消防站在全省消防队列会操分别获得第二名，3人荣立个人三等功，1人被评为“优秀领导干部”，1人被评为“优秀共产党员”，1人被评为“红旗车驾驶员”，3人被评为“优秀干部”，23人受到省消防救援总队嘉奖。

【灭火抢险】 2022年，乐东县消防救援大队接警出动350起，出动车辆592辆次，出动2879人次，疏散和抢救被困人员52人，抢救财产480万元，保护财产3177.7万元，其中火灾扑救122起，抢险救援43起，社会救助94起，公务执勤86起。成功处置“5·16”海南有棵树农业有限公司火灾、“10·20”海南天昊新能源有限公司火灾、“11·19”海南天然橡胶产业集团金橡有限公司金山橡胶加工分公司火灾等火灾，抗击“7·2”台风“暹芭”、救援“6·22”高速路燃烧轿车、抓捕30千克重大蟒蛇等抢险救援任务。

【执勤安保】 2022年，乐东消防救援大队参加2022年执勤岗位大练兵比武竞赛，在全省28支参赛队伍中名列第16，参加2022年水域比武竞赛，在11个直属大队中名列第五。组建建筑火灾、森林、地震、水域等专业队伍9支，先后组织开展地震救援、建筑火灾、水域救援实战拉动演练，深化信息共享机制，落实多部门联席会议制度，制定数字化预案123份。完成重大节日、党的二十大等一系列重大消防安保任务。组建成立10支乡镇志愿消防队，招录专职消防队队员12人。全县有国家队1支、政府专职队1支，志愿消防队10支，企业专职队2支，覆盖全县11个镇。

【消防执法】 2022年，乐东县委、县政府领导带队督导消防安全工作18次，先后召开县委常委会2次、县政府常务会4次、专题会2次、联席会11次专题研究解决消防工作问题，编制并出台乐东县“十四五”消防事业规划，研究制定《2022年乐东黎族自治县消防工作任务清单》，推动全县11个镇级消防安全委员会实体化运行。深入推进消防安全专项整治三年行动，紧盯传统产业和新业态高风险场所，集中治理仓储场所、高层建筑、电动自行车、医疗机构、经营性自建房、出租屋等场所火灾风险隐患。联合教育、卫健、旅文、住建部门开展学校、医疗、旅游场所消防安全专项检查，联合市场监管部门开展“3·15”消防产品检查，联合县教育局出台《消防安全标准化管理方案》，推动2家学校开展消防安全标准化管理建设，住建部门将消防车道、消防设施、电动车充电桩设置纳入16个老旧小区改造内容，推动175栋高层建筑落实“楼长制”，明确建筑消防安全责任人、管理人及其工作职责。开展仓储场所专项整治行动，联合应急、综合执法、各镇政府及公安派出所排查42家仓储场所。强化电动自行车火灾防范综合治理，推行“每镇每月一夜查”制度，县公安局落实电动自行车监督执法月通报制度，发现并督促整改火灾隐患或违法行为652处，清理违规停放电动自行车462辆，清理楼道内杂物512处，清除用于“飞线充电”的插座136个，公安派出所办理电动自行车违规充停行为处罚案件42宗，罚款6050元。全面推进经营性自建房整治工作，各镇、各部门摸排经营性自建房场所1000余家，57家经营性自建房被实行挂牌督办，落实“四色”分级管控，社会面火灾形势持续平稳。年内，县消防救援大队检查单位1003家次，督促整改火灾隐患或违法行为482处，填发责令改正通知书364份，填发行政处罚决定书48份，临时查封11家，责令“三停”（停产停业、停止使用、停止施工）12家，罚款48.37万元。组织召开火灾现场警示会3次，移送公安机关违法线索10宗，刑事线索1宗，拘留1人，追究刑事责任1人。

7月2日，台风“暹芭”趋近，乐东消防紧急营救被困人员
（县融媒体中心　供图）

【消防宣传】2022年，乐东县消防救援大队开展消防宣传“五进”（进社区、进企业、进学校、进农村、进家庭）活动，通过各类媒体、电子屏、横幅、短信发布防火警示10万余条，通过重点单位微信群、物业群等高频次消防宣传活动30次，推广线上宣传阵地，消防学习云平台累计注册32799人，消防志愿者线上注册335人，组织开展消防宣传“敲门行动”，送消防安全知识上门，发动群众开展消防安全清查行动，共印制消防安全宣传资料40余万份，分发到家庭、商户、企业；结合辖区火灾特点，印制发放“三合一”场所、城中村、电动自行车等类型宣传海报1.20万余份，发动辖区专职消防队员、派出所民警、消防志愿者等力量集中深入中小微企业开展消防培训，面对面为企业员工讲解消防安全常识，开展培训40余次，参训2000余人；深入各企事业单位开展消防培训、演练20余次，组织全县所有中学消防安全管理人开展集中培训，赠送学校消防安全教育手册1600余本。

（陈玉芳）

气　象

气象服务

【公众服务和专项气象服务】2022年，乐东县气象局每天两次通过大喇叭、电子显示屏、微博、微信和自有短信平台向公众发布常规天气预报；每天17时通过电视台发布电视天气预报，灾害性天气及节假日时，及时向公众发布预报预警信息，全年制作天气专项预报205期、春运专报36期和中高考专报8期，发布预警信号253期、转发海面预警信号156条、编发重大气象信息快报49期。

【人工增雨】2022年，乐东县气象局针对县域出现的高温干旱，利用有利时机在河流和水库附近实施人工增雨作业8次，发射火箭弹2枚，燃放烟条17条，取得明显增雨效果，有效缓解旱情。

【气象综合风险普查】2022年，乐东县气象局围绕本地气候，编写《乐东县气候与灾害性天气手册》《海南省乐东县气象灾害综合风险普查技术报告》，对8个灾种进行气象灾害事件分析、致灾危险性评估及风险评估区划。综合考虑气象灾害致灾信息、承灾体信息、历史灾害信息、抗灾减灾能力，一方面进一步摸清乐东气象灾害风险隐患底数，全面客观认识乐东气象灾害风险水平，提升气象灾害风险预报预警和管理能力，为地方政府城市发展规划、重点工程项目选址论证、城市运行安全等提供参考；另一方面结合水稻、玉米种植风险评估，对农业种植提供指导意见。

【新领域气象服务】2022年，乐东县气象局联合省气象服务中心等部门，探索现代化海洋牧场区建设气象服务新领域，开展省内首次海洋牧场精细化气象服务，制定《乐东现代海洋牧场区气象服务方案》《关于海洋牧场区建设气象服务新领域的创新工作培育计划表》。推进国家气候标志评价工作，做好旅游景点气象服务、助力乡村生态旅游发展，年内，推进“中国天然氧吧”申报，6月在尖峰热林所和苗圃观测场安装完成两套负氧离子监测站，8月安装完成中国天然氧吧服务展示系统。

【气象观测】2022年，乐东县气象局在九所镇芒果种植密集区万通果业芒果种植基地增设1套四要素气象自动站，为九所镇果菜种植提供气象实时数据和服务产品；严格执行《地面气象自动观测规范》《海南省省级气象观测站现场核查管理办法》等规范及观测管理体系运行要求，完成自动气象站周、月、年维护及核查任务，及时对仪器和探测环境进行维护，确保各站点观测质量考核达标；国家站设备运行稳定率为99.50%，区域站18套设备运行稳定率为98.89%，土壤水分站设备运行稳定率为99.67%；及时消除影响观测质量的风险隐患，完成观测铁塔防锈、观测场地沟线槽密封、部分区域站传感器数据偏差等问题的整改工作；与省局探测中心合作，在县域自动站开展数据收集核查工作。

（王槐梁）

气象灾害防御

【主要气象事件】 2022年，乐东县重大气候事件分热带气旋、暴雨、冷空气和干旱四类。1.热带气旋。达到影响标准的热带气旋有3号台风“暹芭”、7号台风“木兰”、9号台风“马鞍”、16号台风“奥鹿”20号台风“纳沙”。其中，“暹芭”受灾群众7987人（危房、低洼地带转移安置群众167人，受困群众转移5人），死亡1人，直接经济损失约3918.92万元（道路相关方面直接经济损失约522.92万元；农渔业方面损失876万元；水利设施约损失2520万元）。2.暴雨。全年出现暴雨6次、大暴雨1次天气。暴雨天气主要受切变线影响和台风影响，暴雨日最低雨量为55.10毫米，日最高雨量为69.0毫米；7月2日，受台风“暹芭”影响，出现大暴雨，日雨量达247.60毫米。3.冷空气。2月20—23日，受多股冷空气影响连续出现低温阴雨天气，未造成明显灾害。4.干旱。1月2日至3月29日，冬春连旱天气87天；10月28日至12月31日，秋冬连旱天气65天，均未造成灾情。

【防汛防风防旱】 2022年，乐东县应急保障服务中心围绕台风水旱灾害防治能力、指挥系统能力、预警通信系统、应急抢险力量建设，应急预案演练、保水抗旱、安全隐患治理措施等，开展“三防”（防风、防汛、防旱）工作。对全县750艘渔船回港、1459名渔民上岸、96宗水库（含友谊水电站）安全、危房及低洼地区人员撤离、2个景区游客安全、7处地质灾害防治、11座漫水桥和3处漫水路通行安全、建筑塔吊安全等防风防汛关键领域实施灾害风险调查和重点隐患排查，掌握风险隐患底数。全年防御7个台风、1个南海热带低压、1次强降雨，启动防汛防风Ⅳ级应急响应3次、防汛防风III级应急响应3次。

【灾情统计】 2022年，乐东县受台风和强降雨影响7次，各镇各单位灾情报送3次，其中第3号台风“暹芭”影响最大（为2001年以来最大过程雨量498.7毫米），直接经济损失约4154.82万元，其中水库设施、铁路、国道、省道、县道、村道等基础设施均有不同程度冲毁，基础设施损失3189.22万元。

【自然灾害风险普查】 截至2022年，乐东县第一次自然风险普查工作完成98%以上，其中应急系统调查工作总体完成进度100%，海洋灾害管理系统县级

5月12日上午，在千家中学开展主题为“减轻灾害风险 守护美好家园”防灾减灾宣传教育活动暨地震灾害救援应急演练活动

（县融媒体中心　供图）

任务进度100%，地震灾害管理系统总体进度为98%。

【森林火险预防】 2022年，印发《乐东黎族自治县高火险期森林火灾重点隐患排查工作方案》《关于组织开展森林火灾隐患排查和查处违规用火行为专项行动的通知》，开展森林火灾隐患排查和查处违规用火行为专项行动，各镇、农林场及林业、电力等相关单位派出行动小组25个，出动人员800人次，排查出火灾隐患117处，整改到位114个；处罚野外违规用火焚烧田间秸秆、垃圾、树枝等50起，罚款4万元。年内开展森林防火宣传，悬挂森林防火横幅700条、张贴宣传标语5000份，发放森林防火宣传手册3000本，相关防火宣传单5万份。组织相关人员参加全国森林草原扑火指挥员视频培训，组织山区、沿海两支县专业森林消防队集训半个月，并于11月初参加省年度森林消防专业队伍职业技能大比武获得团体三等奖，进一步提升应对森林火灾作战能力。

（蔡三妹）

农　垦

海南农垦荣光农场有限公司

【概况】 海南农垦荣光农场有限公司（简称荣光农场公司）位于海南省乐东县境内，是在海南农垦公司深化改革，三次整合组建成立的公司。公司涵括原海南农垦总局辖下的山荣、乐中、乐光、抱伦、福报、保国、保显7个农场，总部设在原国营山荣农场场部，为海垦控股集团的二级企业。2022年，公司土地总面积4.07公顷，存量建设用地600公顷；总人口3.95万人。其中，在岗职工453人，退休职工6818人；总资产8.16亿元，工农业总产值8.75亿元。

【荣光农场公司经营发展】 2022年，荣光农场公司实现经营总收入1.42亿元，完成主营收入1.09亿元，完成集团下达年度任务8070万元的135.0%；利润总额2477万元，完成集团下达年度任务2050万元的121.08%。

【荣光农场公司项目建设】 2022年，荣光农场公司稳步推进重点合作项目建设。1. 乐山居项目。主体工程进度完成50%以上，由于合作方资金问题停工。2. 南繁之家中华大融乐中农贸市场项目。主体建设完成70%，因合作方资金问题停工。3. 福报31队30公顷耕地开垦项目，完成项目区24.17公顷地上青苗及附着物补偿协议书签订，县土地储备中心已完成2.33公顷的耕地平整及项目配套蓄水池和抽水房建设。4. 全域土地综合整治试点项目。项目面积8993.33公顷（预估投资1.47亿元），完成抱伦7队、8队、17队和山荣11队4个生产队的村庄规划，完成搬迁撤并5个生产队居民意愿调查；实施方案完成第二轮属地政府及相关职能部门的征求意见。5. 乐中老农贸市场经营权回收和千亩龙眼基地两个“揭榜挂帅”项目，完成100%。

【荣光农场公司土地管理】 2022年，荣光农场公司深入推进土地资源规范化管理，土地收入创新高。1. 地租收缴实现1236.80万元，完成年度任务1578万元的78.4%。2. 推进公益林管护工作，设立6个管护站，划分为75个管护责任区，招聘管护人员75名，制定生态公益林管理办公室工作职责等工作制度12条，开展业务专题培训8次，上报公益林违法案件6宗。3.“非农化”“非粮化”图斑调查完成内业影像判读6556宗，外业调查完成179宗。4. 遥感图斑外业调查完成289宗。5. 农用地规范化管理“回头看”完成核查12607宗面积9545.19公顷（未核查19138宗面积1.71万公顷）。6. 收回被占地334.83公顷。

【荣光农场公司垦地融合】 2022年，荣光农场公司继续推进垦地融合发展。1.推动属地县委县政府联合印发《乐东黎族自治县关于进一步推进垦地融合发展工作的实施方案》，起草制定乐东垦区建房管理办法实施细则。2.协调属地政府及相关职能部门接受采纳公司“三区三线”调整成果诉求，公司现状城镇建设用地面积为594.09公顷，城镇开发边界面积为452公顷，其中现状存量城镇建设用地面积402.64公顷，新增建设用地49.36公顷，划定倍数为1.07，已上报省厅。3.配合属地政府开展森林违法图斑整改工作，外业调查完成11宗，完成率100%。4.配合属地政府开展“两违”整治工作，完成销号2452宗，占任务3082宗的79.56%；分类处置完成582宗，完成率100%。

（何　翔）

海南橡胶保国分公司

【概况】 2022年，海胶保国分公司有林权土地面积6700公顷，其中，橡胶面积4726.66公顷7170.80万株（开割面积3933.33公顷133.80万株，未开割面积793.33公顷37万株）；被占地面积1493.33公顷；产业结构调整面积480公顷。总部设10个办公室（部）、派驻组2个、中心转运站1个、保安大队2个、基层生产单位30个。员工686人，在册员工406人（其中，在册在岗345人，在册不在岗61人），临时用工280人；胶工431人。年内，海胶保国分公司投入44万元打职工饮水机井3口、住房维修（17间）；维修林间路46千米。

【橡胶生产管理】 2022年，海胶保国分公司完成干胶产量3073吨，占年指标（3067吨）的100.2%。同比增产干胶14吨，同比增长1%。完成净利润-700万元，占年目标的100%；实现营业收入4468.08万元。年内，成立橡胶白粉病和炭疽病防治队伍29支，配备防治人员171人，投入资金（含防治购买喷粉机、维修配件、防治物资、油料、劳务费等）120余万元、硫黄粉120吨、百菌清烟剂8吨，实施橡胶“两病”防治,完成橡胶“两病”防治面积4000公顷，有效防治面积达3880公顷；通过岗位整合、扩岗、大户承包的办法，动员18名退休胶工返岗，组织28名非生产人员进行领岗顶岗割胶，聘用临时胶工240名，落实割胶岗位，对新增开割胶园采取让利措施,鼓励胶工的积极性，实现岗位人均割株达到1500株以上，胶园弃割达到最低限度；投放化肥791吨，对橡树施肥管理，其中开割胶园577吨（专用肥180吨、尿素397吨）、中小苗214吨（专用肥107吨、尿素107吨），株均1公斤；创建标准化胶园1406.67公顷，其中开割胶园980公顷，未开割胶园426.67公顷。完成割胶示范岗2个、割胶示范片3个、参观点1个，挖肥穴1868条，施放纯牛肥47立方米；橡胶中小苗示范岗3个、参观点1个7.53公顷。中小苗抚管面积405.80公顷，平均增粗6.38厘米，保苗率89.86%，均匀度89.26%。

【非胶产业建设】 海胶保国分公司实施2020年非胶项目，种植波罗蜜35.67公顷、榴莲22.04公顷，公司采取资产租赁的发包

6月10日，海胶保国分公司组织开展割胶技能比武　（余德现　摄）

形式，委托海南省梦翔实业有限公司管理。

【护林保胶保地】 2022 年，海胶保国分公司继续推进垦地融合发展，做好护林保胶保地工作。清理回收土地 450.47 公顷，占年计划 448 公顷的 100.55%，合同补换签 170.53 公顷，完成土地承包费收缴 941 万元。

【安全生产】 2022 年，海胶保国分公司坚持以“安全第一、预防为主、综合治理”的方针，层层签订安全生产责任书 202 份，落实安全生产责任，安全生产常抓不懈。全年召开安全生产专题会议 6 次，开展安全生产检查 10 次、消防演练 1 次、消防知识培训 2 次。

（余德现）

海南橡胶山荣分公司

【概况】 2022 年，海胶集团山荣分公司有土地 1.51 万公顷。橡胶种植面积 1.15 万公顷（开割面积 9560 公顷），胶树 349.90 万株；非胶项目（包括芒果、火龙果、椰子）种植面积 1513.33 公顷；固定资产总值 5.95 亿元。职工总数 1131 人，其中非生产性人员 348 人，直接生产人员 783 人。公司年承担社保费 1405 万元，缴交住房公积金 261 万元。

【橡胶生产管理】 2022 年，海胶集团山荣分公司完成干胶生产 7213.86 吨，完成计划的 102.2%，实现净利润 –459 万元，超计划实现利润 441 万元。年内，投入资金 169.20 万、硫黄粉 221 吨，实施橡胶白粉病和炭疽病防治，完成橡胶“两病”防治面积 5346.67 公顷，防效达 95.7%；投入 172 万元做好橡胶冬春管理工作，开割胶园施放有机肥 1618 吨，新挖穴完成 1.30 万株，清理旧肥穴 12 万个；中小苗冬管完成挖通沟 3.50 万株，完成修筑水毁胶行 3.60 万株；管理人员利用周末全程参与施化肥，按时按质按量完成开割胶园施肥工作，施放尿素 850 吨，橡胶专用肥 400 吨；开展割胶技术比武大赛，增强基层管理员的橡胶生产管理能力，提升胶工“管、养、割”技术水平，激发广大员工“比、学、赶、帮、超”工作氛围，为分公司橡胶生产可持续发展提供技术保障。

【非胶产业建设】 2022 年，海胶集团山荣分公司非胶项目主要种植芒果、火龙果、椰子等，产业规模 1386.65 公顷，收益 1900 余万元。

【护林保胶保地】 2022 年，海胶集团山荣分公司继续推进垦地融合发展，采用打防结合的办法开展护林保胶保地工作，通过司法途径查处毁林占地案件 4 宗，刑事拘留 2 人，行政拘留 2 人，回收被占胶园土地 883.79 公顷。

【安全生产】 2022 年，海胶集团山荣分公司建立健全安全生产工作机构，通过签订安全生产责任书，层层落实安全生产责任，生产和森林防火宣传教育工作常态化开展。全年进行消防安全培训 2 次，胶水安全运输培训 3 次，割胶技能培训 6 次，收胶站人员及收胶员技能操作培训 5 次，不断增强员工的安全生产意识，安全生产隐患降到最低。

（何　潇）

林/盐场·滨海开发区

热带雨林国家公园

【概况】 热带雨林国家公园尖峰岭区片管辖面积678.44平方千米，是全国保存最完整、最多样的大陆性岛屿型热带雨林。是全球最濒危的灵长类动物——海南长臂猿唯一分布地，是热带生物多样性和遗传源的宝库，成为岛屿型热带雨林珍贵自然资源传承和生物多样性保护典范。生物多样性指数高达6.28。园区有野生维管植物2286种（其中国家重点保护植物32种，省级保护植物45种）；有脊椎动物400种（其中有国家一级保护动物9种，分别是圆鼻巨蜥、穿山甲、大灵猫、小灵猫、海南山鹧鸪、海南孔雀雉、海南鳽、云豹、黄嘴白鹭；有国家二级保护动物90种），昆虫有2222种（其中国家一级保护昆虫1种，即金斑喙凤蝶）。

尖峰岭热带雨林　　（县委宣传部　供图）

尖峰岭热带雨林是全国现存连片面积最大、保护较为完好的原始热带雨林之一，公园森林覆盖率为97.61%，蕴藏着丰富的生物资源，是世界上生物多样性较高的地区之一，被誉为“热带北缘生物物种基因库”。

【森林资源管护】 2022年，热带雨林国家公园尖峰岭分局签订森林管护责任协议书309份和公益林森林管护责任协议书10份，落实天然林保护工程8.39万公顷和生态公益林管护责任1320.26公顷。

【护林专项行动】 2022年，热带雨林国家公园尖峰岭分局开展打击非法占用林地等破坏森林资源违法专项行动15次，组织各管理站开展清山行动4次，联合森林公安、驻国家公园执法大队开展护绿专项行动2次，参与护绿专项行动执法人员29人次，护林员1607人次。全年没有发生重大毁林案件和破坏森林资源等重大案件。

【热带雨林国家公园建设】 2022年，热带雨林国家公园尖峰岭片区建成国家公园电子围栏2.50千米，多功能监测系统投入使用，成为片区动植物保护监测重要平台；建成旅游步栈道6.10千米和鹿树景区自然教育基地，打造生态游憩、科普宣教、生态体验、自然保护教育基地场所；科研交流基地天池展示区科研和访问中心建成三层访问中心楼582.85平方米、二层科研监测中心楼949.73平方米，成为热带雨林科学研究、研学访问、学术交流、自然教育、研学基地、科普监测的重要平台；完成并通过验收保障性苗圃基地项目建设，面积1.33公顷、育苗30万株；完成热带雨林生态系统保护性生态修复204公顷；制作安装国家公园宣传标识牌627块；推进鸣凤谷自然保护教育与生态体验栈道改造（一期）建设；国家一级重点保护动物（濒危物种）——海南坡鹿栖息地基地和国家二级保护动物水鹿栖息地基地建设完成坡鹿暂养驯化区31.10公顷和水鹿野放区物理围栏1000米。

【森林资源保护宣教活动】 2022年，热带雨林国家公园尖峰岭分局各管理站深入周边社区乡镇村、农户、农场、学校开展资源保护科普教育、天然林保护政策法规等宣教活动。全年开展宣教活动72次，参加人数600余人，受教育群众1500余人次；张贴宣传标语1.2万条、宣传横幅534幅；出动宣传车辆广播275次；竖立木制警示牌581块；社区交流342次。

【珍稀濒危野生动植物监测样地建设】 2022年，热带雨林国家公园尖峰岭分局与中国科学院动物研究所建立尖峰岭珍稀濒危野生哺乳动物监控布控点及哺乳动物监测样地120个，与中国林科院热带林业研究所建立野生植物监测大样地64公顷，与海南师范大学建立鱼类及两栖动物监测样地样线10条，与中国林业科学研究院区建立地栖动物监测样区390个。

【森林防火】 2022年，热带雨林国家公园尖峰岭分局与7个管护单位签订《2022年度森林防火责任状》，明确森林防火工作权利义务，层层压实责任，落实森林防火责任；悬挂森林防火横幅240条，张贴宣传标语1.20万份，发放森林防火挂图10幅，出动防火宣传车70辆次，进社区、进村庄、进农户、进中小学校深入开展森林防火宣传教育；对茅草坡、佛罗林场海防林坟场等8个重点火险区全面进行火险隐患大排查，建立火险隐患点责任台账，全年开展隐患排查9次，出动人员1395人次，排查出隐患问题72个，整改72处；购置太阳能森林防火宣传自动语言警示器10套、风力灭火机40台、高压细水雾灭火机15台、灭火水枪50把、清火组合工具70组、二号工具562把等防灭火物资设备，制作安装防火宣传标识牌420个，维修恢复森林防火远程监控视频系统3个监控点；举办森林防火培训2期，参训人员200人次，进一步提高管护人员的防火业务能力和防火技能；落实值班制度，防火戒严期严格执行24小时值班，节假日领导带班，清明节期间切实做到严防死守。全年无森林火灾，连续三年无森林火灾发生。

【森林病虫害防治】 2022年，热带雨林国家公园尖峰岭分局释放寄生蜂781万头，用以防治林业有害生物椰心叶甲；组织301人次，对814.73公顷公园树林松材线虫病开展日常监测调查6次和秋季普查1次；联合森林公安、国家公园执法大队，开展松材线虫病检疫执法“迅雷行动”，参与执法135人次；购置安装松墨天牛诱捕器65个，购买防治药剂一批，强化松材线虫防治防控。全年园区无发现有松材线虫，实现0目标。

【产业经营管理】 2022年，尖峰岭森林发展有限公司经营发展森林旅游、经济林、水电站、种苗生产及销售、物业管理、自来水供给经营等产业收入859.83万元，收入较上年度减少31.1%。

（王丹枫）

海南莺歌海盐场有限公司

【概况】 莺歌海盐场公司位于乐东县黄流镇金鸡岭，是中国南方最大的海盐场，也是国家食盐定点生产、批发企业，属海南省发展控股有限公司下辖子公司，国有中型一类企业。土地面积约3331.15公顷，其中生产面积约1476.53公顷，是纳潮、制卤、结晶、堆坨、运输集中式盐场。产品有工业盐和食盐，其中食盐有海晶盐、日优盐、日晒盐、日晒细盐等。食盐主要销往省内各大商场及省外上海、江苏、福建、湖北等7个省市。2022年6月11日，“小盐好闲”老盐国潮饮品首家线下店——乐东海花通航店正式开业；9月21日首次开展抖音带货营销，成功推出全新海南网红饮品“小盐好闲”老盐冻干水果茶。

【滩田维修】 莺歌海盐场公司制定《2022年冬季滩田维修会战方案》，10月31日至11月11日方案实施，开展冬季维滩田维修复大会战，完成4.10千米基埝维修，土方量8614.41立方米。

【棚户区区间道路】 2022年6月初，莺歌海盐场公司棚户区区间道路建设竣工验收，完成历史遗留问题核销，解决中央资金沉淀问题，完善棚改房项目基础配套设施，改善了职工居住环境。

莺歌海盐场公司精制厂厂房　（莺歌海盐场公司　供图）

【精制厂整体生产提升改造项目】 2021年10月19日，莺歌海盐场公司精制厂整体生产提升改造项目开工，2022年7月31日竣工，10月14日试产成功。

【非盐产业】 2022年，莺歌海盐场公司新签订土地租赁合同6份，年租收入533.86万元；盘活国有资产等对外出租，短期签订租赁合同28份，年租收入约103万元，比上年增长了51%；东南区土地整治以法律诉讼方式，采取执行和解及强制执行在该区域收回盐场被侵占土地11.98公顷。

（盛　娇）

乐东县滨海开发区

【概况】 乐东县滨海开发区区域包括九所镇、利国镇、黄流镇、莺歌海镇、佛罗镇、尖峰镇6个沿海乡镇，总人口30万人，占全县总人口的3/5，域内海岸线长84千米，经济总量占全县的4/5。区域交通便利，有海南西线高速、225国道、铁路、西环高铁贯穿东西和即将建设的海南中线高速。

【“查堵点、破难题、促发展”活动】 2022年，乐东县滨海开发区管委会继续深入开展“查堵点、破难题、促发展”活动。严格按照县委、县政府关于“查堵点、破难题、促发展”活动的各项决策部署，持续推进既定目标任务落实。1.完成龙栖湾“美丽渔村”农转用及海岸线退线等相关材料上送县资规局，并跟踪办理。2.完成九所新区南区市政道路工程项目用地资料补充用地材料上送县资规局，完备工程项目资料及手续。3.龙栖湾“美丽渔村”临时安置板房空置，无人管理问题已报告县政府并建议进行国资处置。

【项目转固】 2022年，乐东县滨海开发区管委会完成已使用在建工程转固情项目23个，涉及金额1.63亿元。

（王槐玉）

镇

抱由镇

【概况】 抱由镇位于乐东县东北部，东邻万冲镇，南接大安镇、千家镇，西毗尖峰镇，北与东方市、昌江黎族自治县接壤，海南中线高速公路贯穿其中，昌化江横贯境内，是乐东县委、县政府驻地。镇域总面积432.30平方千米，辖行政村26个（辖社区3个及居委会1个，自然村93个、村民小组182个和居民小组34个）。2022年，全镇常住人口8.07万人。

【经济发展】 2022年，抱由镇以“龙头企业+合作社+贫困户”帮扶模式，巩固优势产业、发展新型产业，助推乡村振兴攻坚期内带贫效果好的产业帮扶项目和带动发展产业的合作社继续发展。全年，获得分红款214.19万元。通过企业帮销售、分收益、教技术、给岗位，实现脱贫户组织化产业帮扶全覆盖，辐射带动全镇脱贫户和监测户实现资源变资产，资金变股金，村民变股民。年内，各村集体经济收入近310万元。

抱由镇南美村　　　　（县委宣传部　供图）

【特色产业】 2022年，抱由镇引进发展特色产业，成立抱邱金土种养专业合作社、乐东抱邱紫金陶生产专业合作社；引进乐东金果乐（沃柑）现代农业有限公司；兴建“乐东（抱邱）陶瓷文化旅游区”项目，壮大村集体经济，稳步提高农民收入。

【教育事业】 2022年，抱由镇发放教育补助247.60万元，其中春季特惠性补助发放854人104.29万元，春季雨露计划发放123人21.52万元；秋季特惠性补助发放769人90.99万元，秋季雨露计划发放176人30.8万元。

【文化事业】 2022年，抱由镇开展国家安全日、“双拥”模范城、创建全国文明城市等一系列宣传活动，提高人民群众的国家安全意识，提升精神文明风貌，在全社会形成浓厚的宣传氛围。开展创建全国文明城市工作，通过入户走访、发放调查问卷、张贴宣传海报、网络宣传等方式，在全镇范围内宣传创文明城市应知应会知识，让群众充分认识创文明城市的意义，并以实际行动参与到创文明城市中。年内，发放宣传资料1300余份。把镇圩容貌整治提升工作列为镇年度重点工作，开展大规模的环境卫生整治活动，村（社区）“两委”加强日常巡查，发动村（居）民开展房前屋后环境卫生清扫。

【医疗卫生】 2022年，抱由镇持续做好30种大病救治和4种慢性病人员签约随访服务。4种慢性病人员均已协助办理好慢性病认定，4种慢性病所有人均已按慢性病规范管理，按1年4次随访的标准进行。

【社会综治】 2022年，乐东县抱由镇推进“6+N”矛盾纠纷调处，利用信访、司法、农业、民政、国土、综合执法等资源力量，运用“6+N”机制化解矛盾纠纷16件，成功化解矛盾纠纷13件。召开信访工作联席会议5次，联合村网格员、人民调解员实地走访119次，走访农户233人次。年内，政府热线工单1888件，全部办结，按期办结率100%。打好新一轮禁毒三年大会战。常态化开展娱乐场所涉毒问题巡查整治行动，以“禁毒流动课堂”为切入点，组织开展“社区青少年远离毒品”“不让毒品进我家”等宣传活动。建设“海岛家园”，全力帮扶涉毒人员就业，安置15人。持续开展打击防范电信网络诈骗及养老诈骗宣传，增强居民反诈意识，开展“命案防控”法治学习宣传，引导群众理智正确处理矛盾纠纷。完成悬挂宣传标语278条，LED屏播放宣传标语56处，发放自制宣传材料3000余份。各村开展集中学习30次，参与人数500余人次。加强治安防控体系建设，组建3支“警保联控”中队155人，联合开展治安巡逻、防控工作。推进“一村一警务助理”工作，排查群众诉求和矛盾纠纷56起，解决44起；深入开展“四访五帮”帮教措施，教育不良行为未成年人4名。

【社会保障】 2022年，抱由镇完成妇女“两癌”筛查600例，优生优育检查112例。开展社会救助，全镇困难群众应保尽保，应纳尽纳。全镇城乡低保户1316户2867人，较上年新增62户169人；特困户64户64人；城乡低收入家庭32户94人；孤儿和困境儿童77人较全年新增2人；高龄老人1176人。困难群众临时救助7户31人进行临时救助，发放救助金3.34万元，冬春为全镇困难群众发放临时救助防寒棉被500件（套）（500人），价值12.5万元。

【住房保障】 2022年，抱由镇农村危房改造任务8户，开工8户，开工率100%。其中7户竣工入住，剩余1户已达到封顶阶段；未竣工的农户，通过借住的方式保障其住房。

【饮水安全】 2022年，抱由镇集中供水点48处，全部用上安全卫生饮用水。县水务局到集中供水点采取水样进行水质检测，村水管员定期开展供水设施维护，定期消毒，清理饮用水水源周边卫生，确保饮水安全。

【就业保障】 2022年，抱由镇监测对象和脱贫劳动力外出务工3848人，比上年增加347人；加强就业公益岗开发与管理，开发城镇公益性岗位4个、乡村公益岗35个和乡村疫情防控公益岗51个。年末，全镇乡村公益性岗位在岗人员133人；做好务工奖补工作，报送县就业局审核的务工交通奖补人数779人，应补尽补。

【“两违”整治】 2022年，乐东县抱由镇推进违法违规用地整治，严厉打击违法违建行为，拆除及清理2016—2021年土地卫片违法图斑112宗；完成2021上半年耕地卫片违法图斑整改17宗，占地面积2.59公顷；

完成土地领域突出问题清理整治2宗；完成“两违”图斑销号56宗。年内，受理农房报建89宗，其中退件43宗，已审批发证36宗。

【生态环保】 2022年，抱由镇进行2021年森林图斑整改，完成造林复绿47.80公顷；完成2018—2020年森林图斑整改，完成造林复绿41.93公顷，年度上级下达造林任务126.67公顷，完成127.51公顷，超额0.66%完成任务。完成2013—2017年全部森林督查图斑的整改44宗；第三方核查反馈问题2018—2020年森林督查整改图斑100宗，完成89宗，因成活率不足未完成整改4宗，基础设施整改未完成7宗；2021年森林图斑72宗，完成65宗，完成率90.28%；年度疑似森林图斑65宗，完成复垦的有21宗。全年，开展“六水共治”主题宣传活动和“清河护河”行动6次，联合水务局、龙马公司开展河道垃圾、“水浮莲”清理行动，加强河流保护治理。

【乡村振兴】 2022年，抱由镇加强防止返贫动态监测和帮扶，落实“三早”（早统计、早提醒、早报告）机制。走访摸排农村人口9805户4.13万人，累计纳入监测户78户263人，其中未消除风险监测对象51户181人。排查槟榔种植户6704户，确定重点关注对象29户。全年监测对象和脱贫劳动力累计外出务工3901人，同比增加400人。申领务工奖补700人。开发镇级公益性就业岗位4个，村级86个，实现部分就业困难人员就近安置。年内，财政下拨镇衔接资金2813.05万元，安排基础设施类项目2个，产业园区配套设施类项目1个，生产发展类项目4个。积极落实产业发展奖励政策，全年累计申报监测对象及脱贫户产业奖补617户，金额143.3万元，产业分红304.89万元。申报务工奖补306人31.94万元。

5月10日，抱由镇开展“六水共治”护河整治活动暨水浮莲清理“百日大战”专项行动

（县融媒体中心 供图）

【重点项目建设】 2022年，抱由镇重视东坊村搬迁安置项目问题整改工作，按照时间节点加快推进安置户搬迁入住。至7月29日，《乐东县抱由镇东坊村搬迁安置项目整改方案》确定符合纳入此次房屋分配的安置对象已全部安置，3批次安置157户（219套）。年内，完成县政府下发县城生活垃圾转运站、环城南路市政工程、安居型住房等11宗征地项目征收工作，征地面积34.73公顷。

【精神文明建设】 2022年，抱由镇委、镇政府始终把精神文明建设作为全镇工作的重点之一，利用宣传栏、海报、横幅、移动广播LED屏等在公共聚集场所广泛宣传新冠疫情防控、社会主义核心价值观等社会文明大行动。设立志愿者服务岗，健全服务规范，干部职工文明用语、礼貌待人、规范服务。抓实理论教育，在全镇掀起学习宣传贯彻党的二十大精神热潮。同时组织干部群众观看爱国主义教育和科教影片，在重大节日广泛开展有益文体活动，举行唱红歌，农民篮球赛等。

（张雅雯）

2022年抱由镇辖行政村、自然村一览表

表 14　　单位：个

序号	行政村	自然村数量	自然村
1	抱由村	7	东坊村、西坊村、中坊村、新村、昂什村、塔丰村、宜造村
2	番豆村	3	番豆村、单调村、力高村
3	保定村	5	大村、道林村、道隆村、乐才村、永甘村
4	向阳村	5	老村、坡毛村、孔律村、什头村、炮火村
5	延红村	4	延红村、红新村、红岭村、新营村
6	多建村	6	扫水村、道日村、万象村、壳介村、番豆村、昂外村
7	抱北村	1	抱北村
8	三平村	2	呆会村、呆吴村
9	永明村	7	永车村、老唐新村、昌龙村、永光村、老唐小村、红霞村、红霞小村
10	头塘村	5	头塘村、否店村、乙老村、虎靠村、公保村
11	佳西村	4	只能村、只能新村、佳西村、富光村
12	红水村	1	红水村
13	德霞村	3	志好村、德霞村、洪堡村
14	坡拉村	7	坡拉村、永微村、已邱村、冲同村、只文村、卡霞村、道汉村
15	抱邱村	3	乙龙村、乙老村、教豪村
16	道介村	3	道上村、道中村、道下村
17	只微村	4	抱温村、大村、抱健村、苗村
18	山荣村	3	椰当村、椰办村、山荣新村
19	扬力村	2	扬力村、田头村
20	只九村	3	只九村、番豆村、要约村
21	南美村	2	南美村、抱道村
22	志高村	3	昂魏村、保靠村、约龙村
23	抱界村	4	老村、新村、小村
24	抱湾村	3	大村、二村、三村
25	光明村	1	光明村
26	排齐村	2	排齐村、南校村

万冲镇

【概况】 万冲镇位于乐东黎族自治县东北部，东部和南部毗邻抱由镇、大安镇、志仲镇。2022年，镇域总面积307.99平方千米，其中耕地2617.11公顷、种植园用地1.08万公顷、林地1.58万公顷、草地24.21公顷、商业服务业用地5.73公顷、工矿用地11.07公顷、住宅用地（城镇住宅用地、农村宅基地）5.39公顷、公共管理与公共服务用地34.41公顷、特殊用地5.39公顷、交通运输用地299.91公顷、水域及水利设施用地773.77公顷、湿地170.54公顷、其他土地6.95公顷。全镇辖行政村15个、乐中居1个、自然村84个、村民小组124个。户籍人口3.33万人，其中汉族4759人、黎族2.66万人、苗族

1813人、其他民族126人，是汉族、黎族、苗族多民族聚居的山区农业大镇。

【经济发展】 2022年，万冲镇以橡胶、芒果、荔枝、香蕉、槟榔、反季节瓜菜种植为主要产业，发展火龙果、毛豆、金菠萝等特色产业。橡胶种植面积4266.67公顷，开割面积3466.67公顷，总产量约1682吨；槟榔种植面积2106.67公顷，总产量约218吨；菠萝、芒果、香蕉、荔枝、龙眼、波罗蜜、百香果等热带水果种植面积1266.67公顷，总产量约3.26万吨。全镇年出栏猪1589头、牛210头、羊4175只、禽类7.10万只。种植蔬菜1385公顷，年收获面积1269公顷。

【特色产业】 2022年，万冲镇发展荔枝、燕窝果和无花果等特色产业。荔枝种植面积约433.33公顷，通过品质改良，每株产量在35千克左右，每天可以采摘2500多千克。因上市时间早、果实品质优良，“桂花香”荔枝目前价格稳定，供不应求。全年，投入1146万元用于荔枝产业，带动全镇脱贫户及监测人口2000余户近9000人。燕窝果现种植4.33公顷，计划扩大种植面积13.33公顷。6月与南繁研究院共同培育推广无花果新奇优品种，在南班村流转6.67公顷土地种植无花果。

【教育事业】 2022年，万冲镇有幼儿园5所（中心幼儿园1所，私立幼儿园4所）；小学3所（中心学校1所，村小学1所，私立小学1所）；初级中学2所（万冲中学、三平中学）。万冲中学有年级3个，教师63人，在校学生710人；三平中学有3个年级，教师48人，学生418人；中心学校（小学）有6个年级，教师150人（中心学校64人、各村小学86人），学生1797人（中心学校1255人、各村小学542人）；中心幼儿园，教师59人（中心幼儿园22人、4所私立幼儿园37人），学生866人（中心幼儿园522人、4所私立幼儿园344人）。

万冲镇“桂花香”荔枝果园　　（县融媒体中心　供图）

【文化事业】 2022年，万冲镇有文化活动中心1个、文化室15间，其文化活动中心组建舞蹈队1支，各村配置文化室1间。

【医疗卫生】 2022年，万冲镇有卫生院2所、村级卫生室15所，其中2所卫生院有床位182张。医生36名，护士41名；其中医师13名、助理医师18名、执业护士14名、护理师21人。各村分别创建卫生室1所，并配备医生1名。

【社会综治】 2022年，万冲镇做好学生安全管理，防止中小学生溺水事件；守住食品安全底线，检测农产品质量308批次。年内，排查社会矛盾纠纷50起，调解42宗；推进禁毒扫黑专项整治。

【社会保障】 2022年，万冲镇组织350名农村妇女筛查“两癌”，对54名孕妇进行地中海贫血筛查；救治矫正困难家庭残疾人员28名。输出务工298人次。投入基建项目资金515.10万元，实施万冲村乡村环境项目提升。全力保障粮食安全，完成水稻种植面积1674公顷，发放种粮补贴4796户321.96万元。

【生态环保】 2022年，万冲镇做好生态文明建设，推动实现绿

3月10日，万冲镇开展抓“六水共治”促粮食安全生产暨国强田洋灌溉渠道整治活动（县融媒体中心 供图）

色发展。加大各类图斑整改力度，完成2021年耕地卫片图斑整改2宗；2022年土地卫片图斑整改2宗；林业图斑整改6宗。落实林长制制度，村级巡林386次，镇级巡林21次。年内，推进“六水共治”，统筹乡村振兴资金，铺设污水管网，有效解决9个行政村困扰已久污水横流问题。

【乡村振兴】 2022年，万冲镇做好民生保障，夯实脱贫成果。1.义务教育。年内发放春季特惠性补助1000人127.15万元；发放春季“雨露计划”补助145人25.38万元；发放秋季“雨露计划”补助237人41.48万元；发放秋季特惠性及普惠性补助830人139.52万元。全镇无贫困家庭适龄学生失学辍学。2.饮水与住房安全。全年，开展饮用水管网维护30余次、水塔水池清淤40余次、消毒加药80余次、巡查70余次，出具水质检测报告30份，全镇饮水安全全覆盖。全镇脱贫户和监测户危房改造13户，全部建成入住，群众住房条件进一步改善。3.基本医疗与综合性保障。年内，医疗保障救治30种大病294人，救治四种特殊慢性病282人，达到全覆盖。全镇城乡低保506户1081人；特困户61人；80岁以上高龄补贴享受人员633人；孤儿4人，困境儿童27人。对符合条件的38户农户134人实施临时救助，发放临时救助金13.10万元。4.健全防止返贫动态监测和帮扶机制。年内，解除监测户30户104人。为脱贫户和监测户2149户8998人发放分红122.90万元；全镇贫困户务工人数4296人，完成就业指标100%。设置保绿、保洁、护林等公益岗211个，安置脱贫劳动力就业175人。通过“以购代帮”的方式帮助脱贫户、监测户增强信心，销售自产货物金额近6万元，受益人数103人；为符合条件的脱贫户49人发放小额信贷122.80万元。

（万冲镇政府）

2022年万冲镇辖行政村、自然村一览表

表15 单位：个

序号	行政村	自然村数量	自然村
1	万冲村	11	保健村、红脱村、万冲村、好别村、放岭村、好扦村、首本村、什累村、苗新村、红文村、桥头新村
2	山明村	8	开示村、布曼村、永布村、孔洪村、文克村、巴好村、提拉村、孔告村
3	南流村	7	航好村、反力村、陈考村、三灶村、空保村、孔春村、南好村
4	南班村	3	家民村、保乙村、道屈村
5	友谊村	3	志好村、南闹村、南盆村
6	洋老村	3	保龙村、保乙村、方头村

续表 15

序号	行政村	自然村数量	自然村
7	国强村	6	荣翁村、乙老村、文头村、卡娘村、保边村、乙丙村
8	排慎村	7	孔来村、排慎村、指外村、保救村、空黎村、昂外村、保山村
9	三柏村	6	仁并村、三来村、保兵村、三柏村、道飞村、道飞新村
10	德崖村	4	保曼村、德崖村、木龙村、永杨村
11	卡法村	7	卡法村、三社村、昂外村、卡龙村、孔伦村、跑考村、畜牧村
12	保派村	6	乙老村、乙苗村、孔诉村、走清村、保办村、冲头村
13	三人村	5	文岭村、呆鹅村、三人村、赛黎村、卡锋村
14	抱班村	2	抱班上村、抱班下村
15	抱隆村	6	石晬村、抱本村、仰傲村、抱隆村、苗村、孔来村

大安镇

【概况】 乐东县大安镇是海南省唯一的民间剪纸艺术之乡，2008年被文化部授予“中国民间文化艺术之乡”荣誉称号。大安镇位于乐东县东南部，离县城约7千米，是黎族同胞的聚居镇。2022年，辖行政村15个，自然村60个，村民小组129个。总人口约3.10万人，全镇土地总面积137.30平方千米，耕地面积3764.87公顷。

【经济发展】 2022年，乐东县大安镇年种植香蕉153.33公顷，芒果233.33公顷，槟榔1483.73公顷，龙眼94.131公顷，豇豆180.52公顷，黄瓜105.23公顷，茄子69.47公顷等；年出栏猪出栏量8683头，牛出栏量1043头，羊出栏量7431只。

【教育事业】 2022年，大安镇有小学12所，分别是大安中心学校、11个村委会小学。其中，中心学校（小学）6个年级，学生443人；11个村小学有学生595人。

【文化事业】 2022年，大安镇有综合文化站1个，黎族剪纸艺术馆1座，剪纸展厅1间，剪纸培训基地2处，有剪纸艺术创作老师5人。村级文化活动室15个，村邮政站15个，农家书屋15间。

【医疗卫生】 大安镇圩建有镇中心卫生院，医护人员65名，全年门急诊量6.20万人。全镇15个村皆建成卫生室1所，并配齐卫生员及相应医疗设施。年内，全镇出生人口330人，无“两非”案件发生。

【社会综治】 2022年，大安镇开展安全知识培训3次，组织安全生产大检查活动8次，印发宣传资料263张，发现并处置安全隐患35处，下发整改通知书12份。镇、村两级受理各类矛盾纠纷102宗，成功调处89宗；运用“6+N”矛盾纠纷调解机制调处22宗，成功调处19宗；受理刑事案件12宗，侦破刑事案件7宗；受理行政治安案件19起，治安调解40起，抓获违法犯罪人员30名。

【生态环保】 2022年，大安镇树立“绿水青山就是金山银山”的发展理念，推进开展生态环境六大专项整治工作，完成耕地卫片图斑整改22宗2.83公顷，整改完成2018—2020年森林问题图斑216宗以及2013年以来专项打击行动森林图斑13宗，整改完成2021年森林图斑6宗；全面落实河长制，配备河道管理员67名，平均每月安排各河道管理员进行河道巡查10次，疏浚清理河道11条；处置蓝天火点报警84起，实施秸秆焚烧行政处罚8件；开展水浮莲清理“百日大战”工作，出动1700人次清理水浮莲面积约为15万平方米。完成大安镇镇级污水处理站的建设并投入使用；大力推行“1+10+N”工作模式，即1个

2月12日，大安镇结合“清五边、促四爱”卫生整治活动在全镇范围内常态化开展“六水共治”清污水活动　　（县融媒体中心　供图）

干部带动10个家庭，10个家庭带动N个群众，扩大带动面。

【乡村振兴】 2022年，大安镇拓展工作思路，精准施策，因地制宜推动乡村的振兴工作。1.巩固“两不愁三保障”帮扶成效。农村饮水安全问题排查，未发现存在问题；签订控辍保学责任书，全年发放教育补贴2143人次152.3万元；年内，全镇建档立卡脱贫户患者累计住院就医报销578人次，总医疗费用报销385.65万元，监测户住院就医48人次，总医疗费用报销88.17万元；确定省级危房改造任务数7户，年内全部竣工。2.防止返贫致贫。全年新纳入监测户38户140人，消除风险23户79人。全覆盖为脱贫户和监测对象购买防返贫综合保险6.29万元。推进就业帮扶，开展劳务输出活动，组织输送务工人员返岗务工20人；通过“三支队伍”带动就业360人；帮助616名帮扶对象申请务工奖补62.75万元。创新消费扶贫。举办以“6·18”消费日、“绿骑大安”等为主题的4场大型旅游消费扶贫大卖场活动，产生活动收益2.18万元。3.稳固产业帮扶模式。与6家企业签订合作协议书，投入资金1932万元，分红涉及全镇脱贫户及监测户2672户1.44万人。安排7个产业园区生产路建设项目，投入资金756万元。采取“以奖代补”的形式为符合条件的953户贫困户发放220万元产业奖励补贴。4.资金项目监管。年内，下达全镇各级财政衔接推进乡村振兴补助资金3257.6万元，完成资金支出3197.88万元，拨付率99%。基础设施项目8个，开工率100%。5.人才振兴。年内，有14名党员干部、2名农民群众通过大安镇与海南开放大学开展的校地合作教育平台报名参加本科学历教育、1名农民群众报名参加大专学历教育。成立海南开放大学自贸港乡村振兴理论讲习所，以此为平台举办干部能力提升培训班6期和理论讲习课1期，参学人数达300余人次。

（大安镇政府）

2022年大安镇辖行政村、自然村一览表

表16　　　　单位：个

序号	行政村	自然村数量	自然村
1	礼乐村	7	抱湾村、龙开村、多仁村、从孔涛村、乐突村、西乐村、永什办村
2	西黎村	6	保古村、西黎村、孔常村、头壁村、保初村、三末村
3	昂外村	2	昂外村、田裕村
4	大炮村	4	大炮村、专水村、胜故村、抱板村
5	万车村	4	万车村、什文村、什蓴村、南只发村
6	陈考村	5	陈考村、告武村、什只律村、老鹅村、专内村
7	南仇村	2	昂塞村、南仇村

续表 16

序号	行政村	自然村数量	自然村
8	只纳村	3	南只纳村、常隆村、什林村
9	后物村	4	后友村、后物村、永保村、昂翁村
10	木棉村	5	木棉村、后联村、南仲村、保丘村、新村
11	大安村	3	南黎村、大安村、西竹头村
12	丘文村	4	丘文村、通文村、孔汉村、只横村
13	南木村	4	南木老村、南木新村、南头村、云元村
14	加巴村	3	老村、新村、保白村
15	只朝村	4	空头村、保万村、保弄村、乙伦村

志仲镇

【概况】 志仲镇位于乐东县东南部，距离县城18千米，314省道全线贯通，交通十分便利。辖区内有行政村12个，自然村66个，村民小组98个和保国居1个。全镇有人口9078户3.69万人，其中农业人口7261户27422人。全镇区域面积约331平方千米，耕地面积4366.91公顷，其中水田1937.02公顷，旱田425.01公顷，其他园地82.24公顷，基本农田1922.63公顷。大中小型水库13座，田洋760公顷，分别是志强田洋186.67公顷、三合田洋233.33公顷、龙林田洋173.33公顷、成栋田洋166.67公顷。村民主要经济收入来源于种养和外出务工等，全年人均纯收入8310元。

【经济发展】 2022年，志仲镇大力发展特色高效农业，种植毛豆1000公顷、火龙果80公顷、莲雾13.33公顷、槟榔1600公顷。投入扶贫资金与柔鸣合作种植榴莲233.33公顷。发展蜜柚产业14公顷，泰国香水椰9.33公顷，凤梨8.67公顷，绿橙4公顷。发展庭院经济，种植波罗蜜162公顷。年内，打造瓜菜收购市场、仓储及冷库建设，利用现有资源，争取资金投入，建设瓜果菜交易平台。依托毛公山资源优势，提升打造红色旅游景点，吸引消费者前来观光旅游，提高村民的经济收入。

【教育事业】 2022年，志仲镇有中小学校11所，校舍总建筑面积8310平方米，47个教学班，在校学生1906人，其中小学1419人，中学487人。学校现有教职工188人，初中专任教师80人，小学专任教师87人，专科以上学历125人，中师14人。校园内设有教学区、运动区、生活区。村小学人均占地面积、生均绿化面积、生均校舍面积全部达标，超过国家标准。中学设有标准的理化实验室、仪器室、听备室、卫生保健室、档案室等。

志仲镇榴莲基地　　（县融媒体中心　供图）

学校图书站有藏书1.2万册，订阅50多种报刊。教职工学历达标率100%。学生入学率和巩固率均达100%，学生体质健康合格率达95%以上，年辍学率为1%，初升高升学率95%，中小学毕业合格率达100%。

【文化事业】 2022年，志仲镇建有320平方米文化活动中心，藏书1500册；各村有综合活动室，配备桌椅等设备；农家书屋13间，藏书1.80万册。

【医疗卫生】 2022年，志仲镇根据全镇居民居住分散的特点，加强卫生医疗服务网点建设。镇卫生院配备全职医生48人。建立居民健康档案，实行计算机信息化管理，健康档案3.30万份；入村宣讲科普知识16场次，发放健康宣传材料2万份。全镇健康检查3.30万人。镇卫生院设有卫生防疫站，配备防疫医生4人。村配备卫生防疫员12人，妇幼保健5人。定期开展卫生防疫活动，0～6岁儿童预防接种1800人次。镇村制定卫生应急预防保健工作制度和方案。做好基本医疗保险征缴，年内，全镇参保人数28991人，参保率94.96%。

【社会综治】 2022年，乐东县志仲镇排查登记矛盾纠纷39宗，成功化解34宗，化解率87.2%。推行“6+N”矛盾纠纷多元调处工作机制，由镇法治服务中心牵头，各职能部门协调配合，推进“三个一”+“四级联动”矛盾调处模式。全年调处矛盾纠纷201宗，成功调解195宗，调解率97%。受理“12345”热线工单708件，办结680件。

【社会保障】 2022年，志仲镇养老保险应参保人数1.75万人，缴费任务数1.75万人；特困户等特殊人群政府代缴养老保险759人；全镇缴费养老保险人数3647，完成缴费进度20.85%。全镇参加医疗保险参保3.65万人，缴费任务数3.03万人，完成医疗保险征缴5939人；其中重度残疾户、特困户等特殊人群政府代缴医疗保险1434人，完成医疗保险征收19.63%。全镇低保户498户956人，发放低保金额44.59万元（其中农村低保367户705人，发放金额31.89万元）；特困户86户87人，发放金额6.96万元（其中集中供养7户7人，当月发放金额5600元）；低收入家庭5户14人。临时救助36户36人，发放救助金7920元。

【生态环保】 2022年，乐东县志仲镇2016—2021年卫片土地剩余7宗，全部是办理农业设施备案。2021年卫片图斑15宗，整改销号10宗，剩余5宗；其中3宗为一户一宅挂账处理，2宗为农业设施备案。2022年卫片图斑为3宗，办理农业设施备案1宗，依法依规拆除销号2宗。2018—2020年森林图斑案件126宗，完成复垦复绿验收合格115宗，剩余11宗。2021年新增19宗，完成验收16宗。2013—2017年1宗。2022年新增69宗，已复垦复绿14宗。开展“六水共治”及水浮莲清理工作，全年开展大规模清理水浮莲行动4次，出动1091人次，动用大型机械挖机8辆次，累计清理水浮莲及水上污染物约22公顷660吨。整治镇圩，拆除镇圩主干道破旧防晒棚及广告牌26个，投放垃圾分类桶13组及垃圾分类亭13处；规范设置停车位728个，其中小车位65个，摩托车位（含电动车位）663个。推进

志仲镇“十三公里水库”　　（县委宣传部　供图）

秸秆禁烧，开展网格化管理，网格员230人，悬挂宣传横幅150条，处理真实火点47起，立案处理5宗，顶格处理1宗，罚款4400元。

【乡村振兴】 2022年，志仲镇脱贫人口1507户6260人，监测人口87户299人，消除风险监测人口36户138人；未解除风险监测人口51户161人。产业帮扶：实行积分制差异化分红模式，入股乐东绿鑫合作社发展火龙果，发放分红152.64万元，涉及脱贫户1537户6386人（含监测户60户189人）、低保16户30人及特困户2户2人；产业奖补367户，发放奖补金额82.30万元；用好财政衔接资金入股合作社助农增收，投入1277万元入股合作发展榴莲产业。就业帮扶：开发公益性岗位26个；开展种植培训4个班次240人，电工培训120人；就业帮扶车间吸纳劳动力68人。住房保障：危房改造任务6户（监测户），6户全部竣工入住。金融帮扶：新增小额信贷92户。教育保障：全年春季学期特惠性教育特惠性补贴763人92.805万元，春季“雨露计划”110人19.25万元；秋季特惠性补贴461人53.59万元，秋季“雨露计划”131人22.93万元。年内医疗保障，做好大病、慢性病家庭签约728人；做好参保资助，脱贫户1507户6260人及监测户86户294人，参保率均达100%。全年饮水安全保障，全镇34个农村供水工程正常运行，定期维护，定期消毒，确保饮水安全。

【民生工程建设】 2022年，志仲镇改厕任务总数235座；其中新建厕所开工184座，防渗漏改造51户，全部竣工使用。修建志强村生活污水设施排污池3个、村道硬化1.43千米、安装太阳能路灯100盏及硬化奋赛村农田道路1.68千米。

【重点项目建设】 2022年，志仲镇投入资金修建望老水厂及管网配套供水工程，铺设管网62个自然村，项目完成85%。

【美丽乡村建设】 2022年，志仲镇建立精神文明实践所志愿服务队伍，成员50人，开展志愿服务活动12次。环境卫生整治45次；防范养老诈骗和非法集资、垃圾分类、疫情防控知识等宣传活动55次；悬挂精神文明建设横幅40条；开展“弘扬家风，喜迎党的二十大”活动19次；开展“绿色家庭”“最美家庭”“平安家庭”申报，评选出上述家庭9个。完成悬挂社会主义核心价值观宣传牌村（居）13个，每个村（居）配备负责精神文明建设工作人员1名。

（陈积东）

2022年志仲镇辖行政村、自然村一览表

表17

单位：个

序号	行政村	自然村数量	自然村
1	首　村	3	那迈村、凡七村、南律村
2	保脱村	7	保脱村、保硬村、好球村、道教村、从飞村、万目村、好顺村
3	保国村	7	夏口村、什马口村、保脚村、新村、朵伦村、从共村、苗村
4	谭培村	3	脚再村、新村、黄加村
5	志强村	11	控华村、道德村、空豪村、保界村、永模范村、乙家村、陈考村、控天村、什加巴村、控或村、解放村
6	志仲村	4	三合村、红内村、保合村、导孔村
7	多元村	3	多元村、洪球村、什益村
8	龙林村	4	龙林村、大众村、万河村、南郎村

续表 17

序号	行政村	自然村数量	自然村
9	成栋村	9	黑石村、从南村、好共村、德土村、那同村、昂石村、脚项上村、脚项下村、苗村
10	塔丰村	7	老村、吴桶村、塔丰村、文连村、控银村、文忽村、文区村
11	望老村	4	望老村、保芬村、志向村、保散村
12	奋赛村	4	红毛村、报导村、什乐村

千家镇

【概况】 2022年，全镇区域面积408平方千米，林地1.04万公顷，耕地4146.67公顷（水旱田），坡地3440公顷，山地2.04万公顷，人均耕地面积0.02公顷。辖有19个行政村，1个镇属农场，2个居委会（原福报、乐光、抱伦3个国有农场），81个自然村，128个村民小组，全镇户籍总人口4.63万人，常住人口4.14万人，其中少数民族3.26万人。年内，千家镇获评“全国民族团结进步示范乡镇”。

【经济发展】 2022年，千家镇热带经济作物种植面积1.10万公顷，其中天然橡胶7680公顷、槟榔3326.67公顷、椰子13.33公顷；热带瓜果种植面积1.14万公顷，其中芒果7613.33公顷、龙眼2600公顷、香蕉560公顷、火龙果160公顷、其他热带瓜果373.33公顷；粮食作物种植面积2520公顷，产量约为1.2万吨；蔬菜种植面积1533.33公顷，产量约为2.2万吨。同时，利用全镇23座水库，建成罗非鱼等优良养殖品种繁育场发展养殖产业，利用广阔的果地林地积极引导农民群众大力发展以五脚猪、小黄牛、黑山羊、山林果地腌鸡为主的畜禽产业。

5月11日，“全国民族团结进步示范乡镇”在千家镇政府揭牌

（千家镇政府 供图）

【特色产业】 2022年，千家镇充分发挥自然资源优势，因地制宜“山顶种树、山腰种果、山脚种植短期作物”发展种植业，发动鼓励群众自主种植龙眼、芒果、槟榔、香蕉、火龙果、毛豆等经济作物，努力打造热带特色高效农业“王牌”，培优培强现代生态农业，创新农业产业模式，让辖区群众找到持续稳定增收的产业项目。以永益村等标准化连片洋田示范基地为中心，带动毛豆产业链发展；以只文村打造芒果种植基地为契机，带动“种植＋采摘＋观光”农业种植基地建设；借助乐东双齐实业有限公司等龙头企业示范引领，带动农民群众从粗放的管理模式转变为以技术为主的精细化管理模式，通过技术培训和基地示范，大批的种植户更新管理技术，对果园的管理已经得到重视，增产增收的效益明显，全力推进辖区产业经济发展。

【医疗卫生】 2022年，千家镇完成新型农村合作医疗征缴任务98%。合理配置乡村医生，各村均配备村医1人，满足农民的基本医疗和基本公共卫生服务需求。年内，全镇家庭医生签约率100%。全镇麻疹疫苗接种率100%，农村儿童计划免疫疫苗接种率达100%，做好预防和禽流感工作，做好“手足口”病防控、狂犬病和H1N11流感等重大传染病防控知识宣传。定期组织全镇各村居开展清“五边”促“四爱”环境卫生整治活动，提升辖区内人居环境质量。在全省“省级卫生镇”的考核中，千家镇成功荣获“省级卫生镇”称号。

【社会综治】 2022年，乐东县千家镇履行维护稳定责任，防范化解各类风险隐患，运用“6+N机”制成功化解矛盾纠纷5宗。开展涉稳风险排查整治专项行动，摸排社会面矛盾纠纷起28宗，调处成功24宗，成功率达85%。做好“四访五帮”工作机制，落实每月走访帮扶，累计劝导重新返学6人。根据建设法治政府的工作要求，全镇聘请7名法律工作者作为21个村（居）长期法律顾问，为村民提供法律援助。推选政治素质强、法律水平高的21名公安协警兼任21个村（居）支部副书记、村主任助理，加强村级基层组织法治建设。

【社会保障】 2022年，千家镇开展防寒棉被物资临时救济266人5.04万元，防寒大衣物资临时救济67人1.21万元；开展特困户临时救助工作，对4户特困户临时救助5.01万元；年内发放一、二级重度残疾人护理补贴416人76.33万元；发放困难残疾人生活补贴214人21.37万元。

【生态环保】 2022年，千家镇对秸秆和垃圾焚烧实行网格化防控，发放秸秆禁烧宣传单8220份，对辖区7名农户焚烧生活垃圾等野外违规用火行为进行行政处罚。全面落实河长制、湖长制，推进千家镇污水处理厂、乐光污水处理厂建设及配套管网工程建设进度，组织对抱伦农场望楼河段进行7次水浮莲清理，面积约为23.93公顷。年内，整治违法用地卫片图斑完成整改2宗、耕地卫片图斑完成整改9宗、历年土地卫片图斑完成整改30宗、新增乱占耕地建房图斑完成整改2宗、森林违法图斑复绿39宗。累计拆除整治违法用地26处，其中拆除违法建筑17处，拆除建筑面积约6700平方米；整治耕地水塘9处，填平面积约1.24公顷。

【乡村振兴】 2022年，千家镇助力乡村振兴战略实施。做好防止返贫致贫监测。1.派出200余名村“两委”、驻村工作队、帮扶干部，对全镇19个村所有农村人口，6595户2.66万人进行排查。全镇新增返贫风险监测对象12户40人（因病6户，因住房2户，因意外事故1户，因残2户），全部做好返贫帮扶措施。全年全镇未解除风险监测对象24户90人；解除监测对象3户15人，死亡销户1户1人。2.投入产业发展类合作项目资金417万元，发放产业分红286万元，惠及脱贫户和监测户7936人。年内7个扶贫产业合作项目到期，继续签订合作协议，投入资金1964.2万元，确保产业帮扶延续性。引导家庭年生产经营性纯收入达4000元以上的建档

5月31日，千家镇“消费帮扶月”暨“迎端午·消费助农”集市活动在只文村委会举行
（千家镇政府　供图）

立卡脱贫户和监测对象申请产业奖励金，全年有478户申请产业奖补，奖励金额117.5万元。3.投入村集体经济培育资金1460万元，安排至19个村委会，分别与海南高明农业发展有限公司（火龙果）、创兴农业发展有限公司（火龙果）、海南富德雨顺农业开发有限公司（火龙果）、乐东双齐实业有限公司（芒果）、海南普盛海洋科技发展有限公司（海洋牧场）合作发展产业。年内下达财政衔接推进乡村振兴补助资金2402万元（其中第一批中央资金1018万元，第一批省级资金1099万元，第一批县级衔接资金285万元），实施项目8个。至10月，全镇拨付衔接资金2402万元，资金支出率100%。4.全年脱贫劳动力外出务工4468人，其中省外161人，省内县外407人、县内3900人。为帮助自身条件不足人员及低收入家庭，稳定脱贫劳动力的收入，全镇招收公益岗190人，其中保洁员67人、护林员61人、水利管护员34人、疫情公益岗28人。加强技能培训，组织720名农村劳动力进行初级电工、热带水果种植、直播销售等12种技能培训。招聘会有43家企业到场招聘，提供设计类、财务类、保安员、外卖员、快递员、服务员、水电工、厨师等岗位，到场参加招聘会的求职者480余名，现场达成求职意向的28名。帮助符合条件劳动力申请务工奖补，全年有559人申请奖补，全额40.54万元。5.县教育局按时对全镇在校的建档立卡脱贫户学生1083人发放春、秋季学期教育补助金125.51万元。春季“雨露计划”发放补贴134名脱贫家庭学生23.45万元，秋季“雨露计划”发放补贴198名脱贫家庭学生34.65万元。6.年内，全镇突发严重困难户人口住院和慢性特殊疾病门诊就医722人次“三道防线”报销金额168.13万元，农村脱贫户人口住院和慢性特殊疾病门诊就医702人次“三道防线”报销金额331.56万元，农村低保对象住院和慢性特殊疾病门诊就医624人次“三道防线”报销金额259.60万元，农村特困对象住院和慢性特殊疾病门诊就医34人次“三道防线”报销金额10.51万元。19个行政村均建有村卫生室，并配有村医和基本设备、药品。家庭医生签约率100%。7.对2户新纳入的监测对象实施危房改造，已竣工入住。经过排查，全镇1964户脱贫户供水渠道有水厂供水、自来水塔供水、农户自打水井供水均实现供水安全。全年全镇有低保和特困户467户890人，农村低保355户737人（其中建档立卡户264户508人，监测户12户48人），特困供养人员68户69人（建档立卡户40户40人、监测户1户1人）。监测对象新纳入低保农户3户6人。针对个别家庭因病或突发事故而造成困难的情况，有重点地帮助和扶持；年初开展防寒大衣物资临时救济120人，成功进行临时救助4户总计5.01万元。

【民生工程建设】 2022年，千家镇投入资金700万元实施基础设施项目2个，分别是只文村村道拓宽工程、路灯工程项目和只文村村道硬化工程项目。拓宽道路6千米，安装路灯137盏，硬化村道5千米，惠及群众319户1477人。争取上级支持投入资金525万元实施基础设施建设，硬化道路6.12千米，安装路灯556盏；投入165万元建设千家永益排三田洋80公顷。水田光伏发电抽水灌溉项目已投入使用。协调县民宗局支持投入资金170万元，硬化道路1.20千米；县财政局投入资金100万元建设只文村生产道路1.10千米，不断完善辖区经济发展基础设施。

【重点项目建设】 2022年，千家镇服务企业加快复工复产，推进辖区内乐东县龙栖湾智慧海洋牧场陆域配套项目、乐九公路改建工程项目、乐光污水处理厂、千家自来水厂设施建设工程、110千伏千家输变电新建工程等项目建设。年内，乐九公路改造项目建成通车、千家镇污水处理厂和乐光污水处理厂建成投入使用、千家自来水厂和110千伏千家输变电新建工程也将于2023年3月建成投入使用。

【精神文明建设】 2022年，千家镇完成村级组织活动场所标准化建设，投入51.30万元资金，完成21个村（居）党群服务中心标准化建设，利用现有村级活动场所办公用房，全面清理乱贴乱挂现象，提升政府服务中心的整体功能；整顿提升抱善、汉小村2个软弱涣散党组织；建立“月清单、季督查”党建工作制度，形成督查通报4篇，约谈相关人员15人次；开展庆祝“七一”建党101周年系列活动。通过开展以“能力提升”为主题的党建知识大比武、党建带团建整治人居环境、红歌合唱、参观红色教育基地、重温入党誓词、慰问困难党员等系列活动，增强广大党员光荣感、使命感。

（王发光）

2022年千家镇辖行政村、自然村一览表

表18

单位：个

序号	行政村	自然村数量	自然村
1	千家村	5	大村、夹狗村、龙烈村、拉丁村、保木村
2	青岭村	4	抱青村、抱塘村、水尾村、高土村
3	前号村	4	后号村、前号村、孔车村、前冲村
4	抱平村	5	老尔村、老村、公后村、毛眉村、扎子南村
5	抱郎村	3	以保村、以美村、永峨村
6	汉小村	4	南保村、只厚村、脚艾村、老村
7	抱用村	3	大村、浅文村、陈冲村
8	抱梅村	4	老村、扎会村、长坑村、郎旺村
9	抱善村	5	凤头村、高园村、新安村、新村、告状村
10	郎益村	6	山鸡一村、山鸡二村、百脚村、卖牛村、三星村、扎灶村
11	抱伦村	4	拉法村、扎廖村、抱头村、冲文村
12	永益村	6	大益村、新村、老村、打狗村、正洪村、排三村
13	只文村	5	老村、新村、保球村、臭水村、扎被村
14	福报村	4	大村、上村、扎浩村、保苗村
15	奋跃村	3	中偏村、抱邱村、老村
16	温仁村	5	大村、薯园村、朝琼村、教耐村、新村
17	抱串村	4	老村、新村、抱豪村
18	只峨村	4	大村、只孟村、乙库村、只炮五组
19	扎灶村	3	老村、新村、内昌村

九所镇

【概况】 九所镇位于乐东黎族自治县西南，是乐东沿海六镇之一，距县城45千米。九所镇交通便利，环岛高铁、环岛西线高速公路、中线高速公、路海榆西线和省道交会于此。辖区内有海南环岛高铁乐东站。镇域总面积198.7平方千米，海岸线长12千米，其中耕地面积593.33公顷。有2座小（1）型水库（泰隆水库和抱套水库）、3座小（2）型水库（木棉头水库、老陈田水库和抱浅水库）。全镇辖行政村15个、社区1个，其中黎族行政村3个，有自然村41个，村民小组193个，总人口1.73万户5.78万人。

【经济发展】 2022年，九所镇发展以大棚哈密瓜、热带农业为主

龙栖湾　　（县委宣传部　供图）

的生态农业，建成哈密瓜生产基地16个，总面积1066.67公顷；火龙果种植基地16个，总面积400公顷；芒果种植基地21个，总面积1333.33公顷。引进南繁育种1400公顷，全镇南繁育制种单位65家。其中火龙果基地是第一批全国种植业“三品一标”基地。发展“互联网+农业”，培育订制农业、休闲农业等新业态，促进农餐对接、农企对接，推进农村一、二、三产业深度融合发展。年内，乐东县龙栖湾智慧海洋牧场项目、乐东中兴生态智慧产业有限公司项目、旅游公路、龙栖湾新半岛度假酒店、浩创、尚易、珈宝、污水处理厂等项目均有序建设中。

【特色产业】 2022年，九所镇发展以大棚哈密瓜、芒果、火龙果为主的热带生态农业，引进南繁育制种单位65家，南繁用地达1400公顷。引进富友西甜瓜农民专业合作社，成立九所镇南繁服务保障合作社，为乡村振兴注入新活力。

【教育事业】 2022年，乐东县九所镇有初级中学2所（民办学校初中部1所），小学14所，幼儿园10所；在校学生5067人，其中初中学生1057人，小学生2831人；在园幼儿1179人。教职工521人，其中初中教职工97人，本科60人，专科26人，其他11人；小学教职工253人，本科72人，专科129人，中师27人，其他25人；幼儿园教职工154人，本科20人，专科51人，中师12人，其他71人。

【医疗卫生】 2022年，九所镇有医疗卫生院1所，拥有病床36张，医务人员138名，年门诊量7.56万人次，年住院病人572人次；有村级卫生室11个。

【社会综治】 2022年，九所镇落实县委关于平安法治建设集中宣传活动的部署，全镇安装“国家反诈中心”App达2.51万个，安装率53.35%；签署《知法守法倡议书》5.61万份，超额19.25%完成预定目标；关注“中国禁毒”“海南禁毒新媒体”微信公众号3.49万个，完成率74.11%；加强社戒社康人员管理，全镇有禁毒专干10名，参加社区戒毒（康复）人员100人；其中社区康复100人，正在执行100人，执行率100%。加强禁毒宣传力度，开展“健康人生·绿色无毒”——“防范毒品滥用·禁毒宣传进万家”、“6·26”国际禁毒日主题宣传活动、禁毒宣传进校园活动、每月一次禁毒宣传活动和领导干部讲禁毒活动等，累计悬挂横幅126条，张贴海报300余条，发放宣传资料4000余份。年内，破获现行贩毒案件1宗，刑拘贩毒犯罪嫌疑人3人，查获吸毒人员2人。组织全镇、村干部学习《中华人民共和国反有组织犯罪法》向辖区群众开展集中宣传活动，各村（社区）悬挂横幅、LED显示屏滚动播放宣传标语等一系列方式广泛宣传贯彻《中华人民共和国反有组织犯罪法》，累计发放宣传册600余份，悬挂横幅30余条，解答群众咨询100余人次。全年运用“6+N”矛盾纠纷调处工作机制，排出各类矛盾纠纷34件，成功化解矛盾纠纷27件。其中，运用“6+N”机制化解23件，成功化解21件。年内，联合司法所、派出所、法庭等部门下村开展民法典普法宣传月活动。发放各类宣传资料4000多份，悬挂宣传横幅60

余条，张贴海报300余张。

【生态环保】 2022年，九所镇清理积压垃圾、卫生死角298处，专项整治行动60次，参与人员3626人次，取缔占道摊位331个，扣罚乱停乱放车辆532辆，清理乱贴小广告3862处，清理建筑垃圾3000余立方米。全年，全镇农村建房报建，发证308份。拆除农村乱占耕地违建37宗，拆除总面积1.10平方米；“两违”图斑、卫片图斑、森林图斑整治，依法拆除土地卫片图斑违法建筑20宗，面积2.13公顷，完成113宗图斑的核查与31宗整改任务，恢复耕地（含基本农田）3.87公顷；森林图斑处置12宗，完成复垦复绿18.10公顷，完成砂质海岸线的整治。年内，全镇落实河长制，推行湾长制，对九所新区生活污水通过市政管道直排鸭母沟河的问题，配合县生态环境局等相关主管部门开展联合行动，对鸭母沟河水质污染问题进行治理。将全镇范围内5条河流纳入管理，建立巡河制度。全年累计巡河60余次，出动挖机12次，清洁人员132人次，清理垃圾360余吨。取缔非法采砂点6个，拆解抽砂平台4处。

5月19日，九所镇联合县执法局及其九所镇执法中队、县园林中心、交警等部门开展镇圩环境秩序综合集中整治行动（县融媒体中心　供图）

【乡村振兴】 2022年，九所镇家庭经营净收入超到4000元的239户发放奖励补助计23.90万元，其中包括10户监测对象。年内，全镇引导脱贫人口1993人外出务工，是2021年脱贫劳动力外出务工总人数（1770人）的1.13倍。公益性岗位和帮扶车间吸纳脱贫劳动力和监测对象414人，其中就业局开发公益岗54个，林业局开发公益岗23个，水务局开发公益岗41个，镇级开发公益岗230个，帮扶车间吸纳劳动力66人，高于上年的408人。

【重点项目建设】 2022年，九所镇龙栖湾智慧海洋牧场项目，项目首期申请用海面积48公顷。完成1.20万空方人工渔礁投放，交通艇和工作船各1艘及智能浮标投放相继到位。二期使用海域148公顷，按使用海域比例继续投放人工渔礁。乐东中兴生态智慧总部基地项目，规划用地33.4公顷。年内，实际投资5.58亿元，项目一期6.67公顷A区已竣工验收，B区主体结构已封顶，二期在同步结构已封顶。自来水厂二期扩建工程（涉及九所镇11.5千米沿水管道征地11.33公顷），已建成投入使用，水厂日供水能力从原来2万吨提升到6万吨，最高峰时期供水惠及30万人。旅游公路九所段6.7千米，正在施工建设阶段。龙栖湾新半岛度假酒店、浩创、尚易、珈宝、污水处理厂等项施工在建。

（四郎根培）

2022年九所镇辖行政村、自然村一览表

表19　　　　单位：个

序号	行政村	自然村数量	自然村
1	赤公村	2	赤公村、木棉头村
2	新贵村	2	新村、抱小村

续表 19

序号	行政村	自然村数量	自然村
3	新庄村	3	新庄村、红土园村、老高园村
4	老坡村	2	老罗村、红沟村
5	山脚村	1	山脚村
6	四所村	1	四所村
7	抱荀村	3	落马村、抱荀村、老陈田村
8	海坡村	1	海坡村
9	十所村	2	腊草村、十所村
10	抱浅村	4	抱浅村、芒果头村、立公村、龙浩新村
11	罗马村	1	罗马村
12	镜湖村	1	镜湖村
13	中灶村	13	仙丰村、甜坡园村、铺仔俩村、新站俩村、老洋俩村、老周马园村、面前俩村、光头山及老羊麦园村、俩仔上村、英墩俩村、东号园子村、中灶大村
14	九所村	2	九所村、坡仔村
15	抱旺村	3	抱旺大村、佑园村、赖昌村

利国镇

【概况】 利国镇地处乐东县西南部，距县城 55 千米。镇圩主要街道有中心大道、225 国道大道，各村至镇圩道路已全面实现硬化。全镇辖 25 个行政村（含 3 个社区），75 个自然村，村民小组 285 个，总户数 2.36 万户，8.41 万人。全区域面积 257.43 平方千米，海岸线 14.7 千米。水田面积 2520 公顷，旱地 144 公顷，基本农田面积 3960 公顷，坡地面积 4300 公顷，林地面积 3853.33 公顷。

【经济发展】 2022 年，利国镇利用南繁育种平台，做强做优镇高效农业。全镇种植粮食作物 1733.33 公顷，香蕉 466.67 公顷，槟榔 1200 公顷，芒果 1000 公顷，火龙果 1000 公顷。社会消费品零售总额 4.8 亿元，商品交易市场交易额 0.79 亿元。农村各类专业合作社 55 家，农民增收渠道得到进一步拓宽。

【特色产业】 2022 年，利国镇持续发展热带特色产业，重点做好蜜瓜、芒果、火龙果、黄秋葵、四季豆、豇豆等高效农业的培育与发展。成立镇科学技术协会，建成菜篮子基地 8 个，保障蔬菜保价供应。建成大型豇豆农药减量示范基地 2 个，辐射带动

利国镇“防虫网+”豇豆种植基地　　（县融媒体中心　供图）

面积53.33公顷，推进农产品质量安全工作，带动全镇豇豆等农产品农药减量技术提升。完成全镇28艘渔船钢化改造工作，建立运营全县首个水产品质量检测站，全面加强渔船渔民管理。

【教育事业】 2022年，利国镇有中学2所（冲坡中学、乐罗中学）、中心学校1所（利国中心学校）、小学14所（含4所私立学校）和公立幼儿园1所（利国镇中心幼儿园）、私立幼儿园7所。其中，冲坡中学有初中年级3个，班级42个，学生2076名，教师199名。高中年级3个，班级30个，学生1352名，教师136名。乐罗中学有小学年级6个，班级6个，学生152名，教师19名。初中年级3个，班级6个，学生176名，教师28名。利国中心学校本部有年级6个，班级45个，小学生2347名，教师160名。下辖的小学10所，学生533名，教师99名。私立学校4所学生2604名。

【文化事业】 2022年，利国镇建有新时代文明实践所1个，新时代文明实践站25个，文化站均配齐管理人员。各村组织开展文艺活动5次，举办文化展览20个，接受戏曲进乡村活动服务22次，指导群众业余文艺团队41支。开展“我们的中国梦”——文化进万家系列群众文化活动，活动内容包括广场舞、崖州民歌对唱、象棋等，参加活动人数3000余人。

【医疗卫生】 2022年，利国镇辖有冲坡中心卫生院和乐罗中心卫生院，其中冲坡中心卫生院设有科室13个，医务技术人员118人，乐罗卫生院设有科室3个，医务技术人员20人，床位24张。

【社会综治】 2022年，利国镇开展禁毒、信访、安全生产、法治政府建设、平安建设等社会综合治理工作，选取荷口村委会40平方米办公室作为村法治服务站（综治中心），推动荷口村新时代“枫桥经验”示范点创建工作，设立法治服务中心，推行“6+N”矛盾纠纷调处机制。全年，镇法治服务中心（信访室）受理“12345”热线4073件，均已按时办结；各村累计排查上报矛盾纠纷32件，化解28件，化解率达87.5%；充分用好“6+N”矛调机制，全年成功化解矛盾纠纷63件。挂牌运行望楼港综合执法点。年内，全镇发生刑事案件119宗，破获73宗；发生治安案件408宗，处置389宗。

【社会保障】 2022年，利国镇全镇有低保户1162户2904人，完成新增低保的农户61户134人，恢复低保4户；特困人员120户126人，完成新增特困户5户5人，均按工作管理办法做好相关保障工作。

【生态环保】 2022年，利国镇推进“六水共治”行动，全面落实河湖长制、林长制、湾长制。年内，全镇清退虾塘8公顷。完成九所新区污水处理厂建设并投入运营，完成镇圩污水管道铺设，解决城镇污水处理。开展“镇圩容貌整治”“六水共治”等行动，出动无人机1台、船只8艘、车辆12辆次，先后发动人力500余人次，清理水浮莲138吨。开展“清五边促四爱”（清理江边、海边、山边、路边、景区周边，爱国、爱海南、爱家乡、爱家庭）人居环境整治行动，联合龙马公司开展大小型整治活动100余次，清理卫生死角1200余处，清理转运垃圾7500余吨。加强“禁烧垃圾、禁焚秸秆”管理，全年处罚34宗，处罚金额2.04万元。开展“两违”图斑整治工作，全镇有“两违”违法图斑4361宗，完成销号4124宗，销号占比94.57%。土地领域突出问题违法用地15宗全部完成整改，整改率100%；历年土地卫片247宗，完成整改206宗，未整改41宗，整改率83.40%；土地例行督察及耕地保护督察11宗，全部整改完成，整改率100%；审计发现问题违法占用基本农田25宗，完成整改25宗，整改率100%，综合整改率84.78%。

【乡村振兴】 2022年，利国镇脱贫户890户3586人、监测户8户31人。推行“公司+合作社+农户”的产业化经营模式，累计投入扶贫专项资金1414万元入股大华农业公司、通海高效农业、热沐吧公司等企业发展扶贫产业，发放产业合作项目分红225万余元。开展防返贫监测排查和信息采集工作2轮，无新增纳入监测对象户；全镇脱贫户就业务工人员1745人，安排乡村公益性岗位数量81个，申请务工奖补415人；产业奖补申请7个批次，监测对象249户，发放金额52.7万元；小额信贷通过审核46户，下放贷款金额168.2万元，年度新增总量不低于上年度，脱贫人口小额信贷逾期率为0；“雨露计划”春季为92人发放16.1万元。脱贫户、监测对象中完全丧失劳动能力或部分丧失劳动能力且无法通过产业就业获得稳定收入的，纳入农村低保134人，纳入特困人员救助供养范围5人；特困人员、监测对象已全部参保，脱贫户、低保对象参保率完成100%；全镇慢性特殊疾病认定人数47人；为慢性特殊疾病患者、住院就医人员报销1697人次，报销金额915.9万元。

【民生工程建设】 2022年，利国镇衔接推进振兴补助资金投入1099万元用于实施赤塘村道路硬化、路灯、排水管网基础设施项目3个，以及大华、通海产业园区道路硬化配套设施项目2个；投入资金1414万元，入股4个“公司+合作社+脱贫户”项目。开展“厕所革命”工作，全年县里下达利国镇厕所防渗漏任务150户，完成163户，完成率达100.08%。争取到县政府拨付抗旱资金100万元，完成抱岁村等6个村17口深水井建造。

【重点项目建设】 2022年，利国镇做好点项目服务和农业产业升级，推动乾言村花岗岩矿区开发、球港村海洋南繁育种产业园等一批重点项目建设。加快推进G98环岛高速公路大三亚段扩容、公交化旅游站前广场及进场路项目、省道516利球线利国互通至海榆西线段新建工程项目、利国镇望楼河河堤西路工程项目等征地的工作进程，保障项目顺利开发建设。推动建设利国镇农副产品物流中心、利国镇夜市一条街、利国镇全民健身活动中心、改造优化利国中心大道等项目。

【精神文明建设】 2022年，利国镇发展乐罗地区及望楼河文艺协会传承崖州民歌文化，发扬乐罗古郡文化。加强乡村振兴电视夜校教学管理，指导25个村（社区）更新村规民约，建立道德红黑榜，发动群众定家训、正家风。在春节前夕，各村组织开展村运动会等活动，参与活动2000余人次。全面深入开展社会文明大行动，组织开展各类学习活动70场。各村组建多个妇女舞蹈队丰富乡村文化，望楼港社区常态化举办省内篮球邀请赛。

（黄小健）

2022年利国镇辖行政村、自然村一览表

表20　　单位：个

序号	行政村（社区）	自然村数量	自然村
1	新联村	5	老邢园、茅坡村、海棠村、田套村、新旺村
2	新民村	6	老郑村、广园村、抱兰村、新安村、三间村、椰子头村
3	球港村	1	球港村
4	羊上村	1	羊上村
5	望楼村	1	望楼村
6	抱新村	3	莺歌村、抱架村、下坊村
7	抱岁村	1	抱岁村
8	秦标村	1	秦标村
9	荷口村	3	槐脚村、荷口村、长兴村

续表 20

序号	行政村（社区）	自然村数量	自然村
10	佛丰村	3	佛皇村、佛享村、大安村
11	官村	1	官村
12	红五村	9	抱趣村、抱栋一村、抱栋二村、田汉村、新村、罗怨村、槐村、老周园村、高岗村
13	茅坡村	6	集中园村、联合场村、水桶一村、水桶二村、乾言村、茅坡村
14	文且村	5	新村、文且村、新兴村、新安村、黎村
15	抱告村	5	吉乐村、排三村、大村、后溪村
16	塘丰村	6	风车田村、陈干落村、老欧落村、上塘仔村、中塘仔村、下塘仔村
17	冲坡村	5	老吉落村、老陈落村、老邢落村、新村仔、竹头村
18	赤塘村	5	塘上村、赤楼村、赤隋村、冲前村、昂落村
19	乐一村	1	乐一村
20	乐二村	1	乐二村
21	乐三村	1	乐三村
22	乐四村	1	乐四村

黄流镇

【概况】 黄流镇位于乐东县的西南端，海榆西线公路、西线高速公路和西环铁路横贯其中。全镇区域面积142.5平方千米，海岸线8.20千米，常用耕地面积3480公顷，其中水田1700公顷，旱地1780公顷，有效灌溉面积1800公顷；辖区内有中型水库1个（三曲沟水库）；小（2）型水库3个（蚂蝗塘水库、抱定水库、坡尾水库）。全镇管辖村委会22个、社区1个和农场1个，其中黎族行政村1个。有自然村11个，其中少数民族村5个，村民小组240个，总人口7.72万人2.90万户，其中常住人口5.52万人，流动人口2.20万人。

【经济发展】 2022年，乐东县黄流镇生产总值31亿元，同比增长9%，人均纯收入1.65万元。全镇现有三大农业主产区：卧龙岭2000公顷现代农业示范区，重点发展香蕉、芒果、龙眼、槟榔等热带特色产业；抱孔田洋高效农业基地，面积613.33公顷，主要发展水稻、玉米南繁育种科研等传统产业；黄新田洋农业基地，面积566.67公顷，主要发展南繁育种业、反季瓜菜、淡水养殖业等产业。全镇有2个近海行政村发展近海捕捞业，有小型渔船320艘，海水养殖虾塘84.27公顷。辖区建有海兴猪苗场，猪场占地面积7.40公顷，年平均存栏基础母猪800头，年出栏猪苗1.50万头。年内，海南康牧农业开发有限公司在黄流镇建设30万头生猪生态养殖基地，计划存栏母猪1.50万头，每年出栏商品猪30万头。

【教育事业】 2022年，黄流镇有中小学校26所，其中小学23所，中学3所，中学分别是华东师范大学第二附属中学乐东黄流中学、黄流中学、联合中学。有小学生6007人，初中学生3436人，高中学生2571人。

【医疗卫生】 黄流镇有县级综合医院1所（乐东县第二人民医院），是海南全省唯一一所在乡镇创办的集临床、急救、预防、教学、科研为一体的国家综合性二级甲等医院。肩负着乐东沿海地区近40万人民群众的临床医疗、预防保健、突发公共卫生事件等医疗救治工作。2022年，医院核定住院床位300张，设有普外科等临床科室17个，医技科室7个，门诊部3个，急救中心1个。

【社会综治】 2022年，黄流镇扎实做好社会面整体管控、矛盾纠纷排查化解工作。1.落实好治理服务工作。落实“四访五帮”，登记管控不良行为未成年人11人，准备退出帮教3人。汇聚优秀志愿服务者200余名，组织开展禁毒、就业、关爱“三留守”等志愿服务活动40余场次。组建30人的基干民兵应急先锋队，开展防汛救灾、森林防火等活动12场次。2.发挥好“法治服务中心”作用。每季度至少召开矛盾纠纷研判分析会1次，健全矛盾纠纷多元化解工作格局，加强在册41名社区矫正人员的管理。排查涉稳风险事项7项，明确牵头领导和配合人员及单位，定期跟踪。3.加强法治宣传教育作用。在每个村（居）至少设置固定法治宣传栏2个。结合能力提升建设年活动组织开展“人民调解员专题培训班”“民法典法律知识培训班”，配合司法所开展土地权属纠纷法治讲座，开展法治宣传现场活动2期。4.抓好禁毒专项行动工作。召开班子会议讨论研究禁毒工作3次，举行“领导干部讲禁毒”活动8场次。落实“六进”宣传教育，每月至少举行禁毒志愿宣传活动2场次。

【社会保障】 2022年，黄流镇完成新增低保的农户29户81人。完成特困人员新增8户8人。全镇有五保户85户85人，对申请享受五保待遇的人员及时进行调查核查，救助金按时打到五保专用卡上。年内，完成全镇所有特困人员完全自理、半自理、和不能自理监护人照顾领款协议的签订工作。年内，新增残疾人“两项补贴”人64人，其中重度残疾人护理补贴45人，困难残疾人生活补贴19人。

【生态环保】 2022年，黄流镇开展第二轮中央生态环境保护督察信访件核实处理工作，办结中央环保督察交办信访积案27件，主动开展“回头看”，确保不发生反弹。同时，深入开展国家海洋专项督查整治工作，重点对辖区内7.80千米海岸带养殖池塘进行调查摸底，建立台账，并联合县环保局、林业局、海洋渔业局进行查处清理。协助县综合行政执法局完成查处2021年涉林违法图斑14宗，2013年以来涉林专项行动违法图斑2宗，完成复林复绿8宗（2021年涉林违法图斑4宗、2013年以来涉林专项行动违法图斑4宗），办理生产设施林地手续7宗。县林业局下达黄流镇造林绿化任务13.33公顷，已完成16.54公顷，完成率124.05%，位列全县第一。2021年上半年耕地卫片3宗，已完成整改2宗，未完成整改1宗，土地领域突出问题10宗，已完成整改8宗，未完成整改2宗，完成比例80%；历年土地卫片296宗，已完成整改195宗（包含近期整改的7宗），未完成整改101宗。

【乡村振兴】 2022年，黄流镇开展防返贫监测集中大排查，排查农村居民14721户60433人，排查纳入监测对象1户5人。新识别监测对象2户8人，消除风险8户22人。未解除监测对象26户103人已经安排帮扶联系人，建立三级帮扶监测台账，及时更新帮扶进度，跟踪帮扶措施落实到位，确保消除致贫风险点，16户监测对象均已落实帮扶措施。落实基础性政策保障。年内，发放教育补助脱贫户、监测对象春季教育补助250人31.53万元，发放春季雨露计划补助39人6.83万元，无6~15岁学生辍学情况。医疗保障方面，实现脱贫户、监测对象基本医疗保险参缴率100%。危房方面，开展农户危房等级鉴定。发放产业奖补70户7万元，开展消费扶贫集市1期，开展小额信贷需求排查1次。采取企业+合作社+脱贫户的模式，发展智慧海洋牧场项目，帮助脱贫户和村集体经济增加收入。建设高道村示范村基础设施项目。开设水管员、护林员、乡村公益岗等公益性岗位，其中护林员28人，水管员73人，乡村公益岗54人，解决弱劳动力群体就近务工问题。挂牌就业驿站1家，就业驿站提供求职登记、就业指导、务工培训、灵活就业等功能，并整合多个劳务带头人，加强信息沟通，及时为用工企业和求职者提供就业服务。

【重点项目建设】 2022年，黄流镇6个年总投资500万元以上项目（含省县重点项目）均已顺利复工复产，其中南繁科研育种配

在建中的海南康牧乐东30万头生猪生态养殖基地

（县融媒体中心　供图）

套服务区建设项目年度计划投资4.5亿元，完成投资3.35亿元，年度投资完成率74.4%；杂交水稻良种繁育基地项目年度计划投资1000万元，完成投资972万元，年度投资完成率97.2%；30万头生猪生态养殖基地项目年度计划投资3亿元，完成投资1.53亿元，年度投资完成率51.3%；黄流中学男生宿舍楼建设项目年度计划投资292万元，完成投资458万元，年度投资完成率157%；陀兴干渠引水至三曲沟水库斗渠工程年度计划投资3804万元，完成投资2182万元，年度投资完成率57.4%；卧龙岭烈士纪念园项目年度计划投资690万元，完成投资459.4万元，年度投资完成率66.6%。

（周　晓）

2022年黄流镇辖行政村、自然村一览表

表21　　单位：个

序号	行政村（社区）	自然村数量	自然村
1	黄西村	1	黄西村
2	黄中村	1	黄中村
3	黄东村	1	黄东村
4	多一村	1	多一村
5	多二村	2	多能村、多海村
6	新荣村	2	木头园村、官园村
7	怀卷村	3	怀卷村、广元村、福元村
8	铺村村	1	铺村村
9	赤龙村	1	赤龙村
10	东孔村	1	东孔村
11	孔汶村	1	孔汶村
12	抱一村	1	抱一村
13	抱二村	1	抱二村
14	佛老村	1	佛老村
15	高道村	1	高道村
16	镇远村	1	镇远村
17	新民村	1	新民村
18	赖元村	1	赖元村
19	水内村	1	水内村

续表 21

序号	行政村（社区）	自然村数量	自然村
20	赤命村	3	赤命村、新营村、赤桃村
21	尖界村	1	尖界村
22	新建村	4	新村、高园村、眉村、三角土村

莺歌海镇

【概况】莺歌海镇位于乐东县的西南端，东与黄流镇相邻，北靠佛罗镇，南临南海，西临北部湾。镇域土地总面积 24 平方千米，海岸线 13 千米。耕地面积 65.19 公顷（其中坡地面积 65.19 公顷），林地面积 264.07 公顷。全镇辖行政村（社区）6 个，自然村 3 个，村民小组 28 个，常住人口 2.15 万人。莺歌海镇是渔业重镇，有街港 146 条，主要街道有海滨街、海莺街、海中街、海建街、海防街等；各村至镇圩道路均已实现硬化，连接友邻乡镇的县道 780 有 21.90 千米。镇圩有金融机构邮政储蓄和农村信用社 2 家。餐饮服务业繁荣，各类海鲜、渔产品丰富。2010 年初，《中共海南省委关于加快海南西部地区开发建设的若干意见》把莺歌海镇计划发展成为港口—海岸观光休闲型的风情小城镇。

【经济发展】2022 年，莺歌海镇以渔业和种养殖业为主。养殖业有鱼苗孵化及成品鱼养殖两大类型。鱼苗孵化规模 40 公顷，年产值 2 亿元。成品鱼养殖有三大基地，2000 余口养殖池，年产值约 10 亿元；哈密瓜种植 200 公顷，年产值约 2.4 亿元。

【特色产业】莺歌海镇是渔业重镇有 6 个社区居委会，其中渔业社区有 5 个，有渔船 205 艘（其中莺一 75 艘、莺二 54 艘、莺三 49 艘、新一 18 艘、新二 9 艘）。渔业（捕捞与养殖）和大棚哈密瓜种植是全镇的主导产业。莺歌海镇引导广大养殖户进行转产转型，为养殖业发展寻找新的出路，大棚沙滩哈密瓜种植业是全镇第二大经济产业。2022 年，莺歌海镇建造钢质渔船 17 艘 530 吨位，渔船完成初建下水试航 8 艘，其余 9 艘在建。

【教育事业】2022 年，莺歌海镇有初级中学 1 所，在校学生 202 人，入学率 100%；中心学校 1 所，在校学生 501 人；乡村小学 2 所，有学生 104 人，适龄儿童入学率 100%；中心幼儿园 1 所，有 161 名幼儿。全镇有中小学教师 103 人。其中，中学教师 29 人，高级职称 9 人、中级职称 12 人；小学教师 55 人，高级职称 9 人、中级职称 32 人。辖区内有民办幼儿园 6 所。

【文化事业】2022 年，莺歌海镇政府加强建设和维护莺歌海镇老年人服务中心、文化站、莺歌海革命烈士纪念园，做好对莺歌海抗日救亡组织旧址、莺

2022年9月18日，莺歌海镇开渔仪式在莺歌海镇举行

（县融媒体中心　供图）

歌海渔民协会旧址、中共莺歌海支部旧址等历史旧址的保护。

【医疗卫生】 2022年，莺歌海镇建有镇卫生院1所，有村卫生室6所。莺歌海镇卫生院是一家集医疗、防疫、妇幼保健、公共卫生于一体的乡镇卫生院，设有内科、儿科等科室9个。预设编制床位30张，开放床位23张。

【社会综治】 2022年，莺歌海镇立案29宗，破获刑事案件13宗，其中故意伤害3宗，诈骗案1宗，盗窃案3宗，寻衅滋事1宗，掩饰隐瞒犯罪所得5宗；受理治安案件83起，查处57起。对11户社区居民私自存放多瓶煤气罐用于酒席出租存在较大安全隐患的问题，联合县住建局、县执法局进行处置。全镇26家使用燃气的餐饮场所，按照应装尽装原则，均安装了燃气报警装置。在清明节、端午节等重大节日期间，对森林防火工作进行专门的部署，加强森林防火巡查，尤其是清明节期间，加强值班值守，建立火灾隐患点排查台账，引导群众文明祭祀。

【生态环保】 2022年，莺歌海镇开展镇圩容貌大整治行动，镇委镇政府组织乡村振兴工作队、社区“两委”干部、居民小组长、各级代表、志愿者等参与整治行动。年内莺歌海镇顺利通过“省级卫生镇”复审。

【乡村振兴】 2022年，莺歌海镇新建安装路灯87盏，新建及改造电路8.16千米，新建污水处理厂1间，新增自来水入户127户。年内，莺一社区、莺二社区、莺三社区、新一社区与海南怡亿水产有限公司签订新的合作协议，年收益分红为入股资金的13%。

（郑　瑛）

佛罗镇

【概况】 佛罗镇位于乐东县的西南端，与黄流尖峰两镇相邻，面临南海和北部湾。全镇土地总面积73.3平方千米，海岸线11.5千米。耕地面积2403公顷，其中水旱田1222公顷，坡地1181公顷；林地1051.94公顷；国道海榆西线和G98环岛高速西线段贯穿境内，交通便利。有河流佛罗溪，全长30公里，有小（1）型水库1个。全镇下辖16个行政村及1个社区，22个自然村，124个村民小组及2个居民小组，有人口12105户41698人，有少数民族自然村1个（老吉村），有少数民族村民168人。

【经济发展】 2022年，佛罗镇发展高效农业，全镇瓜菜种植面积4980公顷，其中大棚哈密瓜266.67公顷，豇豆、四季豆、茄子等冬季瓜菜1666.67公顷，金钱树热带花卉产业646.67公顷；全镇有“菜篮子”基地7个，面积475.33公顷。

【特色产业】 2022年9月28日，在佛罗镇设立的海南首个农林产业大数据平台“中国金钱树大数据平台”上线运行，金钱树产业实现转型升级，平台以“数字赋能、产业融合”为建设思路，从根源解决金钱树产业中所存在的质量管控难、品牌营销难等问题。

金钱树种植基地　　（县融媒体中心　供图）

【教育事业】 2022年，佛罗镇有中学1所，小学11所。分别是佛罗中学和佛罗中心学校（所辖新坡小学、丰塘小学、老孔小学、福塘小学、昌厚小学、求雨小学、青山小学、新安小学、丹村小学、白井小学）。升学率及入学率保持100%。

【文化事业】 佛罗镇17个村（社区）农家书屋基本成型，书屋有藏书，阅读区、桌椅，配备专职人员管理。丰塘村升级农家书屋，占地面积83平方米，藏书20余种，1万余册，配备2张长桌、3张方桌、1套半圆形沙发，配备专职人员管理，全天8小时向村民免费开放；年内组织举办“蜜瓜杯”篮球赛1场。

【医疗卫生】 2022年，佛罗镇有卫生院1所，内设科室14个，有医生31人，其中副主任医师1人，主治医师9人，执业医师16人，执业助理医师5人，主管检验师1人，检验士1人，技师1人，主管药剂师1人，药剂士3人，护士23人，其中主管护师3人，护师7人，执业护士13人，床位50张。

【社会综治】 2022年，佛罗镇受理各类矛盾纠纷25宗，成功调处25宗，其中运用“6+N”机制调处8宗，调处成功率100%；选派佛罗海岸派出所17名民警入驻佛罗镇17个村（社区）担任党支部副书记、主任助理；常态化排查化解重点行业领域安全隐患，整治高铁隐患6处，砍伐遮挡高压电线槟榔树33株，清理占压煤气管道芒果树200余株，加强执法巡查，整改纸箱厂21家，规范完善纸箱厂消防设施2家，组织各村（社区）使用海南省房屋建筑和市政设施调查系统完成全国第一次自然灾害综合风险普查房屋建筑调查1.98万栋，排查自建房1.53万栋。

【社会保障】 2022年，佛罗镇加大民生保障力度，规范低保发放，实行低保对象动态调整，确保应保尽保、应退尽退。年内，新增农村低保户22户，停保29户，发放临时救助8户1.2万元；发放防寒棉服120件、防寒棉被300床；疫情期间救助外来人员5人（户）0.90万元，救助困难群众160户2.46万元。

【生态环保】 2022年，佛罗镇做好“六水”（治污水、保供水、排涝水、防洪水、抓节水、优海水）共治工作，整治清理佛罗溪，周边养殖塘6口2.62公顷，清理河溪水面水浮莲面积约1.69万平方米，打捞清理水浮莲50.70吨；开展土地领域整治工作，累计销号“两违”图斑3560宗，完成率93.41%，拆除违法占用耕地建房图斑41宗，剩余11宗经上级批准暂缓处置，重新摸排农村乱占耕地建房存量图斑56宗，完成整改56宗，完成率100%；做好砂质岸线保护工作，整治砂质岸线10.25平方米，整改排污管、抽水机等设备826个，完成率100%；严格落实“田长制”，实现耕地和永久基本农田保护责任全覆盖。全面启动农房报建“零跑动”审批并发证174宗；做好林长制工作，加强森林资源保护管理，组织开展“清风行动”，联合镇执法中队、镇林业站、佛罗公益林管理站、市场监管所开展20多次行动，排查餐饮酒店20家、农贸市场1家，清理捕鸟

佛罗镇丹村 （县委宣传部 供图）

网60张、缴获诱鸟机30多个、蓄电池30多个；大力整改森林图斑，完成2019年上级审计机关审计发现涉林图斑、2021年森林督查图斑、2013年专项打击毁林图斑及2022年疑似违法图斑34宗。完成造林绿化任务，完成造林绿化面积46.67公顷；做好秸秆禁烧工作，在辖区实行以村（居）委会为片区、以农田分片为单元的网格化管控。年内对辖区内发现焚烧秸秆违法行为立案19宗，依法罚款1.01万元。

【乡村振兴】 2022年，佛罗镇做好巩固拓展脱贫攻坚成果同乡村振兴有效衔接，以“两不愁三保障”为根本开展防返贫监测集中排查，遍访全镇9087户3.65万人。为全镇脱贫户缴纳2022年度新农合，参合率100%。为边缘易致贫户、脱贫户、农村特困户、农村低保对象门诊就诊报销517人54.58万元，住院医疗报销381人182.15万元。发放春季学期教育特惠性资助479人59.23万元，申请雨露计划53人9.28万元；加速推进衔接项目，投入资金997万元与乐东普英洲花卉园艺有限公司、海南乐东光伏神农农业旅游有限公司等企业合作种植金钱树18公顷、哈密瓜20公顷；投入资金319.40万元发展基础设施建设项目。优化贷款渠道，引导脱贫户43人贷款197万元发展农业产业，发放115户11.5万元产业奖励资金。拓展和畅通脱贫户就业渠道，引导脱贫户就业1312人，发放就业奖补927人136.14万元，发放交通补贴171人3.96万元。

【民生工程建设】 2022年，佛罗镇升级优化改造镇圩建设，完成225国道新安路段、太阳城路段涝水改造和清理镇圩国道排水沟淤泥工程。

（陈积霞）

2022年佛罗镇辖行政村、自然村一览表

表22　　单位：个

序号	行政村（社区）	自然村数量	自然村
1	佛中村	1	佛中村
2	佛南村	1	佛南村
3	佛北村	1	佛北村
4	田头村	1	田头村
5	响地村	1	响地村
6	求雨村	1	求雨村
7	新安村	1	新安村
8	青山村	1	青山村
9	长青村	2	长流村、青路村
10	福塘村	1	福塘村
11	丰塘村	2	丰塘村、新丰村
12	白井村	2	白井村、永德村
13	新坡村	2	新坡村、老吉村
14	丹　村	4	丹村、丹村新村、花生园、太阳城
15	昌厚村	1	昌厚村
16	老孔村	1	老孔村

尖峰镇

【概况】 尖峰镇位于乐东县西北部，与东方市交界。全镇辖行政村 11 个（其中汉族村 4 个，黎族村 7 个），自然村 24 个（其中汉族自然村 4 个，少数民族自然村 20 个），村民小组 69 个（其中汉族村民小组 19 个，少数民族村民小组 50 个），总人口约 2.40 万人 6100 户，全镇区域面积 205 平方平千米，耕地面积 3826.67 公顷，其中水旱田面积 1760 公顷。海岸线 11.50 千米；境内有岭头国家一级渔港和有小型水库 9 个，其中小（1）型水库 4 个（山道、昂兴、老包、响水水库），小（2）型水库 3 个（葫芦门、石榴田、黑眉水库），山塘水库 2 个（三公墓、开兴塘），总库容 759 万立方米。

【经济发展】 2022 年，尖峰镇发挥资源优势和区位优势，加快产业结构调整，优化产业结构，发展高效优质农业。年均种植哈密瓜 933.33 公顷，火龙果 1200 公顷，金菠萝 373.33 公顷，香蕉 106.67 公顷，豇豆 533.33 公顷，苦瓜 126.67 公顷，辣椒 80 公顷，茄子 80 公顷，龙眼 120 公顷，芒果 213.33 公顷。

【特色产业】 2022 年，尖峰镇红心火龙果种植规模约 1200 公顷，每亩产量 4250 千克，每千克约 7 元，年产值约 5.35 亿元；金菠萝种植规模约 400 公顷，每亩产量 4000 千克，每千克约 6 元，年产值约 1.40 亿元；燕窝果种植规模约 266.67 公顷，每亩产量 1500 千克，每千克按 60 元计算产值，年产值约 3.60 亿元；冬季瓜菜种植面积约 533.33 公顷，产量约 1 万吨，产值约 0.50 亿元。

燕窝果　　（县融媒体中心　供图）

【教育事业】 2022 年，尖峰镇有中学 1 所，小学 9 所，中小学混合学校 1 所，幼儿园 1 所。其中，中学教师 21 人，学生 46 人；中心学校（小学）教师 24 人，学生 276 人；尖峰林业局子弟学校有教师 41 人，学生 613 人（中学部教师 21 人，学生 227 人；小学部教师 20 人。学生 386 人）。

【文化事业】 2022 年，尖峰镇有文化站 1 个，村级文化活动中心 11 个，村级图书室 11 个，藏书 1 万余册。

【医疗卫生】 2022 年，尖峰镇建有镇中心卫生院 1 所。设置内科、外科等 11 个科室。在岗职工 107 人，配有医疗专业技术人员 65 人，占全院职工的 85%，其中高级职称 2 人、中级职称 5 人、执业医师 9 人、执业助理医师 9 人、主管护理师 4 人、护理师 14 人、执业护士 15 人，药剂师 2 人、药剂士 1 人，主管检验师 1 人，检验师 1 人、检验士 2 人，放射医师 1 人、放射士 1 人，床位编制 100 张，开放 34 张。全年门诊量 6.33 万人次，住院 142 人。全镇 11 个村建有卫生室 11 所。全年出生人口 194 人，出生率 7.8%，符合法定生育率 79.9%，计划外多孩率 19.07%，出生人口性别比 125.58，综合避孕率 57.37%。孕前优生健康检查 36 例。

【社会综治】 2022 年，尖峰镇建立维稳工作机制，引导群众合理表达利益诉求。开展“八五”普法和“6・26”禁毒宣传等活动。加强安全生产监督管理，针对辖区内重点区域、重点行业进行生产安全隐患排查；持续开展“三无”船舶清理工作，加大宣传力度，增强群众意识，杜绝使用“三无”船舶进行捕捞作业；年内完善镇法治服务中心和11个综治（平安建设）工作联络点，招聘13名风险防控网格员常态化开展综治工作。

【社会保障】 2022年，尖峰镇做好社会救助，保障困难群体，全镇有城乡低保292户654人，城乡特困人员37户37人，困境儿童8户8人，事实无人抚养儿童2户2人，每月进行发放补贴。年内、全镇享受临时救助补贴款有108户11.47万元，其中县级救助有12户9.33万元，镇级救助96户2.14万元。发放重度残疾人护理补贴322人，困难残疾人生活补贴157人。发放80岁以上高龄老人认证补贴947人。

【生态环保】 2022年，尖峰镇树立“绿水青山就是金山银山”的发展理念，加大土地卫片图斑整改力度，历年土地卫片全镇图斑176宗，完成销号整改118宗，未整改58宗，整改工作有序推进。加强大气污染防治，实行属地管理，全镇实行领导包片、驻村干部包村、村组干部包农户和田块的工作机制，加大禁烧秸秆宣传力度，发放倡议书3000余份，签订承诺书3500余份，悬挂横幅36条，张贴公告60张。加强裸土复垦复绿，严格管控已完成治理的裸露地面，杜绝扬尘问题复发。稳步推进“六水共治”，落实巡河制度，镇、村级河长严格按照要求开展巡河，坚决打击非法采砂行为，推进水浮莲清理“百日大战”行动，清理龙沫湾（南边沟）段9300平方米。组织镇级、村级林长按规定要求开展巡林，确保森林资源管理工作责任到位、落实到位。加强禁塑宣传教育，组织对超市、农贸市场等经营者进行积极引导，公共场所张贴宣传海报100余张、悬挂宣传横幅24条。

【乡村振兴】 2022年，尖峰镇脱贫户1098户4743人，其中脱贫不稳定户2户10人，稳定脱贫户578户2539人，相对稳定脱贫户518户2194人。未消除风险监测对象18户77人，其中脱贫不稳定户2户10人，边缘易致贫户14户63人，突发严重困难户2户4人。全年开展防止返贫致贫集中排查工作，累计排查农户4907户2.09万人，累计新增监测户8户35人。年内，发放春秋季学期教育扶贫特惠性资助977人次115.21万元；春秋两季“雨露计划”发放209人次36.58万元。继续落实相对稳定脱贫户、监测对象年度产业奖补政策，累计发放对象444户，发放奖补资金79.4万元。全年引导脱贫劳动力外出务工2616人，其中省外务工89人，省内县外务工480人，县内务工（含灵活就业人群）2047人。全年开发公益性岗位41人，开发渠道管护员30人。年内落实务工奖补政策，发放外出务工奖补793人68.90万元，发放交通补贴24人6600元。以消费扶贫集市等形式，开展线上线下消费扶贫活动，累计消费1.60万元。大力发展村集体经济，投入财政专项资金1477.20万元，采取与企业合作的形式，推动村集体经济持续增收。投入财政专项资金344.20万元用于建设黑眉村道路、排水沟、路灯等基础设施项目，为村民出行提供便利。

【民生工程建设】 2022年，乐东县尖峰镇投入维修资金314.68万元，修缮加固镇政府办公大楼，6月工程通过验收，年底投入使用。投入资金344.20万元，用于黑眉村修建道路、排水沟、路灯建设，凤田村委出资12.76万元，修建路灯116盏。抱罗村协调定点帮扶单位修建300米排水沟，安装路灯10盏及眉报小学彩砖铺设工程500平方米。翁毛村工作队筹集资金3.60万元建立村牌，新安装太阳能路灯11盏、维修更换路灯38盏，协调县水务局为第5、6村民小组打深井、建水塔，向省税务局申请41.30万元帮扶资金修建排水管道，解决部分村民家中生活用水无处排放，村道污水横流问题。岭头村协调县乡村振兴局，投入197万元，硬化村道2.50千米。山道村新安装路灯5盏、修理路灯80盏，投入8万元为老邢田打生产抗旱水井、生活用水井各1口。

【重点项目建设】 2022年，尖峰

镇加快推进美丽乡村悦云府、山道村“美丽乡村”项目建设（一期）、全面协调海南西环高铁和货线三亚至乐东（岭头）段开行公交化旅游化列车改造工程项目、环岛旅游公路等重大项目有序推进。

【精神文明建设】 2022 年，尖峰镇，联合镇团委、妇联、人大志愿者到敬老院开展“敬老月”活动及关爱农村“留守儿童”活动，上门慰问留守儿童 8 人；开展送戏下乡活动 10 场。

（吴清耀）

2022年尖峰镇辖行政村、自然村一览表

表 23　　单位：个

序号	行政村（社区）	自然村数量	自然村
1	黑眉村	3	黑眉村、内冲村、新村
2	岭头村	1	岭头村
3	海滨村	1	海滨村
4	白沙村	1	白沙村
5	长安村	1	长安村
6	红湖村	3	老村、新村、葫芦门村
7	山道村	2	山道村、老邢田村
8	凤田村	1	凤田村
9	翁毛村	4	翁眉村、响水村、白毛洋村、试验场村
10	抱罗村	3	眉抱村、长田村、老罗村
11	尖峰村	4	大凯村、丁司村、牛泥头村、沙模村

重要文献

实施三大战略　突出五个抓手　强化四项保障 在中国式现代化和海南自由贸易港建设中 持续掀起乐东“三区”发展新热潮

——在县委十四届四次全体（扩大）会议暨县委经济工作会议上的报告

（2023年1月5日）

中共乐东黎族自治县委书记　孙世文

各位委员、候补委员，同志们：

受县委常委会委托，我向全会作工作报告。

2022 年工作回顾

过去一年，面对艰巨繁重的改革发展稳定任务、超预期因素冲击，县委常委会坚决按照党中央“疫情要防住、经济要稳住、发展要安全”要求，按照省“一本三基四梁八柱”[1]战略，按照省委沈晓明书记“四个争当”[2]工作要求，团结带领全县广大党员干部群众在经济发展、疫情防控、乡村振兴、自贸港建设等各个战场并肩战斗、比学赶超，保持了经济社会大局基本稳定。

一是聚焦践行“两个维护”，不折不扣贯彻党中央和省委决策部署。县委常委会坚定“两个确立”[3]，做到“两个维护”[4]，自觉用习近平新时代中国特色社会主义思想武装头脑、指导实践、推动工作，坚决把党中央和省委决策部署落到实处。把深入学习宣传贯彻落实党的二十大精神、习近平总书记关于海南工作的系列重要讲话和指示批示精神与省第八次党代会精神、省委八届二次全会精神等有机结合，与“能力提升建设年”活动有机结合，列入各级党组织学习内容，列入干部培训必修课，举办各类培训班269期培训38270人。坚持线上线下一体推进，深入宣传解读中央和省委决策部署、自由贸易港政策，在全县汇聚起奋发进取的磅礴力量。县委常委会坚持先学一步、深学一层，先后召开30次县委常委会专题学习，班子成员带头下基层宣讲党课62场次，引领带动全县广大党员干部学深悟透精神实质。建立理论学习中心组列席旁听制度，聚焦习近平总书记调研海南时的重要讲话精神等开展中心组学习16次，以“关键少数”带动“绝大多数”。

二是聚焦精准施策，慎终如始抓好疫情防控。县委常委会始终坚持人民至上、生命至上，以时时放心不下的责任感，全力服务抗疫大局。健全常态化防控和应急处置转换机制，严格落实优化疫情防控新措施新要求，快速、科学应对疫情风险。全力推进老年人等重点人群新冠疫苗接种，确保符合条件群众应接尽接，构筑免疫屏障。面对“0801”疫情，选派39名机关事业单位“一把手”和各镇副科级以上干部到高风险村（社区）任第一书记，组织5063名机关干部职工下沉一线，动员2万余名党员、志愿者参与防疫，带动全县上下在疫情大考中彰显担当作为，有力保障人民群众生命健康。

三是聚焦挖潜增效，全力以赴稳住经济基本盘。县委常委会对照中央和省委统筹疫情防控和经济恢复提振的要求，牢固树立“项目为王”理念，力促经济平稳运行。推动成立海南国际经济发展局乐东公司，组织党政代表团赴广东开展自贸港宣传和招商推介，举行第二届消博会乐东专场推介会，与中交海洋投资控股有限公司、德勤咨询（海南）有限公司等企业达成合作意向，成功引进福港海洋产业园等项目，招商引资走出新步伐。落实“万名干部下企业”服务行动，派出264名副科级以上实职领导干部下沉一线，拿出98条超常规助企纾困措施，帮助企业复工复产，有力保障首个重点驿站“莺歌唱晚”项目开工建设，环岛旅游公路乐东段等重点项目加速推进，九所新区污水处理厂等项目建成投产。贴息2221万元，撬动金融机构为13139户农户发放50万以下小额贷款约16亿元，入选中央财政支持普惠金融发展示范区。通过数字赋能打造全产业链现代农业流通大平台，“中国金钱树大数据平台”上线，全省首个热带农产品数字交易平台“海南（东盟）热带农产品数字化交易平台”建成首月实现交易额4.5亿元。克服疫情影响，推出线上“三月三”、水上运动体验等活动，开业运营我县首家岛内居民日用消费品免税店，全年接待游客238.5万人次，助力消费复苏。预计全县地区生产总值完成186.93亿元，同比增长2.7%；固定资产投资完成63.5亿元，同比增长5.1%；货物进出口总额同比增长20.4%。

四是聚焦产业转型，开足马力转换新旧动能。县委常委会把产业转型作为经济发展的重要抓手，下大力气补短板、育新机。制定了统筹区域协调发展的实施方案，与兄弟市县共同启动打造自由贸易港科创高地、国际旅游胜地和发展要素保障等专项规划编制，全面融入三亚经济圈的实施路径基本划定。围绕做强龙头，创建2家国家级农民合作社示范社，推动乐东芒果入选芒果优势特色产业集群；围绕做出特色，改良推广种植桂花香荔枝等新品种16300亩，黑刺榴莲、燕窝果、牛油果等新奇特水果成功试种，热带特色高效农业提质增效。全省首座半潜式深远海智能养殖旅游平台投入使用并产出第一批渔获，渔业“三走”[5]迈出坚实步伐。千家农副产品加工产业聚集区控规修编率先完成，九所低碳制造产业聚集区、莺歌海临港产业聚集区控规修编启动，三大产业聚集区布局逐渐明朗。多个光伏发电项目并网发电，“清洁能源岛”建设成效明显。设立未来农业等四家新型研发机构，新认定高新技术企业1家、省级科普教育基地2家，山金矿业科研项目获省科技进步一等奖，科创活力持续激发。服务南繁事业发展，南繁科研育种基地（抱孔洋）配套服务区功能加快完善，南繁“政产学研”联动不断深化，和河南农业大学政校合作共建绍骙南繁研究院，获批创建省级现代农业高质量发展产业园，与崖州湾科技城联席会议机制建设取得积极进展。“都蜜1号”等品种成功推广，南繁育制种产量同比增长19.4%。

五是聚焦营商环境，实实在在激发改革发展活力。县委常委会坚持向全面深化改革要动力，把制度集成创新作为“牛鼻子”抓牢抓实，在“放管服”改革等方面下足功夫，创优营商环境。告知承诺制、“零跑动”事项改革等稳妥推进，“窗口无否决权+未办成事协调服务”机制全面实施，打通基层行政审批服务“最后一公里”。构建全方位企业服务体系，设立首席服务专员、营商环境“体验员”，公共资源交易中心正式运行，工程建设项目“以函代证”[6]预审服务等措施广泛推行，项目建设实现“拿地即开工”，“一件事一次办”导办主题等达全省上游水平。企业设立登记缩短至0.5个工作日，开办缩短至1个工作日，全年新增市场主体5130家，同比增长12.7%。“四访”“五帮”[7]机制多次被写入省级文件和重要报告中，“创设乡村法治服务中心探索矛盾纠纷调处机制”入选第四批全国乡村治理典型案例，颁发我省首本农村土地经营权不动产权证书，促成省内首单农村土地经营权贷款抵押登记，推出与海南国际经济发展局联动招商、政企联合招商“双引擎”模式等做法，创新成果争相涌现。建立首席风险官、政策出台前风险评估等机制，重大风险识别防控体系不断完善。积极备战封关运作，清理消化“三无”船舶292艘，6个反走私综合执法点率先在全省完成征地任务并通过省专班验收顺利集中开工，乐东港总体规划启动编制，莺歌海港区对外开放码头查验基础设施加快落地。

六是聚焦践行“两山”理论，矢志不渝保护生态环境。县委常委会深入学习贯彻习近平生态文明思想，全力整改生态突出问题，以实际行动推进天更蓝、山更绿、水更清、土更净。两轮中央环保督察反馈问题实现“清零”，第二轮国家海洋督察17项反馈问题按序时完成整改16项，省级例行环保督察反馈问题按序时完成整改95.3%。推进“六水共治”，大角湾水域环境得到系统治理，11个建制镇污水处理设施实现全覆盖，农村污水治理率提高11.6个百分点，地表水水质优良率和城镇内河（湖）、近岸海域水质100%达标。落实“六个百分百”扬尘防治措施，空气质量优良天数比99.4%，常年保持全省前列。推进农药化肥减量增效，县域土壤环境保持稳定。处置违规占用严格保护砂质岸线266处，完成马鞍岭等10座矿山生态修复，“两违”图斑处置率达88.1%，森林图斑整改完成率达86.8%，绿化造林1.07万亩。镇墟容貌整治“九大工程”深入实施，九所镇墟容貌整治提升示范段启动建设，沿海镇墟道路内涝积水问题有效解决，农村人居环境全面改善。国土空间规划“三线”[8]取得规划成果，《国土空间生态修复规划》完成印发，龙沐湾核心区、黄流镇等地控规修编持续推进，137个应编尽编村庄规划全部取得规划成果。

七是聚焦民生保障，竭尽全力提高群众幸福感。县委常委会认真践行以人民为中心的发展思想，用心用情办好每一项民生实事。加强防止返贫致贫动态监测，持续落实“三保障”和饮水安全政策，加大产业、就业帮扶力度，巩固好全县14327户59717名脱贫户脱贫成果，守住防返贫致贫底线。在黄流挂牌运作全省首家“就业驿站”，零就业家庭实现动态清零。落实“双减”[9]，义务教育课后服务实现全覆盖。引进首都师范大学附属教育集团、省农垦中学、海口市教育幼儿园等优质资源合作办学，“一县两校一园”[10]任务全面完成。健全公共卫生保障体系，为在校适龄女孩100%免费接种HPV疫苗，县人民医院内科综合楼等项目顺利开工，九所中医院加快建设。以基础设施“提速”助推民生改善“提档”，九所水厂二期扩建等饮水工程投入使用，“三馆合一”[11]、毛九线抱由至九所段改建工程等民生工程基本建成。改造老旧小区5个，改造农村危房44户，开工建设安居房1518套，群众“安居梦”不断充实。推进组建县菜篮子公司，平价菜累计降价0.52元/斤，百姓“菜篮子”越拎越舒心。加大体育事业投入，民族文化广场运动场、江北带状公园健康步道等设施完成升级改造，乐东代表团在省第六届运动会上夺得总成绩榜第4，全民健身蔚然成风。莺歌海老盐晒制技艺等6个项目列入县级非遗保护名录，崖州民歌、黎锦苗绣等乐东文化符号广泛传播。县志愿服务联合会成立，乡风文明“七个倡导”[12]深入推进，精神文明亮点频现。

八是聚焦防范化解风险，齐心协力守住平安稳定底线。县委常委会坚决落实党中央和省委对风险防控的工作要求，统筹好发展和安全各项事业。圆满完成党的二十大等各个敏感时期和重要会议、活动期间维稳安保任务，社会大局持续稳定。完善党委（党组）意识形态责任制，在全省率先启动县级网络应急指挥中心建设，全方位抵御境外宗教渗透，建设校级思政示范课堂 8 个、省级精品课堂 1 个，意识形态安全得到不断巩固。持续推进禁毒三年大会战，吸毒人员占常住人口比例下降至 0.89‰，提前完成省下达的 1.2‰目标。保持对违法犯罪活动严打高压态势，现行刑事案件发案数同比下降 11%、现案破案数同比上升 11%，全年无精神障碍患者肇事肇祸案件发生。破获命案积案 5 起，持续走在全省先进前列。112 个村居（社区）无刑事案件，同比提升 8%。县公安局指挥中心获评全国优秀公安基层单位，县法院被最高法命名为“全国优秀法院”“全国为群众办实事示范法院”，县检察院获评全国检察宣传先进工作单位，平安建设争先创优意识不断巩固强化。扎实推进安全生产专项整治三年行动、道路交通安全专项整治新一轮三年攻坚战、涉电安全专项整治三年行动、燃气和自建房安全隐患排查、电动自行车火灾防范排查整治，生产安全事故起数、死亡人数均下降 28.6%，全年未发生较大及以上生产安全事故。党政主要领导揭榜挂帅推动东坊村搬迁安置历史遗留问题妥善解决，有效处置龙沐湾海润源、美好海岸 I 区等重大房地产风险，扎实推进中央信访联席办交办的信访积案全部化解，信访考核全省排名大幅提升。建立军地沟通办法，深化双拥创建，国防动员和后备力量建设水平不断提升。

九是聚焦从严管党治党，持之以恒净化政治生态。县委常委会坚决扛起管党治党政治责任，推动党组织的创造力、凝聚力和战斗力不断提高。坚定不移弘扬伟大建党精神，深入推进党史学习教育常态化长效化，积极开展“能力提升建设年”活动，深化“查堵点、破难题、促发展”活动，创新性开展党建“十个一”系列活动[13]，形成调研成果 88 项，解决群众和企业急难愁盼事 134 件，政治建设实现新提升。实施基层党建整体提升行动，推行党建引领村居基层治理“十大举措”[14]，制定村“两委”干部任期目标考核办法，整顿软弱涣散党组织 46 个，升级改造“无危小”村级阵地 7 个，建成村居党群服务中心 193 个，基层组织建设开创新局面。紧扣事业发展选干部配班子，全年提拔或进一步使用 70 人，其中 35 岁以下年轻干部占到 38.6%。为 15 名党员干部澄清正名，重新使用受处理处分干部 13 名，成功打造县第二人民医院、九所镇 2 个候鸟人才工作站，干部和人才队伍建设展现新气象。始终保持正风肃纪反腐高压态势，严肃查处“一把手”违纪违法案件 6 件。规范深化以案促改，督促案发单位堵塞漏洞，完善制度。强化纪律教育，促进党员干部增强纪法观念。在试点村居建设警示教育展示厅，编制 44 张权力透明运行流程图，推广基层小微权力“监督一点通”，“清廉村居”创建取得积极进展。持续深化政治监督，全面整改八届省委第一轮巡视和上级审计机关审计等反馈问题，组织开展三轮巡察，建立“巡审”贯通联动工作机制，巡视巡察上下联动高质量发展，党风廉政建设取得新成效。

与此同时，县委常委会坚持将党的领导、人民当家作主、依法治县有机统一，发展全过程人民民主，扎实推进民主政治和法治建设。支持县人大及其常委会依法履行法定职权，整合资源创建“人大代表联络室站”33 个，成功举办三亚经济圈“一市三县”人大常委会第三次联席会。支持县政协发挥“三大职能”，推动 209 个基层协商议事平台长效运行，广泛听取意见、汇聚智慧力量。增设县人大、县政协政策研究中心，配齐 11 个乡镇的基层政协专干，持续加强县人大、县政协的干部人才队伍建设。加强统战工作，推动成立“侨胞之家”、光彩事业促进会，开展“万企兴万村”行动和乡村振兴“百企联百村”行动，促进民营经济健康发展和民营经济人士健康成长。加强和改进工会、共青团、妇联等群团工作，党的群众基础不断夯实。持续加强自身建设，修订完善《县委常委会议事规则》等制度文件，带头讲民主，带头提能力，带头转作风，班子凝聚力、感召力和战斗力切实提高。

同志们，以上就是过去一年县委常委会的主要工作。这些工作的开展和成绩的取得，得益于省委、省政府的正确领导、关怀支持，得益于县四套班子的同心同德、群策群力，得益于全县各级党组织、广大党员干部的不懈努力、辛勤付出，得益于社会各界人士的鼎力支持、共同参与。在此，我代表县委常委会向全县各级党组织和广大党员干部群众，向所有关心、支持乐东发展的各级领导和各界朋友，表示衷心感谢！

在总结工作的同时，我们也认真分析了存在的不足和问题，主要是：产业结构不优、发展后劲不足的问题依然较为突出，经济恢复的基础尚不牢固；社会稳定、环境保护等领域矛盾较多，发展风险不容忽视；深化改革和体制机制创新缺少突破，营商环境尚需优化；干部解放思想不够，干事创业能力还有欠缺，争先创优的氛围仍需强化。这些问题是制约乐东发展的根本症结，需要我们下决心采取有力措施切实加以解决，在破解矛盾、突破障碍中优化发展，不断前行。

关于 2023 年工作的总体要求和重点任务

2023 年是全面贯彻党的二十大精神的开局之年，也是推进海南自由贸易港封关运作的关键之年。做好今年工作的总体要求是：高举习近平新时代中国特色社会主义思想伟大旗帜，始终坚持以党的二十大精神为指引，坚持稳中求进工作总基调，完整、准确、全面贯彻新发展理念，坚决贯彻党中央和省委决策部署，锚定“一本三基四梁八柱”战略框架不动摇，锚定“三区”[15]发展定位不动摇，锚定“四个争当”目标不动摇，更好统筹疫情防控和经济社会发展，更好统筹发展和安全，全力以赴稳经济、防风险、惠民生，在中国式现代化和海南自由贸易港建设中持续掀起乐东“三区”发展新热潮。

综合研判各方面因素，虽然我们的经济下行压力持续增大、发展约束依然较多，但考虑到乐东的经济潜力大、活力足，资源要素条件可支撑，随着疫情防控措施的优化，将给经济恢复带来积极影响，自由贸易港建设、助企纾困各项政策效果也将持续显现，今年经济运行有望总体回升。对标省级指标，县委提出，新的一年，全县地区生产总值增长 9.5% 左右，地方一般公共预算收入增长 15% 左右，固定资产投资增长 12% 左右，社会消费品零售总额增长 10% 左右，城镇和农村居民人均可支配收入分别增长 9% 左右和 9.5% 左右，城镇调查失业率控制在 5.5% 左右，居民消费价格涨幅控制在 3% 左右，生态环境持续保持优良。

围绕上述目标，我们必须立足乐东实际，强化党建引领，聚焦群众所盼，全力以赴抓好以下工作。

一、以“三大战略”为牵引，推动经济尽快回归稳进提质的正常轨道

（一）实施产业强县战略，坚持向创新要生产力，奋力争当产业转型升级赶超者

1. 抓项目促投资。继续开展“产业投资提升年”和“基础设施推进年活动”，持续推动“万名干部下企业”服务行动，健全完善项目谋划和推进机制，保障企业开足马力稳产增产、扩能增效，全速推动海洋牧场二期等项目建设，确保重点项目能开尽开、能开快开，努力保持固定资产投资增速在两位数以上。提高一般债券和专项债效用，加大 PPP 项目包装力度，全面完成投资新政三年行动目标，最大限度发挥投资“压舱石”作用。不折不扣落实减税降费、助企纾困措施，强化经济运行要素，帮助困难企业渡过难关、留住青山，全面激发市场主体投资活力。

2. 抓招商拓链条。瞄准四大主导产业招商引资，加强产业引进、承接、配套，推动一批亿元以上项目签约落地。做强海南国际经济发展局乐东公司，广泛开展涉外商务活动，积极挖掘和培育外贸出口企业。坚持把发展经济的着力点放在实体经济上，把高质量制造业发展作为主攻方向，以千家农副产品加工产业聚集区为试点启动三个产业聚集区基础设施、投融资运营等建设，全方位拓展产业链条。加大 R & D[16] 经费投入，引进和培育一批高新技术企业，提升产业科技含量。大力发展数字经济，提升常态化监管水平，支持海南（东盟）热带农产品数字交易平台等在引领发展、创造就业、国

际竞争中大显身手，探索扩大与东南亚等地区的外贸合作通道。

3.深挖潜促消费。坚持把激活和扩大消费摆在优先位置，依托电商示范县建设，打造线上线下消费新场景。谋划组织开展系列促消费活动，鼓励住房改善、新能源汽车、养老服务等大宗消费，繁荣消费商圈，壮大夜间经济，进一步提升传统消费。紧紧围绕“山海互动文旅聚集区”定位，以文塑旅、以旅彰文，以重大文旅项目为抓手，深挖“两山三湾一海”[17]等自然资源潜力、黎族苗族文化等人文资源潜力，做好“体育＋旅游”工作，新建一批高椰级乡村旅游点，建设黄流日用品免税商场，争创龙沐湾旅游度假区为省级旅游度假区，积极推动文旅消费融合发展。

（二）实施区域协调发展战略，坚持协同再加力，在“三极一带一区”格局中收获乐东红利

1.强化规划共绘。将乐东发展纳入三亚经济圈协调发展整体布局，组织编制融入三亚经济圈发展规划纲要和相关产业发展专项规划，完成先进制造产业园区规划、乐东港总体规划、南繁产业发展规划等编制，构筑一体化发展新蓝图。

2.强化市场共构。创新“全程网办”“异地代收代办”“多地联办”等业务模式，加强综合执法协作，推动行政服务事项圈内“跨区域通办”。促进与三亚等地建立技术研发协调和信息交易网络平台，共建三亚经济圈人力资源平台，促进形成统一技术要素市场体系，激发一体化发展内生动力。

3.强化品牌共推。支持做大做强“中国金钱树大数据平台”等数字化交易平台，创建一批三亚经济圈农产品区域公共品牌。与三亚等市县共同建设旅游诚信体系，共同探索“信用旅游”线路开发和场景应用，多维度开展旅游联合营销，提升一体化发展竞争优势。

4.强化设施共联。谋划跨区域集团化办学办医。共建森林防灭火联防联控机制。包装一批融入三亚经济圈的重大交通项目库，全力保障环岛高速公路大三亚段扩容、国道G540毛阳至抱由段改建、G225国道乐东至三亚段改扩建工程“五网合一”示范路等项目开工，促成西环高铁和货线三亚至乐东（岭头）段开行公交化旅游化列车改造项目通车，筑牢一体化发展基础支撑。

5.强化产业共兴。依托崖州湾科技城科研力量，探索发展“飞地经济”。设立南繁服务站，推出南繁基地优惠政策，建好南繁种业CRO[18]公共实验平台。联动开展水产保种、种苗扩繁、陆海养殖等，打造莺歌海水产养殖产业园。推动千家农副产品加工产业物流产业园与崖州湾科技城合作，承接种子加工、食品加工等产业链环节。推动莺歌海港口与崖州中心渔港合作，增强一体化发展强劲动能。

（三）实施乡村振兴战略，坚持农业农村优先发展，促进城乡融合协调发展

1.扎实推进产业兴农。调减低质低效产业，壮大哈密瓜、金钱树等高经济效益产业品牌，加大新奇特果蔬引进力度。以龙栖湾智慧海洋牧场带动，加快推进以莺歌海渔港为重点的一级渔港、望楼港渔港等建设，启动海洋南繁种质现代科技产业园和佛罗大角湾水产养殖产业园建设，打造集“产学研游”为一体的现代渔业全产业链，建设“海上粮仓”。完善农业品牌顶层规划设计、品牌培育、发展和保护的工作机制，创建乐东农产品区域公共品牌。完成1.92万亩高标准农田建设，补齐农基短板。完善“从投入品到农田”“从农田到餐桌”的监管制度体系，全面整治禁限用农药使用和常规农药超标问题，提升农业绿色化水平。

2.扎实推进乡村建设。深入实施镇墟容貌整治“九大工程”[19]，开展城－镇－村供水管网延伸和并网建设，将规模水厂管网延伸供水覆盖率提升至90%以上，实施乡村电气化提升工程，抓好农村改厕，加快补齐农村基础设施短板。深化农村人居环境整治，申报创建2个省级乡村振兴示范镇、8个省级乡村振兴示范村，建成3个美丽乡村，建设宜居宜业和美乡村。推进数字乡村建设，提升乡村基本公共服务水平。以“四个优先”[20]硬措施支持引导大学生、退休干部、本地乡贤、退役军人等群体返乡就业创业，培养高素质高技能乡村建设“新农人”。深化乡风文明“七个倡导”，推行乡村治理积分制、清单制，推进乡村高效治理。

3.扎实推进农民增收。加强脱贫人口、监测对

象、农村低收入人口常态化监测和帮扶，切实推动巩固拓展脱贫攻坚成果同乡村振兴有效衔接，确保无返贫和新增致贫。加强农村转移就业人员劳动技能培训和用工对接，拓宽农村劳动力就业渠道，增加农民工资性收入。巩固提升“空壳村”集体经济增长成果，加快农村土地使用权流转，鼓励集体经济强村提高经营性收益分红比例，不断提高农民财产净收入。支持打造一批高水平共享农庄、农民专业合作社、家庭农场，发展林下种养业、庭院经济，让更多增值收益留在农村，留给农民，增加农民经营净收入。聚焦政策落实各类惠农补贴政策，增加农民转移净收入。

二、以“五个抓手”为支撑，为高质量发展增添动力活力

（一）以全面深化改革为抓手，打通营商环境建设关键环节和堵点痛点，全面提振市场主体信心

1. 更新服务理念。对照《海南政商交往行为指引清单（试行）》，纵深推进“520 企业服务日”等各类活动，依法保护民营企业产权和企业家权益，鼓励支持民营经济和民营企业发展壮大，着力构建“亲清”政商关系。完善营商环境问题投诉、处置、回应机制，针对困扰企业发展的痛点、难点、堵点问题，迅速整改、逐个销号，形成闭环。全面推行全程代办、专班跟进等服务企业新机制，做到有呼必应、无事不扰，提供“全生命周期”服务。

2. 强化效能提升。持续深化“放管服”改革，完善投资项目负面清单制度，加大“极简审批”“容缺后补”等改革成果运用与优化，完善政务服务“零跑动”新模式，推动更多民政和涉企高频事项“一件事一次办”。深化工程建设项目审批制度改革，建成“机器管招投标”系统，构建便捷透明的政务环境。推行制度集成创新责任制、课题化，聚焦营商环境、区域协调发展等重点领域加强研究攻关，深化土地、资本、技术、数据等要素市场化配置改革，推出更多创新成果。

3. 强化法治保障。加快政府数字化转型，优化“三个一网”[21]，全面落实“清单之外无监管”。提高执法监管“精度”，探索实施分类执法、精准监管，杜绝“一刀切”行为，维护企业正常生产秩序。强化“双随机一公开”[22]和“互联网＋监管”，加强行政审批部门、业务主管部门和综合行政执法部门协作联动，解决“重审批、轻监管”等问题。深化“信用＋”十大工程[23]，加快信用信息“一张网”建设，大胆创新守信联合激励，依法依规开展失信联合惩戒，完善信用修复机制，一体建设诚信政府、诚信企业、诚信个人。

4. 强化要素支撑。编制完成适应新时代需求的国土空间资源规划，完成国土空间总体规划“三区三线”[24]方案、龙栖湾西片区控规编制，推动莺歌海镇、黄流镇控规落地实施。持续开展闲置土地整治，谋划推动垦地融合全域土地综合整治乐东试点工作，推进海垦荣光、尖峰镇全域土地综合整治项目，全面推进“拿地即开工”常态化。创新投融资机制，搭建县属投融资平台。开展土地承包经营权和土地经营权不动产登记试点，实现农村土地经营权抵押融资贷款。深化国资国企改革，积极稳妥推进腰果加工厂等部分国有企业改制及资产盘活等工作，提高国企核心竞争力。完善急需紧缺人才目录，建立各领域人才库，大力推进基层教育卫生专业技术人才激励机制改革，推动“南海系列”育才计划、“515 人才工程”和“西部之光”访问学者等省级人才项目落地，打好人才“引育留用”组合拳。

（二）以生态文明建设为抓手，牢固树立和践行绿水青山就是金山银山理念，努力谱写人与自然和谐共生的现代化

1. 打好污染防治攻坚战。全面落实河湖长制、湾长制、林长制，举一反三抓好中央环保督察、国家海洋督察和省级环保例行督察等反馈问题整改，全面推进国家生态文明示范县创建。持续深化“六水共治”[25]，集中力量推进“三覆盖”“两转型”[26]，继续清理整治饮用水水源地环境问题，完成县城乐祥路易涝点整治、95 宗水库除险加固，完成 205 个自然村生活污水、3 条国控农村黑臭水体治理，基本消除县城建成区水体“黑、臭、脏”感观。开展空气质量综合整治，强化移动污染源治理，有序淘汰老旧柴油车，打好大气污染防治攻坚战。统筹全县山水林田湖草海等全要素整体保护、系统修复、

综合治理，启动海湾综合整治和生态修复提升行动，推进佛罗镇大角湾、九所镇中灶湾海岸带生态修复。

2. 探索生态产品价值实现机制。围绕产业生态化与生态产业化，制定碳排放峰值测算与实现路径方案，建立健全生态产品价值实现机制。围绕雨林康养、生态旅游、科普教育等领域，探索加强热带雨林国家公园保护与开发，充分发挥好“水库、粮库、钱库、碳库”作用。深化固体废弃物资源化再利用三年行动，持续推进禁塑工作，开工建设垃圾焚烧发电厂、县城和尖峰大型垃圾转运站，加快构建废弃物循环利用体系。提升城乡天然气管网覆盖率，扩大燃气下乡“气代柴薪”试点范围，开发建设光伏发电、海上风电项目，继续推广使用清洁能源汽车，完善充换电等配套设施，持续推广装配式建筑，推进工业、建筑等领域清洁低碳转型，建好“清洁能源岛”。加快完善全流域防洪调度体系，推进农业水价改革，优化水资源配置。

3. 执行最严格的耕地保护制度。高质量推动田长制工作落地见效，采取“长牙齿”的硬措施，持续推进农村乱占耕地建房问题整治、土地领域突出问题整治等专项行动，严肃查处违法占用和破坏耕地行为，坚决遏制耕地“非农化”、严格管控“非粮化”。一体推进化肥、化学农药减施及农田废弃物回收处理，强化土壤污染防治。

（三）以增进民生福祉为抓手，把所有精力都用在让老百姓过好日子上，在自由贸易港建设中扎实推动共同富裕

1. 推动教育医疗双驱并进。协同推进教育质量提升和阳光快乐教育，培养更多德智体美劳全面发展的人才；有序推进中小学布局调整，深化教育集团化办学改革，建成县第二幼儿园，恢复黄流中学高中部，推动合作办学高质量发展；推行校长任期目标责任制和教师全员聘任制，打造高素质创新型教师队伍，继续办好人民满意的教育。因时因势落实新阶段疫情防控各项举措，实现疫苗接种重点人群全覆盖；扎实推动九所中医院、县人民医院内科综合楼、县妇幼保健院综合门诊楼等项目建成并投入使用，提高医疗基础设施水平；深化医联体建设，积极对接三甲医院，引进更多优质医疗资源；实施“人才兴医”战略，充实基层卫健人才队伍，继续打造百姓信赖医疗。

2. 提高公共服务供给。完善县镇村三级就业服务体系，推动就业信息和人力资源有效对接，引导和促进农村富余劳动力、高校毕业生、退役军人及各类劳动者高质量就业，实现城镇新增就业2600人。支持刚性和改善性住房需求，加大保障性安居工程建设，推进改造3个城镇老旧小区，增加住房供给，更好满足群众居住需求。新建佛罗和莺歌海农贸市场，建设安居房配套公益性农贸市场，加快畜禽和蔬菜生产基地建设，确保“15+N”种基本蔬菜[27]均价低于去年平均水平，守好百姓“米袋子”“菜篮子”。落实食品安全“两个责任”，保障人民群众“舌尖上的安全”。完善“一老一小”服务体系，推动城乡社区日间照料中心全部投入运营，保障妇女儿童、残疾人等群体合法权益。进一步提高大病保险、医疗救助等保障能力，努力扩大社会保险覆盖面。

3. 繁荣发展文体事业。广泛开展群众性精神文明创建活动，加强家风家教建设，完善志愿服务制度和工作体系，持续创建省级文明城市。不断深化县级融媒体中心建设，讲好乐东故事，传递乐东声音，打造具有县域特色的融媒矩阵。健全现代公共文体服务设施，创新实施文化惠民工程，加强红色遗址、革命文物挖掘和保护，用好毛公山、黑眉岭战斗遗址等红色资源。建好非遗传习所、传承基地、千家黎锦传统工艺工作站，大力保护黎锦苗绣、大安剪纸、崖州民歌等非物质文化遗产，做强做精黄流民间艺术节，打造乐东文化品牌。有序推进全民健身场地设施、全民健身路径工程，加快九所镇全民健身活动中心等项目建设，丰富群众体育生活。

（四）以平安建设为抓手，深化全国最安全地区创建，为自由贸易港发展筑牢安全屏障

1. 坚持平安筑基。聚焦创建全国最安全地区，强化社会治安整体防控，严厉打击黄赌毒、盗抢骗、食药环等违法犯罪活动，常态化开展扫黑除恶专项斗争、命案积案攻坚、全民禁毒行动、打击电诈行动。加强应急管理体系和能力建设，持续开展道路安全专项整治新一轮三年攻坚战、涉电安全专项整治三

年行动，全面排查城建、交通、教育、渔业等领域安全隐患，加强对非煤矿山、烟花爆竹、仓储物流、建筑、燃气、食品药品等重点行业和领域的安全监管，坚决防范和遏制较大及以上安全事故发生。

2. 完善治理体系。坚持全面依法治县，进一步加强行政执法规范化建设，规范司法权力运行，强化制约监督，努力让人民群众充分感受到公平正义。强化党建引领村居基层治理“十大举措”，持续完善“一核两委一会”[28]乡村治理结构，推动村居治理网络体系建设，推深做实“四位一体”[29]基层社会治理新机制，不断提升县域社会治理能力。开展好“护苗”行动，推动不良行为未成年人“四访”“五帮”工作机制常态化，全面加强未成年人保护。深入拓展普法工作，扎实做好公共法律服务。继续建好用好乡村法治服务中心和“6+N”矛盾纠纷调处工作机制[30]，重视信访工作，用心用情解决群众诉求。

3. 防范化解风险。落实《关于构建自由贸易港风险防控体系的实施方案》，全面推行首席风险官等机制，做好风险预判和处置，守住风险防控底线。锁定自由贸易港封关运作目标，加快社管平台、“五点六站”综合执法点[31]、莺歌海港区口岸等项目建设，全力配合做好政策制度压力测试。持续加大“三无”船舶整治力度，完善反走私组织领导体系，提高反走私工作水平。坚决遏制增量、化解存量，防范化解政府债务风险，持续提升金融机构抗风险能力。完善房地产市场风险预警机制，稳妥有效处置重点房地产项目风险，扎实做好保交楼各项工作，逐步化解商品住宅库存，推动房地产业向新发展模式平稳过渡。

4. 守住安全底线。贯彻总体安全观，深入开展反渗透、反颠覆、反分裂、反破坏和反恐怖斗争，筑牢国家安全防线。制定意识形态考核和问责实施办法，推动理想信念教育常态化制度化，牢牢把握主导权。建立健全重大舆论和突发事件舆论引导机制，密切关注和坚决防范社会民生领域问题向政治领域传导，推进中小学思想政治教育一体化建设，坚决防止错误思潮蔓延。抓实抓细党管武装，进一步推进军地共商、科技共兴、设施共建、后勤共保，提升退役军人服务保障水平，争创双拥模范县，守好祖国“南大门”。加强宗教事务管理，筑牢防范和依法处置非法宗教活动防线。加强保密宣传教育，推动保密工作常态化、制度化。

（五）以民主政治建设为抓手，坚持大团结大联合，广泛凝聚社会各界关心支持乐东发展的智慧力量

1. 坚持和完善人民代表大会制度。支持和保证人大及其常委会依法行使各项权利，健全人大对行政机关、监察机关、审判机关、检察机关监督制度。加强人大代表工作能力建设，健全人大代表履职保障制度，推进人大代表履职平台建设，不断密切人大代表同人民群众的联系。健全吸纳民意、汇集民智工作机制，规范人大代表联络站，拓展基层代表联络站功能，保障人大代表更好发挥作用。

2. 全面推进协商民主。统筹推进政党协商、人大协商、政府协商、政协协商、人民团体协商、基层协商以及社会组织协商，健全各种制度化协商平台，推进协商民主广泛多层制度化发展。更好发挥人民政协作为专门协商机构作用，把协商民主贯穿到政治协商、民主监督、参政议政全过程。搭建委员联系服务界别群众常态化机制和平台，致力在助力解难中更有针对性地做好思想引导、增进共识、凝聚人心的工作。

3. 巩固和发展最广泛的爱国统一战线。充分发挥民主党派、工商联、无党派人士独特作用，做好民族、宗教、非公有制经济、侨务、外事、港澳台胞等工作，广泛凝聚各界力量，画出最大同心圆。奋力推进新时代民族工作高质量发展，铸牢中华民族共同体意识。深化工会、共青团、妇联等群团组织改革和建设，有效发挥桥梁纽带作用。

三、强化“四项保障”，争当党建引领发展优等生，为中国式现代化建设、海南自由贸易港建设、乐东“三区”发展提供坚强政治保证

（一）始终把党的政治建设摆在首位，强化思想保障。结合主题教育活动，抓好理论中心组学习，持续将习近平新时代中国特色社会主义思想、党的二十大精神、习近平总书记关于海南工作的系列重要讲话和指示批示精神、省第八次党代会精神

等纳入领导干部培训必修课，分类别、分层级开展干部政治思想教育培训，帮助广大党员干部深刻领悟“两个确立”的决定性意义，始终做到“两个维护”。严格落实《关于加强党的政治建设的意见》《关于新形势下党内政治生活的若干准则》，加强政治监督，教育引导广大党员干部严守政治纪律、政治规矩，严肃党内政治生活。

（二）认真践行新时代党的组织路线，强化组织保障。贯彻落实新时代好干部标准，充分运用年度考核、巡视巡察、审计监督等结果，突出政治标准选人用人，持续推进党外干部培养选拔任用，加大少数民族干部、妇女干部培养配备，切实推动干部能上能下。把抓基层党建作为首责主业，建立健全跟踪督导、季度通报、函询约谈制度，严格落实村“两委”干部任期目标考核办法，加快形成规范定责、严格考责、失职问责的闭合链条。优化整顿国企党组织，推动物业小区、快递物流和房产中介等党组织“应建尽建”，推动大型商业综合体、候鸟、镇级党群服务中心建设落地。常态化开展软弱涣散党组织整顿提升，打造一批党建示范点，持续建强能打胜仗的战斗堡垒。

（三）抓好后继有人这个根本大计，强化能力保障。持续深化“查堵点、破难题、促发展”“比学赶超”等活动成果，以政治理论、政策法规、业务知识、文化素养和技能训练等为重点内容，着力加强干部思想淬炼、政治历练、实践锻炼、专业训练，强化斗争精神和斗争本领养成，建设政治过硬、适应新时代要求、具备领导现代化建设能力的干部队伍。用好双向挂职、轮岗锻炼等机制让年轻干部在重要岗位上培养历练、成长成才，在学干结合中增强干部队伍能力素养。坚持严管与厚爱相结合、激励与约束相并重，完善正向激励机制，推进职级晋升工作常态化，开展公务员嘉奖和记三等功，强化行政机关、事业单位绩效工资差异化分配，让干部“干好干坏不一样”。

（四）不断巩固风清气正的政治生态，强化作风保障。落实党风廉政建设主体责任，支持纪检监察和审计部门履行监督责任，一体推进不敢腐、不能腐、不想腐。坚决贯彻落实中央八项规定实施细则精神，深化拓展为基层减负，持续整治“四风”，严肃查处群众身边不正之风。深化以案促改、以案促治，常态化开展“一把手”和领导班子警示教育、家风教育、纪律教育，督促党员干部自觉遵守党章党规党纪。加强政治生态研判，聚焦资规、住建、教育、医疗等重点行业、重点部门开展廉政风险排查，铲除腐败滋生土壤。落实“三个区分开来”，发挥容错纠错、澄清正名和重新使用受处理干部等典型案例的导向作用，严惩诬告陷害行为，为敢于担当者担当，为敢于负责者负责。强化巡视巡察上下联动，持续深入整改八届省委第一轮巡视等反馈问题。在深化清廉村居、清廉机关、清廉学校等清廉单元建设的基础上，推动清廉乐东建设向清廉医院、清廉企业等单元拓展。

县委常委会将切实加强自身建设，严格落实民主生活会制度，坚定捍卫“两个确立”、坚决做到“两个维护”，做对党绝对忠诚的领导集体；坚持知责明责负责，做履职尽责的领导集体；敢于善于斗争，做担当作为的领导集体；严格落实民主集中制，完善决策咨询、协商、酝酿机制，做团结协作的领导集体；坚持刀刃向己，带头遵守廉洁自律准则和廉洁从政各项规定，自觉接受监督，做廉洁从政的领导集体，当好引领全县发展的领头羊。

同志们，惟其艰难，更显勇毅；惟其笃行，弥足珍贵！乐东正处在跨越发展的关键时期，责任容不得推卸，机遇经不起耽搁，考验容不得回避。让我们更加紧密地团结在以习近平同志为核心的党中央周围，坚持以习近平新时代中国特色社会主义思想为指引，学深悟透笃行党的二十大精神，围绕“一本三基四梁八柱”基本战略，锚定“三区”定位，聚焦“四个争当”，团结和依靠全县人民，锐意进取、开拓创新，在中国式现代化和海南自由贸易港建设新征程上奋力谱写乐东发展新篇章！

名词解释

[1] 一本三基四梁八柱：坚持以习近平总书记关于海南工作的系列重要讲话和指示批示为根本遵循，以《中共中央、国务院关于支持海南全面深化

改革开放的指导意见》《海南自由贸易港建设总体方案》《中华人民共和国海南自由贸易港法》为制度基石，以全面深化改革开放试验区、国家生态文明试验区、国际旅游消费中心、国家重大战略服务保障区为目标定位，以政策环境、法治环境、营商环境、生态环境、经济发展体系、社会治理体系、风险防控体系、组织领导体系为稳固支撑。

[2] 四个争当：争当产业转型升级赶超者、争当区域协调发展示范生、争当生态文明建设排头兵、争当党建引领发展优等生。

[3] 两个确立：确立习近平同志党中央的核心、全党的核心地位，确立习近平新时代中国特色社会主义思想的指导地位。

[4] 两个维护：坚决维护习近平总书记党中央的核心、全党的核心地位，坚决维护党中央权威和集中统一领导。

[5] 三走：往岸上走、往深海走、往休闲渔业走，推动渔业生产方式、生产关系和产品业态转型，实现生态效益与经济效益同步提升。

[6] 以函代证：建设单位可依据有关函件开展规划、勘察、设计、招投标、工程质量监督登记等前期工作，办理相关手续并开工建设。建设单位要严格落实承诺内容，在承诺期限内完成正式审批手续。

[7]“四访”“五帮”：即不良行为未成年人“四访”“五帮”工作机制。

[8] 三线：生态保护红线、永久基本农田保护红线和城镇开发边界。

[9] 双减：有效减轻义务教育阶段学生过重作业负担和校外培训负担。

[10] 一县两校一园：2016 年 1 月 26 日省两会指出“十三五”期间，全省每个市县通过引进省外优质教育资源，至少办好 1 所中学、1 所小学和 1 所幼儿园。

[11]“三馆合一”项目：文化馆、图书馆、博物馆。

[12] 乡风文明“七个倡导”：倡导男女平等、勤劳致富、文明饮酒、远离私彩、厉行节约、孝老爱幼、卫生整洁。

[13] 党建“十个一”系列活动：组织一次集中学习、开展一次巡回宣讲、讲一次专题党课、开展一次专题调研（由县委书记亲自审定调研课题）、撰写一篇调研报告、召开一次专题研讨会、组织一场党建大比武、打造一批示范项目、解决一批重点难点问题、优化创新一批制度。

[14] 党建引领村居基层治理“十大举措”：围绕作风建设创建“清廉村居”；围绕法治建设创建“平安村居”；围绕乡风建设创建“文明村居”；围绕数字建设创建“智慧村居”；围绕精细管理创建“网格村居”；围绕群众自治创建“积分村居”；围绕宜居环境创建“生态村居”；围绕村庄富裕创建“产业村居”；围绕党群服务创建“便民村居”等。

[15] 三区：热带特色高效农业试验区、山海互动文旅融合聚集区、高水平生态文明示范区。

[16] R & D：科学研究与试验发展。

[17] 两山三湾一海：“两山”即尖峰岭、佳西岭，“三湾”即龙沐湾、龙腾湾、龙栖湾，“一海”即莺歌海。

[18] 种业 CRO：源于医学上的合同服务外包商业模式，由育种方提供育种材料，专业公司通过核心技术进行育制种，再交由育种方完成种子商品化，实现南繁育种的产业化运营。

[19] 镇墟容貌整治九大工程：镇墟环境卫生整治工程、镇墟工地乱象整治工程、镇墟交通干道积水整治工程、镇墟交通干道绿化提升工程、镇墟水环境治理工程、镇墟农业面源污染整治工程、镇墟交通乱象整治工程、镇墟违法建筑整治工程、镇墟更新改造工程。

[20]“四个优先”硬措施：干部配备优先、“要素配置”优先、资金投入优先、公共服务安排优先。

[21] 三个一网：依托“海易办”“海政通”两大基础平台，深化“一网通办”“一网协同”“一网监管”。

[22] 双随机一公开：在监管过程中随机抽取检查对象，随机选派执法检查人员，抽查情况及查处结果及时向社会公开。

[23]“信用 +”十大工程：“信用 + 贸易便利”工程、“信用 + 政务服务”工程、“信用 + 重点产业”工程、“信用 + 金融服务”工程、“信用 + 开放型经济”工程、“信用 + 创新策源”工程、“信用 +

生态文明体制改革”工程、“信用 + 社会治理”工程、“信用 + 公共服务”工程、“信用 + 风险防控”工程。

[24] 三区三线：城镇空间、农业空间、生态空间三种类型的国土空间，三线指永久基本农田控制线、生态保护红线、城镇开发边界。

[25] 六水共治：治污水、保供水、排涝水、防洪水、抓节水、优海水。

[26]“三覆盖”“两转型”：提高城镇污水提质增效设施覆盖率、建制镇污水集中收集处理设施覆盖率、农村污水处理设施覆盖率，推进农业种植转型和水产养殖转型。

[27]“15+N”种基本蔬菜：包括茄子、上海青、黄瓜、青椒、尖椒、大白菜、长豆角、土豆、胡萝卜、蒜薹、芹菜、圆白菜、韭菜、西红柿、白萝卜等 15 种基本品种。

[28] 一核两委一会：村党组织是领导核心，村民委员会和村务监督委员会是自治组织和监督组织，村务协商会是村民协商议事组织。

[29] 四位一体：社会管理信息化平台、综治中心、网格化服务管理、矛盾纠纷多元化解“四位一体”新机制。

[30]“6+N”矛盾纠纷调处工作机制：以综治、信访、司法、公安、法院、检察院 6 种力量为主体，农业农村、资规、村（居）、法律工作者等 N 种力量参与的法治格局。

[31]“五点六站”综合执法点：岭头反走私综合执法站（点）、莺歌海反走私综合执法站（点）、黄流反走私综合执法站（点）、望楼港反走私综合执法站（点）、九所反走私综合执法站（点），岭头船管站、佛罗船管站、莺歌海船管站、黄流船管站、望楼港船管站、九所船管站。

政府工作报告

——2023年2月8日在乐东黎族自治县第十六届人民代表大会第三次会议上

乐东黎族自治县人民政府县长　黄文聪

各位代表：

现在，我代表县人民政府向大会作工作报告，请予审议，并请县政协委员和其他列席人员提出意见。

一、2022 年工作回顾

过去的一年，是乐东发展史上极具考验、极不平凡的一年。面对疫情防控和改革发展稳定的繁重任务，我们坚持以习近平新时代中国特色社会主义思想为指导，深入贯彻党的十九大、十九届历次全会和二十大精神，全面落实党中央“疫情要防住、经济要稳住、发展要安全”的要求，认真落实省委、省政府的决策部署，在县委的坚强领导下，在县人大、县政协的监督支持下，以“四个争当”[1]为发展引领，统筹疫情防控和经济社会发展，在把握大势中谋篇布局，在抢抓机遇中乘势而上，全县经济社会发展呈现稳中有进、稳中提质的态势。地区生产总值完成 195.07 亿元，同比增长 1.7%；固定资产投资完成 65.19 亿元，同比增长 7.9%；货物进出口总额完成 2222 万元，同比增长 26.9%；全体居民人均可支配收入 23984 元，同比增长 3.3%。经济增速、财政收入、投资消费等指标不及预期。这一年，我们主要做了以下工作：

（一）精准高效抓防疫、闯难关，生命安全屏障筑牢扎密。坚持人民至上、生命至上，全县干部群众众志成城、同心战役，县领导坐镇指挥，迅速建立“五包一”防控体系，5000 多名干部、2 万多名志愿者闻令而动，奋战一线，严格落实防控策略，较短时间内打赢“0801”“1123”疫情防控攻坚战，最大程度保障了人民生命安全和身体健康，最大限度降低了疫情对经济社会发展的影响。疫情防控进入新阶段，因时因势调整防控措施，千方百计提升医疗救治能力，保障群众用药，做好健康服务，发放“健康爱心包”13.9 万份，确保有序转段、平稳渡峰。

（二）全力以赴抓项目、扩投资，经济发展势能不断积蓄。严格落实“红黑榜”考评和“双领导”[2]服务机制，坚持项目清单化调度监管、链条化压实责任、节点化闭环督查，突出抓好要素保障，重点项目建设实现“小步快跑”。实施望老水厂、妇幼保健院综合楼等 500 万元以上项目 77 个。九所污水处理厂等 8 个重点项目建成运营，中兴智慧总部、龙栖湾海洋牧场等项目有序实施，县人民医院综合楼、县第二幼儿园等 28 个项目启动建设。6 个反走私综合执法点率先在全省集中开工。谋划包装一般债、专项债项目 44 个，争取债券支持 2.73 亿元。持续落实投资新政三年行动[3]，实施精准招商。党政主要领导率团赴广东开展招商活动，签约一批产业项目。引进莺歌海光伏发电等 8 个项目，总投资 73 亿元。招商项目签约落地率、开工率均位居全省前列。

（三）坚定不移抓产业、促转型，四大主导产业成效明显。热带特色高效农业转型升级。海南首座深远海养殖旅游平台投入使用，产出首批鱼获 75 万斤，打造“蓝色粮仓”初见成效，获省委主要领导批示肯定。龙栖湾海洋牧场获批国家级海洋牧场示范区。加快南繁配套服务区建设，南繁育制种产量同比增长23.53%。完成粮食作物播种、生猪产能调控等省定任务。实施国家芒果产业集群项目，推广种植桂花香荔枝、“猫山王”榴莲等新奇特水果1.63万亩。海南（东盟）热带农产品数字化交易平台[4]、金钱树大数据平台[5]建成运营，首月交易额突破5亿元，成功实现“数字赋能、产业融合”。培育新型经营主体，创建国家级农业龙头企业1家，获评国家级农民合作社示范社2家，建设共享农庄3家。旅游业稳步发展。推动环岛旅游公路和驿站建设，“莺歌唱晚”驿站在全省率先开工。成功举办线上“三月三”节庆活动，大力开展骑行、跳伞及桨板水上运动，打造尖峰花乡三角梅主题旅游基地。接待游客236.8万人次，旅游收入21.5亿元。现代服务业持续向好。坚持“线上线下”双轨发力，挖掘消费热点，精心组织零售、餐饮、汽车等促销活动，精准投放消费代金券175万元,服务进出口实现零突破,社消零总额47.95亿元,社会消费稳步恢复。高新技术产业明显提质。深入实施打赢科技创新翻身仗三年行动[6]，出台促进科技创新发展若干措施。引进43家企业入驻中兴智慧总部。支持企业与河南农业大学、海南大学等院校开展“政产学研”合作，设立未来农业、新能源、哈密瓜、金钱树等4家新型研发机构[7]。新增高新技术企业1家、省级科普基地2家。海南山金矿业关键技术及工业应用领域获省科技进步一等奖，创新驱动发展步入轨道。

（四）持之以恒抓改革、促创新，发展动能活力有效激发。“放管服”[8]改革持续深化，数字政府建设扎实推进,411个政务服务事项整合接入“海易办”。“一枚印章管审批”[9]“零跑动”[10]改革纵深推进，“零跑动”事项可办率达74%，“一件事一次办”[11]事项129项，农房报建“零跑动”办理1307宗。深化“工改”[12],推行分阶段办理、“以函代证”预审服务,县城安居房等一批项目实现“拿地即开工”。实施土地新政[13]、“土地超市”[14]制度改革。探索农村土地经营权不动产登记，抱邱村试点做法[15]被省自贸办刊发推广。创新联合招商工作机制，成立海南经发局[16]乐东分局，在全省率先蹚出一条省县联合招商新路子。深入开展“万名干部下企业”[17]“政企面对面”[18]等助企纾困行动，出台98条稳经济大盘与助企纾困政策，获得国家普惠金融奖补3000万元，发放农户贷款6亿多元，同意3000多家企业缓交电费近1000万元。留抵退税3亿多元，惠及企业109家（次），促进市场经济提振复苏。

（五）久久为功抓环保、重整治，生态发展优势更加凸显。两轮中央环保督察整改任务实现全面“清零”，省级例行环保督察整改完成95.3%，达到序时进度。推进省级标志性工程[19]，尖峰岭热带雨林国家公园纳入全省统一规划。完成马鞍岭等10个闭坑矿山治理修复。重拳整治“两违”[20]图斑377宗、森林图斑147宗、卫片图斑542宗。绿化造林9000多亩，森林覆盖率达到66%。实施镇墟容貌升级改造，一体推进“九大工程”[21]，打造九所镇墟容貌整治提升示范段，整改G225国道沿线积水点12处，基本消除困扰多年的“道路看海”“汽车变船”顽疾。坚决打好“六水共治”[22]攻坚战，11个建制镇污水处理设施全部建成，82个自然村生活污水治理成效明显。养殖水域滩涂规划完成修编，违法养殖尾水排污管道全面清退。推进“美丽幸福河湖”[23]建设，大角湾水域环境明显改善，佛罗溪、三曲沟水源地等水质反弹问题得到有效治理,全面消除城镇内河（湖）劣V类水体，地表水环境质量优良率保持100%。PM2.5下降1.3微克/立方米，空气质量优良天数比例达99.4%，位列全省第三。

（六）千方百计抓基础、补短板，城乡基础设施不断改善。高标准编制国土空间规划，“三区三线”[24]划定成果正式启用，城镇开发边界扩增约36平方公里，有效保障186个重点项目用地空间。加快融入三亚经济圈[25]，三乐铁路等项目顺利实施，国道毛九线建成通车。完成石门互通、友谊村渡口公路等一批道路建设，打通群众出行“最后一公里”。推进城乡供水一体化，陀兴干渠引水工程通水运行，千家水厂、九所新区水厂（二期）建成使用，三曲沟水厂开工扩容。优化城乡变电站电源布点，新建10kV线路项目201个。新增城乡燃气管道约43公里。千兆光网和5G网络覆盖率持续攀升。

（七）竭尽全力抓民生、增福祉，群众幸福指数稳步提升。全县财政民生支出占比80%以上。完成16项省县为民办实事。深化“医共体”[26]改革。医保报销、医疗救助约78万人次，群众医药负担逐步减轻。持续抓好“两校一园”[27]建设，省农垦中学托管黄流中学，首都师范大学托管乐东中学。华二黄中附属小学正式招生，民族中学获评省级规范学校，县幼儿园获评省一级幼儿园。整合撤并小规模学校18所。引进优秀教师102名，高考本科上线率54%，中考平均分全省排名前移4位，教学质量不断提升。挂牌运营“就业驿站”6家，城镇新增就业3110人，农村劳动力外出务工11万多人、转移就业6604人，农村居民年均收入增速连续十年跑赢城镇居民，城乡收入差距进一步缩小。文化事业繁荣发展，乐东文化中心[28]基本建成，九所全民健身中心开工建设，冲浪等体育竞技获国家级和省级奖项138个，特别是在第六届省运动会斩获奖牌63枚，位居全省第四。落实“菜篮子”市县长负责制，完成省定目标任务。开工建设安居房1518套，改造老旧小区5个，解决一批低收入家庭住房问题。巩固拓展脱贫攻坚成果与乡村振兴有效衔接，优化“龙头企业＋合作社＋帮扶对象”模式，发放产业分红3035万元，消除监测对象返贫致贫风险120户420人。乡村建设行动扎实推进，农村危房改造、厕改等省定任务如期完成。

（八）从严从实抓治理、提效能，社会大局保持和谐稳定。扎实推进平安乐东建设，刑事案件发案数同比下降10.5%、破案数同比上升12.1%，交通事故死伤率同比下降19%，吸毒率降至0.88‰。侦破积压命案5起，侦破总数排名全省第一。设立乡村法治服务中心，探索“6+N”矛盾纠纷多元联动化解机制[29]，成为全省唯一典型案例被农业农村部刊发推广。“12345”投诉工单办结率100%，满意率97.85%，获评中国客户服务节最佳明星班组。加强重大风险防控，高效化解政府隐性债务，有效处置一批房地产风险。信访积案化解率100%。加强作风建设，驰而不息纠“四风”[30]，查处违反中央八项规定精神问题61件69人，查处形式主义、官僚主义问题50件，给予党纪政务处分54人。厉行勤俭节约，从严控制“三公”经费[31]，实行总额控制零增长，一般性支出压减10%，真正把每一笔钱都用在刀刃上、紧要处。纵深推进法治政府建设，审理行政复议案件51件，办理人大建议114件、政协提案86件。持续开展安全生产专项整治三年行动[32]，加强涉电、交通、自建房等安全监管，生产安全事故起数、死亡人数均下降28.6%，未发生较大及以上事故。

积极支持国防和军队改革发展，国防动员和后备力量建设、双拥优抚、退役军人服务保障工作取得新成效。民族宗教、妇女儿童、共青团、残疾人、工会、地质、气象、红十字会等工作取得新进步。

各位代表！不忘来路艰辛，方能行稳致远。回首2022年，成绩来之不易，这是省委、省政府正确领导的结果，是县委统揽全局、坚强领导的结果，是县人大、县政协有效监督、鼎力支持的结果，更是全县人民艰辛付出、团结奋斗的结果。在此，我代表县政府，向全县人民，向各位人大代表、政协委员，向各民主党派、工商联、群众团体，向驻县部队、武警官兵、公安民警、应急救援队伍，向所有关心、支持、参与乐东发展的同志们、朋友们，表示衷心的感谢并致以崇高的敬意！

各位代表！在看到成绩的同时，我们也应清醒地认识到，当前我县经济社会发展还面临不少困难和挑战：一是长期形成的结构性矛盾仍然突出，二、三产业发展相对滞后，产业结构不优的现状仍未改变；二是营商环境不够优化，行政效能不高，项目落地难、开工慢问题仍然存在，推动高质量发展的能力水平有待提高；三是民生领域欠账较多、短板突出，城乡一体化发展格局尚未形成，基础设施不够完善，乡村振兴任务依然繁重，与人民群众的期盼还有差距；四是政府系统部分干部争先创优的意识不强，攻坚克难的韧劲不足，真抓实干的作风不硬等等。对此，我们将坚持问题导向，拿出硬招实招，全力整改解决。

二、2023年主要工作安排

今年是全面贯彻落实党的二十大精神开局之年，也是推进自贸港封关运作和我县经济社会高质量发展的关键之年。省委主要领导对乐东提出“四个争当”和省第八次党代会提出“三极一带一区”[33]区域协调发展的要求，为我县明确了发展方向。站在新起点，把握大形势，我们要主动融入三亚经济圈，坚决扛起乐东在自贸港建设中的使命担当，以思想破冰引领发展突围，以作风转变促进发展提速，以抓铁有痕、踏石留印的干劲拼出高质量发展的乐东篇章。

今年政府工作总体思路是：坚持以习近平新时代中国特色社会主义思想为指导，全面贯彻党的二十大、省第八次党代会和省委经济工作会议精神，认真落实县第十四次党代会及历次全会精神，全面贯彻新发展理念，紧抓构建新发展格局战略机遇，坚持稳中求进工作总基调，以建设现代化产业体系为重点，以提高人民群众获得感为根本目的，统筹发展和安全，围绕“一本三基四梁八柱”战略框架[34]和“三区”发展定位，聚焦“四个争当”，实现质的有效提升和量的合理增长，为乐东高质量发展开好局、起好步。

今年经济社会发展的主要预期目标是：全县地区生产总值增长9.5%左右，地方一般公共预算收入增长15%左右，固定资产投资增长12%左右，社会消费品零售总额增长10%左右，城镇和农村居民人均可支配收入分别增长9%以上和9.5%以上，完成节能减排降碳、生态环境、安全生产等各项省下达的指标任务。

围绕上述目标，我们将重点抓好以下工作：

（一）聚焦转型升级，构建现代产业体系

一是发展海洋特色产业。打造乐东渔港经济区和莺歌海产业聚集区，启动南繁水产、大角湾水产养殖园建设，争创渔业转型“三走”[35]标杆。谋划建设莺歌海远洋捕捞基地。投放3座智能养殖平台，争取1家海洋牧场落地。成立海洋经济发展智库。加快建设乐东港，大力发展渔业加工、养殖工船等产业，推动莺歌海渔港和三亚崖州中心渔港深度合作，实现联动发展。

二是壮大旅游和消费服务业。加快“三湾”[36]开发建设，提质升级毛公山等景区，推动建设一批高端酒店、“金宿银宿”[37]。建成乡村旅游道路3条以上，打造共享农庄3家。探索“体育+旅游”模式，发展低空旅游、跳伞运动、垂钓、海上运动等业态，谋划体育培训项目，争取全国水上运动基地落户乐东。办好2023年“三月三”主会场等一系列节庆活动。依托“两大综合服务平台”[38]，做大农产品、金钱树交易，扩大外贸规模。开展“果园畅玩、水果畅吃”等系列促销活动，在黄流等镇筹建一批夜间经济小街，促进消费市场回暖。

三是培育高新技术产业。努力抢抓未来产业发展机遇，坚决打赢科技创新三年翻身仗，推动中兴智慧总部实质化运作，建设企业孵化器和技术创新中心。依托11万亩南繁基地优势，与崖州湾科技城发展“飞地经济”[39]，建设南繁种业CRO[40]实验平台、南繁服务站、绍骙南繁研究院，打造现代种业科技创新载体，促进科技成果就地转化。加大R&D[41]经费投入，培育或引进高新技术企业2家。加快建设九所产业聚集区，推动低碳加工制造业聚集发展。

四是做强热带特色高效农业。落实“海南鲜品”创建工程，打造一批“两品一标”[42]农产品公共品牌，推广绿色农产品5个，培育优质品种2个，创建现代农业标准化基地3个，提升农产品附加值。抓牢粮食和重要农产品稳定安全供给，建设高标准农田1.92万亩，保持冬季瓜菜种植41万亩以上；开工建设肉联厂、饲料厂，推动30万头生猪养殖场投产。优化蜜瓜、芒果、火龙果等产业，发展“猫山王”榴莲、燕窝果等新奇特产品，引进一批全球同纬度新奇特果蔬落地种植。加快建设千家产业聚集区，实施农产品精深加工、冷链物流、交易中心等项目。规划建设金钱树产业园，大力发展观赏农业。

（二）聚焦项目引领，不断扩大有效投资

一是加快重点项目建设。以“起步就是冲刺”的决心，有序组织系列集中开工活动。大力推动环岛旅游公路和“莺歌唱晚”“岭头揽胜”等驿站建设，建成三乐铁路、南繁配套服务区、安居房等项目，实现县中医院开业试运营。启动利国站、岭头站2个站前广场和江南花园项目建设，加快推进莺歌海一级渔港、龙栖湾海洋牧场、银基总部产业园、三

曲沟水厂扩容等一批项目，确保经济运行高开稳走。

二是强化项目要素保障。完成国土空间总体规划编制，利用“三区三线”成果，依托“预支规划”[43]政策，高标准编制九所、千家、莺歌海等产业聚集区和乐东渔港经济区、“三湾”控规[44]，统筹推动金钱树产业园、尖峰天池、港口码头等专项规划编制。建成冲坡、新坡等一批耕地垦造项目，补充耕地指标3000亩，入库水田指标800亩以上。争取完成闲置土地、批而未供土地[45]处置任务。扩大县城建成区规模，拓展抱由镇、九所镇等城区功能。布局和收储一批建设项目用地，将项目要素保障工作做实做细、做在前头。

三是加大项目谋划和招商引资。加强产业引进、承接、配套，谋划推动一批产业项目落户九所、千家、莺歌海、黄流（抱孔洋）四个产业聚集区和乐东渔港经济区。持续实施投资新政三年行动，积极引进大型文旅项目。与省经发局广泛开展联合招商活动，签约深远海网箱养殖、槟榔加工、游艇等项目，引进一批亿元以上项目。争取新能源汽车城、农产品精深加工等项目落地。支持中兴智慧总部“以商招商”，拓展延伸产业链条，带动关键环节、上下游配套企业入驻。加快项目前期手续办理，提升招商“四率”[46]，确保招商实效。

（三）聚焦改革创新，持续释放内生动力

一是加快制度集成创新。落实与自贸港相适应的税收制度，完成非设关地综合执法点建设。创新投融资机制，搭建县属投融资平台，探索“银担分险”批量担保[47]新模式。深入推进土地开发、规划审批、营商环境等领域制度集成创新，推出5项创新性亮点工作，形成一批标志性成果。创新人才工作机制，完善人才工作政策，优化人才发展生态。

二是推动重点领域改革。深化“放管服”改革，加强“互联网＋政务服务”建设。扎实推进行政审批制度改革和“工改”，纵深推进“证照分离”，完善“容缺受理”[48]和“告知承诺”制度[49]，助力行政审批跑出“加速度”。大力推进“零跑动”改革，确保可办率达80%以上。用好“土地超市＋”交易平台，开展“三块地”[50]改革试点工作，稳步推进集体经营性建设用地入市。深化国资国企改革，推动县腰果厂改制，全面清查盘活国有资产，激发国资国企活力。统筹推进农垦、供销、教育医疗、农业农村等重点领域改革工作。

三是优化营商环境。加快数字政府建设，优化“三个一网”[51]，推广“海易兑”系统，及时发布和兑付惠企政策。深化应用“机器管规划”，推动规划与土地全链条“管制一条龙”。完善公平竞争审查制度，强化知识产权保护。坚持市场准入承诺即入，激发市场主体活力。坚持“两个毫不动摇”[52]，依法保护企业产权和企业家权益。健全常态化“政金企”沟通机制，落实“520企业服务日”“首席服务专员”制度，实现营商环境问题动态“清零”，力争营商环境指标评价进入全省前列。持续加强社会信用体系建设，扩大普惠金融扶持力度，提升金融服务实体经济的能力，缓解中小微企业、“三农”融资困境，打造特色普惠金融示范区。

（四）聚焦基础设施，着力补齐发展短板

一是加强交通设施建设。提升区域协调发展水平，协同共建三亚经济圈一体化交通网络，推动环热带雨林国家公园旅游公路、G98大三亚扩容工程、国道G540抱由至毛阳段改造、S516利球线、环岛旅游公路鱼骨线项目建设。实施佛黄线、利国镇河堤西路项目，谋划建设疏港大道以及九所、千家、莺歌海等产业聚集区和乐东渔港经济区交通设施。升级改造岭头、望楼渔港，建成龙栖湾休闲渔业接驳点，强化水运交通承载能力。

二是补齐水资源配置短板。打造绿色智慧水网，以“六水共治”为抓手，实施城乡供水一体化，谋划推动保定电站提水工程，建设利国文且水厂、万冲水厂及配套管网，加速望老水厂及配套管网、千家水厂（续建）等项目建设。完成县城水厂管网延伸工程，确保规模水厂管网延伸供水覆盖率65%以上。启动响水、雅隆等水库除险加固工程，推进大安、南木等一批水库续建配套项目，提升防洪蓄水能力与农田水利灌溉水平。

三是完善电气网基础设施。推动电源供应清洁化低碳化，完成海控能源、交控能源等一批光伏项目，建设中清能农光互补项目。新建龙栖湾、尖峰、黄流3个110kV输变电工程，提高城乡供电质量。

谋划建设抱由、黄流等气站，实施龙沐湾天然气管道工程，提升城乡天然气管网覆盖率。完善5G基础设施布局，新增5G基站400个以上，基本实现5G网络和千兆光网城镇全覆盖。

（五）聚焦乡村振兴，统筹推动城乡融合

一是持续巩固脱贫攻坚成果。健全防返贫动态监测与帮扶机制，杜绝“体外循环”[53]现象发生。加强农村劳动力技能培训和用工对接，畅通就业渠道，增加农民工资性收入。发挥资金最大效益，扶持壮大乡村振兴产业，实现产业提质增效。实施乡村振兴示范工程，创建示范镇2个、示范村8个。加强农村电商服务站建设，拓宽农产品销售市场。完善信用体系，转化“信用村”“信用户”评定成果，扩大小额信贷规模。打造“积分制”[54]试点村24个、“清单制”[55]试点村11个，提升乡村治理效能。

二是推进乡村建设。强化规划引领，规范城乡风貌管控，加快137个村庄规划编制，建成3个“和美乡村”。加强镇墟容貌整治，改造一批国道沿线村庄。统筹推进垦地融合、农房确权，实施土地经营权不动产登记、尖峰镇三村[56]土地综合整治等试点工作。建设农村集体“三资”[57]管理平台。完善一批农村公路和田间道路，保障农资正常运输。

三是加强人居环境整治。巩固国家卫生县城成果，持续开展清“五边”促“四爱”环境卫生整治行动[58]，集中整治“八乱”[59]和高铁、高速公路沿线环境卫生。创建2个国家卫生镇、20个省级卫生村，评选表彰一批“文明户”“卫生户”“农村美丽庭院”，通过典型带路、以点带面，推动环境卫生整治再上新台阶。抓好农村厕所革命[60]，建成农村厕所544个。深入开展农村裸露土地专项整治工作，提高绿化率。

（六）聚焦绿色发展，打造生态文明标杆

一是加强生态环境保护。巩固提升中央环保督察整改成果，完成国家海洋督察、省级环保例行督察整改任务。实施“三线一单”[61]分区管控。全面落实“河长制”“湖长制”“田长制”“林长制”，大力整治土地卫片图斑、森林违法图斑，植树造林8000亩以上。实行最严格的耕地保护制度，坚决守住64万亩耕地红线。开工建设龙栖湾污水处理厂。完成205个自然村生活污水、2条国控黑臭水体治理，加强九所镇鸭母沟、县城人民公园、月亮湖黑臭水体和入海（河）排污口整治，谋划环莺歌海盐场水环境综合治理项目。深入落实大气污染防治“六严禁两推进”[62]，提升环境空气质量。

二是探索生态产品价值实现路径。在热带雨林国家公园“天窗”范围内，引进一批商业旅游项目。推进花梨谷、尖峰岭森林康养基地建设，谋划建设千家、利国温泉养生项目。实施花梨谷“一树一码一证”[63]。启动森林城市创建和林业碳汇工作。大力发展林下经济，开发林木种苗、林业观光、园艺等业态，壮大南药产业。

三是大力推进绿色低碳发展。落实能耗总量和强度“双控”任务，建设县城和尖峰大型垃圾转运站，谋划打造循环经济产业园。持续开展固体废弃物综合利用[64]和塑料减量、垃圾分类等行动，推动生态能源有机肥项目落地，实现农业有机废弃物收集、转化和利用。有序实施“禁塑”等标志性工程，推广新能源汽车500辆，新建装配式建筑占比达60%以上。

（七）聚焦民生关切，繁荣发展社会事业

一是推进“健康乐东”建设。加快县人民医院、第二人民医院医共体建设，千方百计提高医疗救治、应急处置能力，扩容下沉优质医疗资源。谋划推动西南部医院建设，建成县人民医院综合楼、妇幼保健院综合楼、疾控中心实验楼、中医院急诊部和实验室等项目。

二是提高保障和改善民生水平。建设就业驿站5家，新增城镇就业2600人，农村富余劳动力转移不低于5000人。落实“全民参保登记计划”[65]。保护妇女儿童、残疾人等群体合法权益。提升退役军人服务保障水平，争创全国双拥模范县。有序推动城市更新，新建安居房500套以上，改造城镇老旧小区3个，开工建设一批棚户区改造住房。建设2个公益性菜市场。巩固常年蔬菜基地保有量4000亩以上，自给率达60%以上，平价菜销量市场份额占比50%以上，确保“15+N”种基本蔬菜[66]均价低于去年。

三是繁荣教育和文化事业。深化教育集团化办学，推动黄流中学高中部恢复招生、海口市教育幼儿园托管县第二幼儿园。优化调整学校布局，整合撤并小规模学校 10 所，依法收归管理公建民营幼儿园。创建 2 所省一级幼儿园，新开办 8 所公办幼儿园。推进万冲镇中心幼儿园、民族中学教学楼等项目建设，扩大教育资源供给。实施“十百千”强师计划[67]，推行校长目标管理，公开招聘一批教师，打造高素质专业化教师队伍。实施文化惠民工程，推出系列惠民演出。加快九所全民健身活动中心建设。广泛开展群众性精神文明创建活动，争创省级文明城市。

（八）聚焦社会治理，全面筑牢安全屏障

一是深化基层治理。健全“6+N”矛盾纠纷多元联动化解机制，创建 10 个“民主法治示范村（居）”，打造基层治理新亮点。完善“警保联控”“一村一警”机制，打造 30 个“智慧安防小区”。推动社管平台[68]加快建设，提高社会治理现代化水平。常态化开展扫黑除恶专项斗争，持续推进命案积案攻坚，实施“断卡”专项行动，严厉打击“盗抢骗”、非法集资、走私等犯罪行为。深化未成年人“四访五帮”[69]工作，营造安全稳定社会环境。

二是加强风险防控。实行首席风险官制度，完善防控体系，守住防控底线。推广新时代“枫桥经验”，强化重复信访治理和积案化解，提高信访“三率”[70]。加强执法与司法有效衔接，行政机关负责人出庭应诉应出尽出，降低行政复议案件纠错率和诉讼案件败诉率。突出抓好金融、房地产、生态环境、政府债务等风险化解和防范，加快滨海大道综合管廊、第二人民医院、望楼河下游段等 PPP 项目清算工作。扎实做好保交楼、保民生、保稳定各项工作。

三是保持安全形势。优化应急管理体系，提升应急处置能力，做好防汛抗旱救灾工作。深入开展“三无”船舶[71]清理整治，加强道路交通、防溺水、自建房、消防、烟花爆竹、燃气、涉电等重点领域安全生产工作，坚决防范和遏制重特大安全事故发生。加强食品安全监管，严厉打击违禁农药使用行为，守好农产品质量安全关口，确保人民群众舌尖上的安全。

各位代表！历史的使命、发展的重任、人民的期盼，对政府工作提出了更高的要求。我们要从现在做起、从自身做起，不断加强政府建设。我们要打造有为政府。坚持党的全面领导，忠诚捍卫“两个确立”、坚决做到“两个维护”，主动在大局下想事、谋事、干事，以担当作为诠释对党忠诚。我们要打造效能政府。以增强执行力为重点，加强政府效能建设，推行闭环管理、督查考核、问效奖惩，促进发展提速。我们要打造服务政府。坚持以人民为中心，树立整体政府理念，优化服务流程，提高服务水平，更好满足企业和群众办事需求。我们要打造法治政府。坚持依法行政，严格执行人大及其常委会决议决定，支持人民政协履行职责，认真办理人大代表建议和政协提案，自觉接受各方面监督。我们要打造清廉政府。纵深推进政府系统全面从严治党，坚决整治群众身边腐败和不正之风，持之以恒正风肃纪反腐，永葆为民务实清廉的政治本色。

各位代表！宏伟蓝图催人奋进，征程再启未来可期。让我们更加紧密地团结在以习近平同志为核心的党中央周围，在省委、省政府和县委的坚强领导下，守正创新、踔厉奋发、勇毅前行，为全面推进乐东经济社会高质量发展而团结奋斗！

名词解释

[1]“四个争当”：争当产业转型升级赶超者、争当区域协调发展示范生、争当生态文明建设排头兵、争当党建引领发展优等生。

[2]“双领导”：即重点项目服务领导和责任领导，服务领导为县委、县人大、县政协领导班子成员及县政府主要领导；责任领导为县政府分管领导。

[3] 投资新政三年行动：2021 年 5 月，省政府办公厅印发《海南自由贸易港投资新政三年行动方案（2021—2023 年）》，提出围绕我省旅游业、现代服务业、高新技术产业三大主导产业，以及热带特色高效农业、制造业（即“3+1+1”产业），“五网”基础设施，民生公共服务，社会投资等重点领域，高度聚焦投资效益与质量，着力在扩大有效投

资方面下功夫，在完成年投资增速不低于10%增速的同时(其中，“3+1+1”产业投资增速12%左右，基础设施投资增速3%左右，民生公共服务投资增速10%左右，社会投资增速10%以上，力争总投资1亿元以上项目占全年投资的比重每年增加2个百分点以上)，到2023年，全省投资结构更合理，投资质量明显提高，投资效益逐步提升，产业集群效应进一步释放，产业投资对GDP拉动作用更加凸显。

[4]海南（东盟）热带农产品数字化交易平台：主要围绕农产品交易数据、农业供应链金融、农业流通模型、物流配套数字化、产业协同一体化、数字人民币交易等六大功能，以海南农业产业链“固本培元”为目标，立足“大平台”经济做实农业生态圈。以区域农业数字化“大平台”作为“路由器”，探索一条畅销国内外“大市场”、解决海南农业发展“大症结”的独有发展路径，推动海南热带特色高效农业重大跨越式发展，着力打造自贸港离岸农业贸易流通数字经济样板。

[5]金钱树大数据平台：基于金钱树产业基础打造的全产业链大数据平台。通过打造产业孵化体系，打通产业种植、销售、采购、物流的产业配套最后一公里壁垒。同时积极引入溯源体系、智慧种植体系、数据分析等赋能模块打造金钱树品牌。最后通过全产业链数据收集指导金钱树良性健康发展，打造一个资源共享、数字赋能、产业升级的综合服务型平台。

[6]科技创新翻身仗三年行动：《海南省以超常规手段打赢科技创新翻身仗三年行动方案（2021—2023年）》提出，到2023年实现主要科技创新指标“六翻番、六突破”。“六翻番”包括：全社会研究与试验发展（R&D）经费投入占地区生产总值比重翻番，达到1.2%，实现研发经费投入年均增长34%；高新技术企业数量翻番，达到2000家；高新技术企业营业收入翻番，达到1600亿元；拥有国家级创新平台数量翻番，达到14家；获国家科技计划立项项目数量翻番，三年累计数量达到1000项；全省规模以上工业企业设立研发机构覆盖率翻番，达到50%。“六突破”包括：在科技创新平台建设、区域创新布局、企业创新主体建设、产业技术攻关、科技制度创新、创新创业生态建设方面取得新突破。

[7]4家新型研发机构：乐东黎族自治县未来农业产业技术创新研究院、乐东黎族自治县中兴新能源产业研究院、乐东黎族自治县哈密瓜产业技术创新研究院、乐东黎族自治县智卉金钱树研究院。

[8]“放管服”：简政放权、放管结合、优化服务改革，不断提高政府效能。

[9]“一枚印章管审批”：在政务中心的基础上，组建行政审批局，把本级部分或全部行政审批事项，统一划入行政审批局，由行政审批局依法履行审批职责，审批通过后加盖“XX行政审批局”的印章，不再盖原行业主管部门的审批印章，最大限度方便群众办事。

[10]“零跑动”：指集中部门、事项、权限，推行“一门式一网式”政府服务模式，争取一次上门或者全流程网上办事。

[11]“一件事一次办”：“一件事”是指企业、群众需办理的一个事项，既可以是单独的“一件事情”，也可以是需到多个部门办理或多件相关的“一揽子事”，“一次办”是指一次告知、一次表单、一次联办、一次办好。

[12]“工改”：工程建设项目审批制度改革。

[13]土地新政：海南实施“只征不转、只转不征、不征不转”“先租后让、租让结合”和点状供地、弹性年期等灵活用地政策。

[14]“土地超市”：建立“土地超市”信息平台，实现归集产权明晰的存量建设用地、发布公开透明的土地信息、配对有效精准的项目要素、提供方便快捷的用地选择、实施规范高效的服务监管为一体的土地全生命周期监管制度体系。2022年5月我省出台《关于建立“土地超市”制度的实施意见》。

[15]抱邱村试点做法：以抱由镇抱邱村为试点在全省率先开展土地承包经营权和土地经营权不动产权登记与抵押融资，核定登记第一本农村土地经营权不动产权证书，成为我省首创、首单、首例、首本、首发典型案例。

[16]海南经发局：海南国际经济发展局（简称

海南国际经发局）是由海南省人民政府发起，经授权代表政府在法定职责范围内开展招商引资、宣传推介、国内外会展及投资咨询等经贸活动的法定机构。

[17]“万名干部下企业”：为全面贯彻落实习近平总书记关于当前经济工作的重要论述和党中央、国务院关于稳住经济大盘的重大决策精神，以“一本三基四梁八柱”战略框架为指引，充分发挥各级干部在稳增长稳市场主体中的积极作用，做到“企业有需要、服务在身边”“帮忙不添乱”，帮助企业解决突出问题，迅速推动企业复工复产，提振企业发展信心，奋力完成全年经济社会发展目标，加快建设海南自由贸易港，响应省的号召，决定在全县开展“万名干部下企业”服务行动。

[18]“政企面对面”：指省优化营商环境工作专班办公室会同省发展改革委等部门，策划开展的“政企面对面 服务心贴心”系列活动。旨在搭建政企沟通交流平台，健全政企常态化沟通机制，畅通政企沟通渠道，及时传达党委、政府对企业的关心和支持，为企业纾困解难和助力各项惠企政策落地见效，解决好企业的“急难愁盼”问题，努力营造全县上下齐心协力关爱企业、助企发展的良好氛围，持续打造一流的营商环境。

[19]标志性工程：即六大标志性工程，分别为热带雨林国家公园、清洁能源岛和清洁能源汽车，“禁塑”、装配式建筑、“六水共治”、博鳌东屿岛零碳示范区。

[20]“两违”：指违法用地和违法建设行为。

[21]“九大工程”：镇墟环境卫生整治工程、镇墟工地乱象整治工程、镇墟交通干道积水整治工程、镇墟交通干道绿化提升工程、镇墟水环境治理工程、镇墟农业面源污染整治工程、镇墟交通乱象整治工程、镇墟违法建筑整治工程、镇墟更新改造工程。

[22]“六水共治”：以水环境综合治理为突破口，系统推进治污水、保供水、排涝水、防洪水、抓节水、优海水6项工作。

[23]“美丽幸福河湖”：2021年海南印发《海南省绿水行动之幸福河湖建设行动方案（2021-2023）》提出在全省范围内启动幸福河湖建设行动，计划用3年时间打造一批望得见山、看得见水、记得住乡愁的幸福河湖，实现“河畅、水清、岸绿、景美、人和”。

[24]“三区三线”：三区指城镇空间、农业空间、生态空间三种类型的国土空间，三线指永久基本农田控制线、生态保护红线、城镇开发边界。

[25]三亚经济圈：是三亚、陵水、保亭、乐东四个市县要素合理流动和高效集聚的重要载体，按照治理尺度上移、管理下移的“重构思路”，通过合理分工、枢纽带动、产业链供应链协同、公共设施互联共享等协调、一体发展，既可以形成合力，有效集聚资源优势，加快发展速度，也可以带动周边市县一体化发展，缩小区域发展差距。

[26]“医共体”：医疗服务共同体，是根据国务院《关于推进医疗联合体建设和发展的指导意见》（国办发〔2017〕32号）等文件组建的医疗合作组织。

[27]“两校一园”：每个市县至少引进优质教育资源办成1所优质普通高中（或完全中学，九年一贯制学校）、1所优质完全小学和1所优质幼儿园。

[28]乐东文化中心：即三馆，文化馆、图书馆、博物馆。

[29]“6+N”矛盾纠纷多元联动化解机制：即建立以综治、信访、司法、公安、法院、检察院6种力量为主体，农业农村、资规、村（居）、法律工作者、治安积极分子等N种力量参与的县镇两级矛盾纠纷调处工作机制，有效推动矛盾纠纷调处工作。

[30]“四风”：形式主义、官僚主义、享乐主义和奢靡之风。

[31]“三公”经费：政府部门公务出国（境）经费、公务用车购置及运行费、公务接待费用。

[32]安全生产专项整治三年行动：安全生产专项整治三年行动（2020—2022）是习近平总书记亲自部署的一项重要工作，按照省委省政府的安排部署，我县坚持问题导向，强化两个主体责任，突出源头治理、系统治理、综合治理，围绕“1+2+10”方案体系，重点分1个总体方案、2个专题和10个行业领域（即危险化学品、非煤矿山、消防、道路运输、交通运输、渔业、城市建设、危险废物、

旅文系统、教育系统安全等）扎实有效开展安全生产专项整治三年行动。

[33]“三极一带一区”：即海口经济圈、三亚经济圈、儋洋经济圈、滨海城市带、中部生态保育区。

[34]“一本三基四梁八柱”战略框架：坚持以习近平总书记关于海南工作的系列重要讲话和指示批示为根本遵循，以《中共中央、国务院关于支持海南全面深化改革开放的指导意见》《海南自由贸易港建设总体方案》《中华人民共和国海南自由贸易港法》为制度基石，以全面深化改革开放试验区、国家生态文明试验区、国际旅游消费中心、国家重大战略服务保障区为目标定位，以政策环境、法治环境、营商环境、生态环境、经济发展体系、社会治理体系、风险防控体系、组织领导体系为稳固支撑。

[35]“三走”：往岸上走、往深海走、往休闲渔业走，推动渔业生产方式、生产关系和产品业态转型，实现生态效益与经济效益同步提升。

[36]“三湾”：龙沐湾、龙栖湾、龙腾湾。

[37]“金宿银宿”：我省将民宿划分为金宿、银宿、铜宿三个级别，对优质民宿给予奖励。

[38]“两大综合服务平台”：海南（东盟）热带农产品数字交易平台和金钱树大数据平台。

[39]“飞地经济”：指两个相互独立、经济发展存在落差的行政地区，打破区划限制，以最新国务院批准的各类开发区为主要载体，在平等协商、自愿合作的基础上，以生产要素的互补和高效利用为直接目的，在特定区域合作建设开发各种产业园区，通过规划、建设、管理和利益分配等合作和协调机制，实现互利共赢的区域经济发展模式。

[40]种业 CRO：源于医学上的合同服务外包商业模式，由育种方提供育种材料，专业公司通过核心技术进行育制种，再交由育种方完成种子商品化，实现南繁育种的产业化运营。

[41]R&D：科学研究与试验发展。

[42]“两品一标”：绿色食品、有机农产品和农产品地理标志。

[43]“预支规划”：指在新的国土空间规划批准生效前，为落实国家发展战略，保障“十四五”近期重大基础设施和民生保障项目、重大产业项目建设用地需求，各省（区、市）可按照 2019 年国家下达的新增建设用地计划的 50% 预支建设用地规模。

[44]控规：是指控制性详细规划，是根据城市、镇总体规划要求，用以控制建设用地性质、使用强度和空间环境的规划。

[45]批而未供土地：指自 1999 年新《土地管理法》实施以来，依法已经国务院或省级人民政府批准土地征用或农地转用，而未供应出去的土地。

[46]“四率”：签约落地率、开工率、完成率和投产率。

[47]“银担分险”批量担保：是指通过担保机构、合作银行按照一定比例为贷款项目承担融资担保业务代偿风险，为融资主体开展批量融资担保业务。

[48]“容缺受理”：指针对那些具备基本条件、主要申报材料齐全且符合法定条件，但次要条件或手续有欠缺的行政审批事项，职能部门可以“暂时性容忍”办理，办事群众和企业只需在相应时间内补齐相应材料即可。

[49]“告知承诺”制度：指由审批服务部门一次性公布告知申请人事项办理条件、标准、技术要求、申请材料和需要履行的法律责任，申请人以书面（含电子文本）形式承诺其符合办理条件，并承担相应的法律责任及违反承诺的后果，审批服务部门当场或当天作出决定。

[50]“三块地”：农村土地征收、集体经营性建设用地入市、宅基地管理制度改革。

[51]“三个一网”：依托“海易办”“海政通”两大基础平台，深化“一网通办”“一网协同”“一网监管”。

[52]“两个毫不动摇”：毫不动摇巩固和发展公有制经济，毫不动摇鼓励、支持、引导非公有制经济发展，保证各种所有制经济依法平等使用生产要素、公平参与市场竞争、同等受到法律保护。

[53]“体外循环”：指虽然发现了存在返贫致贫风险的农户，但未及时识别认定为监测对象，也未将其录入全国防返贫监测信息系统进行统一管理，而仅是在防止返贫动态监测和帮扶机制外，落实了

相应的帮扶措施。

[54]“积分制”：指在乡村治理中运用积分制，是在农村基层党组织领导下，通过民主程序，将乡村治理各项事务转化为数量化指标，对农民日常行为进行评价形成积分，并给予相应精神鼓励或物质奖励，形成一套有效的激励约束机制。

[55]“清单制”：在乡村治理中运用清单制，是在党组织领导下，将基层管理服务事项以及农民群众关心关注的事务细化为清单，编制操作流程，明确办理要求，建立监督评价机制，形成制度化、规范化的乡村治理方式。

[56]尖峰镇三村：指尖峰镇的岭头村、红湖村、黑眉村。

[57]“三资”：农村集体经济中的资金、资产、资源。

[58]清“五边”促“四爱”环境卫生整治行动：通过整治“江边、海边、山边、路边、景区周边”等“五边”死角促进“爱国、爱海南、爱家乡、爱家庭”卫生健康大行动。

[59]“八乱”：垃圾乱倒、乱搭乱建、车辆乱停、摊位乱摆、市场脏乱、广告乱贴、污水乱排、工地乱象。

[60]农村厕所革命：农村人居环境整治的重点任务之一，指对我国农村厕所进行改造的一项举措。

[61]“三线一单”：生态保护红线、环境质量底线、资源利用上线和环境准入清单。

[62]“六严禁两推进”：“六严禁”是指严禁秸秆、垃圾露天焚烧，严禁槟榔土法熏烤，严禁在禁燃区内燃放烟花爆竹，严禁在允许区外露天烧烤，严禁寺庙道观燃烧高香，严禁在城区公共场所祭祀烧纸焚香；“两推进”是指推进气代柴薪工作、推进秸秆综合利用。

[63]花梨谷“一树一码一证”：在花梨谷范围内实施单株黄花梨林木确权登记颁证，生成识别码（数字化认证证书）再办理不动产权证。

[64]固体废弃物综合利用：《关于“十四五”大宗固体废弃物综合利用的指导意见》（发改环资〔2021〕381号），明确了“十四五”时期大宗固体废弃物综合利用的主要领域和目标要求，提出了统筹推进大宗固体废弃物综合利用效率稳步提升、绿色发展全过程推进、技术模式创新发展的重点任务，以及实施资源高效利用行动，全力推动资源综合利用实现新进步的保障措施。

[65]“全民参保登记计划”：是依据社会保险法等法律法规规定，以社会保险全覆盖为目标，通过信息比对、入户调查、数据集中管理和动态更新等措施，对各类群体参加社会保险情况进行记录、核查和规范管理，从而推进职工和城乡居民全面、持续参保的专项行动。

[66]“15+N”种基本蔬菜：包括茄子、上海青、黄瓜、青椒、尖椒、大白菜、长豆角、土豆、胡萝卜、蒜薹、芹菜、圆白菜、韭菜、西红柿、白萝卜等15种基本品种。

[67]“十百千”强师计划：建设十名优秀校长，百名优秀班主任，千名优秀教师名师培养工程。

[68]社管平台：海南社会管理信息化平台，社管平台作为定位于自贸港的大数据服务平台，主要对党政军警民各方面的数据进行充分融合，全面防控各类风险，为社会经济发展提供高质量的服务。

[69]“四访五帮”：四访是指要坚持开展每月走访本人、走访家长、走访老师、走访辖区村级党组织负责人。五帮是指帮助完成学业、帮助掌握技能、帮助增强法治观念、帮助提升安全意识、帮助养成良好习惯。

[70]“三率”：案件及时受理率（包括信访部门及时受理率和责任单位及时受理率）、案件及时办结率、满意率（包括对信访部门满意率和对责任单位满意率）。

[71]“三无”船舶：指无船名船号、无船舶证书〔无有效渔业船舶检验证书、船舶登记证书、捕捞许可证〕、无船籍港的“三无”渔业船舶。

乐东黎族自治县人民代表大会常务委员会工作报告

——2023年2月8日在乐东黎族自治县第十六届人民代表大会第三次会议上

乐东黎族自治县人大常委会主任　王家俊

各位代表：

我受县人大常委会委托，向大会报告工作，请予审议。

2022 年工作回顾

2022 年，是极具考验、极不平凡的一年，也是本届人大履职的开局之年。县人大常委会在县委的坚强领导下，坚持以习近平新时代中国特色社会主义思想为指导，全面贯彻落实党的二十大和中央人大工作会议精神，聚焦“一本三基四梁八柱”[1]战略框架，以“四个争当[2]”为主线，牢牢把握“四个机关[3]”定位要求，坚持党的领导、人民当家作主、依法治国有机统一，依法履职尽责，深入践行全过程人民民主，圆满完成县十六届人大一次会议确定的目标任务，为全县经济社会发展和民主法治建设作出了积极贡献。

一、坚持党的领导，毫不动摇贯彻落实县委决策部署

我们始终旗帜鲜明讲政治，不断增强“四个意识[4]”、坚定“四个自信[5]”、做到“两个维护[6]”，以实际行动当好“两个确立[7]”的坚定捍卫者和忠实践行者。

（一）坚持政治统领。把学习宣传贯彻党的二十大精神作为首要政治任务，以常委会党组、机关党组和党支部等不同层面组织专题学习研讨，推动党的二十大精神入脑入心、走深走实。严格落实“第一议题”学习制度，党组集体带头学、常委会组成人员专题学、人大代表履职学、机关干部经常学“四级联动”，组织开展各类集中学习 23 次，及时跟进学习习近平总书记重要讲话精神，以理论清醒保持政治坚定，以思想自觉引领行动自觉，使人大工作紧跟时代步伐、保持正确方向。

（二）落实政治责任。县委高度重视人大工作，专门召开县委人大工作会议，为做好新时代人大工作提供坚强政治保障。县人大常委会自觉维护县委总揽全局、协调各方的领导地位，及时向县委请示报告重大事项、重要问题 15 件次，按照县委要求抓好落实，自觉把坚持党的领导贯穿到人大工作全过程、各方面。把推动县委决策部署贯彻落实作为行使职权的首要任务，共听取审议“一府一委两院”专题报告 20 个，作出决议决定 7 项，开展执法检查 3 项、专题询问 1 项、专题调研 6 项，任免地方国家机关工作人员 59 人次，选举我县省人大代表 20 名。

（三）展现政治担当。全面融入“一线”，主动奔赴“火线”，做到县委工作重心在哪里，人大工作就跟进到哪里，力量就汇聚到哪里，作用就发挥到哪里。助推区域协调发展。聚焦“三极一带一区[8]”战略部署，成功举办三亚经济圈“一市三县”人大常委会联席会议[9]，进一步完善协作机制，为三亚经济圈协调发展贡献人大力量。助推重点项

目建设。践行“项目为王”理念，开展“四定[10]”视察活动，每月组织省、县、镇三级人大代表，对我县产业转型升级、区域协调发展、生态文明建设、人居环境整治等领域13个重点项目开展视察，提出建议24项，形成专项视察报告4篇，有效推动县直部门协同联动，加快项目建设步伐。助推疫情防控。同心抗击“0801”疫情，按照县委要求牵头成立问题整改督办专班，对各方面反馈我县存在的456个防控问题开展整改督办工作，推动整改率达到99.8%。主任会议成员下沉一线驻镇包村，协调解决相关问题，统筹推动疫情防控和经济社会发展措施落细落实。全县914名各级人大代表和人大机关干部奔赴抗疫一线，在疫情防控中彰显人大力量。助推专项工作落实。主任会议成员积极落实县委包抓乡镇和重点项目等工作任务，在乡村振兴、联企助企、“六水共治[11]”、河湖长制等全局工作中，主动担当，积极作为。

二、强化法治引领，守正创新持续助力法治乐东建设

我们始终牢固树立宪法意识，弘扬宪法精神，自觉把人大工作放在法治建设全局中谋划和推进。

（一）强化法治意识教育。将宪法学习列入常委会党组理论学习中心组学习计划，深入学习把握习近平总书记关于宪法重要论述精神。对“八五[12]”法治宣传教育情况开展检查，推动“谁执法、谁普法”责任落实。参与国家宪法日等系列活动，印制宪法学习读本，大力营造法治宣传教育良好工作氛围。严格执行拟任干部任前法律知识考试、宪法宣誓等制度，增强新任职人员的宪法意识和依法履职能力，全年共组织拟任干部任前考试40人，向宪法宣誓84人。

（二）深入推进民族立法。始终坚持党领导立法的政治原则，充分发挥人大常委会的主导作用，深入推进科学立法、民主立法、依法立法，把全过程人民民主的重大理念贯彻到立法实践的各个环节，凝聚民意“最大公约数”。依法启动《乐东黎族自治县自治条例》修订工作。注重“小切口[13]”“小快灵”，围绕服务我县镇墟容貌整治“九大工程[14]”目标，着手开展公共停车场建设管理条例及县城饮用水源保护管理规定等立法前期调研，努力以良法促进发展、保障善治，深化依法治县成效。

（三）有效维护法制统一。认真贯彻落实省规范性文件备案审查条例，坚持有件必备、有备必审、有错必纠原则。听取和审议县政府规范性文件备案审查工作情况报告。向省人大常委会报备规范性文件1件，依法审查县政府报备规范性文件14件、镇人大报备规范性文件2件，不断推动备案审查工作规范化、制度化。

三、紧扣时代主题，全力推动人大监督工作提质增效

我们坚定不移贯彻新发展理念，坚持目标导向、问题导向、结果导向相统一，不断释放人大监督效能，在助力高质量发展中贡献人大力量。

（一）强化生态环境保护监督。牢记生态文明建设“国之大者”，构建人大监督和纪检监察监督贯通融合机制，邀请生态研究院专家参与，让人大监督“长出牙齿”。听取和审议了环境状况和环境保护目标完成情况等3个报告，对我县贯彻落实环境保护法等4部法律的情况开展了执法检查，对水污染防治法贯彻落实情况开展了专题询问，指出我县生态环境存在的突出问题，提出针对性的意见建议，助推生态环境的保护、修复和治理，持续改善县域生态环境质量。

（二）强化经济运行质量监督。着重围绕“十四五”规划实施、优化营商环境、财政资金使用、国有资产管理等方面开展监督，听取和审议重点项目推进、审计整改、预算执行、财政决算等专项工作报告，审查批准新增债券资金安排及预算调整方案，促进经济平稳运行。听取和审议总体规划实施情况报告，督促有关部门提高规划编制科学性，落实“一张蓝图干到底”要求，提升防范化解重大风险能力。

（三）强化民生福祉保障监督。坚持人民至上理念，聚焦民生热点，不断提升监督质效。听取和审议发展热带特色高效农业及共享农庄建设等专项工作报告，对农业复工复产、传承发展黎苗族文化、民族团结进步创建等工作情况开展专题调研，助力

农业提质增效、乡村产业振兴。听取和审议落实“双减[15]”政策情况报告，对县第二幼儿园、妇幼保健院、“三馆合一[16]”等项目进行视察，回应教育医疗领域民生关切。开展安居工程建设和就业促进工作情况调研，督促项目加快建设，推动落实“住有所居、居有所安”，实现更高质量、更充分的就业。

（四）强化执法司法公正监督。听取和审议法治政府建设、电信诈骗治理、行政审判、刑事执行检察等4个专项报告，对反走私工作情况开展专题调研，助力优化法治环境，促进执法司法规范化，赋能全岛封关准备工作。组织开展未成年人保护法、预防未成年人犯罪法专项执法检查，推动家庭、学校、社会和司法等四个方面保护紧密衔接，促进未成年人保护体系建设迈上新台阶。

四、发挥代表作用，不断丰富全过程人民民主基层实践

我们不断改进代表工作，加强代表能力建设，发挥代表主体作用，深入践行全过程人民民主。

（一）着力丰富代表履职形式。搭建代表履职平台，大力推进人大代表联络室（站）整合升级工作，去年新建成18个片区代表联络站，按照“周有接访、月有学习、季有监督、年有述职”的运行模式常态化开展活动，789人次代表进站接待群众863人次，形成了“大门常开、代表常驻、选民常来、活动常有”的生动局面，切实让群众感受到全过程人民民主就在“家门口”。丰富代表活动载体，指导镇人大每月围绕镇墟容貌提升、六水共治、秸秆禁烧、疫情防控等主题开展“代表在行动”主题实践活动209批次，参与代表6189人次，为县委各项决策部署贯彻实施凝聚最大共识，汇聚最强力量。

（二）着力优化履职服务保障。制定县人大代表活动经费管理办法，从2022年开始按照每位县人大代表每人每年度2400元标准发放代表履职补助，为代表履职进一步提供了物质保障。认真执行常委会组成人员联系代表、代表列席人大常委会会议等制度，常委会组成人员直接联系代表192名，邀请代表列席常委会会议20人次，代表参加执法检查、专题调研、专题询问等工作59人次，代表参与常委会工作更加广泛，联系更加紧密。组织部分人大代表参加“一府一委两院”及其有关部门召开的座谈会、听证会、评议会等，切实保障代表知情知政，扩大代表有序政治参与。

（三）着力增强建议办理实效。不断改进代表建议办理工作方式，健全主任会议成员重点督办、县政府领导带头领办、工作机构常态督办机制，通过召开交办会、现场察看、听取审议办理情况报告、开展满意度测评等形式，实行前期交办、中期推动、后期问效，着力提高建议落实率、问题解决率和代表满意率。县十六届人大一次会议代表提出的114件建议已全部办结，解决或基本解决率36.8%，国电西南电厂公交线路开通、赤塘村至利国镇农场大桥改造等一批浸润着民生温情、传递着民生温暖的代表建议得到及时解决，增强了代表履职效力。

五、打造“四个机关”，全面加强自身建设树立良好形象

我们主动适应新时代人大工作需要，牢牢把握“四个机关”定位，全面加强自身建设。

（一）持续加强党的建设。落实全面从严治党主体责任，将常委会党组领导与常委会依法履职有机统一，充分发挥党组把方向、管大局、保落实的重要作用。压实党组政治领导责任，加强意识形态工作，认真研究审定重大事项，确保各项工作沿着正确方向前进。充分发挥党建引领作用，推动党支部建设规范化，把党员领导干部参加双重组织生活、“三会一课”、民主评议党员以及主题党日等党内政治生活作为核心要点予以强化。认真做好党支部换届，选举产生新一届党支部委员会，支委成员学历年龄实现“一升一降[17]”，班子结构得到进一步优化。

（二）持续加强作风建设。始终绷紧作风建设这根弦，聚焦新情况新问题，持续发力，久久为功。扎实推进联系群众服务基层工作，抓好驻点大安镇大炮村巩固脱贫攻坚成果同乡村振兴有效衔接，坚持责任不松动，力度不减弱，政策不断档，定期组织机关帮扶人员深入走访脱贫户，持

续助力乡村振兴。组织开展"集中谈话月"活动，谈话提醒6次22人。开展党员领导干部家风建设活动，举办"弘扬良好家风喜迎党的二十大"等主题党日教育，组织集中观看《守望家风》系列纪录片，党员干部撰写廉政家书12篇，努力营造人大系统风清气正的良好政治生态。鼓励机关党员积极参与爱心助农、志愿服务等方面工作，联合县工商联对全县60名援沪医护人员家属开展慰问，开展义务植树活动，充分发挥党员先锋模范作用。

（三）持续加强能力建设。扎实推进"能力提升建设年"暨深化拓展"查破促"活动及"比学赶超"活动走深走实，结合人大监督工作，开展"大培训""大练兵""大比武"活动，在学习中补齐能力短板、在实践中锤炼过硬能力，举办能力提升大讲堂3期，观看习近平生态文明思想、改革开放史、廉政警示教育、意识形态、国家安全和保密教育等专题片16部，收看全国人大网络专题讲座视频7部，机关党员干部撰写学习心得体会31篇。对接参与省人大执法检查和调研21次、兄弟市县人大考察调研9次，组织对省人大关于《省非物质文化遗产规定（草案）》等19部法规开展征求意见，刊发人大新闻通讯150篇。

各位代表，同志们！一年来，县人大常委会各项工作所取得的成绩，是县委高度重视、坚强领导的结果，是全体县人大代表辛勤工作的结果，是"一府一委两院"密切配合的结果，是各镇人大协同努力的结果，是全县各界大力支持的结果。在此，我谨代表县人大常委会，向各位代表和所有关心支持人大工作的同志们、朋友们，表示崇高的敬意和衷心的感谢！

回顾过去一年的工作，我们清醒地认识到，与宪法和法律的要求相比，与人大代表和人民群众的期望相比，我们的工作还有一些差距。主要表现在：监督刚性还不够强，立法工作回应需求还不足，代表作用发挥还不够充分，自身建设还有待进一步提升等等。对此，我们将虚心听取各方意见，自觉接受人大代表和人民群众的监督，积极采取有效措施，认真加以改进提高。

2023年主要任务

2023年是全面贯彻党的二十大精神的开局之年，是推进海南自由贸易港封关运作的关键之年。县人大常委会工作的总体要求是：以习近平新时代中国特色社会主义思想为指导，深入学习贯彻党的二十大及省第八次党代会、省委人大工作会议精神，在县委的坚强领导下，坚持党的领导、人民当家作主、依法治国有机统一，牢记初心使命，依法履职尽责，以更大的作为服务改革发展、促进民生改善，以更实的举措推进法治建设、强化人大监督，以更强的担当发挥代表作用、加强自身建设，坚决扛起新征程赋予人大的职责使命，为推动乐东高质量发展，实现"四个争当"目标贡献人大力量。

一、擦亮政治底色，强化政治自觉

不折不扣贯彻落实党的路线方针政策和重大决策部署，确保人大工作行稳致远。深入学习贯彻党的二十大精神。把学习贯彻党的二十大精神与学习贯彻中央人大工作会议精神结合起来，与学习贯彻省第八次党代会精神和省委、县委人大工作会议精神结合起来，自觉在政治立场、政治方向、政治原则上同以习近平同志为核心的党中央保持高度一致。坚持党的领导最高政治原则。准确把握坚持和加强党对人大工作全面领导的时代内涵，自觉维护县委总揽全局、协调各方的领导核心地位，严格执行重大事项和重要工作向县委请示报告制度，充分发挥人大常委会党组把方向、管大局、保落实的重要作用，始终把党的领导贯穿于人大工作的各方面、全过程，确保人大工作正确的政治方向。围绕县委中心工作履职尽责。围绕党委决策部署，主动担当、有效作为，密切关注社会民生热点，认真制定年度立法、监督计划并狠抓落实，确保人大工作与党的中心工作同频共振、同向发力。

二、筑牢法治根基，赋能社会治理

认真履行宪法和法律赋予的职责，汇聚法治力量，在深化法治乐东建设上践行人大使命。树牢法治思维。把学习宣传和贯彻实施宪法摆在突出位置，更好发挥宪法在治国理政中的重要作用，维护宪法权威。坚持和完善宪法宣誓及拟任人员法律知识考试制度，增强国家机关工作人员的依法行政意识。坚持以习近平法治思想为引领，督促有关方面推进普法与执法、司法贯通融合，使“八五”普法宣传更有特色、更富成效。改进立法工作。按照“党委领导、人大主导、政府依托、社会参与”的立法原则，坚持问题导向，更加重视“小切口”“小快灵”立法，完成《乐东黎族自治县自治条例》修订工作，加快县公共停车场建设管理条例及县城饮用水源保护管理规定的制定工作。探索组建专家智库，建立人大工作专家咨询制度，充分利用高校人才资源，补齐立法短板，努力通过法治途径破解社会发展和治理中的难题，切实提升法治引领和保障作用，致力推进从“事”向“制”和“治”的转变。加强备案审查工作。建立健全人大常委会听取和审议备案审查工作情况报告制度，充分发挥备案审查信息平台作用，加强与规范性文件制定机关的沟通协调，积极借助外力，邀请相关领域专家参与备案审查工作，让规范性文件更加“规范”，着力增强备案审查制度刚性，切实维护国家法制统一。

三、聚焦重点任务，提升监督质效

聚焦自贸港建设和我县“三区[18]”发展战略，积极回应市场主体和群众关切，正确、有效、依法行使监督职权。深化经济社会发展监督。探索“审计＋人大”联动监督新路径，强化预算编制、执行、调整、决算“全链条”审查监督，实现事前、事中、事后全面覆盖，打造全过程“监督闭环”。对审计发现问题整改情况开展调研，助力提升财政资金使用绩效，促进经济平稳运行。关注种业创新、南繁“政产学研[19]”联动，深入园区和企业开展视察，推动智慧海洋牧场、中兴智慧城、南繁基地在经济转型发展中发挥更大作用。深化生态环境保护监督。完善人大监督与巡察监督贯通机制，听取和审议环境保护整改及目标完成情况报告，对环保督察反馈问题和执法检查发现问题整改、农村人居环境整治、“六水共治”等方面工作开展跟踪监督，守护好蓝天碧水净土。深化民生和社会事业发展监督。主动听民声、察民情、聚民意，持续关注农业增效农民增收，对农产品公共品牌建设情况开展视察，助力打造三亚经济圈农产品区域公共品牌。持续关注民生热点，对集团化办学、困难居民就业、医疗救治能力建设、老年人权益保障等方面开展监督，推动教育质量和就业率提升，保障群众就医需求，确保老有所依。持续关注群众身边“关键小事”，围绕停车管理、物业服务、托幼工作、电动车“飞线充电[20]”、食品安全等群众急难愁盼的民生问题开展调研，不断提升人民群众的获得感、幸福感、安全感。深化司法公正监督。紧紧围绕民生热点、难点，以严格执法，公正司法为主线，听取和审议法治政府建设、诉讼服务体系建设等专项报告，对法院执行、检察诉讼、公安立案、司法援助等工作开展专题调研，促进依法行政和公正司法。对未成年人保护工作开展专题询问，合力守护祖国花朵，夯实司法为民举措。

四、强化服务保障，发挥代表作用

尊重代表主体地位，密切同代表的联系，以更高政治站位支持和保障代表依法履职，保证人民的知情权、参与权、表达权、监督权得到有效落实。加强代表平台建设。将各镇人大工作经费列入财政预算予以保障，确保资金使用绩效。继续建好、管好、用好代表联络站，全面提升站点标准化、制度化、规范化水平。不断健全吸纳民意、汇集民智的工作机制，加强代表履职监督管理，推动各级代表积极倾听民声、反映民意、回应民诉，激发新时代人大工作活力。加大代表培训力度。注重教育培训方式的有效性，灵活运用“引进来”“走出去”“线上办学”等多种方式开展代表培训，扩大代表参与执法检查、视察调研等活动，不断推动代表履职意识和履职能力的提升。优化代表建议办理。落实人大代表建议办理专项经费，解决资金缺乏的“瓶颈”问题，实现用“小资金”撬动“大民生”。建立健全群众反映问题办理机制，确保群众关切得到及时有效回应。建立代表建议办理“回头看”机制，强化人大代表建议督办，实行重点督办和联合督查相结合，推动代表建议办理从“答复型”向“落实型”转变，努力提高办结率和满意率。深化代表协同联动。加强对镇人大工作的指导，常态化开展代表志愿服务活动，不断夯实人大基层基础。立足三亚经济圈发展大局，密切与兄弟市县人大联系，加强横向业务交流，深化“一市三县”人大的协同联动，集聚人大新动能，助推区域协调发展。

五、坚守使命担当，建强“四个机关”

紧扣政治机关、国家权力机关、工作机关、代表机关的定位和要求，不断加强自身建设。强化思想武装。把学习贯彻党的二十大精神作为首要政治任务，持续在学深悟透习近平新时代中国特色社会主义思想上下功夫，切实把党的创新理论转化为推动人大工作创新发展的思路举措、提升工作质效的本领方法。坚持问题导向。从严从实抓好巡视发现问题整改，抓好意识形态教育工作，着力培育积极作为、敢于创新、严谨细致、讲求实效的工作作风。善用底线思维、系统思维、创新思维和法治思维开展调研，聚焦经济社会和民生发展中的痛点和难点，推动解决人民群众最关心、最直接、最现实的利益问题。激发队伍活力。配齐县人大综合服务中心人员，完善管理制度，推动机构职能优化协同高效。加强人大信息化建设，改进人大新闻宣传和报道，讲好人大故事。注重实践培养和锻炼，推动建设“学习型”机关，巩固“能力提升建设年”成果，努力打造一支政治坚定、服务人民、尊崇法治、发扬民主、勤勉尽责的人大工作队伍。

各位代表，春风浩荡满目新，扬帆奋进正当时。站在新的历史起点，新形势、新任务催人奋进，展望未来，自贸港蓝图振奋人心，山海乐东未来可期。让我们更加紧密地团结在以习近平同志为核心的党中央周围，在县委的坚强领导下，踔厉奋发、勇毅前行，努力开创新时代人大工作高质量发展新局面，为实现“四个争当”目标作出更大贡献！

名词解释

[1] 一本三基四梁八柱：坚持以习近平总书记关于海南工作的系列重要讲话和指示批示为根本遵循，以《中共中央、国务院关于支持海南全面深化改革开放的指导意见》《海南自由贸易港建设总体方案》《中华人民共和国海南自由贸易港法》为制度基石，以全面深化改革开放试验区、国家生态文明试验区、国际旅游消费中心、国家重大战略服务保障区为目标定位，以政策环境、法治环境、营商环境、生态环境、经济发展体系、社会治理体系、风险防控体系、组织领导体系为稳固支撑。

[2] 四个争当：争当产业转型升级赶超者、争当区域协调发展示范生、争当生态文明建设排头兵、争当党建引领发展优等生。

[3] 四个机关：习近平总书记在 2021 年中央人大工作会议上强调：“各级人大及其常委会要不断提高政治判断力、政治领悟力、政治执行力，全面加强自身建设，成为自觉坚持中国共产党领导的政治机关、保证人民当家作主的国家权力机关、全面担负宪法法律赋予的各项职责的工作机关、始终同人民群众保持密切联系的代表机关。”

[4] 四个意识：政治意识、大局意识、核心意识、看齐意识。

[5] 四个自信：道路自信、理论自信、制度自信、文化自信。

[6] 两个维护：坚决维护习近平总书记党中央的核心、全党的核心地位，坚决维护党中央权威和集中统一领导。

[7] 两个确立：确立习近平同志党中央的核心、全党的核心地位，确立习近平新时代中国特色社会主义思想的指导地位。

[8] 三极一带一区：“三极”是指由海口、澄迈、文昌、定安、屯昌等市县组成的海口经济圈，由三亚、陵水、乐东、保亭等市县组成的三亚经济圈，由儋州洋浦一体化融合发展组成的儋洋经济圈；“一带”是指由海口、文昌、琼海、万宁、陵水、三亚、乐东、东方、昌江、儋州、临高、澄迈等临海市县组成的滨海城市带；“一区”是指由五指山、保亭、琼中、白沙等中部市县组成的中部生态保育区。

[9] 三亚经济圈“一市三县”人大常委会联席会议：是指由三亚市人大常委会与陵水黎族自治县、乐东黎族自治县、保亭黎族苗族自治县三县人大常委会充分协商，建立的协作机制。

[10] 四定：定主题、定项目、定时间、定人员。

[11] 六水共治：治污水、保供水、排涝水、防洪水、抓节水、优海水。

[12]“八五”：中央宣传部、司法部关于在公民中开展法治宣传教育的第八个五年规划（2021－2026年）。

[13]“小切口”：聚焦所要解决的问题，确定小一些的题目进行专门立法。

[14]镇墟容貌整治“九大工程”：镇墟环境卫生整治工程、镇墟工地乱象整治工程、镇墟交通干道积水整治工程、镇墟交通干道绿化提升工程、镇墟水环境治理工程、镇墟农业面源污染整治工程、镇墟交通乱象整治工程、镇墟违法建筑整治工程、镇墟更新改造工程。

[15]双减：有效减轻义务教育阶段学生过重作业负担和校外培训负担。

[16]三馆合一：文化馆、图书馆、博物馆。

[17]一升一降：学历上升；年龄下降。

[18]三区：热带特色高效农业试验区、山海互动文旅融合聚集区、高水平生态文明示范区。

[19]政产学研：由政府出台相关政策来推动平台搭建和一体化的发展。即政府、产业、学校、科研机构等相互配合，发挥各自优势，形成强大的研究、开发、生产一体化的先进系统，在强有力的政策保证下使产学研合作得到快速发展。

[20]飞线充电：泛指当下新能源汽车用户，在不具充电条件情况下或为图省事，利用电缆线经门窗将家中插座与便携式充电器进行连接，实现充电的一种不规范、具有极大安全隐患的现象。

中国人民政治协商会议第十一届乐东黎族自治县委员会常务委员会工作报告

——在政协第十一届乐东黎族自治县委员会第二次会议上

乐东县政协主席　邢益琼

（2023年2月7日）

各位委员、同志们：

现在，我代表政协第十一届乐东黎族自治县委员会常务委员会，向大会报告工作，请予审议。

一、2022 年工作回顾

2022 年是极不平凡的一年。这一年，面对新冠疫情的严重冲击，县委团结带领全县广大干部群众攻坚克难、砥砺奋进，疫情防控取得重大战略成果，经济运行持续向好，在进军高质量发展的征程上迈出坚实步伐。这一年，县政协常委会在县委的坚强领导下，以习近平新时代中国特色社会主义思想为指导，认真贯彻中共十九大、十九届历次全会和二十大精神，认真贯彻中央决策部署和省委、县委工作要求，紧紧围绕“一本三基四梁八柱”战略框架和锚定“三区”发展定位部署，以践行“四个争当”为职责使命，充分发挥专门协商机构作用，政治协商有方、参政议政有为、民主监督有力、凝聚共识有效，为助推我县经济社会高质量发展作出了积极贡献。

一年来，我们坚持“打基础、利长远”发展理念，步稳蹄疾地推动本届政协工作扎实开局，重点表现在三个方面。

一是积极参与疫情防控赢得广泛赞誉。在这非常时期，县政协认真贯彻落实中央和省委、县委有关防疫部署，政协领导班子成员全部下沉乡镇，靠前指挥。第一时间向全体县政协委员发出《关于全县政协委员积极投身疫情防控工作的倡议书》，广大政协委员积极响应，奔赴在抗疫各条战线上，并累计捐赠口罩等物资约 120 万元,展现了“和衷共济”的强大力量。在这场没有硝烟的战争中，广大政协委员和政协干部用实际行动践行使命担当，谱写了一个个生动的抗疫故事，展现了我们政协人的别样精彩!

二是破解“两个薄弱”问题取得重要进展。长期以来,基础工作薄弱、人员力量薄弱“两个薄弱”问题是制约我县政协提升工作质量的瓶颈难题。换届以来，县政协党组主动将“两个薄弱”问题情况向县委汇报，争取最大支持。县委高度重视政协工作，认真贯彻落实《中共中央关于新时代加强和改进人民政协工作的意见》以及《中共中央办公厅关于加强和改进新时代市县政协工作的意见》文件精神，落实党委统战部部长兼任同级政协党组副书记的要求，不断加强党对政协工作的领导。县委孙世文书记亲自率队到政协机关调研，专题研究破解“两个薄弱”问题，通过设立县政协综合服务中心，核定财政预算管理事业编制 5 名；以及通过政府购买服务劳务派遣的方式面向社会公开招聘政协专干共 16 名，给 11 个镇和 5 个农垦居各配置 1 名政协专干，有效解决了我县政协“两个薄弱”问题。

三是扎实推进三项重点工作有力有效。第一，推进基层协商民主建设长效运行。县委书记、县上下联动推进基层协商民主建设工作领导小组组长孙世文主持召开了县上下联动推进基层协商民主建设工作领导小组会议，对工作中存在的一些问题和不足进行研究推进，使人民政协基层协商民主制度在我县落地落实更加成熟、更加定型。经统计，2022 年我县 209 个协商议事平台积极围绕县委、县政府的中心工作和民生反映强烈的热点、难点、焦点问题，共开展协商议事 217 次，参加协商达 4200 多人次。其中，利用各镇协商议事平台召开“秸秆禁烧和综合利用”专题协商议事会的做法，得到时任省政协主要领导的肯定，一批涉及群众切身利益的问题得到有效协商,形成共识并得到转化，受到了广大群众的满意点赞。第二，民主监督助推秸秆禁烧和综合利用工作落实。共配合省政协开展民主性监督 3 次，并由县政协经济委牵头组织围绕防止我县规模性秸秆焚烧工作开展民主监督 3 轮，形成了《县政协关于防止规模性秸秆焚烧专题民主监督活动的情况报告》得到县委主要领导批示，并在全县秸秆禁烧及禁放烟花爆竹工作专题会上进行通报，得到社会各界广泛关注肯定。第三，积极探索委员联系服务界别群众工作有序开展。按照省政协的相关文件要求，采取以点带面方式，着力创建 10 个委员联系服务界别群众工作站，每个工作站安排 2 名政协委员，积极探索委员联系服务界别群众工作规范化、制度化、常态化开展。

一年来，县政协常委会不负重托、忠于职守，传承和发扬好历届县政协的好经验、好传统，认真履行各项职责，尽最大努力推动我县政协事业再创佳绩、再立新功！主要还做了以下工作：

（一）凝聚思想共识，共同政治基础更加牢固。一年来，县政协常委会始终坚持把党的领导作为政协工作的首要原则，坚决执行党的决定，深刻领悟“两个确立”的决定性意义，增强“四个意识”、坚定“四个自信”、做到“两个维护”，在政治立场、政治方向、政治原则、政治道路上始终与县委同心同向、同频共振。县委常委会多次研究政协工作，听取县政协党组工作汇报，审议有关工作报告和年度工作计划，及时解决政协工作中的重大问题。县政协常委会坚持把学习贯彻习近平新时代中国特色社会主义思想和中共二十大精神作为首要政治任务，坚定不移用以统领一切工作，通过不同场合、多次宣讲报告辅导，反复学、深入学，对贯彻落实中共二十大精神有了更深领会。全年共举行党组理论学习中心组学习 4 次、专题学习 15 次。把“书香政协”作为“能力提升建设年”活动的重点内容，举办“大讲堂”8 期，听讲 300 人次，有针对性地提升了机关干部和广大委员的履职能力和综合水平，达到预期效果。

（二）聚力建言资政，助推改革发展更加有为。常委会坚持县委中心工作推进到哪里，政协履职就跟进到哪里，聚焦县委重大决策部署，突出协商主责主业，为经济社会高质量发展务实建言。在十一届一次全会期间，组织委员围绕加强农药管理、农村闲置校舍再利用、大力推动老旧住宅区自主改造、防止环境卫生反弹等议题进行大会发言，提交书面建议 21 份，得到县委、县政府主要领导的高度重视，对全部的发言材料都作出了批示。围绕大力发展乐东沉香产业、创建我县一流营商环境、有序发展精品民宿、传承和发展少数民族剪纸文化、加强生态环境保护工作等 5 个重点课题深入开展调查研究，由主席会议成员分别带领调研组到省内市县和县内乡镇进行深度调研，形成高质量调研报告，呈报县委、县政府供决策参考，为促进经济平稳发展和社会和谐稳定建诤言、谋良策、出实招。围绕保供水建设、城镇纳污能力、推广新奇特农产品种植技术、挖掘红色革命史料要素、非物质文化遗产保护传承和开发等 5 个议题开展专题协商,广集良策，助力发展。其中，“助力我县‘六水共治’，推进保供水建设”议题协商是我县政协成立以来第一次开展的由政协常委会全体组成人员参与的议政性协商，具有里程碑意义。

（三）助推民生改善，履职为民初心更加坚定。县政协十一届一次会议以来，委员们共提出提案 123 件，经审查立案 86 件。截至 2022 年 11 月底，所有提案均已全部办复。我们从立案的提案中筛选出 10 件作为 2022 年度主席会议成员重点督办提案，采取召开提案督办会、实地视察调研等方式进行认真督办，推动提案办理成效明显。建立健全社情民意的日常征集、编辑、报送、反馈等工作机制，全年选优编报社情民意信息12期，其中《关于在抱由镇第一市场设置便民亭的建议》《关于规范农民专业合作社的建议》《关于加强农村秸秆处理和利用的建议》等3期社情民意，得到县领导的批示，要求相关部门进一步研究处理，有力助推了群众切身利益问题的解决，产生了良好的社会效果。同时，组织重点项目委员大视察活动，实地视察龙栖湾智慧海洋牧场、莺歌唱晚驿站、九所镇污水处理厂等项目，进一步了解我县“六水共治”、营商环境和重点项目推进取得的成效和存在的问题，发挥民主监督职责，促进党委、政府科学决策落实落地，让委员履职更贴民心、更接地气。

（四）突出团结民主，汇聚奋进合力更加彰显。常委会坚持把团结民主贯穿政协工作全过程，充分发挥统一战线组织特色优势，团结力量，凝聚共识，为我县高质量发展寻求最大公约数、画出最大同心圆。继续实施委员约见制度，促进沟通、增进共识，更好地发挥和调动委员参政议政的积极性。借助政协系统资源平台，促进了我县与省内外市县政协的交流学习。配合参与省政协组织开展巡河、推进国家公园建设、自贸港背景下农业产业结构调整等调研活动8次。接洽全国政协、辽宁省、陕西省、福建省漳州市长泰区以及海口、三亚、琼中、昌江等省市县政协到我县调研，交流信息，推介乐东，增进友谊。落实县领导跟踪服务重点项目工作机制，5名主席会议成员跟踪服务重点项目14个，同挑发展担子。落实县委“万名干部下企业”服务行动文件要求，派出政协机关8名干部深入所对应的4家民营企业生产经营一线，帮助企业纾困解难，为推动全县经济社会发展作出了积极贡献。

一年来，我们还在助推脱贫攻坚与乡村振兴有效衔接中持续发力。班子成员深入所联系的镇村走访调研，督导帮扶情况，协调解决帮扶问题，及时查漏补缺、巩固提升。政协机关认真履行帮扶单位责任，全力支持驻点镇的各项工作，切实把脱贫攻坚与乡村振兴有效衔接各项工作做深做细做实。

（五）持续固本强基，政协自身建设更加过硬。常委会着力加强政协委员、机关干部队伍建设，为政协事业创新发展奠定了坚实基础。实施专委会联系委员制度，更好地发挥专委会在政协履职中的基础性作用。完善委员履职量化考核办法，建立健全委员履职档案，积极探索委员“能进能出”机制，加强委员考核考绩工作，对2022年委员履职考核情况中被评为优秀等次的25名委员予以通报表扬。举办了新一届委员履职能力提升专题培训班。邀请省政协专委会相关领导和业务骨干，围绕人民政协理论和如何更好履职等实践问题进行权威性、系统性的授课，为新一届县政协工作开好局、起好步夯实履职基础。制定出台了《政协乐东黎族自治县委员会关于完善委员联系界别群众制度机制更好助推乐东高质量发展的意见》《政协乐东黎族自治县委员会关于政协委员联系服务界别群众的实施办法（试行）》等规章制度，促进委员联系服务界别工作更加规范。持之以恒推进“服务型、创新型、高效型、清廉型”机关建设，营造学习奋进、和谐高效的机关工作氛围，进一步提升机关服务、协调、督办工作效能，以永远在路上的韧劲和定力，锲而不舍纠正“四风”，深入贯彻落实中央八项规定精神及其实施细则，打造政治过硬、作风优良、业务精通的机关干部队伍，为政协履职提供有力保障。

各位委员，同志们！过去一年成绩的取得，是县委高度重视和坚强领导的结果，是县人大、县政府以及各镇、县直各部门和社会各界大力支持的结果，是广大政协委员通力合作的结果。在此，我代表县政协常委会，向所有关心支持政协工作的各级领导和社会各界人士，向为政协事业辛勤工作、默默奉献的全体政协委员和政协工作者，表示衷心的感谢和崇高的敬意！

在肯定成绩的同时，我们也清醒地认识到，工作中还存在一些不足和短板。比如，参政议政成果转化不到位，提案办理督查力度和民主监督职能有待加强；部分委员联系服务界别群众工作站抓手不实；部分基层协商民主平台作用发挥不够；履职能力建设需要进一步加强等。对这些问题必须高度重视，切实加以解决。

二、2023 年工作意见

2023 年是全面贯彻落实中共二十大精神的第一年，也是推进海南自由贸易港封关运作的关键之年。在新的一年里，县政协工作的总体要求是：以习近平新时代中国特色社会主义思想为指导，深入学习贯彻中共二十大精神以及习近平总书记关于海南工作的系列重要讲话和重要指示批示精神，全面落实“一本三基四梁八柱”战略框架和省委沈晓明书记对乐东提出的“四个争当”要求，在中共乐东黎族自治县委的坚强领导下，紧扣“三区”发展定位部署，坚持大团结大联合，发挥专门协商机构作用，积极履行政治协商、民主监督、参政议政职能，更好凝聚共识，为助推我县高质量发展作出新的更大贡献。

（一）提高政治站位，把牢正确方向。要加强政治建设，毫不动摇地坚持党的全面领导，自觉在县委的领导下开展工作。严格执行请示报告制度，对重要精神及时传达、重要工作及时报告、重大事项及时请示，主动邀请党政领导参加政协重要会议和活动，把落实党的领导贯穿于政协工作的全过程各方面。要突出思想引领，切实把学习宣传贯彻中共二十大精神作为首要政治任务，同省第八次党代会、县第十四次党代会作出的部署结合起来，确保中共二十大精神在全县政协系统得到全面贯彻落实。要增强行动自觉，深入学习习近平总书记关于加强和改进人民政协工作的重要论述，深入理解把握新时代人民政协的性质定位、政治功能、价值追求，增强为民履职尽责的行动自觉。

（二）紧扣中心大局，务实建言资政。全面贯彻落实县委十四届四次全会决策部署，以贯彻落实县委、县政府确立的“三区”发展定位为主线，自觉把政协工作放到全县发展大局中去思考、谋划和推进，不断提高履职成效，积极展现责任担当。要聚焦践行“两山”理论，矢志不渝保护生态环境，重点围绕国土空间规划“三线”进行深入调查研究，助力我县生态环境质量提升。要持续关注保障和改善民生，积极引导委员围绕民生工作建言出力，广泛协商议政，为民生持续改善多提良策、多做实事。要紧扣县委重要部署和重点工作的贯彻落实开展民主监督，助推县委、县政府解决问题、推进工作。要聚焦产业高质量发展，带着课题组织政协委员学习考察先进地区经验，开拓视野，增长见识，为我县经济社会高质量发展提出具有建设性和前瞻性的意见建议。

（三）把握团结民主，广泛凝聚共识。要充分发挥统一战线组织功能，健全完善与各党派团体沟通联络机制，为各党派团体履职尽责搭建平台、创造条件，扩大人民有序政治参与。重视做好民族宗教工作，重视做好委员联系服务界别群众工作，不断提高服务界别群众工作的质量和水平。要服从疫情防控大局，时刻紧绷防控这根弦，时刻听从县委、县政府号召，闻令而动、听令而行，凝心聚力、同心抗疫。要积极发挥政协文史资料“存史、资政、团结、育人”的独特作用，挖掘乐东民间文化、历史名人，接续讲好乐东故事、传播乐东声音、展现乐东形象。

（四）强化实践创新，提升工作质量。坚持“添彩不添乱、到位不越位、补台不拆台”的工作定位，创新完善协商工作机制，健全协商于决策之前和决策实施之中的落实机制，制定协商成果采纳、落实、反馈机制，形成“比学赶超”的协商效能。扩大协商参与范围，更有计划、更有针对性、更加广泛地吸纳有关专家学者、利益相关方、群众代表有序参与协商活动，不断提高协商成效。加大提案工作力度，以做好提案选题引导和撰写指导为抓手，健全交办、办理、督办提案协商机制，完善政协领导班子成员领衔督办、专委跟踪督办、委员视察督办和评议督办等方式，保证提案办复率，提高委员满意率。进一步完善社情民意信息编辑、报送、反馈机制。

（五）坚持从严从实，加强自身建设。加强委员履职能力建设，组织业务知识培训，增强履职本领。修订完善委员履职考核办法，落实常委报告履职情况制度，发挥“关键少数”示范带动作用。修订完善专门委员会通则，进一步推进专门委员会工作制度化、规范化、程序化建设。按照委员界别和属地管理的原则，统筹加强镇委员联络室和界别活动小组建设，全方位打造更高标准的协商议事平台。

继续深化“服务型、创新型、高效型、清廉型”政协机关建设，以更强的凝聚力和战斗力不断推进我县政协事业创新发展。

各位委员、同志们！“百舸争流，奋楫者先；千帆竞发，勇进者胜”，机遇稍纵即逝，发展时不我待，唯有实干担当，方能不负时代。让我们更加紧密地团结在以习近平同志为核心的中共中央周围，在中共乐东黎族自治县委的领导下，始终保持昂扬的精神状态、务实的工作作风，接续奋斗，团结奋进，踔厉奋发，努力谱写乐东政协事业新篇章，为推进海南自贸港建设和乐东高质量发展而团结奋斗！

人物　荣誉

2022年获省部级及以上表彰的先进个人一览表

表 24

姓名	性别	出生年月	民族	文化程度	参加工作时间	政治面貌	工作单位及职务（含专业技术职称）	所获荣誉	授奖单位	授奖时间
周才旺	男	1973年8月	汉	研究生	1996年7月	中共党员	乐东二院书记、院长	被授予2022年度“海南省有突出贡献的优秀专家奖”	海南省委、省政府	2022年11月
许炳高	男	1983年5月	汉	本科	2009年3月	中共党员	志仲派出所负责人（佳西林区派出所教导员）	全国公安机关“成绩突出个人”	公安部、全国总工会	2022年5月1日
陈　斌	男	1983年12月	汉	本科	2006年2月	中共党员	出入境大队负责人（网警大队大队长）	全国优秀人民警察	公安部	
卢　燕	女	1978年12月	汉族	硕士	1997年9月	中共党员	乐东中学高级教师	特级教师，海南省优秀教育工作者	海南省人民政府，海南省教育厅	2022年12月/2022年9月
周运陆	男	1964年1月	汉	本科	1984年7月	中共党员	乐东县农技中心主任农业技术推广研究员	全国农牧渔业丰收奖农业技术推广成果奖三等奖	农业农村部	2022年12月
孙鸿蕊	女	1973年4月	汉	本科	1993年7月	群众	乐东县农技中心副主任　高级农艺师	全国农牧渔业丰收奖农业技术推广成果奖三等奖	农业农村部	2022年12月

续表 24

姓名	性别	出生年月	民族	文化程度	参加工作时间	政治面貌	工作单位及职务（含专业技术职称）	所获荣誉	授奖单位	授奖时间
张　龙	男	1988年3月	汉	硕士	2011年7月	中共党员	乐东县农技中心高级农艺师	全国农牧渔业丰收奖农业技术推广成果奖三等奖	农业农村部	2022年12月
项再华	男	1994年5月	汉	本科	2017年3月	群众	乐东县农技中心助理农艺师	全国农牧渔业丰收奖农业技术推广成果奖三等奖	农业农村部	2022年12月
陈琼武	男	1970年12月	汉	本科	1993年7月	中共党员	乐东县农技中心高级农艺师	全国农牧渔业丰收奖农业技术推广成果奖三等奖	农业农村部	2022年12月
孙定波	男	1963年4月	汉	大专	1983年7月	中共党员	乐东县农技中心高级农艺师	全国农牧渔业丰收奖农业技术推广贡献奖	农业农村部	2022年12月
陈烨	男	197年8月	汉	中专	1992年7月	群众	乐东县农技中心农艺师	全国农牧渔业丰收奖农业技术推广成果奖三等奖	农业农村部	2022年12月
王槐雪	女	1983年3月	汉	大专	2009年3月	中共党员	乐东县农技中心农艺师	全国农牧渔业丰收奖农业技术推广成果奖三等奖	农业农村部	2022年12月
吴　霞	女	1990年7月	汉	本科	2012年1月	中共党员	乐东县农技中心助理农艺师	全国农牧渔业丰收奖农业技术推广成果奖三等奖	农业农村部	2022年12月
马应雪	女	1973年1月	汉	中专	1993年7月	群众	乐东县农技中心农艺师	全国农牧渔业丰收奖农业技术推广成果奖三等奖	农业农村部	2022年12月
王　晶	女	1987年1月	汉	大专	2011年1月	群众	乐东县农技中心助理农艺师	全国农牧渔业丰收奖农业技术推广成果奖三等奖	农业农村部	2022年12月
孙鸿锐	男	1991年9月	汉	本科	2015年9月	群众	乐东县农技中心助理农艺师	全国农牧渔业丰收奖农业技术推广成果奖三等奖	农业农村部	2022年12月
符天锋	男	1995年7月	汉	本科	2020年11月	群众	乐东县农技中心助理农艺师	全国农牧渔业丰收奖农业技术推广成果奖三等奖	农业农村部	2022年12月
陈仕迁	男	1993年1月	汉	本科	2019年7月	群众	乐东县农技中心助理农艺师	全国农牧渔业丰收奖农业技术推广成果奖一等奖	农业农村部	2022年12月
吴智伟	男	1993年6月	汉	本科	2015年8月	群众	乐东县农技中心助理工程师	全国农牧渔业丰收奖农业技术推广成果奖三等奖	农业农村部	2022年12月
韩保定	男	1994年5月	汉族	本科	2017年11月	预备党员	乐东黎族自治县农业农村局农村合作经济管理岗负责人	全国农村集体产权制度改革工作先进个人	农业农村部	2022年12月

2022年获省部级及以上表彰的先进单位一览表

表 25

获奖单位的	所获荣誉	授奖单位	授奖时间
乐东法院政治部	人民法院政治工作先进集体	最高人民法院	2022年9月
乐东法院	全国优秀法院	最高人民法院	2022年11月
乐东法院	为群众办实事示范法院	最高人民法院	2022年12月
华东师范大学第二附属中学乐东黄流中学	人工智能创新后备人才培育工程青少年人工智能核心素养测评共建示范校	中国自动化学会青少年人工智能核心素养测评工作组	2022年7月
华东师范大学第二附属中学乐东黄流中学	首批全国青少年模拟政协活动示范基地	安生教育科学研究院、全国青少年模拟政协活动组委会	2022年7月15日
华东师范大学第二附属中学乐东黄流中学	青少年高校科学营活动十周年（2012—2021）优秀组织单位	中国科协办公厅、教育部办公厅	2022年8月
华东师范大学第二附属中学乐东黄流中学	蒲公英计划基地学校（2022—2025年）	中国物理学会	2022年
乐东县人民检察院	2022年度全国检察宣传先进单位	检察日报社	2022年9月30日
乐东县科学技术协会	2021—2025年度第二批全国科普示范县	中科协科普部	2023年1月4日
乐东县农技中心	全国农牧渔业丰收奖农业技术推广成果奖三等奖	农业农村部	2022年12月
“12345”热线乐东分平台	荣获中国客户服务节最佳明星班组	中国信息协会和中国通信企业协会主办，中国信息协会客户联络中心分会、中国通信企业协会增值服务专业委员会、中国劳动学会现代服务业分会、沈阳市皇姑区人民政府联合主办，中国客户服务节组委会、客户观察、才博（中国）客户管理机构联合承办	2022（第六届）中国客户服务节11月2—3日
乐东县税务局	获“2016—2020年全国依法治理创建活动先进单位”的称号	中央宣传部、司法部、全国普法办	2022年1月26日
国家能源集团乐东发电有限公司2号机组	“2022年度全国发电机组可靠性对标标杆机组”300兆瓦等级可靠性标杆机组称号	中国电力企业	2022年12月

乐东要闻

乐东“紫钻”无花果种植技术实验成功进入商业推广转化

（新海南客户端、南海网、南国都市报2022年4月16日　记者：张宏波）

记者从乐东黎族自治县农业农村局获悉，近日，在乐东九所镇南繁基地，由广西农业科学院选育成功的“紫钻”无花果顺利完成热带地区无花果标准化种植科研项目数据收集，在九所镇两年三季的无花果标准化种植技术实验成功，正式在乐东地区展开南繁科技成果转化，开展商品化种植推广。

据介绍，目前，我国种植的无花果品种大都以青色、黄色、红色和棕色为主，生产上少有紫色品种。在我国种植的紫色无花果品种主要有中紫和日紫，由于中紫品质差、裂果多，基本没有生产价值，而日紫色果实成熟迟，产量低，不耐早采，生产上也少人种植。因此，丰产、优质的紫色品种对我国无花果产业发展十分必要，市场需求很大。

广西农业科学院在乐东南繁基地开展无花果优良品种选育及栽培技术研究工作以来，通过取芽嫁接和扦插扩大繁育观察鉴定，最终选育成“紫钻”无花果，并获得农业农村部植物新品种权初审公告，获得品种保护。该品种具有丰产、优质、较耐贮藏特性。果皮紫黑、光亮，果肉深红色，可溶性固形物可达20%以上，口感甜且无青味，单果重一般在50～70克左右，春季单果克重可达105克以上。具有很高的商品价值和产业发展潜力，可以弥补国内对耐储性紫黑色无花果品种的空白。

负责“紫钻”无花果成果转化的相关企业负责人表示，试种结果表明，乐东地区非常适合“紫钻”无花果的商品化生产，产出果品口感更加软糯，果色光亮。从12月到次年6月乐东地区干旱少雨，错季生产口感和耐储性更优，反季节无花果溢价也更高。未来，可以采取订单种植的方式，从种植到采收全程技术指导，商品果保底价收购来促进乐东地区热带水果品种升级，多方共赢，打造乐东无花果的地域品牌。

中国首套国产化深水水下采油树完成海底安装
将用于开发东方1-1气田乐东平台周边气藏

（海南日报　2022年5月11日　记者：邵长春　通讯员：吴盛龙）

5月11日，我国首套国产化深水水下采油树在海南莺歌海海域完成海底安装，该设备是中国海油牵头实施的水下油气生产系统工程化示范项目的重要部分，标志我国深水油气开发关键技术装备研制迈出关键一步。

水下生产系统是开发深水油气田的关键装备，包括水下井口、水下采油树、水下控制系统、水下管汇等设备。长期以来，全球仅有5家欧美公司掌握水下生产系统的设计建造技术，导致该设备采办周期长、价格高、维保难。此次中国海油实施的500米级水下油气生产系统工程化示范应用项目，标志我国具备成套装备的设计建造和应用能力。

该水下生产系统将用于开发东方1-1气田乐东平台周边的气藏，单井每年可产天然气约2亿立方米。

中国海油海南分公司总工程师刘书杰表示，此次水下生产系统应用后，较以往成本降幅约27%。此前一些不具备独立开发价值的油气资源，依托已有设施，通过该系统也可以进行有效开发，这对于加快国内油气勘探开发、提高能源自给率具有重要意义。

由于水下生产系统通常要求20年免维护，而500米水深环境相当于设备本体要承受50倍的大气压、同时长期承受低于6摄氏度的低温环境和海水腐蚀，严苛的环境条件对设备密封强度、材料承压能力、工艺质量提出了世界级技术挑战。

中国海油首席科学家、该科研攻关项目项目长谢玉洪介绍，为攻克这一关键技术装备，中国海油牵头联合中船集团重庆前卫等16家单位持续攻关水下生产、水下控制、水下监测等多项关键技术，在多年技术积累的基础上，历时36个月，最终掌握了设计、制造及测试技术。

"为保证该设备的可靠性和功能性，我们根据国际最严苛的标准开展了内外压试验、高低温循环试验、振动测试等产品性能测试，以及陆地集成测试和海上试验测试，全部合格。"中国海油项目现场技术负责人颜帮川说，"所有测试得到业界权威第三方见证，为该系统的工业化应用打下坚实的基础。"

谢玉洪表示，只有突破深水水下生产系统的研制，才能把打开深海油气勘探开发的钥匙牢牢掌握在自己手里。未来，中国海油将持续加强原创性、引领性科技攻关，用具有自主产权的装备开发海洋油气资源，努力为保障国家能源安全作出更多更大贡献。

海南省首家"就业驿站"在乐东正式挂牌运作

（海南日报 2022年5月26日 记者：易宗平 通讯员：杨胜兴）

5月26日，海南"就业驿站"（乐东黄流站）在乐东黎族自治县黄流镇启动，这是我省第一家正式挂牌运作的"就业驿站"。

据了解，海南"就业驿站"（乐东黄流站）由省人力资源开发局（省就业局）和乐东黎族自治县就业局共建共管，将为企业和广大求职者提供一个资源整合的服务平台，打通乐东沿海地区基层公共就业服务"最后一公里"。

"'就业驿站'太便利了，让我很快找到了满意的工作。"黄流镇居民杜泽恩说，他通过"就业驿站"牵线搭桥，被黄流镇一家公司录用为设计师，不仅专业对口，还可以就近照顾家庭。

为体现我省公共就业服务的温度，帮助更多像杜泽恩那样的求职者"实现家门口好就业、就好业"，今年省人力资源开发局（省就业局）在海口、东方、昌江、琼中、乐东、临高等6个市县，试点建设"就业驿站"（零工市场），就近为群众提供招聘求职、信息发布、技能培训、权益保障等综合服务，并将逐步在全省推广。

省人力资源开发局（省就业局）副局长洪日南表示，将切实推动"就业驿站"在宣传就业政策、提供优质服务等方面下功夫，把"就业驿站"打造成一个枢纽，一个窗口，一个让求职者、用人单位各取所需的劳务集散中心。

乐东货物进出口总额增速排名海南全省第二

（海财经·证券导报 2022年5月29 记者：林师炜）

5月27日，海财经·证券导报记者从"奋进自贸港建功新时代"系列专题新闻发布会第十七场——"以'四个争当'开创乐东高质量发展新局面"乐东专场上获悉，过去五年来，乐东坚定不移落实"六稳""六保"任务，热带作物年产值突破110亿元，货物进出口总额增速排名全省第二，向高质量发展迈出新步伐。

这五年，乐东经济质量明显提升，改革活力不断释放。九所火龙果基地成为首批全国种植业"三品一标"基地，全县瓜菜出岛量占全省的25%，热带作物年产值突破110亿元，金钱树年产值超过12亿元，远销韩日、欧美地区，热带特色高效农业产业优势愈发明显。南繁核心区配套服务区项目全速推进，与河南农业大学开展政校合作共建绍骙南繁研究院，南繁种业“政产学研”发展格局初步构建，南繁成果就地转化初显成效。中兴智慧生态总部基地、龙栖湾智慧海洋牧场等项目顺利推进，重大文旅项目落地取得重要进展，为旅游业、低碳制造业等新兴业态发展积蓄了有生力量。2021 年，乐东全县 GDP 同比增长 7.6%，固定资产投资同比增长 64.6%，接待游客人次同比增长 106.3%，非房地产项目投资同比增长 73.6%，货物进出口总额增速排名全省第二。

聚焦优化自贸港建设背景下的营商环境，乐东推动 56.3% 的政务事项实现零跑动，工程建设项目审批办理时限提速 51%，“放管服”改革持续深化。乐东与海南国际经济发展局等部门建立跨地区、跨部门的招商联动响应机制，现有市场主体增长 23.3%，新增外商企业 14 家。乐东探索县域社会治理有效途径，开展西黎村“数字乡村”建设，不良行为未成年人“四访”“五帮”工作机制深入推行，乡村治理“积分制”管理模式得到中央农办充分肯定，成为全省率先挂牌成立乡村法治服务中心并覆盖运行的市县，“6+N”矛盾纠纷多元联动调处模式推动法治化营商环境建设取得新进展。

“莺歌海老盐晒制技艺”入选乐东非物质文化遗产名录

（海南日报　2022年10月8日　记者：邵长春　通讯员：张乐、赖雅琴）

“莺歌海老盐晒制技艺”近日入选乐东黎族自治县第五批非物质文化遗产名录项目。

莺歌海老盐晒制技艺，以师徒代代传承为主，其晒制条件苛刻，需满足“纯人工、纯天然、时间酝酿”三个条件。经过长期积累，莺歌海老盐已经成为乐东莺歌海本地颇具代表性的特色产品，在传承制盐文明、体现海南文化多样性、承载集体记忆方面具有独特意义。

未来，莺歌海盐场将进一步弘扬非遗文化，加强对莺歌海老盐生产晒制技法的收集，妥善存档保管，规范传承，同时加强对代表性传承人和传承群体的保护，让莺歌海老盐晒制技艺，成为世代相传的非遗技艺。

黎族哈方言山栏酒酿造技艺入选乐东县第五批县级非物质文化遗产名录

（乐东县广播电视台　2022年11月7日）

11月7日下午，乐东黎族哈方言山栏酒酿造技艺正式揭牌，标志着入选乐东县第五批县级非物质文化遗产名录。

县政协主席邢益琼，县政府副县长张执金、钟树婷出席揭牌仪式并实地参观乐东黎族哈方言山栏酒酿造技艺。

据了解，传统山栏酒酿造有着千年以上的历史，是海南省的非物质文化遗产。山栏稻又称为山兰稻，是一种旱生山栏糯稻谷，无肥无药的纯生态种植，通过自然发酵，能酿造出口味丰富的山栏酒。作为一种特殊的文化载体，“酒”在黎族同胞的生活中是不可或缺的，千百年来黎族同胞用自己独特的酿造技艺，表达着对美好生活的享受与追求。

近年来，乐东加大非遗文化传承发展与保护力度，建立黎锦技艺传习馆，发展代表性传承人30名，群众性传承人1000多名，使乐东黎锦等非物质文化遗产得到了很好的保护和传承。2022年，黎族哈方言山栏酒酿造技艺入选乐东县第五批县级非物质文化遗产名录，为乐东非遗传承保护工作增添一张新名片，为海南自贸港建设贡献乐东文化力量。

乐东探索水稻秸秆产业化利用新模式

（海南日报　2022年11月9日　记者：李梦楠）

伴随阵阵轰鸣声，一捆捆整理好的水稻秸秆被放进草苫编织机，随后一张张压制好的草苫从机器另一端“吐”出来……这是海南日报记者日前在2022年乐东黎族自治县水稻秸秆新型利用模式——草苫化利用现场观摩会上看到的一幕。

“水稻秸秆加工成草苫后，可用于混凝土养护期的保温保湿、塑料大棚冬季保温和水果运输过程中的保护等领域。”当天，来自该县农业农村局、县生态环境局、县农技中心等多个部门及河南农业大学绍骙南繁研究院相关负责人齐聚乐东九所镇，认真倾听海南乐果佳贸易有限公司负责人介绍水稻秸秆草苫化利用的操作方式，探索水稻秸秆产业化利用新模式。

“按照18万亩晚稻计算，如果能将水稻秸秆草苫化利用模式有效推广，将为乐东新增2000多个就业岗位。”乐东县相关负责人表示，该县将持续加强秸秆禁烧和综合利用宣传力度，确保全县范围“不烧一把火、不冒一股烟”。同时积极探索适合推广的秸秆回收新模式，疏堵结合，多措并举，调整优化秸秆禁烧管理方式，有效解决秸秆处理难题，在保护生态环境的同时，减轻农民的劳动负担，实现综合利用、节能环保双赢。

海南交控乐东莺歌海100MW光伏发电项目顺利全容量并网发电

（新海南客户端、南海网、南国都市报　2022年11月15日　记者：石祖波）

11月14日下午，海南交控乐东黎族自治县莺歌海100MW光伏发电项目正式全容量并网发电。

据介绍，乐东莺歌海100MW光伏发电项目是海南交控围绕“推广应用新能源，构建低碳交通运输体系”整体目标，贯彻落实“碳中和”“碳达峰”工作部署，助力海南“清洁能源岛”建设，结合深化拓展“查堵点、破难题、促发展”“揭榜挂帅”等活动推进的年度重点项目，项目总投资约5亿元，总占地面积约1500亩，该项目建成后，年均可供应绿色电力1.5亿千瓦时，每年可节约标准煤4.47万吨，减少二氧化碳排放14.9万吨，具有显著的经济和社会效益。

该项目由海南交控下属全资子公司海南交控能源有限公司投资，电站命名为“长风电站”。项目于今年5月3日正式开工，于7月22日首批组件并网发电。受今年八月疫情影响，在全省大范围静态管理的严峻形势下，海南交控成立党员攻关小组，坚持“一手打伞、一手干活”，多措并举赶工期、抓进度、保生产，全力以赴推进项目建设，年内已实现项目全容量建成投产。

作为海南省属企业，海南交控加大力度布局新能源板块，积极参与光伏、充换电等清洁能源项目的开发、投资、建设及运营。“十四五”期间，已提前自主完成投资建设乐东莺歌海100MW光伏项目，体现了海南交控在清洁能源业务发展上的阶段性成果。

据介绍，该项目的投产运营，将为全省提供绿色电力保障，同时对促进海南“清洁能源岛”建设以及拉动乐东地方经济社会发展、乡村振兴具有重要意义。

海南环岛旅游公路首个驿站莺歌唱晚驿站项目在乐东黄流镇开工建设

（乐东县广播电视台　2022年12月9日）

扩投资、抓项目、稳增长，12 月 8 日，海南环岛旅游公路首个重点驿站——莺歌唱晚驿站项目在乐东黎族自治县黄流镇开工建设。该项目以“人工自然复合景观（盐田 + 坑塘）”为主要资源，总投资近 8 亿元。

海南省发展控股有限公司党委书记、董事长周军平，县委书记孙世文，省商务厅副厅长李枝平，省国资委副主任陈洁，县委副书记、县长黄文聪，省资规厅调研员王小明，县政府副县长钟帅、何国慧，中石油海南销售有限公司副总经理游力，海南控股总经理助理李剑等出席。

项目业主单位海南发控旅游驿站开发有限公司董事长郑向军表示，作为全岛环岛旅游公路驿站中规划面积最大的驿站，我们将高标准推进项目建设，高质量谋划招商运营，打造环岛旅游公路精品驿站、标杆驿站，确保项目一期在 2023 年底投入使用，并以点带面，助力乐东乃至海南的全域旅游和乡村振兴工作。

县委副书记、县长黄文聪表示，乐东将始终秉承“项目为王”理念，全力营造有利于莺歌唱晚驿站项目建设的优质环境，全方位、全过程靠前抓好服务、抓好落实，推动项目加快建设、建成投入使用。希望项目业主和建设单位，倒排工期，挂图作战，高标准建设、高效率推进、高质量完成，确保把莺歌唱晚驿站打造成传世之作。

省商务厅副厅长李枝平表示，环岛旅游公路和驿站的规划要按照“一站一特色、一处一风景”，打造传世精品，通过充分挖掘、保留、使用沿线各市县特色文化景观等旅游资源，把旅游公路和驿站打造“旅游服务基地、特色旅游产品、区域整合平台”功能三位一体的综合型旅游服务设施，以驿站为核心，带动周边乡村和景区融合发展，构建“旅游 +N”为主题的消费中心。莺歌唱晚驿站要呈现“莺歌十景”的优美画面，让旅客体验到盐田晚霞和传统盐文化的魅力，打造传世驿站，丰富国际旅游消费中心产品的靓丽名片。

施工中标单位深圳三鑫科技董事长刘宝做表态发言。

仪式上，海南省发展控股有限公司党委书记、董事长周军平分别向海控三鑫授党员突击队队旗，向海控能建授青年先锋队队旗，并宣布项目正式开工：海南环岛旅游公路莺歌唱晚旅游驿站项目开工！

省发展控股有限公司党委书记、董事长周军平，县委书记孙世文，省商务厅副厅长李枝平，省国资委副主任陈洁，县委副书记、县长黄文聪，省资规厅调研员王小明，县政府副县长钟帅、何国慧，中石油海南销售有限公司副总经理游力，海南控股总经理助理李剑为项目奠基培土。

随后，海南控股同乐东县举行现场调研会，研究推进海南环岛旅游公路首个驿站莺歌唱晚驿站项目建设。县委书记孙世文表示，莺歌唱晚驿站项目建设将丰富乐东的旅游产品，乐东将积极优化营商环境，跟踪服务好驿站项目建设，解决好项目建设过程中遇到的困难和问题，以一流营商环境加快推进驿站建设，助力乐东全域旅游发展。

据悉，莺歌唱晚驿站项目占地 195 亩，总建筑面积 7.8 万平方米，总投资近 8 亿元，是海南环岛旅游公路首批 8 个重点驿站之一，也是唯一以“人工自然复合景观（盐田 + 坑塘）”为主要资源的驿站。驿站将以“日出尖峰、日落银山”为主题，以黄流莺歌海盐场所传承的“盐文化”游览体验为亮点，让游客游历的过程中能欣赏到莺歌海盐场的独特美景。

莺歌唱晚驿站项目一期建设包含游客服务中心、盐文化体验中心、银山礼堂等建筑。为高质量推动驿站建设，从今年年初起，海南控股按照“快、稳、优”的推进节奏，高效完成了摘地、规划设计、报批报建等工作，实现了项目提前开工，为完成全年投资目标任务打下良好基础，项目预计 2023 年底投入运营。

乐东聚焦“产业”主题 借助冬交会展示农业发展新成就 签约订单11.6亿元

（乐东县广播电视台　2022年12月21日）

12 月 15 日至 18 日，2022 年中国（海南）国际热带农产品冬季交易会在海口举办。位于冬交会乡村振兴馆的乐东展馆，以“产业”为主题，通过“产业赶超”“数字赋能”“服务南繁”“乡村振兴”四个区域，串联展示乐东在产业上的奋进与成就。今年冬交会，乐东共 18 家企业和合作社携火龙果、燕窝果、哈密瓜等 50 多个品种参展。充分利用冬交会平台，推介乐东农业，提升乐东农产品品牌知名度，促进农业增效、农民增收、农村繁荣，共签约订单 11.6 亿元。

作为海南农业大县，乐东依托得天独厚的自然条件，以龙头企业带动，加快农业科技创新，发挥南繁优势，促进科研成果转化，大力培育推广优良新品种，强化品牌意识，提升农产品品质，深入推进农产品精深加工，提高农产品附加值，做大做强做优乐东热带特色农业。十年来，乐东充分发挥热带农业资源优势，全力推进热带特色高效农业试验区、山海互动文旅融合聚集区、高水平生态文明示范区“三区”建设。以高标准设施建设与先进成果转化为核心，做大南繁产业，鼓励和吸引南繁科技产业集聚，打造种业开放发展新高地，推动农业提质增效，推进山海互动文旅融合，着力构建农业农村现代产业体系，有效赋能产业发展，引导服务农民。从壮大主体、产业升级、数字赋能三个方面发力，为乡村振兴奠定坚实产业基础。

在产业升级上，围绕规模化、专业化、特色化、品牌化建设，引进香水椰子、猫山王榴莲等新品种，启动千家农副产品加工产业园建设，构建农业全产业链生产体系。另一方面，大力支持发展深海养殖、水产种业，打造海洋牧场，不断加快渔业“往岸上走、往深海走、往休闲渔业走”步伐，打造集“产”“学”“研”“游”为一体的现代渔业全产业链。

在数字赋能上，加快建设热带农产品数字化交易平台，利用数字技术助推农业生产效率与流通效率提升。建成“海南（东盟）热带农产品数字化交易平台”，整合各品类农产品“产供销服”全产业链资源，打造全产业链现代农业流通大平台。

与此同时，壮大哈密瓜、金钱树等高效产业品牌，依托香水椰子、猫山王榴莲等水果试种经验，加大“新奇特”果蔬引进力度，发展智慧农业、绿色农业，持续推进热带特色高效农业发展。

附 录

2022年乐东黎族自治县国民经济和社会发展统计公报

乐东黎族自治县统计局

（2023年2月8日）

过去的一年，面对疫情防控和经济下行的双重考验，乐东县在省委、省政府的坚强领导下，全面落实“疫情要防住、经济要稳住、发展要安全”的重要要求，众志成城战疫情、千方百计稳经济、全力争取最好结果，团结奋斗、攻坚克难，经济社会发展呈现稳中有进、稳中提质、稳中向好的良好局面。

一、综合

（一）地区生产总值

经海南省统计局统一核算，2022 年全县完成地区生产总值（GDP）195.07 亿元，按不变价格计算，比上年增长 1.7%。其中，第一产业增加值完成 110.37 亿元，同比增长 2.7%；第二产业增加值完成 24.58 亿元，同比下降 1.5%；第三产业增加值完成 60.12 亿元，同比增长 1.2%。三次产业结构比重为：56.6 ∶ 12.6 ∶ 30.8。地区生产总值详见表 1。

（二）人均地区生产总值

按年平均常住人口计算，全县人均地区生产总值 41522 元，按不变价计算，比上年增长 2.3%，按现行平均汇率计算为 6127 美元。

2022年全县地区生产总值情况表

表 26

指标名称	绝对数（万元）	比2021年增长（%）
地区生产总值	1950718	1.7
第一产业	1103657	2.7
第二产业	245811	−1.5

续表 26

指标名称	绝对数（万元）	比2021年增长（%）
工业	92166	−0.7
建筑业	153645	−2.0
第三产业	601249	1.2
批发和零售业	96910	−6.1
交通运输、仓储和邮政业	18167	−8.1
住宿和餐饮业	75906	−2.7
金融业	56162	4.8
房地产业	108895	3.7
其他服务业	233926	2.2
#农林牧渔服务业	11285	89.8

（三）财政收支

全县地方一般公共预算收入 5.7 亿元，比上年下降 29.3%。在地方一般公共预算收入中，税收收入 1.96 亿元，比上年下降 41.8%；非税收入 3.74 亿元，比上年下降 20.3%。

全县地方一般公共预算支出 42.97 亿元，比上年下降 12%。其中，教育支出 9.33 亿元，下降 5.6%；文化旅游体育与传媒支出 0.47 亿元，下降 50.9%；社会保障和就业支出 7.64 亿元，下降 1.5%；卫生健康支出 5.58 亿元，下降 4.5%；节能环保支出 0.51 亿元，下降 71.3%；城乡社区事务支出 2.50 亿元，下降 22.4%；农林水支出 8.51 亿元，增长 0.6%；交通运输支出 0.56 亿元，下降 7.0%；住房保障支出 1.58 亿元，增长 30.1%。全年民生支出 36.69 亿元，下降 6.2%。

（四）固定资产投资

2022 年，全县固定资产投资完成投资额 65.19 亿元，比上年增长 7.9%。从投资种类看，房地产开发投资 19.38 亿元，下降 7.4%，其他投资 45.81 亿元，增长 15.9%；从投资结构看，建安工程 35.68 亿元，下降 29.2%；设备工器具购置 7.34 亿元，增长 551.4%；其他费用 14.55 亿元，增长 62.7%。从投资产业看，第一产业完成投资 11.38 亿元，增长 48.8%；第二产业完成投资 16.37 亿元，增长 309.4%；第三产业投资完成 37.44 亿元，下降 23.3%。全年固定资产投资到位资金 34.58 亿元，下降 23.0%。其中本年资金来源 31.60 亿元，下降 24.5%。本年资金中，国家预算内资金 3.12 亿元，下降 44.4%；国内贷款 11.35 亿元，增长 320.5%；自筹资金 35.25 亿元，增长 14.4%；其他资金 1.95 亿元，下降 28.5%。

项目建设效能提升。牢固树立“项目为王”理念，开展“产业投资提升年”“基础设施建设年”行动，落实“红黑榜”考评机制，强化项目要素保障，全力推动 77 个总投资 500 万以上项目（含省县重点项目）完成投资 43.23 亿元，年度完成率 59.83%，其中省重点项目完成投资 8.92 亿元，完成率 72.81%。争取专项债资金 2.48 亿元，投入支持卫生健康、污水处理等短板建设，力促 5 个污水处理项目提前完工投用。新增一批基础设施、低碳节能、民生公共服务等重点领域项目落地建设，顺利推动莺歌唱晚驿站、海拓·和家园、万冲幼儿园扩建等项目开工建设。全省率先完成 6 个沿海镇反走私综合执法站、海警工作站项目四通一平任务，保障项目如期开工，为加快封关运作步伐贡献乐东力量。

（五）营商环境优化提升

实现企业开办“一日办结”，企业登记仅需 0.5 个工作日。不动产登记办理实现统一窗口受理发证，1 个工作日可办结。工程项目审批时限不断优化，总体提速比例为 51%。实施分阶段办理施工许可证，实现工程建设项目“拿地即开工”，推行政府投资项目“以函代证”预审服务。多元化解民商事纠纷，民商事案件结案 1142 件，结案率达 90.85%。12345 热线乐东分平台荣获中国客户服务节最佳明星班组。海南经济发展局乐东分局正式成立，成为首个省县联合招商平台。

二、人民生活和民生事业

（一）居民收入

2022 年乐东县全体常住居民人均可支配收入 23984 元，名义增长 3.3%。其中，城镇常住居民人均可支配收入 33984 元，名义下降 0.2%；农村常住居民人均可支配收入 18413 元，名义增长 6.1%。城镇居民人均消费支出 21483 元，比上年下降 4.4%；农村居民人均消费支出 15009 元，比上年下降 1.7%。住户存款 184.36 亿元，比年初增长 10.4%。

（二）就业

挂牌运营“就业驿站”6 家，城镇新增就业 3110 人，农村劳动力外出务工 11 万多人、转移就业 6604 人，农村居民年均收入增速连续十年跑赢城镇居民，城乡收入差距进一步缩小。

（三）保障性住房

开工建设城镇保障性安居房 2139 套，增长 46.1%，解决一批低收入家庭住房问题。全年建成城镇保障性住房 140 套，下降 30.0%，建成面积 0.99 万平方米，下降 59.5%；开工农村危房改造 44 套，下降 46.3%；竣工 37 套，竣工面积 0.22 万平方米，下降 47.8%。

（四）教育

持续抓好“两校一园”建设，省农垦中学托管黄流中学，首都师范大学托管乐东中学。华二黄中附属小学正式招生，民族中学获评省级规范学校，县幼儿园获评省一级幼儿园。整合撤并小规模学校 18 所。引进优秀教师 102 名，高考本科上线率 54%，中考平均分全省排名前移 4 位，教学质量不断提升。年末全县共有各级各类学校 263 所、教职工 7993 人，专任教师 6210 人、在校生 78434 人。其中，幼儿园 123 所，在园幼儿 16221 人，教职工 2465 人，专任教师 1230 人；小学 110 所，在校生 37174 人，教职工 2674 人，专任教师 2351 人；初中 25 所，在校生 16854 人，教职工 1638 人，专任教师 1463 人；小学净入学率 99.95%，初毛入学率 101.18%；普通高中 4 所，在校生 8066 人，教职工 1179，专任教师 1130 人；特殊教育学校 1 所，在校生 119 人，教职工 37 人，专任教师 36 人。

（五）医疗卫生

深化“医共体”改革。医保报销、医疗救助约 78 万人次，群众医药负担逐步减轻。年末全县有卫生机构 354 个（医院、卫生院 14 个）；病床位 2256 张（医院、卫生院床位数 2188 张）；卫生机构人员总数 3703 人，各类卫生技术人员 2801 人[其中执业医师、执业助理医师 900 人，注册护士 1333 人，药师（士）107 人，检验人员 75 人]；疾病预防控制中心（卫生防疫站）1 个，拥有卫生技术人员 38 人；妇幼保健院 1 所，拥有卫生技术人员 47 人；农村乡（镇）卫生院 14 所，拥有病床位 728 张，卫生技术人员 1063 人；社区卫生服务中心（站）11 个。

（六）社会救助和福利

年末城镇居民最低生活保障人数 2778 人，比上年下降 1.1%；农村居民最低生活保障人数 13714 人，比上年下降 1.6%；全县农村五保户供养对象共 848 人，比上年增长 1.1%。全县共销售福利彩票 729.26 万元，比上年增长 6.9%。各类福利院床位数 142 张。

（七）社会保险

基本医疗保险、养老保险实现应保尽保。年末参加城乡居民基本医疗保险人数 47 万人，下降 1.6%。城镇职工基本医疗保险参保人数 5.29 万人，增长 0.6%。其中，在职人员 2.85 万人，下降 0.4%；离退休人员 2.45 万人，增长 1.8%。参加工伤保险 2.87 万人，增长 5.2%；参加生育保险 2.84 万人，下降 0.4%。参加城镇职工基本养老保险人数 6.69 万人，增长 4.1%。其中，在职人员 3.71 万人，增长 5.6%；离退休人员 2.97 万人，增长 2.4%。

（八）安全生产

全年无重特大安全生产事故发生。全年发生各类生产安全事故 275 起，比上年下降 0.7%。其中死亡 49 人，比上年下降 16.9%；直接经济损失 505 万元，比上年增长 80.4%。全年道路交通事故发生 139 起，比上年下降 13.7%；造成死亡 33 人，比上年下降 34.0%；直接经济损失 55.8 万元，比上年下降 48.7%。火灾事故发生 122 起，双上年下降 40.2%；造成死亡人数 1 人，直接经济损失 400.6 万元，比上年增长 33.4%；无工矿商贸企业生产安全事故。道路交通万车死亡率 3.15 人/万车，比上年下降 1.6 人/万车。万元地区生产总值生产安全事故死亡率 5 人，比上年减少 2 人。

三、国民经济各行业

（一）农林牧渔业

2022 年全县农林牧渔业实现总产值 173.15

亿元，比上年同期增长3.5%。其中：种植业产值150.20亿元，增长2.9%；林业产值3.86亿元，下降2.5%；牧业产值11.62亿元，增长24.7%；渔业产值5.07亿元，下降1.4%。粮食收获面积34.85万亩，比上年增长0.3%；产量11.54万吨，比上年增长2.7%；蔬菜（含菜用瓜）收获面积48.45万亩，增长3.0%，产量58.28万吨，增长2.2%。热带水果收获面积33.63万亩，增长3.9%，产量45.91万吨，增长4.5%。水产品总产量1.69万吨，下降9.6%。生猪存栏9.23万头、出栏12.92万头。2022年农林牧渔业主要产品产量及其增长速度情况详见表2。

2022年农林牧渔业主要产品产量及其增长速度

表27

产品名称	单位	绝对数	比上年增长(%)
粮食	吨	115424	2.7
蔬菜（含菜用瓜）	吨	582759	2.2
瓜果类（指果用瓜）	吨	430670	34.6
其中：西瓜	吨	4567	−35.6
甜瓜	吨	5453	−29.2
哈密瓜	吨	418120	39.2
水果	吨	459093	4.5
其中菠萝	吨	20277	84.5
芒果	吨	154751	2.2
香蕉	吨	159152	−8.9
荔枝	吨	4057	5.9
龙眼	吨	19237	10.3
橡胶（干胶）	吨	12479	−7.4
椰子	万个	222	5.8
槟榔	吨	19435	8.9
肉类总产量	吨	20197	−6.4
其中：猪肉	吨	10778	−3.0
牛肉	吨	1215	−15.8
羊肉	吨	1412	−9.2
禽肉	吨	6358	−8.4
禽蛋产量	吨	1214	−43.5

续表27

产品名称	单位	绝对数	比上年增长(%)
水产品总产量	吨	18713	−9.6
其中：海水产品	吨	15599	2.3
淡水产品	吨	3114	−69.4

2022年末农业机械总动力77万千瓦，比上年上升0.51%；拖拉机0.75万台，比上年下降9.44%；农用运输车0.55万辆，下降7.3%。全年化肥施用量（折纯）4.52万吨，下降4.43%；年末耕地总资源46.93千公顷，常用耕地面积30.29千公顷；农田有效灌溉面积14.64千公顷，增长0.23%。

（二）工业和建筑业

工业。全县完成工业总产值27.87亿元，增长4.4%。其中：规模以上工业总产值27.29亿元，比上年增长3.9%；规模以下工业总产值0.58亿元，比上年增长32.0%。按轻重工业分，轻工业没有产值；重工业产值值27.29亿元，比上年增长3.5%。按经济类型分，国有企业产值19.65亿元，比上年增长0.8%，其他经济类型工业完成产值7.64亿元，比上年增长12.9%。在9家规上工业企业产品生产中，火力发电量下降11.8%；黄金量开采下降13.1%；供电量下降10.2%；商品混凝土制造下降14.5%。规模以上工业实现销售产值26.56亿元，增长3.1%；规模以上工业产销率101.0%，比上年下降0.8个百分点。

建筑业。全县建筑业完成增加值15.36亿元，同比下降2.0%。全县资质内建筑业企业5家；全年房屋建筑施工面积113.25万平方米，比上年下降18.7%。其中，新开工房屋建筑施工面积29.09万平方米，比上年下降36.3%。

（三）批发零售业和住宿餐饮业

2022年末，全县批发和零售业完成增加值9.69亿元，比上年下降6.1%；住宿餐饮业完成增加值7.59亿元，比上年下降2.1%。全年实现社会消费品零售总额47.95亿元，比上年下降8.2%。按经营地分，城镇零售额42.73亿元，比上年下降8.2%；乡村零售额5.22亿元，比上年下降8.9%。按消费形态分，商品零售额 37.88 亿元，比上年下降 8.4%；餐饮收入 10.07 亿元，比上年下降 7.7%。货物进出口总额 2222 万元，同比增长 26.9%。

（四）旅游业和房地产业

旅游业。推动环岛旅游公路和驿站建设，“莺歌唱晚”驿站在全省率先开工。成功举办线上“三月三”节庆活动，大力开展骑行、跳伞及桨板水上运动，打造尖峰花乡三角梅主题旅游基地。2022 年接待游客 236.8 万人次，同比下降 20.2%；接待过夜游客 129 万人次，同比下降 10.3%；旅游总收入 21.65 亿元，同比下降 10.9%。

房地产业。年末全县房地产业实现增加值 10.89 亿元，比上年增长 3.7%。全年完成房地产开发投资额同比下降 7.4%。全年房地产开发投资到位资金同比增长 2.9%。其中本年资金来源同比增长 13.2%。本年资金中，自筹资金同比增长 15.1%；其他资金同比增长 13.4%；国内贷款同比增长 61.1%。商品房销售面积 1.95 万平方米，比上年下降 18.4%；商品房销售额 3.02 亿元，比上年下降 15.8%。

（五）交通运输和邮政业

年末全县交通运输、仓储和邮政业完成增加值 1.82 亿元，比上年下降 8.1%。全县旅客周转量 11428 万人公里，比上年下降 27.8%；货物周转量 2019 万吨公里，比上年下降 27.8%。全县铁路通车里程 103.8 公里；高速公路通车里程 118.6 公里；国道通车里程 131.1 公里；省级公路通车里程 51 公里；县级公路通车里程 98.4 公里；镇级公路通车里程 207.9 公里；农村公路通车里程 1503.4 公里。2022 年邮政行业业务收入（不含邮政储蓄银行直接营业收入）累计完成 9038 万元，比上年增长 10.1%；业务总量累计完成 6409 万元，比上年增长 11.0%。全县邮政函件业务累计完成 41415 件，比上年下降 13.17%；包裹业务累计完成 346.95 万件，比上年增长 12%；报纸业务累计完成 5641393 份，比上年下降 3.26%；杂志业务累计完成 146490 份，比上年增长 14.13%；汇兑业务累计完成 475 笔，比上年下降 84.2%。

（六）金融业和保险业

金融业。年末全县金融业完成增加值 5.62 亿元，比上年增长 4.8%。年末全县金融机构存款余额 217.91 亿元，比年初增长 6.9%。其中，境内存款 217.85 亿元，比年初增长 6.9%；全县金融机构贷款余额 116.23 亿元，比年初增长 11.6%。住户贷款 51.21 亿元，比年初增长 13.0%。其中，短期贷款 14.63 亿元，比年初增长 21.0%；中长期贷款 36.58 亿元，比年初增长 10.1%。非金融企业及机关团体贷款 65.02 亿元，比年初增长 10.4%。

保险业。年末全县原保险保费收入 1.97 亿元，同比增长 15.8%。其中，财险 1.20 亿元，同比增长 50%；寿险 0.51 亿元，同比下降 10.5%；意外险 0.05 亿元，同比下降 14.9%；健康险 0.2 亿元，下降 14.1%。

四、文化和体育

乐东文化中心基本建成，九所全民健身中心开工建设。开展 2022 年乐东县篮球联赛、2022 年最美落日沙滩马拉松赛、2022 年乐东县佛罗镇哈密瓜杯篮球赛、2022 年业务乒乓球公开赛、“中国体育彩票杯”2022 海南（乐东）水上运动体验活动、2022 年乐东县第八届“百合花”春节联欢晚会、海南省黎族苗族传统“三月三”节庆非遗技艺展示、乐东县文化和自然遗产日宣传、莺歌海镇春节期间“妈祖出游”等文体活动。冲浪等体育竞技获国家级和省级奖项 138 个，全县运动健儿在全国体育运动会比赛中获得奖牌 7 枚（金牌 3 枚、银牌 2 枚、铜牌 4 枚），特别是在第六届省运动会斩获奖牌 63 枚，位居全省第四。年末全县共有各类艺术表演团体（不含社会民营团体）1 个，文化艺术馆 1 个，档案馆 1 个，公共图书馆 1 个。

五、生态环境

年末有国家三级环境监测站 1 家，环境监测人员 16 人。全年空气质量位列全省第 3 位。环境空气质量综合指数（AQI）1.568，空气质量优良率 99.4%。其中 PM2.5 年均浓度为 10.5 微克 / 立方米，PM10 年均浓度为 19 微克 / 立方米。环境空气质量监测有效天数 349 天，空气质量指数 AQI ≤ 50（优）的天数为 310 天，51 ≤ AQI ≤ 100（良）的天数为 37 天，轻度污染的天数为 2 天，无中度以上污染天数。

六、人口

年末公安部门统计户籍人口户数158769户，户籍人口550317人,比上年末增加4人。按性别分，男性288583人，女性261734人。按城乡分，城镇人口127360人，乡村人口422957人。根据2022年人口变动情况抽样调查推算，全县年末常住总人口数47.03万人，城镇常住人口14.96万人，乡村常住人口32.07万人，城镇化率为31.81%；全县人口出生率7.45‰，死亡率6.17‰，自然增长率1.28‰。

注：

1. 公报中各项统计数据为初步统计数，最终核实数以《乐东统计年鉴—2023》刊发数据为准。

2. 公报中生产总值、各产业增加值、农业总产值绝对数按现价计算，增长速度按不变价计算。

2022年乐东黎族自治县国民经济和社会发展主要指标

主要经济指标一览表

表 28

指标名称	1—12月	上年同期（万元）	比上年同期增加（%）
一、全县生产总值（万元）	1950718	1772015	1.7
第一产业	1103657	947019	2.7
第二产业	245811	236918	−1.5
第三产业	601249	588079	1.2
二、规模以上工业增加值（万元）	76950	70237	−1.3
三、货物运输周转量（万吨公里）	2019	1596	26.5
旅客运输周转量（万人公里）	11428	15836	−27.8
四、固定资产投资总额（万元）	651917	604403	7.9
#房地产开发投资	193784	209221	−7.4
五、商品房销售面积（万平方米）	1.95	2.39	−18.4
商品房销售额（万元）	30247	35908	−15.8
六、社会消费品零售总额（万元）	479474	522478	−8.2
货物进出口总额（万元）	2222	1751	26.9
七、接待旅游过夜人数（万人次）	129.00	143.77	−10.3
八、一般公共预算收入（万元）	56992	80564	−29.3
一般公共预算支出（万元）	429685	488195	−12.0
九、金融机构期末存款余额（万元）	2179055	2037560	6.9
金融机构期末贷款余额（万元）	1162273	1041865	11.6
十、全县常住居民人均可支配收入（元）	23984	23224	3.3
城镇常住居民人均可支配收入（元）	33984	34052	−0.2
农村常住居民人均可支配收入（元）	18413	17357	6.1

注：1. 本表所列统计指标数据已经海南省统计局评估认定；

2. 金融机构期末存贷款余额增速为与年初比较数；

3. 本册中部分指标合计数与分项数有出入主要是由于四舍五入的原因，均未作机械调整；

4. 本表绝对数按现行价计算，增加值增长速度按不变价计算。

全县生产总值一览表

表 29

指标名称	1—12月	上年同期（万元）	比上年同期增加（%）
一、地区生产总值	1950718	1772015	1.7
第一产业	1103657	947019	2.7
第二产业	245811	236918	−1.5
工业	92166	83637	−0.7
规模以上工业	76950	70237	−1.3
规模以下工业	15216	13400	2.3
建筑业	153645	153280	−2.0
第三产业	601249	588079	1.2
批发和零售业	96910	101975	−6.1
交通运输、仓储和邮政业	18167	18626	−8.1
住宿和餐饮业	75906	78763	−2.7
金融业	56162	54628	4.8
房地产业	108895	103469	3.7
其他服务业	233926	225055	2.2
#农林牧渔服务业	11285	5562	89.8
#开采辅助活动 #金属制品、机械和设备修理业 二、三次产业结构比例（%）	56.6：12.6：30.8		

注：1. 绝对数按现价计算，增长速度按不变价计算；

2. 三次产业分类依据国家统计局 2018 年修订的《三次产业划分规定》；

3. 行业分类采用《国民经济行业分类》（GB/T 4754—2017）。

农业产值、增加值一览表

表 30

指标名称	1—12月	上年同期（万元）	比上年同期增加（%）
一、农林牧渔业总产值	1731572	1517628	3.5
（一）农业产值	1505971	1290005	2.9
其中：谷物	52258	53492	1.4
蔬菜	443281	367168	−0.1
水果	650810	572950	8.0
（二）林业产值	38594	41717	−2.5
其中：橡胶	15267	20894	−22.0
（三）牧业产值	116187	118052	24.7
其中：猪	52876	51858	29.7
家禽	22763	26629	−14.2
（四）渔业产值	50774	56031	−1.4

续表 30

指标名称	1—12月	上年同期（万元）	比上年同期增加（%）
其中：海水	49305	51049	4.4
淡水	1469	4982	-61.2
（五）农林牧渔服务业产值	20047	11823	90.3
二、农林牧渔业及其服务业增加值	1114942	952583	3.3
农林牧渔服务业增加值	11285	5562	2.7

注：1.“增加值、总产值”的增长速度按可比价计算；

2. 本册中部分指标合计数与分项数有出入主要是由于四舍五入的原因，均未作机械调整。

乐东县畜牧业生产情况表

表 31

指标名称	1—12月	上年同期（万元）	比上年同期增加（%）
一、出栏量			
生猪（头）	129248	137428	-6.0
牛（头）	10911	12495	-12.7
羊（只）	98330	110139	-10.7
禽类（万只）	320	332	-3.5
二、总肉量（吨）	18797	20197	-6.4
猪肉	10335	10778	-3.0
牛肉	1023	1215	-15.8
羊肉	1283	1412	-9.2
禽肉	5823	6358	-8.4
其他肉	333	434	-23.2
三、禽蛋产量（吨）	686	1214	-43.5
四、乳猪出栏量	19096	23913	-20.1
五、期末猪存栏（头）	92256	105077	-12.2
其中：能繁殖母猪	14629	21185	-30.9
仔猪	52718	68164	-22.7
六、期末牛存栏（头）	56120	68038	-17.5
其中：役用牛	0	11568	0.0
1.黄牛	45912	48476	-5.3
2.水牛	10208	19562	-47.8
七、期末羊存栏（只）	63109	66909	-5.7
八、禽类存栏（万只）	77	80	-4.0
其中：鸡	43	42	2.9
水产品产量	16914	18713	-9.6
#海水产品	15961	15599	2.3
淡水产品	953	3114	-69.4

粮食、瓜菜、水果、热带作物生产情况表

表 32

指标名称	1—12月		比上年同期增加（%）	
	收获面积（亩）	总产量（吨）		
一、粮食	348456	115424	0.3	2.7
二、蔬菜（含菜用瓜）	484626	582759	3.0	2.2
三、瓜果类（指果用瓜）	186521	430670	30.8	34.6
其中：西瓜	2848	4567	−38.2	−35.6
甜瓜	3539	5453	−28.9	−29.2
哈密瓜	178318	418120	38.6	39.2
四、花卉	15972		−4.2	
五、水果	336285	459093	3.9	4.5
菠萝	9073	20277	59.8	84.5
芒果	185943	154751	6.1	2.2
香蕉	57835	159152	−8.5	−8.9
荔枝	5613	4057	−0.4	5.9
龙眼	33901	19237	11.4	10.3
六、热带作物				
橡胶（干胶）	334694	12479	−9.8	−7.4
椰子（万个）	6231	222	6.7	5.8
槟榔	82570	19435	14.9	8.9
胡椒	110.0	11.0	−65.4	−48.0

工业产值、增加值一览表

表 33

指标名称	1—12月	上年同期（万元）	比上年同期增加（%）
一、工业增加值（当年价）	92166	83637	−0.7
#规模以上工业增加值	76950	70237	−1.3
规模以下工业增加值	15216	13400	2.3
二、工业总产值（当年价）	278686	267016	4.4
#规模以上工业产值	272888	262621	3.9
规模以下工业产值	5798	4391	32.0
（一）按轻重工业分（规上工业）	272888	262621	3.9
1. 轻工业			
2. 重工业	272888	262621	3.9
（二）按经济类型分（规上工业）	272888	262621	3.9
1. 国有企业	196493	194964	0.8
2. 集体企业			
3. 股份合作企业			

续表 33

指标名称	1—12月	上年同期（万元）	比上年同期增加（%）
4. 股份制企业			
5. 外商及港澳台投资企业			
6. 其他经济类型工业	76395	67657	12.9
三、规模以上工业销售产值	275627	267370	3.1
四、规模以上工业产销率（%）	101	102	-0.8

注：1. 本表绝对数按现价计算，增长速度按可比价计算；

2. 规模以上工业企业标准为年销售收入 2000 万元及以上工业企业。

规模以上工业主要产品产量一览表

表 34

	12月	本月止累计	比上年同期增加（%）	
			本月	累计
供电量（万千瓦小时）	30627	366588	-9.2	-10.2
商品混凝土（立方米）	385859	467549	-40.2	-14.5
黄金（千克）	60	723	-16.6	-13.1
火力发电量（万千瓦小时）	29779	357160	-11.1	-11.8

规模以上工业分企业产值一览表

表 35

	12月（万元）	本月止累计（万元）	比上年同期增加（%）	
			本月	累计
电力生产和供电业	13168	160867	-16.2	4.5
水泥制品制造业	3356	27529	-43.0	-16.9
金冶炼业	2052	24943	-11.6	-9.9
火力发电业	13092	159773	-16.3	4.5

固定资产投资情况表

表 36

指标名称	1—12月（万元）	上年同期（万元）	比上年同期增加	
			绝对数（万元）	比例（%）
固定资产投资额	651917	604403	47514	7.9
一、按投资种类分				
房地产开发投资	193784	209221	-15437	-7.4
其他投资	458133	395182	62951	15.9
二、按构成分				
建筑安装工程	356795	503709	-146914	-29.2
设备工器具购置	73396	11268	62128	551.4

续表 36

指标名称	1—12月（万元）	上年同期（万元）	比上年同期增加	
			绝对数（万元）	比例（%）
其他费用	145453	89426	56027	62.7
三、按建设性质分（不含房地产）				
#新建	351260	240287	110973	46.2
扩建	3435	5809	−2374	−40.9
改建和技术改造	20073	13605	6468	47.5
四、新增固定资产	55034	55034	0	0.0
五、项目个数	123	112	11	9.8
#本年新开工	55	47	8	17.0
固定资产投资项目	102	90	12	13.3
房地产开发项目	21	22	−1	−4.5

注：固定资产投资统计起点为计划总投资 500 万元。

分行业固定资产投资情况表

表 37

指标名称	1—12月（万元）	上年同期（万元）	比上年同期增加	
			绝对数（万元）	比例（%）
总计	651917	604403	47514	7.9
农林牧渔业	113764	76444	37320	48.8
采矿业				
制造业				
电力、燃气及水的生产和供应业	163711	39986	123725	309.4
建筑业				
交通运输、仓储和邮政业	76858	115188	−38330	−33.3
信息传输、计算机服务和软件业	13649	11392	2257	19.8
批发和零售业				
住宿和餐饮业	36012	46507	−10495	−22.6
金融业				
房地产业	198006	209221	−11215	−5.4
租赁和商务服务业	20002	66354	−46352	−69.9
科学研究、技术服务和地质勘查业				
水利、环境和公共设施管理业	3996	28597	−24601	−86.0
居民服务和其他服务业				
教育	5306	2510	2796	111.4
卫生、社会保障和社会福利业	9278	438	8840	2018.3
文化、体育和娱乐业	10732	7766	2966	38.2
公共管理和社会组织	603			
国际组织				

房地产开发投资完成情况表

表 38

指标名称	1—12月（万元）	上年同期（万元）	比上年同期增加	
			绝对数（万元）	比例（%）
一、房地产开发投资	193784	209221	-15437	-7.4
按工程用途分				
住宅	134142	146983	-12841	-8.7
#90平方米以下	8	17176	-17168	-99.95
办公楼	37395	20099	17296	86.1
商业营业用房	21392	29707	-8315	-28.0
其他	855	13328	-12473	-93.6
二、本年财务资金来源合计	220784	214582	6202	2.9
1.上年末结余资金	9897	28213	-18316	-64.9
2.本年财务资金来源小计	210887	186369	24518	13.2
国内贷款	12910	8015	4895	61.1
利用外资				
自筹资金	181974	158072	23902	15.1
其他资金	5779	5098	681	13.4
定金及预付款	10224	15184	-4960	-32.7
三、房屋施工面积（万平方米）	113.25	139.32	-26	-18.7
#本年新开工	29.09	45.69	-17	-36.3
四、房屋销售面积（万平方米）	1.95	2.39	0	-18.4
#住宅	1.79	1.63	0	9.8
房屋销售额	30247	35908	-5661	-15.8
#住宅	27922	24636	3286	13.3

社会消费品零售总额一览表

表 39

指标名称	本年（万元）		上年同期（万元）		比上年同期增加（%）	
	本季	本季度止累计	本季	本季度止累计	本季	累计
社会消费品零售总额	133443	479474	159461	522478	-16.3	-8.2
（一）按经营地分						
城镇	119020	427278	141729	465203	-16.0	-8.2
乡村	14423	52196	17732	57275	-18.7	-8.9
（二）按消费形态分						
餐饮收入	28176	100697	33692	109151	-16.4	-7.7
商品零售	105267	378777	125769	413327	-16.3	-8.4

批发零售业销售额和住宿餐饮业营业额一览表

表 40

指标名称	本年（万元）		上年同期（万元）		比上年同期增加（%）	
	本季	本季度止累计	本季	本季度止累计	本季	累计
一、批发业销售额	66422	240929	53480	204177	24.2	18.0
限额以上	22766	59521	24352	34629	-6.5	71.9
限额以下	43656	181409	29128	169548	49.9	7.0
二、零售业销售额	122147	335442	105436	353097	15.8	-5.0
限额以上	3032	8716	2426	8672	25.0	0.5
限额以下	119115	326726	103010	344425	15.6	-5.1
三、住宿业营业额	3028	12220	2671	12256	13.4	-0.3
限额以上	358	1206	286	1170	25.3	3.1
#客房收入	253	846	215	941	18.0	-10.1
限额以下	2670	11014	2385	11086	11.9	-0.7
四、餐饮业营业额	28447	80007	28998	82207	-1.9	-2.7
限额以上	170	557	303	567	-43.8	-1.7
限额以下	28277	79450	28695	81640	-1.5	-2.7

注：限上企业标准为批发业年主营收入 2000 万元以上，零售业年主营收入 500 万元以上，住宿餐饮企业年主营收入 200 万元以上。

财政收入情况表

表 41

项目	1—12月（万元）	上年同期（万元）	比上年同期增加（%）
一、一般公共预算收入	56992	80564	-29.3
1. 税收收入小计	19558	33622	-41.8
其中：增值税	-662	8628	-107.7
营业税			
企业所得税	3047	2866	6.3
个人所得税	1168	1190	-1.8
资源税	1496	1290	16.0
城市维护建设税	1031	1308	-21.2
房产税	1960	1738	12.8
印花税	795	753	5.6
城镇土地使用税	3264	3964	-17.7
土地增值税	3163	7619	-58.5
车船税	774	719	7.6
耕地占用税	992.0	1634	-39.3
契税	2447	1944	25.9
环境保护税	81	34	138.2

续表 41

项目	1—12月（万元）	上年同期（万元）	比上年同期增加（%）
2. 非税收入	37434	46942	−20.3
国有资本经营收入	191.0		
行政性收费收入	5863	3843	52.6
罚没收入	12444	3181	291.2
国有资源（资产）有偿使用收入	11232	26313	−57.3
专项收入	6224	11557	−46.1
捐赠收入	74	153	−51.6
政府住房基金收入	1366	1604	−14.8
其他收入	40	291	−86.3
二、税收返还收入			
三、上级补助收入	533064	459374	16.0
全县财政总收入	590056	539938	9.3

地方政府性基金收入、支出情况表

表 42

项目	1—12月（万元）	上年同期（万元）	比上年同期增加（%）
基金预算收入合计	52651	53665	−1.9
国有土地使用权出让收入	48237	43613	10.6
城市基础设施配套费	2096	7712	−72.8
国有土地收益金	1723	1750	−1.5
农业土地开发基金收入	137	67	104.5
污水处理费收入	300	376	−20.2
彩票公益金收入	152	141	7.8
彩票发行机构和彩票销售机构的业务费用	6	6	0.0
基金预算支出合计	96574	85635	12.8
文化体育与传媒			
社会保障和就业	2799	193	1350.3
城乡社区事务	22018	54235	−59.4
农林水事务	0	21	−100.0
交通运输	28	15	86.7
商业服务业等支出			
彩票公益金			
其他支出	541	1095	−50.6
债务付息支出	3002	3124	−3.9
债务发行费用支出			
其他地方自行试点项目收益专项债券转贷支出	68186	26952	153.0

财政支出情况表

表 43

项目	1—12月（万元）	上年同期（万元）	比上年同期增减加（%）
一般公共预算支出	429685	488195	−12.0
#民生支出	366863	391184	−6.2
一般公共服务	22330	53241	−58.1
外交			
国防	893	406	120.0
公共安全	17884	20510	−12.8
教育	93257	98808	−5.6
科学技术	380	787	−51.7
文化旅游体育与传媒	4660	3089	50.9
社会保障和就业	76407	77576	−1.5
卫生健康	55757	58394	−4.5
节能环保	5070	17668	−71.3
城乡社区	25041	32264	−22.4
农林水	85149	84678	0.6
交通运输	5602	6026	−7.0
资源勘探信息等	367	176	108.5
商业服务业等	496	351	41.3
自然资源海洋气象等	6070	6447	−5.8
住房保障	15779	12125	30.1
粮油物资储备	141	556	−74.6
金融支出	0	2000	−100.0
灾害防治及应急管理	1264	971	30.2
其他支出	1455	1145	27.1
债务付息支出	11652	10871	7.2
债务发行费用支出	31	106	−70.8
预备费			

注：民生支出包括教育支出、文化体育与传媒支出、社会保障和就业支出、卫生健康支出、节能环保支出、城乡社区事务支出、农林水支出、交通运输支出、住房保障支出、粮油物资储备支出十项支出科目。

金融机构人民币信贷情况表

表 44

指标	12月末（万元）	比年初增加	
		绝对数（万元）	比例（%）
一、各项存款余额	2179055	141379	6.9
（一）境内存款	2178547	141378	6.9
1.住户存款	1843571	173940	10.4
（1）活期存款	1028646	38062	3.8
（2）定期及其他存款	814924	135878	20.0
2.非金融业企业存款	218643	−5867	−2.6
（1）活期存款	190409	1253	0.7
（2）定期及其他存款	28235	−7120	−20.1
3.广义政府存款	116332	−26695	−18.7
（1）财政性存款	15324	−12843	−45.6
（2）机关团体存款	101008	−13851	−12.1
4.非银行业金融机构存款			
（二）境外存款	508	1	0.1
二、各项贷款余额	1162273	120407	11.6
（一）境内贷款	1162273	120407	11.6
1.住户贷款	512059	59075	13.0
（1）短期贷款	146261	25396	21.0
消费贷款	14689	1487	11.3
经营贷款	131572	23909	22.2
（2）中长期贷款	365798	33679	10.1
消费贷款	165779	2977	1.8
经营贷款	200019	30702	18.1
2.非金融企业及机关团体贷款	650214	61332	10.4
（1）短期贷款	68232	−16402	−19.4
（2）中长期贷款	482599	78338	19.4
（3）票据融资	99383	−604	−0.6
（4）融资租赁			
（5）各项垫款			
3.非银行业金融机构贷款			
（二）境外贷款			
三、存贷数差额	1016782	20972	2.1

城镇常住居民生活收支情况表

表 45

指标	全年	上年同期	比上年同期增加	
			绝对数	比例（%）
一、人均可支配收入（元）	33948	34016	−68	−0.2
（一）工资性收入	22951	22642	309	1.4
（二）家庭经营净收入	6698	7107	−409	−5.8
（三）财产净收入	575	591	−16	−2.7
（四）转移净收入	3724	3676	48	1.3
二、人均生活消费支出（元）	21483	22479	−996	−4.4
（一）食品烟酒	9426	9404	22	0.2
（二）衣着	767	794	−27	−3.4
（三）居住	4124	4392	−268	−6.1
（四）生活用品及服务	1021	1063	−42	−4.0
（五）交通通信	2383	2420	−37	−1.5
（六）教育文化娱乐	2047	2391	−344	−14.4
（七）医疗保健	1403	1655	−252	−15.2
（八）其他用品和服务	312	360	−48	−13.3

注：1. 从 2014 年一季度起，居民收入数据使用城镇常住居民人均可支配收入；
2. 本表数据由国家统计局海南调查总队提供。

农村常住居民生活收支情况表

表 46

指标	全年	上年同期	比上年同期增加	
			绝对数	比例（%）
一、人均可支配收入（元）	18413	17357	1056	6.1
（一）工资性收入	7186	6910	276	4.0
（二）家庭经营净收入	8570	7965	605	7.6
（三）财产净收入	424	387	37	9.6
（四）转移净收入	2233	2095	138	6.6
二、人均生活消费支出（元）	15009	15262	−253	−1.7
（一）食品烟酒	6512	6433	79	1.2
（二）衣着	435	450	−15	−3.3
（三）居住	2784	2737	47	1.7
（四）生活用品及服务	992	981	11	1.1
（五）交通通信	1607	1568	39	2.5
（六）教育文化娱乐	1344	1552	−208	−13.4
（七）医疗保健	1149	1346	−197	−14.6
（八）其他用品和服务	186	195	−9	−4.6

注：1. 从 2014 年一季度起，农民收入数据使用农村常住居民人均可支配收入，不含自产自用；
2. 本表数据由国家统计局海南调查总队提供。

乐东黎族自治县组织机构和负责人名录（2022年）

中共乐东黎族自治县委员会

书　记：孙世文
副书记：黄文聪（黎族）
　　　　张　韵
常　委：曹　晋
　　　　郭兴武（黎族）
　　　　柳晓磊
　　　　符会从（黎族）
　　　　陈广军
　　　　卞晓燕（女）
　　　　龚世武
　　　　张国辉（黎族）

县纪检监察机关

纪律检查委员会

书　记：曹　晋
副书记：林赐贤
　　　　韩　斌
常　委：邢益王
　　　　邢孔虎（1月任职）
　　　　孙　文（1月任职）
　　　　周青兰（女，1月任职）

监察委员会

县监察委员会同县纪律检查委员会合署办公，履行纪检、监察两项职责，实行一套工作机构、两个机关名称。

主　任：曹　晋
副主任：林赐贤
　　　　韩　斌
委　员：李济良
　　　　邢益王
　　　　邢孔虎（1月任职）
　　　　颜文雪（女，2月任职）

县委工作机关

县委办公室

县委财经委员会为县委议事机构，办公室设在县委办公室；挂“县委全面深化改革委员会办公室、县委外事工作委员会办公室（县外事办公室）、县委政策研究室”牌子。挂牌机构主任由县委办主任兼任。

主　任：蔡亲敬（任职至6月），后由陈建平主持全面工作。
副主任：杨生平（任职至9月）
　　　　邢伟华（黎族，任职至9月）
　　　　陈建平
　　　　刘倍霏（女）
　　　　谢　远（11月任职）

县委组织部

统一管理县委机构编制委员会办公室，挂“县委老干部局（局长：黎康，兼）、县委人才发展局（局长：韦忠民，兼）、县委非公有制经济组织和社会组织工作委员会（主任：林欣，兼）、县委党建工作巡回检查办公室（主任：林欣，兼）、县公务员局（局长：蔡开芬，兼）”牌子。

部　长：郭兴武（黎族）
常务副部长：韦忠民（黎族）
副部长：蔡开芬
　　林　欣
　　黎　康
部务委员：黄泽帅
　　杨家晓

县委宣传部

挂“县委网络安全和信息化委员会办公室（县互联网信息办公室）、县新闻出版局（县版权局）、县政府新闻办公室”牌子。挂牌机构主任（局长）由县委宣传部常务副部长兼任，黄华兼任县精神文明建设指导委员会办公室主任。

部　长：陈广军
常务副部长：梁小明（任职至 9 月）
副部长：符　天
　　邢福特
　　梁小明（9 月任职）
　　黄　华（9 月任职）

县委统战部

统一管理宗教事务、侨务、台湾事务工作，挂“县宗教事务局（局长：刘江兴，兼）、县侨务办公室（主任：云大志兼）、县台湾事务办公室（主任：周泽兼任至 10 月，刘学新 10 月兼任）”牌子。

部　长：符会从（黎族）
常务副部长：云大志（黎族）
副部长：周　泽（任职至 10 月）
　　刘学新（黎族，10 月任职）
　　邢卫豪
　　刘江兴（黎族）

政法委员会

书　记：张　韵
常务副书记：陈太辉（任职至 6 月）
　　张　煜（7 月任职）
副书记：林智豪（黎族，任职至 11 月）
　　刘惠东（黎族）
　　吉训诗
　　劳宝兴
　　窦绪强（挂职）

县委直属机关工作委员会

书　记：李　雄（黎族）
副书记：范会雄
　　邢增宝

县委巡察工作领导小组办公室

主　任：韩　斌（任职至 3 月）
　　邢益王（3 月任职）
副主任：陈　豪（任职至 11 月）
　　吴一峰（9 月任职）
　　符晓娴（女）

县委机构编制委员会办公室

挂“县事业单位登记管理局”牌子，局长由县委机构编制委员会办公室兼任。

主　任：王槐文
副主任：何建云（任职至 9 月）
　　陈莲乔（女，9 月任职，试用期一年）
　　林日东（12 月任职，试用期一年）

县人大常委会

党组书记：王家俊
副书记：林振康
成　员：邓　耀
　　汪祥夫
　　黄文江
主　任：王家俊
副主任：林振康
　　汪祥夫
　　邓　耀
　　吴权亨（黎族）

县人大专门委员会

法制委员会

主任委员：邓　耀（1 月任职）
副主任委员：林东敏

财政经济委员会

主任委员：陈永瑞（任职至 1 月）
林振康（1 月任职）
副主任委员：邢志东（任职至 1 月）
陈海东（任职至 1 月）
彭文泽（1 月任职）

社会建设委员会

主任委员：邓　耀
副主任委员：李芬芬（女，黎族，1 月任职）

县人大常委会工作部门

人大常委会机关党组

书　记：黄文江

人大常委会办公室

主　任：黄文江
副主任：张　卓（女，黎族）
邢孔龙

法制与民族工委

主　任：林东敏
副主任：林　武
孙　琪

农村财经工委

主　任：彭文泽
副主任：李学权（9 月任职）

教科文卫工委

主　任：邢志东
副主任：孙有珊

选举任免联络工作室

主　任：陈海东
副主任：陈梦风

县人民政府

党组书记：黄文聪（黎族）
副书记：卞晓燕（女）
成　员：柳晓磊
张执金
蔡新文
钟　帅
林广旭（4 月挂职）
钟树婷（女）
单既亮
何国慧
陈品充
县　长：黄文聪（黎族）
常务副县长：卞晓燕（女）
副县长：柳晓磊
张执金
蔡新文
钟　帅
林广旭（5 月挂职）
钟树婷（女）
单既亮
何国慧

县政府工作部门

政府办公室

挂“县信访局、县机关事务管理局、县档案局、县海防委员会办公室”牌子，挂牌机构局长（主任）由政府办公室主任兼任。

党组书记：陈品充
主　任：陈品充
副主任：李朝文（任职至 4 月）
曾其优
黎广行
陈　能（4 月任职）
邢孔茂（3 月挂职）
卢　捷（女，黎族，3—11 月挂职）
臧高磊（11 月挂职，挂职一年）

发展和改革委员会

挂“县国民经济动员委员会、县粮食和物资储备局”牌子。挂牌机构主任（局长）由发展和改革委员会主任兼任。

党组书记：何泽毅

主　任：何泽毅

副主任：陈　宇

裴　雄（任职至3月）

周　悦

科技工业信息化局

挂“县地震局”牌子，局长由科技工业信息化局局长兼任。

党组书记：韦庆容（女）

局　长：韦庆容（女）

副局长：陈泽通（任职至12月）

李　理

黄　铂（12月任职）

农业农村局

党组书记：方志雄

局　长：方志雄

副局长：陈永孝

吴国浪

曾繁虎（黎族）

派驻纪检监察组长：林永剑

副组长：罗　敏（女，黎族）

林业局

党组书记：林宏芳

局　长：林宏芳

副局长：唐定孝（黎族）

林　科

商务招商局

挂“县口岸办公室”牌子，主任由商务招商局局长兼任。

党组书记：符华实

局　长：尹霏莉（女，瑶族）

副局长：符华实

陈颖杰

财政局

挂“县国有资产监督管理委员会”牌子，主任由陈晓刚10月兼任。

党组书记：陈晓刚（3月任职）

局　长：陈晓刚（3月任职）

副局长：徐海峰（任职至10月）

卢先哲（任职至12月）

苏　敏（女）

蒋菲菲（女，4月挂职）

王龙越（12月任职）

吉　聪（黎族，12月任职，试用期一年）

县人力资源和社会保障局

党组书记：高中冠

局　长：高中冠

副局长：曾　浪（任职至10月）

陈圣豪（黎族）

裴烈明

徐海峰（10月任职）

教育局

县委教育工作领导小组为县委议事协调机构，秘书组设在教育局。

局　长：覃章彪

副局长：邢福忠（任职至11月）

夏炜林

何书瑶（女）

教育总督学：曾　锋

派驻纪检监察组长：方世彬

卫生健康委员会

挂“县爱国卫生运动委员会办公室”牌子，主任由卫生健康委员会主任兼任。

党组书记：邢维科（任职至9月）

张寿宇（9月任职）

主　任：邢维科（任职至9月）

张寿宇（9月任职）

副主任：容　泉（任职至3月）

周运忠（黎族，任职至3月）

韦海花（女，黎族，任职至3月）

蔡尧青（任职至9月）

林梨平（3月任职）

麦贻觉（9月任职，试用期一年）

高　慧（女，9月任职，试用期一年）

旅游和文化广电体育局

旅游和文化广电体育局与县委宣传部合署办公，列入县政府工作部门序列，不计入机构个数。

党组书记：符　天（任职至8月）

梁小明（9月任职）

局　长：符　天（任职至 8 月）
梁小明（9 月任职）
副局长：关义迅
罗艺斌
容纪文（黎族）

民政局

党组书记：罗振诗
局　长：罗振诗
副局长：陈　敏（黎族，任职至 4 月）
张林光（黎族，11 月任职）
陈程驹（4 月任职）

民族事务局

民族事务局与县委统战部合署办公，列入县政府工作部门序列，不计入机构个数。

党组书记：刘学新（黎族）
局　长：刘学新（黎族）
副局长：林日迅
罗　强（女，黎族）

住房和城乡建设局

挂“县人民防空办公室”牌子，主任由住房和城乡建设局局长兼任。

党组书记：盛程恒（任职至 3 月）
张尚豪（3 月任职）
局　长：盛程恒（任职至 3 月）
裴　雄（3 月任职）
副局长：张尚豪（3 月任职）
林生菊（女）
陈程驹（任职至 4 月）
李兴亮（2 月挂职）

交通运输局

挂“县交通战备办公室”牌子，主任由交通运输局局长兼任。

党组书记：方华东
局　长：方华东
副局长：郭仁英（任职至 4 月）
陈运强（任职至 10 月）
周　密（4 月任职）
李忠校（7 月任职）

退役军人事务局

党组书记：梁　筠（女，黎族）
局　长：梁　筠（女，黎族）
副局长：吴　聪
王向明（12 月任职，试用期一年）

应急管理局

党组书记：吴朝晖
局　长：吴朝晖
副局长：莫　涛
马惠铭
罗世光（黎族）

市场监督管理局

党组书记：罗才锋
副书记：孙小帆
局　长：孙小帆
副局长：颜高勘
辛求雄
俞卓秀（女）
容文世（黎族）
李　永（黎族）
卢定敏
吴　学
黄　铂（任职至 12 月）

医疗保障局

党组书记：韩安畴
局　长：韩安畴
副局长：陈惠苗（女）
林梨平（任职至 3 月）
李朝文（3 月任职）

乡村振兴局

党组书记：周运学
局　长：周运学
副局长：罗　静（女）
何亚学（4 月挂职）

行政审批服务局

党组书记：林丹华
局　长：林丹华
副局长：林　波
谢　远（任职至 11 月）
李淑云（女，黎族）

自然资源和规划局

挂“县海洋局、县地理信息测绘局、县不动产登记局”牌子，挂牌机构局长由自然资源和规划局局长兼任。

党组书记：邓才锋
局　长：邓才锋
副局长：张国钦
孙　麓
王金虎（任职至9月）
吴　君
于书尧（女，3月挂职）

审计局

县委审计委员会为县委议事协调机构，办公室设在审计局。

党组书记：陈庚庚
局　长：陈庚庚
副局长：何　龙
王德茂（任职至10月）
黎吉孟
邢　勇（10月任职）

水务局

党组书记：陈雄锋
局　长：陈雄锋
副局长：麦　浪
苏建林
姚现鹏（挂职至2月）
涂葵阳（10月任职，挂职一年）

统计局

党组书记：孙贻良
局　长：孙贻良
副局长：陈泽雄
曾　浪（10月任职）

公安局

2021年12月，县公安局国内安全保卫大队加挂“县公安局境外非政府组织管理办公室”牌子。

党委书记：蔡新文
副书记：陈人菠
局　长：蔡新文
副局长：曾繁侨（黎族）
许玉科
陈建勇
王东洋（挂职）
吴超空（7月任职）
政　委：陈人菠
督察长：蔡新文
派驻纪检监察组组长：林秋波

司法局

县全面依法治县委员会为县委议事协调机构，办公室设在司法局。2021年1月，司法局内设社区矫正管理室加挂“县社区矫正管理局”牌子。

党组书记：郑金荣（女）
局　长：郑金荣（女）
副局长：关义策（任职至3月）
杨昌业（黎族）
黎　俊（任职至12月）
陈普之（黎族，10月任职）

生态环境局

党组书记：陈纪琼（女）
局　长：吴　方
副局长：陈纪琼（女）
徐鸿雁
陈积雷

综合行政执法局

挂“县城市管理局、城市管理执法局”牌子。挂牌机构局长由综合行政执法局局长兼任。

党组书记：孙建华
局　长：孙建华
副局长：张受智
陈举科（2021年11月任职）
陈太聪

政协乐东黎族自治县委员会

党组书记：邢益琼（女，黎族）
副书记：陈求妹（女）
成　员：王平林（黎族）
傅德波
陈尉全
主　席：邢益琼（女，黎族）
副主席：陈求妹（女）

吴　宁
王平林（黎族）
傅德波
秘书长：陈尉全

县政协工作部门

政协办公室
主　任：陈尉全
副主任：吴挺安
提案与社会法制委员会
主　任：陈春桃（女）
文史资料与科教文卫体委员会
主　任：林昌活
经济与人口资源环境委员会
主　任：林振宁
民族宗教与港澳台侨外事委员会
主　任：黎照飞（女、黎族）
农村和农业委员会
主　任：林　岩

法院·检察院

法　院
党组书记：何昌恩
成　员：杨少强（黎族）
林安华（任职至5月）
潘　海
郭仁东（任职至7月）
黎立伟（黎族，3月任职）
院　长：何昌恩
副院长：杨少强（黎族）
林安华（任职至5月）
审判委员会专职委员：王淑兰（女）
林　珠（女）

检察院
党组书记：陈　辉
成　员：黄　瑞
林自强
检察长：陈　辉（1月任职）
副检察长：黄　瑞
林自强
检察委员会专职委员：关义超
陈业强

群众团体

总工会
党组书记：陈　勇
主　席：陈永瑞（兼职至2021年11月）
林振康（2021年11月兼职）
常务副主席：陈　勇
副主席：颜进雄（任职至2月）
张伟南（黎族，任职至3月）
高　攀（3月任职）
刘　慧（黎族，3月任职）
团县委
书　记：吴碧振
副书记：吴迪夫
刘　静（女，黎族，3月任职）
冯建聪（2月挂职）
林英杰（2月挂职）
林日云（2月兼职）
妇女联合会
党组书记：陈恩翠（女）
主　席：陈恩翠（女）
副主席：陈卫珍（女，任职至6月）
杨恋英（黎族，女）
符慧娟（黎族，女，6月任职）
科学技术协会
党组书记：陈　青
主　席：陈　青
副主席：高　攀（任职至3月）

张伟南（黎族，3月任职）
陈卫珍（女，6月任职）

归国华侨联合会

主　席：陈运义
副主席：韩姜定（任职至7月）
秘书长：韩姜定（兼，任职至7月）

工商业联合会（总商会）

党组书记：邢卫豪
主席（会长）：林钦存（兼职）
常务副主席：邢卫豪
专职副主席：卢　惠（女，黎族）
孙　丰（6月任职）
秘书长：孙　丰（任职至6月）
卢　惠（女，黎族，6月任职）

文学艺术界联合会

主　席：孙体雄
副主席：曾　露（女）
秘书长：曾　露（女，兼）

残疾人联合会

党组书记：林炽干
理事长：林炽干
副理事长：石英东（任职至12月）
邢　超（黎族）
陈泽通（12月任职）

红十字会（副科级）

会　长：单既亮（兼）
副会长：陈　霞（女）

计划生育协会（副科级）

会　长：单既亮（兼）
专职副会长：韦海花（女，黎族，3月任职）
秘书长：空缺

直属事业单位

县委党校

挂“县行政学校”牌子，实行“两块牌子，一套人马”管理。校长由黄宗佑兼任。

校　长：郭兴武（黎族，兼）
常务副校长：吴元向
副校长：黄宗佑（任职至2021年11月）
潘少皇（2021年11月任职）

县委史志研究室

主　任：杨生平（9月任职）
副主任：邢伟华（黎族，9月任职）
陈阳光（9月任职，试用期一年）

机关事务服务中心

主　任：空缺。曾其优负责全面工作。
副主任：符振科
罗　通（12月任职，试用期一年）

粮食服务中心

党组书记：王万照（任职至4月）
杨　军（黎族，11月任职）
主　任：王万照（任职至4月）
杨　军（黎族，11月任职）
副主任：陈　海
廖　驰（黎族，11月任职，试用期一年）

档案馆

馆　长：空缺
副馆长：赵晋芳
卢　捷（女，黎族，11月挂职）

畜牧兽医服务中心

党组书记：陈炳忠（黎族）
主　任：陈炳忠（黎族）
副主任：蔡　颖
杨昌南（任职至11月）

滨海开发区管理委员会

主　任：张国辉（黎族，12月兼任）
常务副主任：空缺
副主任：黄泽芬

融媒体中心

主　任（台长）：黎正昭
副主任（副台长）：陈海清
黎照程（黎族）
陈　武
总编辑：陈海清

移民安置办公室

党组书记：蔡　喆
主　任：蔡　喆

副主任：空缺

热作办公室

党组书记：邢孔辉（黎族）

主　任：邢孔辉（黎族）

副主任：蔡开炯

农业技术推广服务中心

党组书记：周运陆

主　任：周运陆

副主任：孙鸿蕊（女）

张　龙（12月任职，试用期一年）

招商服务中心

主　任：黎文华

副主任：张乃奋（黎族）

政务服务中心

主　任：李淑云（女，黎族）

副主任：詹　凯（12月任职，试用期一年）

林业服务中心

党组书记：黎媛玲（女）

主　任：黎媛玲（女）

副主任：陈少志

供销合作社

党组书记：石海华

主　任：石海华

副主任：周　涛（任职至2021年12月30日）

陈太钦（12月任职，试用期一年）

组织部干部信息管理办公室（副科级）

主　任：空缺，陈思瑶（女）负责全面工作。

组织部党员电化教育中心（副科级）

主　任：何国文（12月任职）

南繁管理局（副科级）

局　长：吴健志

国库支付局（副科级）

局　长：陈晓刚（任职至3月）

副局长：刘振勇

孙运生

爱国卫生运动服务中心（副科级）

主　任：蔡尧青

社会保险服务中心（副科级）

主　任：韩安畴

副主任：陈　秋（女，黎族）

黄丽梅（女，任职至4月）

陈祥明

应急保障服务中心（副科级）

主　任：罗世光（黎族，兼）

长茅工程管理局（副科级）

副局长：刘进强（黎族，主持全面工作）

就业局（副科级）

局　长：寸梅英（女，白族）

副局长：罗晨曦

卢扬名（任职至11月）

黄兴顺（女）

退耕还林办公室（副科级）

主　任：空缺

城市管理服务中心（副科级）

主　任：万小聪

住房保障与房产管理局（副科级）

局　长：孙树琼

副局长：林文庄（黎族，任职至7月）

城乡低保办（副科级）

主　任：陈恩政

土地储备整理中心（副科级）

主　任：陈秋波

开发性金融合作办公室（副科级）

主　任：卞晓燕（11月兼任）

常务副主任：陈兴干

计划生育服务中心（副科级）

主　任：林　琴（女，任职至10月）

王会平（女，10月任职）

园林绿化管理中心（副科级）

主　任：郑源仲

征地拆迁办公室（副科级）

主　任：卢泽辉（黎族）

殡葬管理中心（副科级）

主　任：王亮光

不动产登记中心（副科级）

主　任：林瑞亚

劳动人事争议仲裁院（副科级）

主　任：空缺，刘振忠负责全面工作。

国有资产服务中心（副科级）

主　任：空缺，陈晓桦主持全面工作。

人才发展服务中心（副科级）

主　任：原晓辉

纪检监察信息服务保障中心（副科级）

主　任：空缺

政府投资审计中心（副科级）

主　任：空缺，符佩君（女）主持全面工作。

渔政事务服务中心（副科级）

主　任：空缺，冯成伟负责全面工作。

退役军人服务中心（副科级）

主　任：符武君（10 月任职）

大数据管理服务中心（副科级）

主　任：空缺，陈运皇主持全面工作。

生态环境监测站（副科级）

站　长：黄陆义

市场监管行政执法大队（副科级）

大队长：邢维赟

生态环境保护行政执法大队（副科级）

大队长：陈志清（黎族）

旅游文化市场行政执法大队（副科级）

大队长：周运科

交通运输行政执法大队（副科级）

大队长：石挺召

农业行政执法大队（副科级）

大队长：黄罕果

渔洋与渔业行政执法大队（副科级）

大队长：盛广宇

劳动保障和应急行政执法大队（副科级）

大队长：盛华文

城市管理行政执法大队（副科级）

大队长：符东晓

跨领域行政执法大队（副科级）

大队长：颜振胜（延长试用期一年）

国家公园执法大队（副科级）

大队长：空缺

信访服务中心

主　任：邢朝辉（4 月任职）

镇

抱由镇

党委书记：罗才雄

副书记：刘春英（女，黎族）
符　辉（黎族）
罗泽安（挂职）

委　员：陈辉俊
吉文斌（黎族，任职至 8 月）
刘海东
邢福杰
唐晓音（女）

纪委书记、县监委派出监察室主任：
刘　聃（黎族）

纪委副书记、监察室副主任：林天松（黎族）

人大主席：李杨元（黎族）

副主席：洪贵琴（黎族，女）

镇　长：刘春英（女，黎族）

副镇长：陈辉俊
王明伯（黎族）
王春妮（女，黎族）

农业服务中心主任：陈敬伟

社会事务服务中心主任：李　莉（黎族，女，12 月任职，试用期一年）

综合行政执法中队长：邢红山负责全面工作。

万冲镇

党委书记：王宜浩（黎族）

副书记：唐　白（黎族）
高灵辉（黎族）
黄　宁（挂职）

委　员：李畅强（苗族）
何智丹（女，黎族）
邓其雄

纪委书记、县监委派出监察室主任：李吉泉

纪委副书记、监察室副主任：林　雯（女）

人大主席：陈太泉

镇　长：唐　白（黎族）

副镇长：李畅强（苗族）

刘晓文（黎族，任职至12月）
王丽云（女，12月任职）
农业服务中心主任：空缺，刘智磊负责全工作。
社会事务服务中心主任：胡富智
综合行政执法中队长：（空缺）

大安镇

党委书记：杨文贵（黎族）
副书记：刘奈好（女，黎族）
潘昌俊（任职至7月）
委　员：纪定志
陈炫蓉（女）
龙　珍（女，黎族）
杨立华（黎族）
纪委书记、县监委派出监察室主任：
陈炫蓉（女）
纪委副书记、监察室副主任：朱德卿
人大主席：赵国忠
镇　长：刘奈好（女，黎族）
副镇长：纪定志
王多慕（黎族）
农业服务中心主任：邢爱梅（女，黎族）
社会事务服务中心主任：徐清旭
综合行政执法中队长：杨　梅（女，黎族）

志仲镇

党委书记：韦　彬（黎族）
副书记：韦俊生（黎族）
林宇彬（黎族）
彭罗生（挂职至2021年2月）
李新立（2021年2月挂职）
委　员：邢孔茂
黄红军
黄永利（黎族）
梁　丹（女）
纪委书记、县监委派出监察室主任：
韦云柯（黎族）
纪委副书记、监察室副主任：兰恩仁
人大主席：张　煜（任职至7月）
潘昌俊（7月任职）
镇　长：韦俊生（黎族）
副镇长：黄红军
刘亚飞（黎族）
农业服务中心主任：孙定乐
社会事务服务中心主任：张　胜
综合行政执法中队长：韦罗定（黎族）

千家镇

党委书记：石大平
副书记：刘儒春（黎族）
韦任飞（黎族）
林义光（挂职）
委　员：邢　赟（黎族，女）
吴　雪
袁福永（任职至2021年11月）
刘　宇（黎族）
陈　飞（黎族）
容　飞（女，黎族）
纪委书记、县监委派出监察室主任：
陈　飞（黎族）
纪委副书记、监察室副主任：李玲聪
人大主席：杜广文
镇　长：刘儒春（黎族）
副镇长：邢　赟（黎族，女）
李进良（黎族）
农业服务中心主任：吉永江（黎族）
社会事务服务中心主任：（空缺）
综合行政执法中队长：吴明春（黎族）

九所镇

党委书记：邢毅辉（任职至4月）
蔡亲敬（6月任职）
副书记：洪诒艺
黎玉文
陈光耀（挂职）
委　员：周必波（任职至9月）
陈健洁
黄子桂
黎永专
陈君鸿
陈　雷
林志凯（9月任职）
纪委书记、县监委派出监察室主任：黄子桂
人大主席：陈　丹（女）

副主席：关孟嘉（女）
镇　长：洪诒艺
副镇长：周必波（任职至 9 月）
林志凯
何光阳（10 月任职）
农业服务中心主任：陈山河
社会事务服务中心主任：周建立
综合行政执法中队长：空缺

利国镇

党委书记：郑万继
副书记：张　洁（女）
陈言旅
邓王孝（挂职至 1 月）
焦　剑（1 月挂职）
委　员：吉训健
吴开豹
符少华
韦世东
黎立舒（黎族）
张泽湖
纪委书记、县监委派出监察室主任：
黎立舒（黎族）
纪委副书记、监察室副主任：孙衍龙
人大主席：徐晓华
副主席：罗盛顿
镇　长：张　洁（女）
副镇长：吉训健
周才烈
范哲知
林朝上（12 月挂职）
农业服务中心主任：陈　华
社会事务服务中心主任：空缺
综合行政执法中队长：空缺

黄流镇

党委书记：罗翔鹏（任职至 8 月，代理书记；9 月任职）
副书记：陈运化
王　贵（11 月挂职）
彭　博（12 月任职，挂职一年）
委　员：林炽通
胡锦波（任职至 12 月）
张卫华
周忠攀
刘振雷
纪委书记、县监委派出监察室主　任：唐辉壁
纪委副书记、监察室副主任：陈清菊（女）
人大主席：杨家顺（女）
副主席：黄　恺
镇　长：陈运化
副镇长：张卫华
陈泰慧（女）
农业服务中心主任：石速挺
社会事务服务中心主任：陈健大
综合行政执法中队长：（空缺）

佛罗镇

党委书记：周运波（黎族）
副书记：张寿宇（任职至 9 月）
罗盛军
殷　霆（挂职）
委　员：徐清荣
周正男
林　婷（女）
谢上强
李华锋
纪委书记、县监委派出监察室主任：周正男
人大主席：陈生维
镇　长：张寿宇（任职至 9 月）
副镇长：徐清荣
杜　武
农业服务中心主任：空缺，石挺锋负责全面工作至 2 月，3 月起容吉贝负责。
社会事务服务中心主任：吴兴东
综合行政执法中队长：黎吉文

莺歌海镇

党委书记：张国辉（黎族，任职至 6 月）
陈太辉（6 月任职）
副书记：陈倩倩（女）
李　燕（女）
何志刚（挂职）
委　员：林其旦

王　得
陈文玮
黄垂锐
纪委书记、县监委派出监察室主任：王　得
人大主席：邢孔存
镇　长：陈倩倩（女）
副镇长：林其旦
王龙越（任职至 12 月）
农业服务中心主任：梁振斌
社会事务服务中心主任：空缺
综合行政执法中队长：空缺，11 月吴多壮负责全面工作

尖峰镇

党委书记：陈惠琼（女，黎族，任职至 8 月，代理书记；9 月任职）
副书记：杨　军（黎族，任职至 11 月）
邢　贻（黎族）
邓锡毅（挂职至 2021 年 6 月）
王焕波（2021 年 7 月挂职）
委　员：黎水坚（女）
林　象
周朝童（女，黎族）
陈国清（黎族）
纪委书记、县监委派出监察室主任：林　象
人大主席：陈太标
镇　长：杨　军（黎族，任职至 11 月）
副镇长：黎水坚（女）
赖兴荣
农业服务中心主任：陈有武
社会事务服务中心主任：空缺
综合行政执法中队长：空缺

学校·医院

乐东中学

校　长：陈人政（任职至 12 月）
刘惠莉（女，12 月聘用，聘期 3 年）
副校长：符孔伟（黎族，任职至 12 月）
卢　燕（女）
孟新江（12 月聘用，聘期 3 年）

黄流中学

校　长：刘显兵（10 月聘用，聘期 3 年）
副校长：黎明剑
陈　敏
邹　旭（12 月聘用，聘期 3 年）
郭奇观（12 月聘用，聘期 3 年）

民族中学

校　长：林　睿（任职至 5 月）
黄金富（6 月聘任，试用期一年）
副校长：吴　峰
张德才（黎族）
陈立文

华二黄中

校　长：瞿　平（女，任职至 11 月）
覃章彪（12 月任职）
总督学：庄辉明（任职至 7 月）
副校长：刘　磊
吉高川

思源实验高级中学

校　长：（空缺）
副校长：高承杰（负责全面工作）
杨德聪（黎族）
吴慧玲（女）

冲坡中学

校　长：邢文雄
副校长：韦迪忠（任职至 2021 年 7 月）
邢孔慧
陈　卫

中等卫生技术学校

校　长：吉训忠

教研培训学校（副科级）

校　长：周厚东
副校长：陈朝明（任职至 12 月）
刘惠玲（女，黎族）
林　睿
陈人政（12 月任职）

实验小学（副科级）

校　长：邢振孔

副校长：陈太东
吴墨海
王　岚（女）

思源实验学校（副科级）

校　长：张　祥（聘任）
副校长：张多舒
加拥军
刘其程（任职至 2021 年 9 月）
陈　阳
孙建臣

人民医院

院　长：吉训忠
副院长：卢国良
王万壮
关义琼（女）

中医院（副科级）

院　长：黄垂波
副院长：陈积武
陈柳云

疾病预防和控制中心（副科级）

主　任：邢孔忠
副主任：林　珍（女，10 月任职）
吴　松（苗族，10 月任职）

妇幼保健院（副科级）

院　长：孙爱月（女）
副院长：吴利球
陈莲姣（女）

第二人民医院（副科级）

院　长：周才旺
副院长：陈鸿诗
吴开发

县直企业单位

城投公司

总经理：邢福浩
副总经理：黄向明
邱立明（2021 年 5 月任职）

物资总公司

总经理：空缺

外贸总公司

总经理：空缺

医药总公司

总经理：空缺
副总经理：陈积超

商业总公司

总经理：张子才
副总经理：郑文壮

粮油总公司

总经理：陈　海

农机二厂

厂　长：吉东坡

腰果综合加工厂

厂　长：空缺

腰果场

负责人：林炽干

旅游投资开发公司

董事长：邢福浩
总经理：邢福浩
副总经理：林立文（聘任）
陈　飞（聘任）
姚现鹏（11 月聘任）

省驻县机关、企事业单位

国家统计局乐东调查队

队　长：杨　梅（女）
副队长：谭友乐
组检监察员：黄冠武（任职至 2021 年 6 月）
吴　迪（1 月任职）

中国林科院热林站

站　长：陈仁利

乐东监狱

党委书记：高孟山（11 月任职）
副书记：李桂容（女，黎族）
委　员：罗贻雄（任职至 12 月）

刘海涛（12 月任职）
王　金
黄　勇（任职至 2 月）
蔡亲平
刘家群
纪委书记：李桂容（女，黎族）
监狱长：高孟山（11 月任职）
政　委：高孟山
副监狱长：罗贻雄（任职至 12 月）
黄　勇（任职至 2 月）
王　金
刘海涛（12 月任职）
政治处主任：蔡亲平
景晟公司总经理：刘家群

税务局

党委书记：边　疆
局　长：边　疆
副局长：王昌豪（任职至 6 月）
蔡文东（2021 年 9 月任职）
陈明豪（2021 年 9 月任职）
纪检组长：陈明豪（任职至 2021 年 9 月）
郑　磊（2021 年 12 月任职，回族）

海岸警察第五支队

政　委：王　敏
支队长：侯槎平
副支队长：段先源
姚志强
黄国孝

消防救援大队

党委书记：张忠石
副书记：伍慕员
委　员：廖飞翔
刘　炳
李　元
教导员：张忠石
大队长：伍慕员
副大队长：廖飞翔

气象局

党组书记：陈运驰
局　长：陈运驰
副局长：邢丽完（女）
林继烈

乐东公路分局

局　长：邢小平（任职至 10 月）
潘德超（10 月任职）
副局长：吉训齐
周恩民

交通规费征稽乐东分局

局　长：邢家宁
副局长：盛东波

县公安局森林分局

党组书记：林作为
局　长：林作为
副局长：石伟伟（12 月任职，试用期一年）

乐东住房公积金管理局

局　长：招哲晔（任职至 11 月）
林于涯（11 月任职）
副局长：林于涯（任职至 11 月）
王子虎（黎族，11 月任职）

海南热带雨林国家公园管理局尖峰岭分局

党委书记：洪仁辉（4 月任职）
副书记：杜鹍鹏（4—9 月任职）
委　员：杨世彬
邢增庆（4 月任职）
王丹枫（4 月任职）
纪委书记：杨世彬（4 月任职）
局　长：洪仁辉
副局长：陆雍泉（任职至 3 月）
杜鹍鹏（任职至 9 月）
杨世彬

海南海控能源乐东发电有限公司

总经理：王帮平
副总经理：罗海平
总经理助理：吴明佳（2 月任职）
纪检专员：黄燕群（女）
工会主席：罗海平

国电乐东发电有限公司

党委书记：武　晓
副书记：林芳伟（任职至 10 月）
高林峰（12 月任职）

委　员：王兴波（4 月任职）
廖　勇（任职至 10 月）
赵俊伟
隋培庆（任职至 4 月）
王　卓
王霁虹（女）
纪委书记：王　卓
工会主席：王　卓
董事长：武　晓
总经理：林芳伟（任职至 10 月）
高林峰（12 月任职）
副总经理：高林峰（10—12 月任职）
王兴波（4 月任职）
廖　勇（任职至 10 月）
赵俊伟
隋培庆（任职至 4 月）
总会计师：王霁虹

乐东供电局

党委书记：乔国强（任职至 9 月）
刘　伟（9 月任职）
副书记：毛文盛（任职至 8 月）
高　红（8 月任职）
纪委书记：蔡纪霄（女，任职至 3 月）
赖学强（3 月任职）
委　员：冯　杰（任职至 1 月）
杨鹏绪
总经理：毛文盛（任职至 8 月）
高　红（8 月任职）
副总经理：乔国强（任职至 9 月）
冯　杰（任职至 1 月）
杨鹏绪
高　磊
盛仕昌（8 月任职）

人行乐东县支行

党组书记：符　浩
行　长：符　浩
副行长：孙　鹤
纪检组组长：林　莉（女）

中行乐东支行

行　长：朴雪梅（女）
副行长：陈　强
行长助理：黄少阳

中国银监会海南银保监局乐东监管组

组　长：李朝波

建行乐东支行

行　长：王立强（任职至 9 月）
蔡　昕（9 月任职）
副行长：陈永明（任职至 1 月）
纪检组组长：王　军

工行乐东支行

行　长：赵晓烽
副行长：罗孔夏
行长助理：许晨光

农行乐东县支行

党委书记：苏　诚
副书记：林　胜
纪委书记：郭远新（任职至 8 月）
陈子勇（8 月任职）
行　长：苏　诚
副行长：林　胜（任职至 8 月）
郭远新（任职至 8 月）
苏天凡（黎族）
何亚学
陈子勇（8 月任职）
孙怀阳（8 月任职）

农发行乐东县支行

行　长：史泽博
副行长：洪　鸾（女）
王云鹏

乐东农村信用合作联社

党委书记：张理平（黎族，任职至 3 月）
卢秉英（3 月任职）
副书记：陈桂权（任职至 3 月）
韦世雄
吴　瑞（5 月任职）
委　员：柯　丰（7 月任职）
理事长：张理平（黎族，任职至 3 月）
卢秉英（3 月任职）
监事长：陈　铎（任职至 5 月）
柯　丰（7 月任职）

主　任：陈桂权
　　　吴　瑞（4月任职）
副主任：韦世雄
　　　潘昌进（任职至6月）
　　　羊冠萍（女，黎族，12月任职）

邮政储蓄银行乐东县支行

行　长：李朝杰
副行长：赴日吉

乐东惠丰村镇银行

党委书记：冯宝国
董事长：（空缺）
监事长：张艳超（女）
行　长：王东生
副行长：房乔宪（任职至2020年12月）
　　　满　强

海南银行乐东支行

行　长：王华纲
副行长：林志夫
　　　赵慎行

邮政乐东县分公司

总经理：石　寒
副总经理：文　龙
　　　　郭玉高

电信乐东分公司

总经理：陈泽星
副总经理：何　俊
　　　　刘成杨（黎族）
　　　　范聚欢（任职至5月）
　　　　林鸿云（8月任职）
　　　　覃小钰（9月任职）

移动乐东分公司

总经理：王德权
副总经理：唐甸禹
　　　　唐维刚（2021年11月任职）
　　　　曾祖刚（2021年11月任职）

联通乐东县分公司

总经理：杨　洪
副总经理：邢琼潮
　　　　黎耿智

有线电视网络乐东分公司

经　理：黄家胜
副经理：孙荣平

海汽乐东分公司

总经理：蒲壮保
副总经理：陈太孝
　　　　辛　斌

人寿保险乐东支公司

经　理：倪自力（任职至2021年6月）
　　　方烽宇（2021年6月至2022年6月）
　　　潘在海（6月任职）

人财保险乐东支公司

经　理：文烈高
副经理：林炽惠（11月任职）

烟草专卖局

局　长：成建军
副局长：罗晓政
　　　刘　宏（任职至12月）
　　　马施琦（女，12月任职）

乐东新华书店有限公司

总经理：王　侃
总经理助理：林志优

中石化销售乐东石油分公司

经　理：黄　毅（黎族）
轻非油管理员：占子栋
资金管理员：陈　攀

海垦荣光农场公司

2021年4月，海南省农垦投资股份集团公司实施二级企业业务单元整合，海南农垦毛公山农场公司并入海南农垦毛公山农场公司。

党委书记：耿传苏
副书记：欧昌锋
　　　莫圣森
纪委书记：夏海泉
委　员：罗有海
工会主席：莫圣森
董事长：耿传苏
总经理：欧昌锋
副总经理：罗有海
　　　　孙　东

李明海（任职到 1 月）
郑华忠
总经理助理：许　泰
黄坤明
黄少文

海南橡胶山荣分公司

党委书记：唐玲波（任职至 3 月）
王　元（3 月任职）
副书记：刘荣跃（任职至 3 月）
黄泽岩（3 月任职）
委　员：王槐科
郭建文
邢增豪
工会主席：刘荣跃（任职至 3 月）
黄泽岩（3 月任职）
副主席：邢增豪
总经理：唐玲波（任职至 3 月）
王　元（3 月任职）
副总经理：刘荣跃（任职至 3 月）
黄泽岩（任职至 3 月）
王槐科
郭建文
总经理助理：李剑飞（任职至 3 月）
黄垂珍（女）

海南橡胶保国分公司

党委书记：徐成权
副书记：李家和
纪委书记：李家和
总经理：徐成权
副总经理：唐玲国
李剑飞（3 月任职）
工会主席：李家和
副主席：詹贤逸
总经理助理：周孝国

海南莺歌海盐场有限公司

党委书记：邢思迪
副书记：陈　旭（任职至 7 月）
委　员：李　嘉
周建伟（女）
叶志平
王世明
陈圣道
纪委书记：周建伟（女）
董事长：邢思迪
总经理：陈　旭（任职至 7 月）
副总经理：李　嘉（9 月主持全面工作）
冯亚武
叶志平
王世明
总经理助理：陈圣道
财务总监：陈忠福

县直属机关党的基层组织

党群机关党委

书　记：蔡亲敬（任职至 6 月）
副书记：陈尉全
委　员：陈建平
蔡开芬
陈　勇

纪委监委机关党委

书　记：张尚豪（任职至 3 月）
韩　斌（3 月任职）
副书记：邢益王（任职至 3 月）
委　员：邢　波（3 月任职）
纪燕燕（女，3 月任职）

政法机关党委

书　记：陈太辉（任职至 8 月）
张　煜（8 月任职）
副书记：杨少强（黎族）
委　员：黄　瑞
关义策（任职至 3 月）
潘　海
黎　俊（4 月任职）

宣文机关党委

书　记：梁小明
副书记：符　天
委　员：邢福特

孙体雄
黎正昭

政府机关党委

2022年12月，设立粮食储备批发公司党支部。

书　记：陈品充
副书记：曾其优（任职至6月）
马丽云（女，苗族，6月任职）
委　员：何泽毅
邓才锋
陈纪琼（女）

综合执法机关党委

2022年9月，设立城市管理行政执法大队、国家公园执法大队、旅游文化市场行政执法大队、劳动保障与应急行政执法大队、生态环境保护行政执法大队、市场监管行政执法大队、跨领域行政执法大队党支部，农业和海渔行政执法大队联合党支部；12月，设立综执机关离退休党支部。

书　记：孙建华
副书记：张受智
委　员：周运科
邢维赟
陈大华

卫健机关党委

书　记：邢维科（任职至11月）
张寿宇（11月任职）
副书记：周运忠（任职至11月）
麦贻党（11月任职）
委　员：卢国良（任职至11月）
黎　鹏（任职至11月）
付强壮（任职至11月）
王会平（女，11月任职）
周才旺（11月任职）
吉训忠（11月任职）

交通机关党委

书　记：方华东
副书记：陈运强
委　员：陈乔喻（女，黎族）
辛　斌

财政机关党委

书　记：李　欢（任职至2月）
陈晓刚（2月任职）
副书记：卢先哲
委　员：陈晓刚（任职至2月）
苏　敏（女，2月任职）
石　寒
石海华

林业机关党委

书　记：林宏芳
副书记：黎媛玲（女）
委　员：林　科
唐定孝（黎族）
杜志鹄

应急管理机关党委

书　记：吴朝晖
副书记：陈雄锋
委　员：陈运驰
罗世光（黎族）
苏建林

教育机关党委

2022年6月撤销和平实验小学党支部，12月设立佛罗中心幼儿园党支部。

书　记：覃章彪
副书记：夏炜林
委　员：曾　锋
何书瑶（女）
周厚东
陈人政

农业农村机关党委

书　记：方志雄
副书记：罗　静（女）
委　员：吴健志
邢孔辉（黎族）
周运陆

公安机关党委

书　记：陈人菠
副书记：王东洋（挂职）
委　员：陈　斌
胡天荣（任职至2月）

李鸿飞

税务机关党委

书　记：边　疆

副书记：彭文芳（女，任职至7月）

陈明豪（7月任职）

委　员：蒋春红（女，任职至7月）

曾孔贤

张雅萱（女，任职至7月）

袁霄飞（任职至7月）

吴佳蔚（女，7月任职）

林景枫（7月任职）

何一凡（女，7月任职）

缪光美（女）

市场监管机关党委

2022年6月1日，撤销乐城、佛罗工商所党支部；设立抱由、志仲、万冲、千家、九所、利国、黄流、莺歌海、尖峰、乐城、佛罗等11个市场监管所党支部。

书　记：罗才锋

副书记：孙小帆

委　员：俞卓秀（女）

李　永（黎族）

卢定敏

颜高勘

吴　学

索引

说明

一、本索引采用主题分析法编制。索引范围包括各类目、分目、条目等。“特载”“大事记”“人物”“附录”等部类的具体内容未做索引，仅以其部类名称标示。

二、索引名称按汉语拼音音序排列。类目、分目用黑体字标示，其余用宋体字标示。索引名称后的数字表示内容所在页码，页码后的 a、b、c 分别表示版面的一、二、三栏。

三、以数字或字母开头的条目，不按音序排列，集中于“非音序”栏中。

A

B

C

D

E

F

J

K

L

M

N

P

Q

R

S

T

W

X

Y

Z

非音序